Kohlhammer

Die Autorinnen

Meike Sophia Baader, Professorin für Allgemeine Erziehungswissenschaft an der Universität Hildesheim. Forschungsschwerpunkte: Historische Bildungsforschung, Kindheits- und Geschlechterforschung.

Eva Breitenbach, Professorin für Erziehungswissenschaft an der Ev. Hochschule RWL in Bochum. Forschungsschwerpunkte: Geschlechterforschung, Gewalt im sozialen Nahraum, Elementarpädagogik.

Barbara Rendtorff, Seniorprofessorin für Allgemeine Erziehungswissenschaft an der Goethe Universität Frankfurt, zuvor an der Universität Paderborn. Forschungsschwerpunkte: Theorie der Geschlechterverhältnisse, Tradierung von Geschlechterbildern im Kontext des Aufwachsens.

Meike Sophia Baader,
Eva Breitenbach,
Barbara Rendtorff

Bildung, Erziehung und Wissen der Frauenbewegungen

Eine Bilanz

Verlag W. Kohlhammer

Dieses Werk einschließlich aller seiner Teile ist urheberrechtlich geschützt. Jede Verwendung außerhalb der engen Grenzen des Urheberrechts ist ohne Zustimmung des Verlags unzulässig und strafbar. Das gilt insbesondere für Vervielfältigungen, Übersetzungen, Mikroverfilmungen und für die Einspeicherung und Verarbeitung in elektronischen Systemen.

Die Wiedergabe von Warenbezeichnungen, Handelsnamen und sonstigen Kennzeichen in diesem Buch berechtigt nicht zu der Annahme, dass diese von jedermann frei benutzt werden dürfen. Vielmehr kann es sich auch dann um eingetragene Warenzeichen oder sonstige geschützte Kennzeichen handeln, wenn sie nicht eigens als solche gekennzeichnet sind.

Es konnten nicht alle Rechtsinhaber von Abbildungen ermittelt werden. Sollte dem Verlag gegenüber der Nachweis der Rechtsinhaberschaft geführt werden, wird das branchenübliche Honorar nachträglich gezahlt.

Dieses Werk enthält Hinweise/Links zu externen Websites Dritter, auf deren Inhalt der Verlag keinen Einfluss hat und die der Haftung der jeweiligen Seitenanbieter oder -betreiber unterliegen. Zum Zeitpunkt der Verlinkung wurden die externen Websites auf mögliche Rechtsverstöße überprüft und dabei keine Rechtsverletzung festgestellt. Ohne konkrete Hinweise auf eine solche Rechtsverletzung ist eine permanente inhaltliche Kontrolle der verlinkten Seiten nicht zumutbar. Sollten jedoch Rechtsverletzungen bekannt werden, werden die betroffenen externen Links soweit möglich unverzüglich entfernt.

1. Auflage 2021

Alle Rechte vorbehalten
© W. Kohlhammer GmbH, Stuttgart
Gesamtherstellung: W. Kohlhammer GmbH, Stuttgart

Print:
ISBN 978-3-17-036322-9

E-Book-Formate:
pdf: ISBN 978-3-17-036323-6
epub: ISBN 978-3-17-036324-3
mobi: ISBN 978-3-17-036325-0

Inhaltsverzeichnis

Einführung

1 **Bildung, Erziehung und Wissen der Frauenbewegungen.
   Einleitung, Einführung in die Fragestellung** 11
   Ausgangspunkt, Zugang und Fragestellung 11
   Begriffsklärungen 15
   Unterschiede und Gemeinsamkeiten in den Frauenbewegungen ... 19
   Bildung und Emanzipation 21
   Literatur 24

Pädagogische Themenfelder der Frauenbewegungen

2 **Bildung** 29
   Ausgangslage und Anliegen im 19. Jahrhundert 30
   Ausgangslage und Anliegen in den 1970er Jahren 35
   Anknüpfungspunkte der Frauenbewegungen 37
   Die Debatten um Mono- und Koedukation 41
   Resümee und Ausblick 45
   Literatur 47

3 **Sozialisation und Erziehung** 51
   Ausgangslage 51
   Weibliche Sozialisation. Die Anfänge der Diskussion und
   die Etablierung als theoretisches Thema 54
   Mädchen in der Geschlechterforschung 56
   Geschlechtstypische Sozialisation – theoretische Entwicklung ... 58
   Männliche Sozialisation 62
   Literatur 67

4 **Mutterschaft, Mütterlichkeit und öffentliche
   Kleinkinderziehung** 70
   Thematisierung von Mutterschaft und Mütterlichkeit
   in den Frauenbewegungen 70
   Mütterpolitik und »geistige und soziale Mütterlichkeit«
   in der ersten Frauenbewegung 74
   Mutterschaft und Mütterlichkeit in der zweiten Frauenbewegung .. 81

	Kinderläden, Frauenbewegung und Mütter als »politische Personen«	83
	Konsequenzen für die Pädagogik	87
	Resümee und Ausblick	89
	Literatur	91
5	**Mädchen und »Mädchenarbeit«**	**96**
	»Mädchen« im Kontext der ersten Frauenbewegung	97
	Mädchenarbeit in der zweiten Frauenbewegung	101
	Wirkungen: Institutionalisierung	105
	Konzeptionelle Entwicklung und aktuelle Lage	106
	Literatur	107
6	**Alltagsarbeit – Hausarbeit – Sorge und sich sorgen**	**110**
	Hausarbeit, Ehe und Familie – »die Katze, die dem Löwen auf den Rücken springt«	112
	Soziale Arbeit und Fürsorge	115
	Lohn für Hausarbeit, »Hausfrauensyndrom« und »Doppelte Vergesellschaftung«	117
	Sorge und sich sorgen	120
	Literatur	122
7	**Machtverhältnisse, Gewalt, sexuelle Gewalt**	**124**
	Ausgangslage	124
	Thematisierung von Machtstrukturen und Gewalt in der ersten Frauenbewegung	126
	Zweite Frauenbewegung: »Frauen helfen Frauen« – Thematisierung der Geschlechterverhältnisse als Gewaltverhältnisse und Professionalisierung der Frauenhausarbeit	128
	Sexuelle Gewalt gegen Kinder und Jugendliche – »Missbrauch«: Debatten, Institutionalisierungen und öffentliche Rezeption	134
	Literatur	144
8	**Sexualität**	**149**
	Vorgeschichte: Sittlichkeit und Scham, Ehre und Schande	150
	Situation und Diskurse im Kontext der ersten Frauenbewegung	152
	Situation und Diskurse im Kontext der zweiten Frauenbewegung	156
	Der Mythos von der sexuellen Befreiung	161
	Literatur	162

Politisch-pädagogische Praxen und Theoriebildung

9	**Selbstbestimmung, Selbstermächtigung, Emanzipation und Bildung**	**167**
	Selbstermächtigung als Bedingung für gesellschaftliche Veränderung	167

Freiheit, Gleichheit und Bildung 169
Emanzipation 173
Selbstbestimmung 174
Selbstbestimmung und Bildung 178
Literatur 179

10 Selbsthilfe, Selbstorganisation, Solidarität **182**
Selbsthilfe und Solidarität 182
Selbsthilfegruppen von Frauen in der zweiten Frauenbewegung ... 185
Consciousness raising 187
Selbstorganisation und Bildungsräume: Frauenbuchläden 189
Frauen-Bildungsprojekte 194
Frauengruppen in der Frauenbewegung und in der Pädagogik 196
...und Bildung 198
Literatur 199

11 Wertschätzung **202**
Ausgangslage 202
»Gemeinsam sind wir stark« 204
»Macht ohne Herrschaft«? 207
Die Politik der Differenz und der Affidamento-Ansatz 210
Autorität, Anerkennung und pädagogische Beziehungen 212
Literatur 214

12 Differenz und Differenzen **216**
Zur Problematik der Begriffe 216
»Geschlechterdifferenz« 221
Differenz, Diversity und Intersektionalität 224
Das Verschwinden(lassen) von Geschlecht 228
Vom Unterschied zur Praxis der Unterscheidung 230
Fazit und Ausblick 233
Literatur 235

13 Forschung, Wissensproduktion und Theoriebildung **239**
Wissenschaft und Forschung in der ersten Frauenbewegung 239
Wissenschaft, Forschung und Wissenschaftskritik in der
zweiten Frauenbewegung 242
Die Universität als Institution und die Institutionalisierung
der Geschlechterforschung 246
Theoriebildung, Geschlechterforschung und Erziehungswissenschaft 251
Literatur 252

**14 Die Bildung der Frauenbewegungen: Impulse, Ambivalenzen,
Aktualitäten. Ein Fazit** **255**
Literatur 258

Einführung

1 Bildung, Erziehung und Wissen der Frauenbewegungen. Einleitung, Einführung in die Fragestellung

1	Bildung, Erziehung und Wissen der Frauenbewegungen. Einleitung, Einführung in die Fragestellung	11
	Ausgangspunkt, Zugang und Fragestellung	11
	Begriffsklärungen	15
	Unterschiede und Gemeinsamkeiten in den Frauenbewegungen	19
	Bildung und Emanzipation	21
	Literatur	24

Ausgangspunkt, Zugang und Fragestellung

Dieses Buch befasst sich mit der Frage, welche Impulse für Bildung, Erziehung, Sozialisation und Sorge von den beiden Frauenbewegungen ausgegangen sind, explizit oder als implizite Anregung – und was aus diesen Impulsen geworden ist: Wie haben Erziehungswissenschaft und Pädagogik sie aufgenommen? Was ist in diesem Prozess der Adaption geschehen? Wie haben sich Inhalte und Intentionen verändert, was ist ganz verloren gegangen? Denn soziale Bewegungen, stärker organisierte oder fluidere und informellere, zielen mit ihren artikulierten Interessen darauf, Einfluss auf das gesellschaftliche Selbstverständnis zu nehmen, auf gesellschaftliche, soziale und kulturelle Ordnungen und Institutionen – können aber auch von diesen aufgesogen, entstellt oder zum Verschwinden gebracht werden.

Dass die im Nachhinein als »erste« bezeichnete Frauenbewegung des 19. und frühen 20. Jahrhunderts sich wesentlich für Fragen der Bildung und Erziehung eingesetzt hat, ist von der Forschung, namentlich der erziehungswissenschaftlichen Frauen- und Geschlechterforschung, vielfach beschrieben worden (Kleinau/Mayer 1996; Jacobi 2013). Ihre Anteile an der »Modernisierung des Bildungswesens« sind unter verschiedenen Aspekten herausgearbeitet worden (Fischer/Jacobi/Koch-Priewe 1996: 13) – auch wenn die Verbindung zur Frauenbewegung in der einschlägigen Literatur zur Geschichte des Bildungswesens oftmals unterschätzt oder vergessen wird. Bildung ist dabei durchaus in einem breiten Sinne zu verstehen: als Zuwachs an Wissen, Differenzierungs- und Verständnisfähigkeit, als Selbstbildung und als Stärkung von Selbstbewusstsein und Selbstermächtigung. Aber in einem engeren Sinne, als Bildung in institutionellen Kontexten, war sie ein zentrales politisches Thema, das auf Widerstand in der Bildungs- und Kultuspolitik und den Bildungsinstitutionen stieß und sich deshalb gewissermaßen thematisch mit anderen allgemeinpolitischen Forderungen der Frauenbewegung verband (▶ Kapitel 2). In diesem Zusammenhang wurden beispielsweise die Impulse für Fragen der Studierfähigkeit von Frauen, der Bildungsbeteiligung von Mädchen, der Koedukation (vgl. Klimek 2002), der Schulentwicklung in Deutschland und der Modernisierung von Schule herausgearbeitet (vgl. Fischer/Jacobi/Koch-Priewe 1996).

Auch die Geschichte der Sozialen Arbeit und ihrer Professionalisierung war maßgeblich sowohl mit der ersten als auch mit der zweiten Frauenbewegung verbunden (▶ Kapitel 5, ▶ Kapitel 7). Konzepte von Bildung und Konzepte von Sorge wurden dabei bereits in der ersten Frauenbewegung in unterschiedlichen Ansätzen miteinander, mit den Geschlechterverhältnissen und mit der geschlechtstypischen Arbeitsteilung verknüpft.»Bildung und Sorge werden im Kontext frauenbewegter Visionen des Sozialen gleichermaßen als Notwendigkeit formuliert und erweisen sich als bewusster und explizit politischer Umgang mit den zeitgenössischen sozialen Herausforderungen« (Maurer/Schröer 2015: 597). Durch die zweite Frauenbewegung wurden manche Themen überhaupt erst zu Gegenständen von theoretischer Analyse und praktischer Hilfe. Aus Initiativen der Frauenbewegung entwickelten sich Handlungsfelder der Sozialen Arbeit, im Verlauf der erfolgreichen Etablierung als Gegenstand Sozialer Arbeit wurde allerdings die kritische feministische Analyse der Geschlechterverhältnisse auch domestiziert und teilweise zum Verschwinden gebracht.

Eine umfassende Darstellung der Geschichte der Frauen- und Mädchenbildung über 500 Jahre in vergleichender Perspektive zwischen Deutschland, Frankreich und England wurde vor wenigen Jahren von Juliane Jacobi vorgelegt. Dabei werden auch die Aktivitäten und Kämpfe des 1894 gegründeten Bundes Deutscher Frauenvereine (BDF) für die Bildungsbeteiligung von Frauen und Mädchen um 1900 zentral in den Blick genommen (Jacobi 2013: 301). Jacobi resümiert, dass die meisten der seit Mitte des 19. Jahrhunderts für die Bildungszugänge von Frauen kämpfenden bürgerlichen Aktivistinnen der Frauenbewegung an der »Besonderheit von Mädchenbildung« festgehalten hätten und davon ausgegangen seien, dass damit kein Ausschluss aus der »Welt des Wissens und dem Erwerbsleben« verbunden sein müsse (ebd.: 446) Diese Position wurde allerdings von den sozialistischen Aktivistinnen nicht geteilt, aber auch nicht von radikaler denkenden bürgerlichen wie etwa Hedwig Dohm (1831–1919) (vgl. Dohm 1910/1981), die nicht zuletzt mit der Forderung nach Wahlrecht auch die Gleichheit von Frauen und Männern betonen wollten.

Dass der Rekurs auf »weibliche Besonderheiten« problematisch ist, weil er die kategoriale Aufteilung in zwei unterschiedliche Geschlechter mit je spezifisch zugeordneten Tätigkeiten und Passungen aufrechterhält – und es damit denjenigen Frauen, die sich in andere Berufsbereiche begeben wollten, zusätzlich schwermachte –, wird im Folgenden an verschiedenen Themenfeldern und aus unterschiedlichen Blickwinkeln diskutiert. Denn auch wenn die separate Mädchenbildung spätestens im Zuge der Bildungsreformen der 1970er Jahre aus der Regelschule der Bundesrepublik verschwand und die Frage nach einer besonderen Form der Mädchenbildung zunächst als erledigt betrachtet wurde (auch wenn es die Nische der Mädchenschulen weiterhin gab und noch gibt), blieben die Aufteilung nach Geschlecht und die Orientierung an einer vermeintlichen Besonderheit des Weiblichen in vielen anderen Bereichen – etwa der Segregation in Berufswahl und -bildung, dem Erziehungsbereich, der öffentlichen Kinderbetreuung oder den Konzepten der Sozialen Arbeit – weiterhin wirksam.

Erst die neue Frauenbewegung, so noch einmal Jacobi, habe die Einführung der Koedukation nicht mehr nur als Erfolg und Gleichstellung betrachtet, sondern kritisch danach gefragt, inwiefern sich unter der scheinbaren Gleichheit nicht alte Stereotypen und Geschlechterungleichheiten fortsetzen würden (Jacobi 2013: 447). Diese Perspektive, die nach Gemeinsamkeiten, Kontinuitäten, Unterschieden oder gar Brüchen im Verhältnis von erster und zweiter Frauenbewegung fragt, will das vorliegende Buch aufnehmen, auch wenn dabei vieles nur angerissen werden kann. Vor diesem Hintergrund verstehen wir unsere Arbeit auch als Anregung zum Weiterdenken, zur Vertiefung und differenzierten Erforschung. Unsere Bilanz ist eine vorläufige.

Während also die Impulse der ersten Frauenbewegung für Fragen von Bildung und Erziehung vor allem unter dem Aspekt der »Frauen- und Mädchenbildung« insgesamt recht gut erforscht sind, ist dies für die zweite Frauenbewegung nicht der Fall. Diese nahm in der Bundesrepublik ihren Ausgang 1967/1968 mit der Kritik am männlichen und autoritären Habitus in der sogenannten Studentenbewegung. Zwar ist der Tomatenwurf 1968 von Frauen gegen ihre männlichen Genossen durchaus in das kulturelle Gedächtnis der Bundesrepublik eingegangen (vgl. Notz 2006), dass es dabei aber um Fragen von öffentlicher Kindererziehung ging, ist weniger bekannt (vgl. Baader 2008, 2018a). Einzelne Aspekte der zweiten Frauenbewegung zu Frauen an Schule und Hochschule sind entlang der Frage nach der Frauenbildung in den Blick genommen worden (vgl. Kleinau/Opitz 1996), diese werden aber nicht durchgängig mit den Aktivitäten und Initiativen der Frauenbewegung in Verbindung gebracht. Eine umfassende Darstellung ihres bildungsbezogenen Engagements und dessen Wirkungen existiert bislang nicht.

Dieses Buch will diese Lücke schließen und die Impulse der ersten und zweiten Frauenbewegung für Fragen von Bildung, Erziehung, Sozialisation und Sorge in ihren Kontinuitäten und Diskontinuitäten skizzieren und diskutieren. Dabei wird auch nach den Kämpfen und Auseinandersetzungen innerhalb der erziehungswissenschaftlichen Fachcommunity um die Akzeptanz und Anerkennung bestimmter Perspektiven und Positionen, die aus der Frauenbewegung und dem Feminismus kamen, gefragt. So hatte beispielsweise die 1964 gegründete Deutsche Gesellschaft für Erziehungswissenschaft (DGfE) zunächst sehr skeptisch auf den 1982 eingereichten Antrag zur Gründung einer »Kommission für Frauenfragen« reagiert, die anfänglich als Bedrohung für die »Identität der Disziplin« (Berg/Herrlitz/Horn 2004: 48) gesehen wurde. 1985 wurde diese Initiative dann als »Arbeitsgemeinschaft auf Zeit« akzeptiert und erst 1991 konnte der Status einer »Kommission Frauenforschung in der Erziehungswissenschaft« durchgesetzt werden. Die Umbenennung und Erweiterung erfolgte dann 1999 zur Sektion »Frauen und Geschlechterforschung« (vgl. Rieske 2016).

Fragen von »Geschlechtergerechtigkeit« oder »Koedukation« kommen in der wichtigsten und traditionsreichsten Zeitschrift der Disziplin, der »Zeitschrift für

Pädagogik«, bis in die 1970er Jahre nicht vor. Ein von einer Frau herausgegebenes Beiheft der Zeitschrift erschien im Jahre 1959 (eine Festgabe für Herman Nohl) und dann wieder im Jahr 2004. Juliane Jacobi hat 2008 vor dem Hintergrund einer Analyse der »Zeitschrift für Pädagogik« unterstrichen, dass die Geschlechterforschung dort bis dahin nicht angekommen war, genauso wenig wie in der empirischen Bildungsforschung (Jacobi 2008: 94ff.) Aber auch die 1967 gegründete kritisch ausgerichtete Zeitschrift »betrifft: erziehung«, die ein Forum für eine jüngere Generation von kritischen Erziehungswissenschaftler:innen und Bildungsforscher:innen darstellte und deshalb als kritischer Gegenentwurf zur »Zeitschrift für Pädagogik« gelten kann, wies in ihrem Redaktionsteam Anfang der 1970er Jahre nur eine Frau auf. Damit bildet die schwache Repräsentanz von Frauen eine Gemeinsamkeit sowohl einer älteren und tradierten wie auch einer jüngeren und aufbruchsorientierten Zeitschrift der Disziplin. Insgesamt würde das spezifische Verhältnis der Disziplin zu Fragen der Geschlechterforschung durchaus ein eigenes Forschungsprojekt darstellen.

In diesem Buch werden Fragen auf mehreren Ebenen berücksichtigt: erstens die nach der *Repräsentanz und Sichtbarkeit* von Frauen mit feministischen Positionen zu Erziehung, Bildung, Sozialisation und Sorge an den Schulen und Hochschulen, in den Fachgesellschaften und in einschlägigen Publikationsorganen und Publikationen; zweitens die nach den erziehungs- und bildungsbezogenen *Themen*, die von der Frauenbewegung initiiert und bearbeitet wurden, einschließlich der damit verwandten *Topoi* (wie Gerechtigkeit, Gleichstellung, Gemeinsamkeit, Solidarität). Drittens ist danach zu fragen, auf welche *Resonanzen* diese Themen in der Erziehungswissenschaft stießen und wie und wo sie aufgenommen worden sind. Dabei werden auch Ambivalenzen und Paradoxien in den Blick genommen, etwa bezüglich der Integration bestimmter ursprünglich aus dem Feminismus stammender Perspektiven in das Erziehungs- und Bildungssystem, das System der Sozialen Arbeit oder in diejenigen Wissenschaften, die sich mit Erziehung, Bildung und Sorge befassen – wobei das Wissen um diese historische Verbindung meist verloren gegangen ist. Und schließlich wird viertens auch danach gefragt, wie die von engagierten Frauen ausgegangenen pädagogischen, bildungs- und erziehungsbezogenen *Impulse* in das gesellschaftliche Miteinander, die gesellschaftliche Geschlechterordnung und in das Alltagshandeln zu Erziehung und Geschlecht *hineingewirkt* haben. Angesichts dessen wird mit diesem Buch auch ein erinnerungskultureller Beitrag geleistet, der der Geschichtsvergessenheit gegenüber den Debatten und Impulsen der Frauenbewegung und den diesbezüglichen Tradierungslücken etwas entgegensetzen will.

Systematisch unterscheiden wir zwischen den vielfältigen pädagogischen *Handlungsfeldern* von der Familie, über den frühpädagogischen und außerschulischen Bereich, die Schule bis zur Hochschule sowie den Feldern der Erwachsenenbildung und der Sozialen Arbeit einerseits und der erziehungswissenschaftlichen *Disziplin* andererseits. Im Zentrum steht dabei die Frage, welche Impulse für das Nachdenken über Erziehung, Bildung, Sozialisation und Sorge und Geschlechterverhältnisse die Frauenbewegungen mit sich gebracht haben (vgl. Rendtorff 2006) und wie diese jeweils sowohl in den Handlungsfeldern als auch in der Disziplin aufgenommen, diskutiert, weiterverfolgt, transformiert, ignoriert oder etwa zurückgewiesen wurden. Wie hat die Disziplin beispielsweise die Aufforderung der frühen zweiten Frauenbewegung aufgenommen, sich mit Gewalt gegen Mädchen und Frauen in Familie und Schule zu befassen? Wie hat sie den sexuellen Missbrauch aufgenommen? Wie reagierte sie auf den Vorwurf, Frauen in ihren akademischen Karrieren zu behindern? Wie hat sie Impulse aufgenommen, ihr Verständnis von Disziplinierung, Sozialisation, frühkindlicher Erziehung, Lernen usw. angesichts der feministischen Wissenschafts- und Gesellschaftskritik zu überdenken? Aber auch: welche Kontroversen gab es dazu innerhalb der Frauenbewegungen und zwischen Frauen selbst – ob über Koedukation, Gleichheit oder Sozialisation?

Unsere Ausgangspunkte sind dabei die aus der Frauenbewegung und dem Feminismus stammenden Themen, weshalb die Gliederung des Buches entlang dieser einschlägigen Themen erfolgt, die Frauenbewegung und Feminismus beschäftigt und die sie für den allgemeinen Diskurs um Erziehung, Bildung, Sozialisation und Sorge aufgeworfen haben. Diese bilden die Folie für unsere Rekonstruktionen und Fragen.

Waren wir anfangs positiv gestimmt in Bezug auf die Wirkung jener Impulse der Frauenbewegungen, die wir aus Literatur und eigener Erfahrung als vielfältig, breit und differenziert kennen, so wich diese optimistische Einschätzung mehr und mehr der Einsicht, wie viel Engagement, Erkenntnisse, Wissen und politische Impulse tatsächlich eher versandet sind, weil aktiver und passiv-aggressiver Widerstand der Disziplin und der Bildungsinstitutionen ihr Wirksamwerden verhinderten. Die Aktivistinnen beider Frauenbewegungen hatten immer eine doppelte Hoffnung: in Bezug auf sich selbst, ihre Anerkennung als Frauen, die Wertschätzung ihrer Arbeit und Verbesserung ihrer Lebens- und Arbeitsumstände – aber auch mit Blick auf »alle« Frauen, also die Veränderung von Strukturen, Machtverhältnissen und die Logik gesellschaftlichen Handelns. Doch wann immer Frauen scheinbar Wege gefunden hatten, diesen Zielen etwas näher zu kommen, stießen sie auf Gegenwehr von Institutionen und Disziplin oder wurden ihrer Impulse und Vorarbeiten enteignet, auch wenn sich das in den verschiedenen Handlungsfeldern und historischen Phasen unterschiedlich darstellt. Auch dies wird im Folgenden thematisiert und dokumentiert.

Begriffsklärungen

Vorweg einige Klärungen zu zentralen Begriffen und Orientierungen, auf die wir uns wesentlich stützen und die den Hintergrund unserer Theorieperspektiven bilden – auch wo dies nicht explizit zum Gegenstand wird.

Wir nehmen eine Perspektive ein, die dem Begriff der Geschlechterverhältnisse folgt. Damit wollen wir hervorheben, dass die Geschlechterthematik in komplexen Relationalitäten zu sehen ist. Im Vordergrund stehen damit Selbst- und Beziehungsverhältnisse und die vielfältigen Bezüge der Kategorie »Geschlecht«, wie dies auch für die Geschlechtergeschichte, die aus der Frauengeschichte hervorgegangen ist, unterstrichen wurde (Opitz-Belakhal 2010: 11). Diese Relationalitäten schließen nicht nur Konstruktionen von Männlichkeiten (vgl. Forster 2020), sondern auch Artefakte und Aspekte des Materiellen ein sowie deren Verflechtung mit vielen Lebensbereichen, die zunehmend auch in feministische Ansätze aufgenommen werden. Die Frage nach den Geschlechterverhältnissen umfasst auch Perspektiven von »Geschlecht als Existenzweise«, wie sie etwa von Andrea Maihofer vorgeschlagen wurden (vgl. Maihofer 1995), sowie die Berücksichtigung gesellschaftlicher Macht- und Herrschaftsverhältnisse, insbesondere von »geschlechtlich markierten Herrschaftsverhältnissen« (Opitz-Belakhal 2010: 11). Dazu gehört wesentlich auch der Bereich der symbolischen Ordnung, der sich insbesondere um Symbolisierungen, Codierungen, Zuschreibungen und Wertungen sowie damit verbundene Prozesse der Ein- und Ausschließung dreht. Die Perspektive auf Geschlechterverhältnisse ist eng verbunden mit der Analyse von Geschlechterordnungen als zentralem Element gesellschaftlicher Ordnungen. Joan Scott hat schon vor Jahren explizit gemacht, dass Beziehungen zwischen den Geschlechtern ein wichtiger Aspekt der Organisation des Sozialen sind (Scott 1993: 17). Der Begriff der Geschlechterordnung akzentuiert, dass die Geschlechterverhältnisse starken Normierungen und Ordnungsvorstellungen unterliegen, die jedoch zugleich mit historischen Wandlungsprozessen verbunden sind und deshalb ständig neu hergestellt werden. Wir gehen grundsätzlich davon aus, dass es sich bei der Kategorie Geschlecht um eine machtvolle gesellschaftliche Ordnungsdimension und Platzanweiserin handelt, die mit Bourdieu als »strukturiert und zugleich selber strukturierend« zu betrachten ist (Rendtorff 2016: 9)

Darüber hinaus und zugleich steht die Kategorie Geschlecht immer in Beziehung zu anderen Differenzkategorien. Damit schließen wir grundsätzlich an die Perspektive der Intersektionalität an, die die Kreuzungen von verschiedenen Differenzaspekten fokussiert. Die Differenzen nach sozialer Lage, Bildungsstand und Herkunft spielten in beiden Frauenbewegungen eine Rolle, in der ersten nicht zuletzt als Konflikt zwischen sozial unterschiedlich gestellten Frauen im Zusammenhang mit der »Dienstbotenfrage« im Kaiserreich (vgl. Walser 1986). In der zweiten Frauenbewegung wurden die strukturellen Unterschiede zwischen Frauen gerade in den Frauenprojekten ebenso fruchtbar wie konflikthaft erlebbar, deren Grundlage die »Gemeinsamkeit der Frauen« war (vgl. Breitenbach 2018). Doch als Strukturkonzept kam der Begriff, der auf das Zusammenspiel von »Geschlecht« mit weiteren gesellschaftlichen Ungleichheitsdimensionen verweist, erst im Kontext des US-amerikanischen »Black Feminism« zu Beginn der 1980er Jahre in die Diskussion. 1981 hatte Angela Davis das Buch »Women, Class and Race« veröffentlicht (dt. 1982), nachdem 1977 ein Manifest des Schwarzen Feminismus, des »Combahee River Collective«, erschienen war. Seit den 1990 Jahren wurde die machtkritische Perspektive des Zusammenwirkens verschiedener Ungleichheitsdimensionen unter dem Begriff der Intersektionalität geführt, der auf die afrikanisch-amerikanische Juristin Kimberlé Crenshaw zurückgeht, die ihn 1989 geprägt hat. Die Diskussion um dieses Paradigma wurde seitdem transatlantisch und transnational geführt, wenn auch mit regional je unterschiedlichen Schwerpunkten, aber mit dem verbindenden Ansatz, das »Ineinandergreifen unterschiedlicher Kategorien in der Reproduktion gesellschaftlicher und globaler Ungleichheit« zu analysieren (Graneß/Kopf/Kraus 2019: 77). Cathy Davis hat dabei herausgearbeitet, dass in Europa diese Debatten stark akademisiert wurden (vgl. Davis 2008). Im Kontext der postkolonialen Theorie und des »Schwarzen Feminismus« haben insbesondere afrikanisch-amerikanische Theoretikerinnen dieses Analyseinstrument weiterentwickelt, um Unterdrückungsmechanismen und die »Mehrdimensionalität von Subjektpositionen, die sich im Widerstand dazu artikulieren«, zu begreifen (Graneß/Kopf/Kraus: 23, 77). Frauenbewegungen in Afrika, Asien und Lateinamerika diskutieren jedoch auch andere Begriffe, insbesondere bezüglich des Feminismus (ebd.: 75–121).

Für den transatlantischen Transfer afrikanisch-amerikanischer Zugänge emanzipatorischer Bewegungen spielen seit dem 19. Jahrhundert Pädagoginnen im Kontext von Schulgründungen, von Bildungspolitik und von universitären Studien eine bedeutsame Rolle (ebd.: 76f.; vgl. Gippert/Kleinau 2014). Auf diese Zusammenhänge hinzuweisen, ist uns wichtig, auch wenn wir unseren Fokus vor allem auf die Geschichte der deutschsprachigen Frauenbewegung legen und für die zweite Frauenbewegung insbesondere die Bundesrepublik in den Blick nehmen, denn als Theoriehintergrund gehen sie dennoch in unsere Beobachtungen ein.

Aber auch bevor das Zusammenspiel verschiedener Differenzlinien seit den 1990er Jahren unter dem Begriff der »Intersektionalität« systematischer diskutiert wurde, ist innerhalb der Frauenbewegungen und des Feminismus immer wieder nach dem Subjekt des Feminismus und danach gefragt worden, wer für welche Gruppe spricht (und sprechen darf), wer wessen Interessen vertritt (oder gegen wessen Interessen verstößt), wessen Positionen Gehör finden und wessen nicht – und warum. Für das bürgerliche Spektrum der ersten Frauenbewegung trifft dies insbesondere für die Erwartungen der jüdischen Mitstreiterinnen (▶ Kap. 6 und ▶ Kap. 10) sowie für die Positionen von Frauen unterbürgerlicher Schichten zu. In der zweiten Frauenbewegung bildeten sich zunehmend Gruppen eingewanderter Frauen (teilweise interkulturell, teilweise herkunftsspezifisch), von denen heute ebenfalls eine reichhaltige intersektionelle Forschung ausgeht (vgl. Diehm/Messerschmidt 2013; Kulaçatan/Behr 2020).

In die deutschsprachige Erziehungswissenschaft wurde die Perspektive der Intersektionalität Anfang der 2000er Jahre insbesondere von Lutz/Krüger-Potratz (2002) eingeführt. Zwischenzeitlich ist sie für die erziehungswissenschaftliche Diskussion um Geschlecht, Heterogenität und Diversität grundlegend (vgl. Walgenbach 2014) und methodologisch-methodisch insbesondere von den Soziologinnen Winker/Degele 2009 ausgearbeitet und reflektiert worden. Damit hat jenes vom »schwarzen Feminismus« (Graneß/Kopf/Kraus 2019: 23) hervorgebrachte Paradigma aus der politischen Sphäre der sozialen Bewegungen in einem über mehrere Jahrzehnte stattgefundenen Prozess der Auseinandersetzung und Diskussion Eingang in die Erziehungs- und Sozialwissenschaften gefunden. Es lässt sich allerdings beobachten, dass bei der Thematisierung der verschiedenen Ungleichheitsaspekte die Dimension Geschlecht deutlich in den Hintergrund geschoben wird, teilweise in Identitätsfacetten zerlegt und teilweise marginalisiert. Dahinter steht die Diskussion darüber, ob unter den zahlreich ausgemachten »Heterogenitätsdimensionen« der Kategorie Geschlecht überhaupt (noch) eine besondere Stellung zukomme (vgl. Knapp 2008) oder ob sie nicht mittlerweile längst »veraltet« oder »überholt« (Knapp 2012: 301) und nur noch eine fast nebensächliche Kategorie unter anderen sei.

Die Frage, ob der Feminismus die Geschlechterdifferenz akzentuieren solle, so etwa bei Luce Irigary (1987), oder aber Gleichheitsforderungen fokussieren, wird in der Theoriediskussion immer wieder gegeneinandergesetzt, wie auch die Rekonstruktion von Casale/Windheuser 2019 zeigt. Wir wollen diese Gegenüberstellung des Entweder-Oder jedoch nicht fortschreiben, denn die Opposition ist zum einen historisch nicht angemessen und zum anderen gab und gibt es immer wieder Versuche, das Verhältnis anders zu bestimmen, etwa über Gleichheit in der Differenz (vgl. Prengel 1990), durch Versuche der Balancierung beider Perspektiven (vgl. Maihofer 1995), durch eine Reflektion von Subjektkonstitutionen (vgl. Dingler 2019) oder durch eine Verflüssigung der Kategorie Geschlecht im »doing gender« und durch Ansätze, die das System der Zweigeschlechtlichkeit insgesamt in Frage stellen, wie in den Queer Studies (▶ Kap. 12). Gegen die Schablonen und festgefahrenen Mainstreamnarrationen wollen wir diese Aspekte vor allem mit dem Fokus auf Erziehung, Bildung, Sozialisation und Sorge diskutieren. Darüber hinaus ist auch zu fragen, ob die insbesondere in der französischen und italienischen Theoriebildung verwendeten Begriffe der »sexuellen Differenz« oder »differenzia sessuale« nicht noch andere Bedeutungshorizonte einschließen. Catrin Dingler hat in ihrer Auseinandersetzung mit dieser Theorietradition auf den »Schnitt« bezüglich des Subjektverständnisses hingewiesen (ebd.: 9ff.). Diese Debatten machen darüber hinaus deutlich, dass in einer reflektierten Perspektive »der« Feminismus aus vielen Feminismen besteht. Der Begriff »Feminismus« wurde im späten 19. Jahrhundert von französischen Frauenrechtlerinnen aufgebracht, er wird Hubertine Auclert zugeschrieben und bezeichnet Positionen, die sich für die Emanzipation, Frauenrechte und rechtliche Gleichstellung von Frauen stark machten. Er wurde in den 1890er Jahren auf verschiedenen internationalen Frauenkongressen diskutiert und teilweise synonym mit dem Begriff der Frauenbewegung verwendet.

> »Im Deutschen aber haftet dem Begriff bis heute der Geruch besonderer Radikalität an. Tatsächlich wurde er an der Wende zum 20. Jahrhundert von den Akteurinnen kaum zur Selbstbezeichnung, dagegen abwertend und denunzierend von den Gegnern der Frauenemanzipation gebraucht und hat erst mit der Frauenbewegung der 1970er Eingang in unsere Alltagssprache gefunden« (Gerhard 2018: 8).

Die Geschichte des Feminismus ist also von seinen Anfängen an auch mit seiner Abwertung verbunden. Dabei ist die Geschichte des Antifeminismus historisch zudem immer wieder mit dem Antisemitismus verbunden. Karin Stögner etwa argumentiert, dass beides »in Form von Ideologemen, verfestigten Diskursformen, eingeschliffenen Stereotypen und tiefsitzenden Verhaltensmustern als verdinglichte soziale Tatbestände« auftreten und sich auf Natur und Ontologie berufen würde (2014: 15). Diese Konstellation erfährt auch aktuell Revitalisierungen und digitale Neukonfigurationen.

Unterschiede und Gemeinsamkeiten in den Frauenbewegungen

Ebenso vielschichtig und uneinheitlich wie der Begriff »Feminismus« ist die Bezeichnung »Frauenbewegung«. Eine Kategorisierung als »Bewegung« kann stets nur im Nachhinein als Etikett vergeben werden, wenn sich bereits Personen in größerer Menge für ein bestimmtes Ziel oder gegen bestimmte politische Bedingungen zusammengefunden haben, sich zumindest rudimentär auch organisiert und ihre Aktivitäten über einen längeren Zeitraum hinweg artikuliert haben und so sichtbar werden. Damit dies funktioniert, brauchen Bewegungen auch so etwas wie eine »kognitive Konstitution« (Gilcher-Holtey 2005: 11), das heißt identitätsstiftende Themen und Praktiken, »ein symbolisches System der Selbstverständigung und Selbstgewissheit« (ebd.), die für den Mobilisierungsprozess bedeutsam sind. Diese bedürfen, neben den kognitiven Rahmungen, auch immer wieder besonderer Gelegenheitsstrukturen, innerhalb derer die Forderungen der Bewegung öffentlichkeitswirksam vorgetragen werden und ihren Ausdruck finden. Diese Merkmale treffen auf beide Frauenbewegungen zu. Beide haben sich organisiert, haben spezifische Protestformen entwickelt, Treffpunkte, Räume und Publikationsorgane geschaffen, agierten transnational und haben Theoriebildung und Akademisierung in Gang gesetzt und ihre Themen und Forderungen so mittel- bis langfristig eingebracht. Beide Frauenbewegungen haben dabei in ihren Themen unterschiedliche Akzentuierungen gehabt, aber es gibt auch eine Reihe von Gemeinsamkeiten und Berührungspunkten. Diese arbeiten wir in den einzelnen Kapiteln zu den zentralen Themen heraus. Die erste Frauenbewegung setzte ihre Akzente auf Bildung, Erwerbstätigkeit und Rechte (Bock 2005: 169), die zweite auf Formen der Wissensproduktion, Hausarbeit, Sprache, Körper, Gewalt, Sexualität und Formen der Selbstbestimmung in den verschiedensten gesellschaftlichen Bereichen. Sie fokussierte sich stark auf »Individualisierung, Subjektwerdung, Subjektivität und Raum zur Selbstentfaltung« (ebd.: 323). Sie erfreute sich auch provokativer Protestformen, sie forderte Autonomie und brach »zuweilen unter Mühen – mit der Neuen Linken« (ebd.: 321).

Diese, wie auch die männlichen Politiker und Wissenschaftler, taten sich schwer, die Frauenbewegung überhaupt als eine »Bewegung« anzuerkennen (vgl. Kontos 1986), und es dauerte, bis sie nicht mehr nur als bürgerlich-reformistische Strömung eingeschätzt, sondern ihre »Patriarchatskritik« als zentraler und die politisch unterschiedlich positionierten Gruppen verbindender politischer Topos erkannt wurde (ebd.: 36).

Die erste Frauenbewegung in Deutschland verfügte über eine übergreifende zentrale Organisation, den Bund deutscher Frauenvereine (BDF; gegründet 1894). Damit stand die Vereinsstruktur als Organisationsform im Mittelpunkt. In den Vereinen waren die Frauen Mitglieder, so dass ihre Mitgliedschaft, auch für die historische Erforschung, zuordenbar war. Die zweite Frauenbewegung hingegen hing eng mit den internationalen sozialen Bewegungen der 1960er und 1970er Jahre zusammen und war stark projektförmig organisiert, auch wenn vielfältige Vereine, wie etwa vereinsförmig organisierte Frauenzentren, Frauenbuchläden und Frauenbildungsstätten, dabei eine Rolle spielten (siehe die folgenden Kapitel). Ihre Bewegungs- und Projektförmigkeit äußerte sich in fluiden Organisationsformen und in zahlreichen damit verbundenen Konflikten. Insgesamt kann für die zweite Frauenbewegung an die Forschungen zu sozialen Bewegungen mit ihren spezifischen Dynamiken und Auseinandersetzungen angeknüpft werden (vgl. Gerhard 2008). Auch die Konflikte sollen Gegenstand dieses Buches sein, denn sie machen deutlich, welches die wichtigen Themen waren, welche unterschiedlichen Positionen damit verbunden waren und wo die Konfliktlinien und Kampffelder lagen und liegen. Konflikte sind Ausdruck von Dynamiken, umstrittenen Themen und Kämpfen um Hegemonie und zeigen, wie um Durchsetzung von Themen, Sichtweisen und Positionen gerungen wird. International agiert und sich an international geführten Debatten beteiligt haben sich beide Bewegungen.

Die zweite Frauenbewegung war auch inhaltlich sehr heterogen. Vieles geschah zu unterschiedlichen Zeiten und an unterschiedlichen Orten. Die theoretische Analyse tendiert dazu, eine inhaltliche, aber auch eine zeitliche und örtliche Ordnung zu schaffen, die Ereignisse nachträglich zu ordnen und damit zu glätten und zu vereinheitlichen (beispielsweise orientierte sie sich an den Geschehnissen in den Großstädten, vor allem Berlin, die Entwicklung in der »Provinz« folgte mit einer gewissen Verzögerung und oft auf andere Art). Die Ziele der Bewegungen waren oft ebenso unklar und unbestimmt wie die Wege zu den unbekannten Zielen (vgl. Rendtorff 2009). Klar war für die Frauen der Frauenbewegung, dass sich sowohl die Verhältnisse als auch die Personen grundlegend verändern müssten und dass es Frauen gelingen würde, diese Veränderungen herbeizuführen. Auch hier kann die Analyse dazu tendieren, das Unbestimmte nachträglich zu konkretisieren. Diese Tendenz einer nachträglichen Systematisierung betrifft ebenfalls die Verbindungen und Verknüpfungen zwischen Frauenbewegung, feministischer Forschung, Geschlechterforschung und pädagogischer Theorie.

Fragen wir nach den Gemeinsamkeiten und Unterschieden zwischen der ersten und der zweiten Frauenbewegung, so kann, auch wenn dies mit gewissen Vereinfachungen verbunden ist, zunächst gesagt werden, dass beide für die gesellschaftliche Teilhabe von Frauen kämpften. Dabei haben die meisten Gruppen der ersten Frauenbewegung und ihres bürgerlichen Flügels stark an der Idee der spezifischen »Kulturaufgabe« der Frau festgehalten, was zu differenten Konzepten von Bildung für die Geschlechter führte (▶ Kap. 2 und ▶ Kap. 4). Dass die weibliche »Kulturaufgabe« aufs engste mit Mutterschaft und Mütterlichkeit verbunden war, führte bei manchen Protagonistinnen zu einer Distanzierung gegenüber Wissenschaft und Intellektualität, außerdem ließ die Behauptung einer Struktur- und Wesensähnlichkeit von Frauen und Kindern die Zuordnung von Frauen zum Elementarbereich und ihre Beschränkung auf die Mädchenbildung plausibel erscheinen (▶ Kap. 2). Für die Berufsbildung bedeutete dies etwa, dass Gertrud Bäumer (1873–1954) als wichtige Protagonistin der bürgerlichen Frauenbewegung sich für spezifisch weibliche Berufe aussprach (vgl. Baader 2018a). Zwar hat die zweite Frauenbewegung nicht mehr von der »Kulturaufgabe« der

Frau gesprochen, aber gleichwohl immer wieder auch nach einer spezifisch weiblichen Kultur oder weiblichen Sozialformen gefragt (vgl. Rendtorff 2016) und auch die Diskussion um die Zuordnung von Frauen zur frühkindlichen Erziehung weitergeführt (vgl. Breitenbach 2010, 2015). Beide Bewegungen haben spezifische und bis heute weiterwirkende Impulse für eine Modernisierung der öffentlichen Kleinkindbetreuung gesetzt (vgl. Baader 2015). Mit diesen Konstellationen verbundene Fragen setzen sich bis heute, wenn auch mit anderer Begrifflichkeit fort, etwa wenn danach gefragt wird, ob eine größere Beteiligung von Frauen in der Politik den Politikstil verändere oder mehr Mädchen in einer Schulklasse förderlich für die Gruppendynamik seien. Allerdings haben die bürgerlichen Frauen der ersten Frauenbewegung bei ihren diesbezüglichen Überlegungen mit »Mütterlichkeit« argumentiert, so etwa die Pädagogin, Sozialdemokratin, Sozialistin, Europaanhängerin und Kritikerin des Nationalstaates Anna Siemsen (1882–1951), die sich von einer stärkeren Beteiligung von Frauen und des damit verbundenen »mütterlichen« Einflusses eine »Humanisierung« der öffentlichen Sphäre und der Politik erhofft hatte (vgl. Pfützner 2018), während die Aktivistinnen der zweiten Frauenbewegung sich diese Humanisierung eher von einer größeren politischen Sichtbarkeit, Wertschätzung von Frauen und ihrer Arbeit und insgesamt dem Einfluss von Frauen auf die politische und gesellschaftliche Sphäre versprachen.

Bildung und Emanzipation

Für beide Frauenbewegungen waren Bildung und Erziehung in ihren theoretischen Konzeptionen, ihrer Institutionalisierung und ihren Praktiken zentrale Bereiche – in diese zu investieren erschien als notwendige Voraussetzung für den politischen Kampf um Gleichberechtigung. Für die erste Frauenbewegung stand der »Kampf um Bildung« für bürgerliche Mädchen und junge Frauen im Zentrum, mit dem Ziel, angesehene Berufsmöglichkeiten für eigenständige Lebensentwürfe und gesellschaftliche Teilhabe zu eröffnen. Der Blick der zweiten Frauenbewegung auf Bildung war stärker auf die Unterstützung von Emanzipationsprozessen, auf Empowerment durch Bildung und mit einer feministischen Wissenschaftskritik auch auf andere Formen der Wissensproduktion sowie auf die Hervorbringung von eigenen Bildungsmedien gerichtet. Während es der ersten Frauenbewegung mit dem Fokus auf frühkindliche Erziehung und Bildung im Kontext der Fröbelbewegung zunächst vor allem um Möglichkeiten der Berufstätigkeit von bürgerlichen Frauen im sozialen Bereich ging (später auch um den Zugang zu höherer Bildung, Abitur und Studium), interessierte sich die zweite Frauenbewegung vor dem Hintergrund der Vereinbarkeit von Familie, Berufstätigkeit und auch von politischem Engagement für Einrichtungen der öffentlichen frühkindlichen Bildung wie die Kinderläden. Sie fragte dabei kritisch nach geschlechterdifferenzierenden Praktiken von Erziehung, Sozialisation und Bildung, in die auch geschlechtstypische Formen von Sorgeverhalten sowie Vorstellungen von Eignung und Passung zum Sozialen eingelassen sind. Die kritische Revision von Wissensbeständen und von Erziehung- und Bildungspraktiken mit ihren In- und Exklusionen stand im Zentrum der Bildungsinitiativen der zweiten Frauenbewegung. Der Begriff der Sozialisation, der um 1970 in Deutschland aufkam und auf die Rezeption US-amerikanischer Sozialwissenschaften zurückging, wurde beispielsweise in Verbindung mit der Frage nach »geschlechtsspezifischer Sozialisation« populär (▶ Kap. 3).

Beide Frauenbewegungen waren jedoch, bei aller Unterschiedlichkeit, mit ihrem Bildungsoptimismus insofern erfolgreich, als sie ein grundlegendes, die Erziehungs- und Bildungsvorstellungen nachgerade revolutionierendes Umdenken in Bezug auf Eignungen und Fähigkeiten von weiblichen und männlichen Kindern und Erwachsenen in Gang setzten. Allerdings fokussierten die beiden Frauenbewegungen unterschiedliche Institutionen und Organisationen sowie unterschiedliche Themen und Strategien bezüglich ihrer Bildungsbemühungen.

Seit den 1970er/1980er Jahren hat sich die historische Frauen- und Geschlechterforschung intensiv mit dem Verhältnis von privat und öffentlich auseinandergesetzt und dabei die Annahme einer strikten Dichotomie zunehmend infrage gestellt (Opitz-Belakhal 2010: 97ff.). Gleichwohl ist die Verhältnisbestimmung von privat und öffentlich bedeutsam für Geschlechterordnungen und Geschlechterverhältnisse. Der Slogan »Das Private ist politisch« kann als zentral für die zweite Frauenbewegung betrachtet werden. Nicht als Motto, aber als Denkfigur ist diese Perspektive jedoch auch in der ersten Frauenbewegung schon präsent. In der Geschichtsschreibung der Frauenbewegung wird dieser Slogan der zweiten Frauenbewegung mit der Thematisierung »innerfamiliärer Gewalt- und Ausbeutungsverhältnisse« sowie mit der Entscheidung über die »Gebärfähigkeit« in Verbindung gebracht (ebd.: 97). Für die zweite Frauenbewegung in der Bundesrepublik standen allerdings 1967/68 zunächst kritische Anfragen an die familiäre Arbeitsteilung und die Zuständigkeit für die Kindererziehung und damit auch Erziehungsfragen im Vordergrund, was jedoch in der Geschichtsschreibung der Frauenbewegung gerne übersehen wird (Baader 2008; Lenz 2008; Rendtorff 2009). Die zweite Frauenbewegung nahm also ihren Auftakt mit einem Erziehungsthema. Auch international war die Frage nach der Kindererziehung für die Anfänge der zweiten Frauenbewegung durchaus bedeutsam, so etwa bei der US-amerikanischen Feministin Shulamith Firestone (vgl. Firestone 1970).

Zentral für die zweite Frauenbewegung waren zudem die Universitäten als Orte der Bildung, der Wissenstradierung und Wissensproduktion. Dies zeigt sich etwa in Fragen nach der Repräsentanz von Frauen auf allen Ebenen der Universität und in den Auseinandersetzungen um Frauen als Subjekt und Objekt der Wissenschaft, so etwa im Zusammenhang mit den »Sommeruniversitäten« in Westberlin (Gruppe Berliner Dozentinnen 1977; ▶ Kap. 2 und ▶ Kap. 13). Das Bestreben, Frauen- und Geschlechterforschung sowie Genderstudien als Teile des universitären Curriculums oder gar als eigene Studiengänge an den Universitäten zu institutionalisieren, dokumentiert die Bedeutung, die universitären und akademischen Wissensformen beigemessen wird. Während sich in den frühen Texten der zweiten Frauenbewegung Ende der 1960er Jahre in der Bundesrepublik das Ringen um Begrifflichkeit zur Bezeichnung von Geschlechterungleichheiten zeigte (vgl. Baader 2008), wurde zunehmend, auch international, der Begriff des Patriarchats als gesellschaftsanalytisches Konzept zur zentralen Referenz. Emanzipation, Befreiung und Selbstbestimmung waren darüber hinaus wichtige Schlagworte. Für Fragen der Selbstbestimmung stellten in der zweiten Frauenbewegung Sexualität, Körper und Gesundheit sowie Gewalt bedeutsame Aspekte dar (▶ Kap. 9, ▶ Kap. 10, ▶ Kap. 11). Die Aneignung von Wissen über den eigenen Körper war Ziel der internationalen Frauengesundheitsbewegung. Bücher wie »Our Bodies, Ourselves«, 1970 vom »Boston Womens Health Collective« herausgegeben und in viele Sprachen übersetzt bzw. für viele Länder angepasst, waren wichtige Meilensteine der internationalen Frauengesundheitsbewegung, die auch in der Bundesrepublik ein wesentlicher Motor der Frauenbewegung war. Insofern kann auch die Frauengesundheitsbewegung als eine »Frauenbildungsbewegung« bezeichnet werden, ging es doch um Formen der Wissensaneignung über den eigenen Körper und sein Funktionieren und damit um Gesundheitsbildung. 1980 wurde der internationale Bestseller unter dem Titel »Unser Körper – unser Leben« ins Deutsche übertragen. 1981 erschien mit »A New View of Woman's Body« der US-Amerikanerin Carol Downer ein weiteres einschlägiges Buch, das das bisherige Wissen über den weiblichen Körper und seine Sexualorgane revolutionierte (▶ Kap. 10). Auch damit wird die Intention, neues Wissen zu schaffen, die für die zweite Frauenbewegung zentral war, unterstrichen. Versuche der Weiterführung der Frauengesundheitsbewegung im digitalen Zeitalter erweisen sich hingegen derzeit als schwierig.

Nicht zuletzt ist das Streben nach einer anderen, besseren Art von Bildung auch für die Themenfelder der Sozialen Arbeit zentral. Die Kritik an der geschlechtstypischen Teilung von Sorge sowie den geschlechterbezogenen gesellschaftlichen Gewaltverhältnissen hatte auch hier Sozialisationsprozesse, Denkgewohnheiten und erziehungsbedingte Gewöhnungen an Über- und Unterordnungen als zentral erkannt, denen mit Aufklärung, durch Wissen, einer anderen Bildung und Erziehung und damit letztendlich auch veränderten Sozialbeziehungen begegnet werden könnte. Es ist die Geschlechterforschung, die den Sorgebegriff und Theorien der Sorge in den letzten Jahren stark in die Diskussion eingebracht und theoretisch entfaltet hat (▶ Kap. 6). Dabei wurde – im Anschluss an transnationale feministische Theorien – auch dafür votiert, den Sorgebegriff in der Erziehungswissenschaft als den übergreifenden Begriff zu fassen, der Erziehung und Bildung einschließt, da er die Grundlage aller sozialer Beziehungen darstellt (vgl. Baader/Eßer/Schröer 2014: 7–20). Diese Impulse wurden von der Disziplin aber eher abgewehrt.

Mit unserer Frage nach der Thematisierung von Erziehung, Bildung, Sozialisation und Sorge durch die Frauenbewegungen bearbeiten wir ein breites Thema, in das wir lediglich einige Schneisen schlagen können. Dabei liegt der Fokus schwerpunktmäßig auf der Bundesrepublik, den Blick auf die DDR und auf andere Länder nehmen wir nur sehr punktuell ein. Wir haben uns für eine gemeinsame Autorinnenschaft entschieden, da wir alle Kapitel gemeinsam schreiben und diskutieren, auch wenn unsere Positionen sich nicht in allen Fragen decken. Damit repräsentieren wir selbst Aspekte der Vielstimmigkeit des Feminismus, der zugleich Teil seiner Lebendigkeit ist.

Literatur

Baader, Meike Sophia (2008): Das Private ist politisch. Der Alltag der Geschlechter, die Lebensformen und die Kinderfrage. In: Dies. (Hrsg.), Seid realistisch, verlangt das Unmögliche. Wie 68 die Pädagogik bewegte (S. 153–172). Weinheim: Beltz.

Baader, Meike Sophia (2015): Modernizing Early Childhood Education: The Role of German Women's Movement after 1848 and 1968. In: Harry Willekens/Kirsten Scheiwe/Kristen Nawrotzki (Hrsg.), The Development of Early Childhood Education in Europe and North America. Historical and Comparative Perspectives (S. 217–234). Houndmills: Palgrave Macmillan.

Baader, Meike Sophia (2018a): Autorität, antiautoritäre Kritik und Autorisierung im Spannungsfeld von Politik, Erziehung und Geschlecht im 20. und 21. Jahrhundert. In: Hilge Landweer/Catherine Newmark (Hrsg.), Wie männlich ist Autorität? Feministische Kritik und Aneignung (S. 87–124). Frankfurt am Main: Campus.

Baader, Meike Sophia (2018b): Von der Normalisierung zur De-Zentrierung nach 1968. Mütterlichkeit, Weiblichkeit und Care in der Alten und in der Neuen Frauenbewegung. In: Antje Langer/Claudia Mahs/Barbara Rendtorff (Hrsg.), Weiblichkeit – Ansätze zur Theoretisierung. Jahrbuch Frauen- und Geschlechterforschung in der Erziehungswissenschaft, Bd. 14 (S. 15–37). Opladen: Barbara Budrich.

Baader, Meike Sophia/Eßer, Florian/Schröer, Wolfgang (Hrsg.) (2014): Kindheiten in der Moderne. Eine Geschichte der Sorge. In: Dies.: Kindheiten in der Moderne. Eine Geschichte der Sorge (S. 7–20). Frankfurt am Main: Campus.

Berg, Christa/Herrlitz, Georg/Horn, Klaus-Peter (2004): Kleine Geschichte der Deutschen Gesellschaft für Erziehungswissenschaft. Eine Fachgesellschaft zwischen Wissenschaft und Politik. Wiesbaden: Springer VS.

Boston Women's Health Book Collective (1970): Our Bodies Ourselves. New York: Simon & Schuster.

Bock, Gisela (2005): Frauen in der europäischen Geschichte. Vom Mittelalter bis zur Gegenwart. München: C.H. Beck.

Breitenbach, Eva (2010): Zur Bedeutung der Geschlechtszugehörigkeit für die Arbeit im Elementarbereich. In: Jörg Hagedorn et al. (Hrsg.), Ethnizität, Geschlecht, Familie und Schule. Heterogenität als erziehungswissenschaftliche Herausforderung (S. 141–157). Wiesbaden: VS.

Breitenbach, Eva et al. (2015): Männer in Kindertageseinrichtungen. Eine rekonstruktive Studie über Geschlecht und Professionalität. Opladen: Barbara Budrich.

Breitenbach, Eva (2018): Von Frauen, für Frauen. Frauenhausbewegung und Frauenhausarbeit. In: Diana Franke-Meyer/Carola Kuhlmann (Hrsg.), Soziale Bewegungen und Soziale Arbeit. Von der Kindergartenbewegung zur Homosexuellenbewegung (S. 211–223). Wiesbaden: VS.

Casale, Rita/Windheuser, Jeanette (2019): Feminismus nach 1945. In: Markus Rieger-Ladich et al. (Hrsg.), Erinnern, Umschreiben, Vergessen. Die Stiftung des disziplinären Gedächtnisses als soziale Praxis (S. 158–186). Weilerswist: Velbrück.

Crenshaw, Kimberlé (1989): Demarginalizing the Intersection of Race and Sex: A Black Feminist Critique of Antidiscrimination Doctrine, Feminist theory, and Antiracist Politics. In: University of Chicago Legal Forum, 14, S. 538–554. Online verfügbar unter: https://chicagounbound.uchicago.edu/cgi/viewcontent.cgi?article=1052&context=uclf, Zugriff am 16.10.2020.

Davis, Angela (1981): Women, Race & Class. New York: Vintage Books.

Davis, Cathy (2008): Intersectionality as a buzzword. A sociology of science perspective on what makes a feminist theory successful. In: Feminist Theory, 9 (1), 67–85.

Dingler, Catrin (2019): Der Schnitt. Zur Geschichte der Bildung weiblicher Subjektivität. Frankfurt am Main: Campus.

Diehm, Isabell/Messerschmidt, Astrid (Hrsg.) (2013): Das Geschlecht der Migration. Bildungsprozesse in Ungleichheitsverhältnissen. Jahrbuch Frauen- und Geschlechterforschung in der Erziehungswissenschaft, Bd. 9. Opladen: Barbara Budrich.
Dohm, Hedwig (1910): Einheitsschule und Koedukation. In: Elke Frederiksen (Hrsg.) (1981), Die Frauenfrage in Deutschland 1865–1915 (S. 232–239). Stuttgart: Reclam.
Downer, Carol (1981): A New View of Woman's Body. New York: Simon & Schuster.
Feminismus Seminar (Hrsg.) (2014): Feminismus in historischer Perspektive. Eine Reaktualisierung. Bielefeld: transcript.
Firestone, Shulamith (1970): The Dialectic of Sex. New York: Morrow.
Fischer, Dietlind/Jacobi, Juliane/Koch-Priewe, Barbara (Hrsg.) (1996): Schulentwicklung geht von Frauen aus. Zur Beteiligung von Lehrerinnen an Schulreformen aus professionsgeschichtlicher, biographischer, religionspädagogischer und fortbildungsdidaktischer Sicht. Weinheim: Deutscher Studienverlag.
Forster, Edgar (2020): Männlichkeit und soziale Reproduktion. Zur Geschichtlichkeit der *Critical Studies on Men and Masculinities*. In: Ders. et al. (Hrsg.): Geschlecht-er denken. Theoretische Erkundungen (S. 83–150). Opladen: Barbara Budrich.
Gerhard, Ute (2008): Frauenbewegung. In: Roland Roth/Dieter Rucht (Hrsg.), Die sozialen Bewegungen in Deutschland seit 1945 (S. 187–218). Frankfurt am Main: Campus.
Gerhard, Ute (2018): Frauenbewegung und Feminismus. Eine Geschichte seit 1789. München: C.H. Beck.
Gilcher-Holtey, Ingrid (2005): Die 68er Bewegung. Deutschland – Westeuropa – USA. München: C.H. Beck
Gippert, Wolfgang/Kleinau, Elke (2014): Bildungsreisende und Arbeitsmigrantinnen. Auslandserfahrungen deutscher Lehrerinnen zwischen nationaler und internationaler Orientierung (1850–1920). Beiträge zur Historischen Bildungsforschung, Bd. 46. Köln: Böhlau.
Graneß, Anke/Kopf, Martina/Kraus, Magdalena (2019): Feministische Theorie aus Afrika, Asien und Lateinamerika. Wien: facultas.
Gruppe Berliner Dozentinnen (Hrsg.) (1977): Frauen und Wissenschaft. Beiträge zur Berliner Sommeruniversität. Berlin: Courage-Verlag.
Irigaray, Luce (1987): Zur Geschlechterdifferenz. Interviews und Vorträge. Wien: Wiener Frauenverlag.
Jacobi, Juliane (2008): Die Erziehungswissenschaft im Jahr 2007: Potential und Grenzen feministischer Wissenschaftskritik in einer »handlungsorientierten« Wissenschaft. In: Rita Casale/Barbara Rendtorff (Hrsg.), Was kommt nach der Genderforschung? Zur Zukunft der feministischen Theoriebildung (S. 83–101). Bielefeld: transcript.
Jacobi, Juliane (2013): Mädchen- und Frauenbildung in Europa. Von 1500 bis zur Gegenwart. Frankfurt am Main: Campus.
Kaiser, Astrid (2009): Erziehungswissenschaftliche Genderforschung in der Schulpädagogik und autonome Organisierung von Frauen und Schule. In: Edith Glaser/Sabine Andresen (Hrsg.), Disziplingeschichte der Erziehungswissenschaft als Geschlechtergeschichte. Jahrbuch Frauen- und Geschlechterforschung, Bd. 5 (S. 61–76). Opladen: Barbara Budrich.
Karsch, Margret (2016): Feminismus. Geschichte – Positionen. Bonn: Bundeszentrale für politische Bildung.
Kleinau, Elke/Opitz, Claudia (Hrsg.) (1996): Geschichte der Frauen- und Mädchenbildung. 2 Bde. Frankfurt am Main: Campus.
Kleinau, Elke/Mayer, Christine (1996): Erziehung und Bildung des weiblichen Geschlechts. Eine kommentierte Quellensammlung zur Bildungs- und Berufsbildungsgeschichte von Mädchen und Frauen. Weinheim: Deutscher Studien Verlag.
Klimek, Brigitte (2002): Mädchenbildung zwischen Traditionsbindung und Reformanspruch. Dissertation Universität Bonn, o. V.
Knapp, Gudrun-Axeli (2012): Im Widerstreit. Feministische Theorie in Bewegung. Wiesbaden: VS Verlag für Sozialwissenschaften.
Kontos, Silvia (1986): Modernisierung der Subsumtionspolitik. Die Frauenbewegung in den Theorien neuer sozialer Bewegungen. In: Feministische Studien: Zeitschrift für interdisziplinäre Frauen- und Geschlechterforschung, 5 (2), 34–49. Online verfügbar unter: https://doi.org/10.25595/667, Zugriff am 16.10.2020.

Kulaçatan, Meltem/Behr, Harry Harun (Hrsg.) (2020): Migration, Religion, Gender und Bildung. Beiträge zu einem erweiterten Verständnis von Intersektionalität. Bielefeld: transcript.

Krüger-Potratz, Marianne/Lutz, Helma (2002): Sitting at a crossroad – wie werden kulturelle, nationale, ethnische und Geschlechterdifferenzen theoriegeleitet erfasst und mit welchen Instrumenten werden sie erhoben? In: Tertium Comparationis, 2002 (2), 81–92.

Lenz, Ilse (2008) (Hrsg.): Die Neue Frauenbewegung in Deutschland. Wiesbaden: Springer VS.

Maihofer, Andrea (1995): Geschlecht als Existenzweise. Macht, Moral, Recht und Geschlechterdifferenz. Frankfurt am Main: Ulrike Helmer.

Notz, Gisela (2006): Warum flog die Tomate? Die autonome Frauenbewegung der Siebziger Jahre. Neu-Ulm: AG SPAK.

Offen, Karen (2000): European Feminisms: A Political History: Stanford: University Press.

Offen, Karen (2017): Writing the History of Feminism. (Old and New). Impact and Impatience. In: Kristina Schulz (Hrsg.), The Women's Liberation Movement. Impacts and Outcomes (S. 320–337). New York: Berghahn.

Prengel, Annedore (1990): Gleichheit versus Differenz. Eine falsche Alternative im feministischen Diskurs. In: Ute Gerhard et al. (Hrsg.), Differenz und Gleichheit. Menschenrechte haben (k)ein Geschlecht (S. 120–128). Königstein im Taunus: Ulrike Helmer.

Smith, Hilda (1976): Feminism and the Methodology of Women's History. In: Berenice A. Caroll (Hrsg.), Liberating Women's History (S. 369–384). Chicago: University of Illinois.

Stögner, Karin (2014): Antisemitismus und Antifeminismus. Historisch-gesellschaftliche Konstellationen. Baden-Baden: Nomos.

Opitz-Belakhal, Claudia (2010): Geschlechtergeschichte. Frankfurt am Main: Campus.

Pfützner, Robert (2018): Rezension zu: von Bargen, Marleen: Anna Siemsen (1882–1951) und die Zukunft Europas. Politische Konzepte zwischen Kaiserreich und Bundesrepublik. Stuttgart 2017. In: H-Soz-Kult, 27.07.2018. Online verfügbar unter: www.hsozkult.de/publicationreview/id/reb-26564, Zugriff am 16.10.2020.

Rendtorff, Barbara (2006): Erziehung und Geschlecht. Stuttgart: Kohlhammer.

Rendtorff, Barbara (2009): »Blöde Weiber, wollt Ihr ewig Hausarbeit machen?!« – Über gewonnene und zerronnene Veränderungen im Geschlechterverhältnis. In: Jahrbuch für Pädagogik 2008: 1968 und die neue Restauration (S. 135–152). Frankfurt am Main: Peter Lang.

Rendtorff, Barbara (2016): »Diese Frau ist die Frau eines Mannes«. Geschlechterbezogene Entwürfe von Individualität und Sozialität. In: Norbert Ricken/Rita Casale/Christiane Thompson (Hrsg.), Die Sozialität der Individualisierung (S. 73–87). Paderborn: Ferdinand Schöningh.

Rendtorff, Barbara (mit Elke Kleinau, Birgit Riegraf) (2016): Bildung – Geschlecht – Gesellschaft. Weinheim: Beltz.

Rieske, Thomas Viola (2016): Zur Geschichte der Sektion Frauen- und Geschlechterforschung. Online verfügbar unter: https://www.dgfe.de/sektionen-kommissionen-ag/sektion-11-frauen-und-geschlechterforschung-in-der-erziehungswissenschaft/archiv.html.

Scott, Joan (1993): Von der Frauen- zur Geschlechtergeschichte. In: Hanna Schissler (Hrsg.), Geschlechterverhältnisse im historischen Wandel (S. 37–58). Frankfurt am Main: Campus.

Walgenbach, Katharina (2014): Heterogenität – Intersektionalität – Diversität in der Erziehungswissenschaft. Opladen: Barbara Budrich.

Walser, Karin (1986): Dienstmädchen. Frauenarbeit und Weiblichkeitsbilder um 1900. Frankfurt am Main: Verlag Neue Kritik.

Winker, Gabriele/Degele, Nina (2009): Intersektionalität. Zur Analyse sozialer Ungleichheit. Bielefeld: transcript.

Pädagogische Themenfelder der Frauenbewegungen

2 Bildung

2	Bildung	29
	Ausgangslage und Anliegen im 19. Jahrhundert	30
	Ausgangslage und Anliegen in den 1970er Jahren	35
	Anknüpfungspunkte der Frauenbewegungen	37
	Die Debatten um Mono- und Koedukation	41
	Resümee und Ausblick	45
	Literatur	47

Das Verhältnis zwischen den Frauenbewegungen mit ihren Emanzipationsbestrebungen, den jeweiligen gesellschaftspolitischen Dynamiken und den Bildungsvorstellungen ist von komplexer wechselseitiger Beeinflussung gekennzeichnet, die es nicht gestattet, verursachende Impulse auf der einen und Reaktionen auf der anderen Seite zu identifizieren. Auch sind auf allen drei Ebenen die Entwicklungen so widersprüchlich, bestehen gleichzeitig widerstrebende Veränderungs- und Entwicklungsdynamiken, dass weder von »den« Bildungskonzepten noch von »den« Frauenbewegungen gesprochen werden kann.

Bei aller Vorsicht lässt sich jedoch als Wirkzusammenhang zeigen, dass die engagierten Frauen – einzelne und Gruppen, individuell oder organisiert – regelmäßig aus dem gerade aktuellen gesellschaftlichen Veränderungspotential einige Aspekte herausgreifen, verstärken, zu politischen Forderungen und/oder Aktivitäten verdichten und diese jeweils auch, oder sogar vorrangig, auf Bildungsfragen beziehen: In mehr und besserer Bildung scheint durchgängig der Schlüssel zu innerer Freiheit des Denkens, zur Selbstbestimmung, zur Forderung nach Beteiligung[1] und Teilhabe und der Verbesserung der gesellschaftlichen Lage von Frauen (und letztlich der gesamten Gesellschaft) zu liegen. Dies soll zunächst an einigen Beispielen exemplarisch gezeigt werden.

Offen bleibt dabei jedoch, welches Wissen jeweils angestrebt wird und wie die Wege seiner Vermittlung aussehen sollen. Dazu gehört auch die Frage, ob Mädchen/Frauen gemeinsam mit Jungen/Männern lernen oder getrennt? Dies betrifft weniger den Elementar- und Primar-, sondern vor allem den Sekundarbereich, aber auch die außerschulische Bildung und schließlich den tertiären Bereich. Dies bildet den letzten Abschnitt des Kapitels.

---

1 »Beteiligung« und »Teilhabe« waren zentrale Begriffe bei Aktivistinnen der bürgerlichen Frauenbewegung wie Helene Lange (1848-1930) und Gertrud Bäumer (1973-1954) bis zu Marianne Weber (1870-1954) und auch in der Petition »Gelbe Broschüre« von 1888.

Ausgangslage und Anliegen im 19. Jahrhundert

Bereits bei den im Vormärz aktiven Frauen(gruppen) zeigte sich deutlich das Anliegen, Impulse für verbessertes Wissen und Bildung von Frauen zu setzen. Zwar überwogen hier die auf die Veränderung der gesamten Gesellschaft bezogenen revolutionären Töne und ging es etwa Louise Otto[2] darum, die Teilnahme der Frauen am Staatsleben nicht nur als Recht, sondern als eine Pflicht zu sehen (Paletschek 1991: 51) – aber bereits hier wurde eine bessere Bildung als Grundlage für gesellschaftliche Teilhabe angesehen und gefordert. Die politisch aktiven »freisinnigen Frauenvereine« hatten aber explizit nicht eine Kopie männlicher Verhaltensweisen im Sinn, sie wollten auch nicht zu den »Emancipirten« gerechnet werden, die »das Weib zur Caricatur des Mannes herabwürdigten« (Frauen-Zeitung 1849), noch stellten sie die vorrangige Verantwortung der Frauen für die Familie in Frage – aber Bildung schien für Frauen aller Stände unabdingbar notwendig, als Basis für ein wachsendes politisches Selbstbewusstsein: »Jede für Alle, und daß wir vor Allem Derer zumeist uns annehmen, welche in Armuth, Elend und Unwissenheit vergessen und vernachlässigt schmachten« (ebd.).

Louise Otto-Peters war auch an den Gründungen des ersten Frauenbildungsvereins 1865 und wenig später des Allgemeinen Deutschen Frauenvereins ADF maßgeblich beteiligt, dem organisatorischen Grundstein der ersten Frauenbewegung. In den Aktivitäten der Frauenbewegung wird in den nächsten Jahrzehnten das Ringen um eine verbesserte und institutionalisierte Mädchen- und Frauenbildung einen ganz zentralen Platz einnehmen und die akademische Pädagogik nachhaltig beeinflussen.

Umgekehrt war die elementarpädagogische Bewegung, die von Friedrich Fröbel angestoßen wurde, nicht vorrangig politisch motiviert, geriet aber im Zusammenhang mit den revolutionären Bewegungen von 1848 durchaus in einen politischen Kontext (▶ Kap. 4). Die Fröbelbewegung entstand im kirchenkritischen Umfeld der freireligiösen Bewegung (Allen 1996: 25) und stand ebenfalls in Zusammenhang mit Versuchen der Herausbildung einer nationalen Identität, die der Erziehung auch der jüngeren Kinder eine nationale Wichtigkeit beimaß. Zeittypisch ist hier die Mutterschaft nicht vorrangig biologisch konzipiert, sondern vor allem als ethisch und kulturell begründete Aufgabe der Frauen. In diesem Kontext entstand auch der Ausdruck »Geistige Mütterlichkeit« als Beschreibung der Befähigung von Frauen, einen professionellen gesellschaftlichen und politischen Beitrag zur Gesellschaft, ihrer Erneuerung und Verbesserung zu leisten.

Auch wenn der Elementarbereich nicht wie in England oder Frankreich zur »Elementarschule« ausgebaut wurde (Jacobi 2013: 261), nahmen doch die so angesprochenen Frauen das Angebot professionalisierter Ausbildung als »Kindergärtnerin« in großer Zahl mit Interesse an. Mit der Professionalisierung wiederum wuchs ihr Selbstbewusstsein, das ihnen in politischen Auseinandersetzungen dazu

---

2 Louise Otto, später Otto-Peters (1819-1895), Schriftstellerin und politische Aktivistin

verhalf, ihre Herabsetzung *als Frauen* selbstbewusst zurückzuweisen (Allen 1996: 27). Wenngleich also hier ein pädagogisches Konzept einen Impuls gesetzt hat, ist es doch dem Einfluss der Frauenbewegung geschuldet, dass es in seiner gesamtgesellschaftlichen und gesellschaftspolitischen Dimension gesehen wurde. Hatte Fröbel den Müttern eine wesentliche kulturschöpfende Aufgabe zugeschrieben, so war es der Beitrag der selbstbewusst gewordenen Kindergärtnerinnen, aus dieser Aufgabe den Anspruch auf gesellschaftliche Anerkennung für sich als Frauen und für ihre Arbeit mit den kleinen Kindern zu entwickeln.

Im Falle der höheren Mädchenschulen ist das Verhältnis von Pädagogik, Gesellschaft und Frauenbewegung wiederum etwas anders gelagert, und es mischen sich die politischen und pädagogischen mit berufsständischen Interessenlagen. In den 1880er Jahren waren diverse regionale Lehrerinnen-Verbände entstanden, die sich 1890 im Allgemeinen Deutschen Lehrerinnenverein ADLV zusammenschlossen und später auch Sektionen zu unterschiedlichen Schulformen bildeten. Durchaus auch mit Bezug auf den Topos »Geistige Mütterlichkeit« forderten die Lehrerinnen die Gründung von öffentlichen Einrichtungen zur wissenschaftlichen Ausbildung von Lehrerinnen sowie eine größere Beteiligung der Lehrerinnen am Unterricht in der Mittel- und Oberstufe der öffentlichen höheren Mädchenschulen, die im Geiste des Ideals nationaler Bildungsinteressen aufgewertet werden sollten. Diese Forderung brachte die männlichen und die weiblichen Professionsgruppen miteinander in Konkurrenz und Konflikt (die organisierten Mädchenschulpädagogen leisteten erbitterten Widerstand) und nötigte die Lehrerinnen mehr und mehr dazu, ihre Eignung zum Unterrichten aus ihrer Weiblichkeit abzuleiten: Die bessere Eignung von Frauen für den Lehrberuf an den höheren Mädchenschulen plausibilisieren sie mit einer Vorbildfunktion für die Schülerinnen und damit, dass sie sich als Frauen besser in diese hineinversetzen könnten. Besonders in den »ethischen Fächern« (Deutsch, Religion und Geschichte), den Fächern der »Erziehung«, habe die Lehrerin einen besseren Zugang zu den Schülerinnen als ein Lehrer – die Fächer Religion und Deutsch sollten vorrangig von Lehrerinnen unterrichtet werden (Lange, in Dauzenroth 1964: 33ff.).

Zwar war die Anstellung in höheren Mädchenschulen nicht gleichwertig zu der in den Knabenschulen angesehen, doch war sie für männliche Lehrer, die an den Knabengymnasien nicht untergekommen waren, eine wichtige alternative Berufsmöglichkeit. Weil andererseits die Lehrer eine bessere akademische Ausbildung hatten als die nur seminaristisch, also in einem Lehrerinnenseminar, ausgebildeten Lehrerinnen, hätte deren Anerkennung als gleichgestellte Lehrkräfte den Vorsprung der Lehrer negiert – aber umgekehrt hätte die Schlechterstellung der Lehrerinnen das gerade neu etablierte Berufsfeld für bürgerliche Frauen wieder gefährdet (Kraul 1991: 281). Beide Gruppen bemühten sich deshalb massiv darum, ihren Interessen mit Hilfe von Denkschriften und Petitionen Nachdruck zu verleihen, was politische Lösungen schwierig machte. Angesichts ihrer politischen Schwäche und Erfolglosigkeit wurden die Lehrerinnen deshalb selbständig praktisch-pädagogisch aktiv. Sie richteten 1889 eigene Realkurse (später sogar Gymnasialkurse) für Mädchen und Frauen ein und erzwangen letztlich Veränderungen auf beiden Ebenen: auf der politischen Ebene mit der Zulassung von

Frauen zu Abitur und Studium sowie auf der pädagogischen Ebene mit der Anerkennung gleichwertiger Bildungsansinnen von Frauen – auch wenn deren konkrete Bildungswege noch für lange Zeit länger, umständlicher und immer weiter durch andere Formen von Exklusion aufgrund der Geschlechtszugehörigkeit gekennzeichnet waren als die der Knaben und jungen Männer (Nieswandt 1996).

Die Zulassung zum Abitur wiederum zwang die Universitäten sukzessive, sich für Studentinnen zu öffnen, was anderswo schon länger gang und gäbe war – Deutschland bildete hier im europäischen Vergleich und dem zur USA (in Bezug auf das Medizinstudium sogar international; Brinkschulte 2005: 105) ein Schlusslicht. Dabei spielte es eine Rolle, dass in Deutschland der Zugang zu den Professionen über ein akademisches Studium geregelt war, während etwa in der Schweiz, die ihre Tore früh öffnete, ein akademisches Studium in der Regel nicht entscheidend für den Zutritt zu den Professionen war (vgl. Costas 1992). Damit wird deutlich, um welche Privilegien bei der Zulassung zu den Universitäten gekämpft wurde, ging es dabei doch stark um Zugang zu prestigeträchtigen und einflussreichen akademischen Berufen. In Frankreich erfolgte der Zugang zu den Eliteuniversitäten erst Mitte des 20. Jahrhunderts, und separierte Eliteeinrichtungen für Frauen wurden erst 1940 den männlichen gleichgestellt (ebd.: 125). Der Weg, eigene Hochschulen für Frauen zu gründen, wie er etwa auch in England erfolgte, wurde in Deutschland nicht beschritten. Helene Lange besuchte 1889 das Frauencollege in Cambridge, und vermutlich erschien ihr dieses Modell aufgrund der hohen Normierung des Bildungssystems im Deutschen Reich nicht übertragbar (Jacobi 2010: 105).

Insgesamt ist die Öffnung der Universitäten für Frauen durch viele Ungleichzeitigkeiten und Widersprüche gekennzeichnet, insbesondere auch im internationalen Vergleich. Dabei sind die unterschiedlichen Abschlüsse und ihre Bedeutung sowie die verschiedenen Qualifikationen im Universitätswesen, wie Promotionen und Habilitationen zu berücksichtigen. Eine bedeutsame Rolle spielten auch die Unterschiede in der Organisation der Universitäten, korrigiert werden müssen aber auch Vorstellungen von typischen Frauenfächern (vgl. Maurer 2010: 18), gehörten doch zu den Pionierinnen des Frauenstudiums sehr viele Naturwissenschaftlerinnen. Dies hatte um 1900 auch mit der Expansion der Naturwissenschaften und entsprechend geringeren Konkurrenzängsten zu tun, so dass den Frauen weniger Widerstände entgegengesetzt wurden. So war es beispielsweise an der Universität Heidelberg die naturwissenschaftliche Fakultät, die eine Vorreiterrolle für die Zulassung von Frauen übernahm. Sie setzte sich ab 1891 für die Zulassung von Gasthörerinnen und 1895 – gegen das Votum des Senats der Universität – für das Promotionsrecht für Frauen ein. Grundsätzlich fügten sich die Gremien der Universität nur widerwillig den politischen Erlassen der Badischen Landesregierung aus dem Jahre 1900, Frauen zum »Heiligtum der Universität« (Hedwig Dohm) zuzulassen (vgl. Baader 1995).

Zu den Gemeinsamkeiten der Auseinandersetzungen um das Frauenstudium im internationalen Vergleich gehören insbesondere zwei Aspekte. Übereinstimmend ist zum einen die enge Verbindung von Aktivistinnen, die für die Zulassung stritten, mit der Frauenbewegung (vgl. Maurer 2010: 20). Zum anderen wurden in allen Ländern bei der Diskussion um das Frauenstudium die Auswirkungen auf die männlichen Geschlechtsgenossen diskutiert (ebd.: 19). Dies macht deutlich, dass die Universitäten nicht nur Räume der Bildung und Wissenschaft, sondern auch der männlichen Sozialisation waren (ebd.: 10). So stellte etwa der Alkoholkonsum wie auch andere Rituale der männlichen Studentenverbindungen für die erste Generation von Studentinnen ein Thema dar. Diese trafen an der Universität entweder auf Galanterie und Kavaliershaltung seitens der männlichen Studenten (vgl. Baader 1992: 227) – oder auch auf ein feindseliges Klima: Nicht nur von Seiten der Lehrenden, denn auch die männlichen Kommilitonen würden den Studentinnen gerne »unabsichtlich‹ aufs Kleid treten, ihnen beim Besetzen der Plätze Knüffe beibringen, ihnen Kleckse in die Hefte machen, sie an den Kleiderhaken und beim Aufsuchen der Sitze wegdrängen«, schreibt ein Anonymus 1911 in der Münsteraner Universitätszeitung (Brinkschulte 2005: 111).

Ein Thema der frühen Studentinnen war aber auch das Verhältnis zur älteren Generation der frauenbewegten Kämpferinnen für das Frauenstudium. So wollte beispielsweise der Verein »Frauenstudium-Frauenbildung«, der sich für die Zulassung von Frauen eingesetzt hatte und dem in Heidelberg unter anderen die Protagonistin der bürgerlichen Frauenbewegung Marianne Weber (1870–1954) angehörte, die erste Generation von Studentinnen zu ihrer Jugendgruppe machen. Diese aber rebellierte gegen die Generation ihrer kollektiven Mütter. »Wir waren jung und wollten unabhängig sein, wir wollten keine alten Tanten und wollten nicht gegängelt werden«, so die erste Medizinstudentin in Heidelberg, Rahel Straus (1880–1963) (Straus 1961: 94). Sie hatte am ersten Mädchengymnasium in Deutschland, das auf Betreiben des Vereins »Frauenstudium-Frauenbildung« 1893 in Karlsruhe gegründet wurde, 1899 Abitur gemacht und in der ersten Abiturrede einer Frau in Deutschland über die Bildungschancen von jungen Mädchen und das akademische Studium gesprochen. Um ihre Freiheit und Unabhängigkeit zu wahren, gründeten die ersten Studentinnen eine eigene Studentinnengruppe, die »Vereinigung studierender Frauen«, den Verein von Marianne Weber und anderen nannten sie spöttisch »Frauentugend-Frauenmilde« (vgl. Baader 1992: 221ff.).

Mit dem skizzierten Generationenkonflikt ist zugleich eine Konstellation angesprochen, die sowohl die alte als auch die neue Frauenbewegung immer wieder beschäftigte: die Jüngeren wollten mit den Älteren, die Rechte erkämpft hatten, nichts mehr zu tun haben, sie wollten unabhängig sein und den Älteren nichts verdanken, auch wenn sie sich unter Umständen selbst als Frauenrechtlerinnen verstanden, wie es bei Rahel Straus dezidiert der Fall war. Aber diese Konflikte weisen auch noch eine andere Dimension auf, die mit dem Verhältnis zwischen Kultur- und Naturwissenschaften zu tun haben. Denn der von Marianne Weber und anderen geführte Verein »Frauenstudium-Frauenbildung« hatte ein distanziertes Verhältnis zu den Naturwissenschaften. Marianne Weber entfaltete in ihrem Text »Die Beteiligung der Frau an der Wissenschaft« aus dem Jahre 1904 ganz in der Logik von der spezifischen »Kulturaufgabe der Frau«, dass die Frauen in den Kulturwissenschaften aufgrund ihrer »Gabe, sich in die Gefühlswelt anderer zu versetzen« und »einer spezifischen Stoffauswahl nach besonderen weiblichen ›Gesichtspunkten‹ der Wissenschaft weibliche Werte hinzuzufügen würden« (Weber 1919: 5). Diese Möglichkeit sah Weber in der Naturwissenschaft mit ihrer Orientierung an »Objektivität« nicht (ebd.). Sie wertete in ihren Überlegungen zur »Kulturbedeutung geistiger Frauenarbeit«, bei der es nicht um die »Förderung des objektiven Kosmos unseres Wissens« gehe (ebd.: 7), zum einen die Naturwissenschaft und zum anderen ökonomische Aspekte ab, denn sie zielte vorrangig auf die »geistige Emanzipation« (Weber 1948: 446). Naturwissenschaftlerinnen wie die erste habilitierte Frau an der Universität Heidelberg, Gerta von Ubisch, die die Gymnasialkurse von Helene Lange besucht hatte, kritisierten die stark idealistisch ausgerichtete Bildungsauffassung Langes und der bürgerlichen Frauenbewegung (vgl. Baader 1995: 450).

Der Glaube an die Kulturaufgabe der Frau und ihre besondere Zuständigkeit für den sozialen Sektor durchzog auch die Bildungsbemühungen der Frauenbewegung bei dem Ziel, für Berufstätigkeiten von bürgerlichen Mädchen und Frauen im Bereich der Fürsorge und des Sozialen auszubilden. »Aus diesem Grund«, so Alice Salomon, ab 1900 im Vorstand des BDF, »fordert die Frauenbewegung die Vertiefung der Mädchenbildung nicht nur, um den Frauen volle Entfaltungsfreiheit zu sichern, sondern auch um der Eigenart der Frauen Raum zur Anteilnahme am Kulturleben, am öffentlichen und sozialen Leben zu schaffen. So unterstützt sie ihre Forderung nach wissenschaftlicher Bildung durch den Glauben an die soziale Mission der Frau« (Salomon 1904). Bei der Eröffnung der von Salomon gegründeten Sozialen Frauenschule in Berlin im Jahre 1908 erklärte sie, dass es ihr um eine »moderne Bildung« gehe, die kein Luxuswissen darstelle, sondern die eine Grundlage für Beruf und Erwerbstätigkeit in der sozialen Arbeit bilde und die Frauen befähige, »zu handeln, etwas zu leisten« und »der Menschheit in irgendeiner Form – in der Familie oder im größeren Kreis – zu dienen« (Salomon 1908).

Zwar bezogen sich diese Bildungsaktivitäten der Frauenbewegung wesentlich auf Mädchen und Frauen des Bürgertums, doch wurde die Notwendigkeit von »Bildung zur Selbstbildung« auch von Aktivistinnen der Arbeiterinnenbewegung gesehen. Bildung sei ja nichts anderes als »Regsamkeit des Geistes, die uns befähigt, einen neuen Gedanken voll in uns aufzunehmen«, schrieb die sozialdemokratische Aktivistin Wally Zepler (1866–1940), und nur das »gebildete«, also: zu freier, von Sachkompetenz getragener Einschätzung und Entscheidung fähige Individuum sei dazu in der Lage, das Gegebene zu prüfen und zu hinterfragen – und erst damit verfügt es auch über die Voraussetzung, politisch-gesellschaftliche Entscheidungen zu treffen oder den Staat zu lenken. Damit begründete sie 1899 die Einrichtung von Arbeiterinnen-Bildungsvereinen: Den *Mädchen und Frauen* Bildung vorzuenthalten, begrenze ihre individuelle Entwicklung ebenso wie ihre Fähigkeit zu einer guten Erziehung – denn diese sei »eine Kunst, über die man auch etwas nachgedacht und von der man etwas gelernt haben muss« (Zepler 1899/1989: 284). Den *Arbeiterinnen* Bildung vorzuenthalten beschränke sie deshalb in doppelter Weise – als Frauen und als Angehörige des Proletariats – und schade damit auch der Gesellschaft insgesamt, zu deren Fortentwicklung diese Frauen nicht das ihrem Vermögen Entsprechende beitragen könnten. Stattdessen gelte es, den Hebel an dem anzusetzen, was »die Möglichkeit zur Verwirklichung in sich trägt« (Zepler 1916: 20). Da die »niedrige Entlohnung der Frauenarbeit«

letztlich auf die geringere Bildung von Frauen zurückzuführen sei, votierte die sozialistische Frauenrechtlerin Lily Braun für die Einrichtung spezieller »Fortbildungsschulen« (Braun 1901/1981) und begründete damit nicht zuletzt das sozialistische genossenschaftliche Modell des »Einküchenhauses«[3] – hier würden die Frauen Zeit gewinnen, um zu lesen, zu lernen und sich weiterzubilden.

Frauenbewegte Frauen haben also trotz der in jeder Hinsicht erschwerten Umstände in der Zeit um die Jahrhundertwende viele kluge, differenzierte, ja sogar kühne pädagogische Überlegungen veröffentlicht, in denen sie sich gegen die Geringschätzung des Weiblichen und der Frauen zur Wehr setzten – teilweise indem sie deren Benachteiligung aufdeckten, und teilweise indem sie den Spieß umdrehten: So schreibt Mathilde Vaerting[4]:

> »Der Mann hat zu allen Zeiten die Verstellungskunst als eine weibliche Kunst bezeichnet. Weshalb ist er nie auf den Gedanken gekommen, dass auch in der Emotionalität des Weibes ein Teil Verstellungskunst enthalten sein könnte? Wahrscheinlich deshalb nicht, weil er die Emotionalität beim Weibe wünscht, nicht aber bei seinem eigenen Geschlecht, solange er die Vorherrschaft hat. Denn dieser Unterschied ist für die Herrschaft günstig: Wer sich gehen lässt, wer seinen Gefühlen stets Ausdruck verleiht, kann leichter beherrscht werden. […] In diesem Zusammenhang ist auch interessant, dass die Gewaltgefühle, obschon sie eine stärkere Emotionalität voraussetzen als weiche Gefühle, überhaupt nicht als Emotionalität gewertet werden.« (Vaerting 1923: 188)

Ausgangslage und Anliegen in den 1970er Jahren

Der mühsam erkämpfte freiere Zugang zu Bildung, Wissen und akademischen Abschlüssen war durch das NS-Regime wieder weitgehend eingeschränkt worden, aber die Bildungsreformen der 1960er Jahre hatten neue Möglichkeiten eröffnet. Die unter den Stichworten »Bildungskatastrophe« (Picht 1964) und »Bildung als Menschenrecht« (Dahrendorf 1965) geführte Debatte zielte zwar nicht vorrangig auf geschlechterbezogene Gleichberechtigung, hatte aber langfristig immerhin dazu beigetragen, die Bildungsbeteiligung von Mädchen und Frauen deutlich zu erhöhen, indem der Fokus allgemein auf »Chancengleichheit« gelegt wurde, die wiederum exemplarisch an der Benachteiligung des »katholischen Arbeitermädchens vom Land« (Dahrendorf 1965) als soziologische Kunstfigur erörtert wurde. Der Begriff der »Chancengleichheit« wurde im Zuge der Debatte um die sogenannte »Bildungskatastrophe« popularisiert. Dennoch fand die Zweite Frauenbewegung wiederum eine Situation der Ungleichverteilung von Bildungschancen und -wegen vor: Zwar hatten mehr Mädchen Zugang zu höherer Schul-

---

3 Hierbei handelt es sich um ein Konzept, nach dem in größeren Wohnkomplexen die Hausarbeit in Gemeinschaftsräumen verrichtet und dadurch reduziert und verbilligt werden sollte. Es wurde etliche Gemeinschaftshäuser und verschiedenen Städten realisiert.
4 Mathilde Vaerting (1884-1977), Pädagogin und Soziologin, erste weibliche Professorin für Pädagogik (Universität Jena, 1923)

bildung und der Anteil der Geschlechter am Besuch des Gymnasiums hielt sich in der zweiten Hälfte der 1970er Jahre mit jeweils 22,5 % die Waage (Hopf 2010: 41f.), aber der Anteil von Studentinnen an den Universitäten betrug noch 1975 nur ein Drittel (Lenz 2008: 207). Schwerwiegender schienen in den Augen der wiederum »frauenbewegten« Frauen der 1970er Jahre jedoch die heimlichen geschlechterbezogenen Botschaften, die sich in den Subtexten, in nebenbei erfolgenden Zuschreibungen oder der Auswahl an Inhalten in Schule und Universität mitteilten und auch die staatlichen Richtlinien bestimmten: Abgesehen davon, dass beim Lehr- und Leitungspersonal der Schulen in Bezug auf Mädchen und Jungen »überkommene Vorstellungen« (Borris 1972: 77) vorherrschten, betonten auch die Lehrpläne aller Bundesländer, ob für Haupt- oder Realschule, dass auf »Eigenart und Lebensaufgabe« der Geschlechter gebührend Rücksicht zu nehmen sei, dass bei Mädchen die »wesenhaft weiblichen Anlagen« mit Blick auf künftige Mutterschaft entwickelt werden und sie (vor allem durch das Fach Hauswirtschaft) zu »Ordnung, Sauberkeit und Disziplin« als Grundlagen eines guten »Familienhauswesens« erzogen werden sollten (Borris 1972, Kap. II.11, III.12). Die Kritik von Frauenbewegung und feministischer Schulforschung an Schule und Bildungswesen wurde deshalb eng mit der Kritik der »weiblichen Sozialisation« verbunden (▶ Kap. 3).

Mit der zunehmenden Bildungs- und Erwerbsbeteiligung von Frauen veränderten sich auch das Selbstbild und die Professionsvorstellungen von Lehrerinnen, blieben allerdings auch weiterhin von den Widersprüchen gesellschaftlicher Geschlechtervorstellungen geprägt – so zeigte Karin Flaake (1989: 163), dass für die älteren Kohorten unter dem Eindruck des Lehrerinnen-Zölibats (der erst 1951, in Baden-Württemberg 1956, aufgehoben wurde) die Entscheidung zwischen einem »normalen« Weiblichkeitsentwurf als Ehefrau, Mutter und Hausfrau und einer selbständigen Berufsexistenz deutlich radikaler erschien als für die jüngeren Kolleginnen (vgl. Hoff 2005), für die sich – und das bis heute – das Problem der Vereinbarkeit beider »Rollen« in den Vordergrund schob: Weil die Familienverantwortung von Frauen nicht in Zweifel gezogen wurde, machte sich im öffentlichen Diskurs die herabsetzende und verächtliche Formulierung breit, es ginge den Frauen nur um ihre »Selbstverwirklichung«, so dass ihre Professionsorientierung angezweifelt oder gering eingeschätzt wurde und als selbstgewählter privater Luxus erschien, der die Familienpflichten bedrohte.

Die Fokussierung auf die Benachteiligung von Mädchen und Frauen führte aber auch zu einigen blinden Flecken, die sich noch bis heute als unklare Gesichtspunkte zeigen. So zeigten schon in den 1960er Jahren empirische Befunde, dass Mädchen offenbar tendenziell leistungsmäßig stärker waren als Jungen und häufig die an sie gerichteten Erwartungen übertrafen (Zinnecker 1972: 118; Borris 1972: 71), und auch das »Sitzenbleiberelend« (Artur Kern) der Jungen war bereits aufgefallen. Diese frühen Befunde, die ja auf die Widersprüchlichkeit und Erklärungsbedürftigkeit der aktuellen Studien ein interessantes Licht werfen könnten, werden heute in der Diskussion um »Jungen als Bildungsverlierer« weitgehend ignoriert.

Die Interventionen der vielen auf Bildung, Schule und Universitäten bezogenen Frauenprojekte und vor allem aus der schnell entstehenden feministischen

Schulforschung kann man in ihrer langfristigen Wirkung auf Pädagogik und Bildungspolitik nicht hoch genug einschätzen. Auch wenn manche der frühen Studien in Bezug auf Methodologie und Methoden später als unzulänglich kritisiert worden sind (Breitenbach 1994), wurden doch etliche Strukturaspekte deutlich, deren Entwicklung und Veränderung in den folgenden Jahrzehnten und bis heute in der Erziehungswissenschaft mit Aufmerksamkeit verfolgt wird: etwa dass Jungen deutlich mehr Aufmerksamkeit in der Schule auf sich zogen (Häufigkeit und Dauer von Sprechzeiten, Lob und Tadel), dass viele Schulbücher tendenziöse Texte und Aufgaben verwendeten, dass Lehrerinnen und Lehrer geschlechtstypisch ungleich in Leitungsfunktionen vertreten waren. Allerdings wurden auch viele wesentliche Erkenntnisse vom Mainstream der Erziehungswissenschaft nicht aufgegriffen, weil dieser nach wie vor blind war für die geschlechterbezogenen Dimensionen pädagogischer Konzepte – etwa die Problematisierung der Tatsache, dass die Mütter, deren nachmittägliche Verfügbarkeit vorausgesetzt wurde, von der Schule systematisch als »Hilfslehrerinnen der Nation« in Anspruch genommen wurden, was unter der Rede von »Eltern« dezent verschwand (Enders 1981: 176ff.).

Anknüpfungspunkte der Frauenbewegungen

Die bildungsbezogenen Ausgangssituationen waren für die beiden Frauenbewegungen also in einigen Hinsichten gleich – vor allem in ihrer bildungsoptimistischen Grundstimmung, die sie darauf vertrauen ließen, sich durch ein Mehr an Wissen, Bewusstsein und Reflexion die Welt erschließen zu können. Weil die »Aktivierung« von Frauen aber immer zugleich »die Relativierung der traditionellen Arbeitsteilung in der Ehe bedeutete«, hatten die Bildungsansinnen von Frauenbewegungen immer »eine kulturrevolutionäre Tendenz« und wurden »auch von politisch aktiven Männern fast immer als Provokation erlebt« (Prokop 1977: 36f.). Das ist ihre strukturelle Ähnlichkeit. Aber in anderen Hinsichten waren die Ausgangslagen höchst unterschiedlich, und so unterschieden sich auch die Antworten, Ziele und Strategien. Die Erste Frauenbewegung sah sich einer gemeinsamen Front von Widersachern gegenüber, die sich selbst gegen die elementarsten Ansätze ihrer Veränderungsbemühungen und ihrer Forderungen nach Beteiligung am Bildungswesen sperrte – sie mussten also allererst Akzeptanz und Anerkennung erringen, um überhaupt als gleichberechtigte Bürgerinnen und Mitglieder der Gesellschaft angesehen zu werden. Die zum bürgerlichen Flügel der Frauenbewegung gehörenden Gruppen konzentrierten sich folglich darauf, die Legitimität ihrer Forderungen zu begründen und deren gesellschaftliche Nützlichkeit herauszustellen. Deshalb zielten ihre Forderungen allererst auf eine *Teilhabe* am Bildungswesen – verbunden mit der optimistischen Vorstellung, dieses dann zugleich verändern zu können – und darauf, als gleichermaßen zu Bildung fähige und berechtigte gesellschaftliche Gruppe anerkannt zu werden. Es ist insofern logisch und plausibel, dass die allgemeinpolitische Einstellung der jeweiligen Frauen(gruppen) auch darüber entschied, wie radikal ihre Forderungen ausfielen und welchen Preis sie dafür zu zahlen bereit waren. Da letztlich alle berufsständischen Gruppen wie auch die pädagogischen Theoriediskurse genötigt waren, sich mit der durch das gewachsene Selbstbewusstsein der Frauen veränderten Lage auseinanderzusetzen und in Politik- und Theoriekonzepten darauf zu reagieren, traten die Differenzen deutlich hervor, und es zeigt sich, dass sowohl innerhalb wie außerhalb der Frauenbewegung die bildungsbezogenen Argumentationslinien der einzelnen Protagonist:innen teilweise weit auseinanderlagen.

Die immer auch professionspolitisch denkenden Frauen des Allgemeinen Deutschen Lehrerinnenvereins ADLV nahmen mit ihren Forderungen nicht zuletzt Rücksicht auf die Tatsache, dass Frauen nicht an Knaben- und folglich auch nicht an koedukativen Schulen unterrichten durften (Kleinau/Mayer 1996, 1: 153), und konzentrierten sich auf Argumente, die mit Verweis auf die »weiblichen Besonderheiten« von Lehrerinnen und Schülerinnen die Einstellung weiblicher Lehrkräfte in Mädchenschulen insbesondere in den erziehenden und den »ethischen« Fächern plausibilisieren sollten: »Echte Frauen werden nur unter Frauenleitung erzogen, darum muss *prinzipiell* der Frau die *erste* Stelle in der Mädchenbildung eingeräumt werden«, schreibt die Vorsitzende des ADLV Helene Lange in der Begleitschrift zu einer Petition, der sogenannten »Gelben Broschüre« 1887, wobei allerdings da, wo es sich um »Verstandeskultur« handelt, »der Mann besser am Platz ist als die Frau« (Lange 1887/1981: 218f.). Aber andere Stimmen sahen im Mädchenschulwesen selbst einen Bestandteil der Benachteiligung des weiblichen Geschlechts und plädierten für dessen Abschaffung – das waren vor allem die sozialistischen Frauen(gruppen) und diejenigen, deren politisches Handeln auf völlige Gleichberechtigung und gleiches Wahlrecht zielte, wie etwa Hedwig Dohm, die zur Lösung der »Frage der Mädchenbildung« vorschlug: »Sie ist für mich wie das Ei des Kolumbus. Zwei Worte erledigen sie: *Einheitsschule* und *Koedukation*« (Dohm 1910/1981: 234). Auch der von Minna Cauer 1888 gegründete Verein Frauenwohl strebte die Einrichtung von Reformschulen an, in denen koedukativ unterrichtet werden sollte – eine Forderung, der sich wiederum der ADLV nicht anschließen mochte. Und je enger sich die einzelnen Frauen dem bürgerlichen Lager zurechneten oder den konservativen Parteien nahestanden, desto eher scheuten sie sich auch, sich den Auffassungen der sozialistischen und/oder der proletarischen Frauengruppen anzuschließen.

Es lässt sich also erkennen, dass das leitende Stichwort »Teilhabe« hier bereits differenziert werden muss – woran wollten die einzelnen Gruppen teilhaben? In einer reformistischen Perspektive einen Platz in der in Verbesserung begriffenen Gesellschaft finden? Oder in einer revolutionären Perspektive erst die Gesellschaft verändern und dann den eigenen Platz darin bestimmen?

Diese Widersprüche trugen letztlich wesentlich zur Spaltung der Ersten Frauenbewegung bei. Der bürgerliche Flügel konzentrierte sich darauf, den Platz für Frauen im Bildungswesen mit Rückgriff auf ihre »Besonderheiten« zu erreichen, während der sozialistische Flügel die Interessen der Frauen bald offensiv dem »Hauptwiderspruch« zwischen Lohnarbeit und Kapital unterordnete und die

Emanzipationsforderungen der Frauenbewegung als Mittel zum Zweck ansah, damit die Frau »gleich ausgestattet an Waffen mit dem Proletarier in den Kampf ziehen kann« (Zetkin, zit. bei Gerhard 1996: 185).

Abgesehen von den internen Differenzen hatten die Forderungen aus der Frauenbewegung die Debatten und Aktivitäten reformpädagogisch orientierter Lehrer und Pädagogen um 1900 enorm angefeuert und die bildungspolitischen Verantwortlichen unter Druck gesetzt – und wie meistens in der deutschen Geschichte haben sich auch hier letztlich die Gemäßigten durchgesetzt: koedukative Beschulung wurde zwar ermöglicht, aber nicht als Regelform.

In den 1970er Jahren war dieser Aspekt nicht mehr zentral, weil die Bildungsreformzeit den Frauen schon die Türen ins Bildungswesen geöffnet hatte und Koedukation auch in Westdeutschland zur Regelform auch an höheren Schulen geworden war (was in der DDR schon von Beginn an der Fall war). In der Bundesrepublik hat sich die Koedukation in den 1970er Jahren flächendeckend und eher »nebenbei« durchgesetzt (Faulstich-Wieland 1996: 386). Was in den Fokus der Frauenbewegung rückte, waren aber nicht-institutionelle, durch den »heimlichen Lehrplan« der Geschlechterungleichheit verursachte Unterschiede und Begrenzungen – und diese erforderten nun andere politische Analysen, Argumente und Strategien. Unter Stichworten wie »Verführung zur Ohnmacht« oder »Die Schule macht die Mädchen dumm« wurde das diskutiert, was Zinnecker (1972: 192) ganz neutral die »Verinnerlichung der weiblichen Statusrolle« genannt hatte: Eine spezifische, kaum bemerkte Erziehung der Mädchen zu Anpassung(sbereitschaft) und der Jungen zu Dominanzdenken, die für beide schädlich sei, weil sie die Mädchen bei der Entwicklung eines guten Selbstwertgefühls behindere und die Jungen daran gewöhne, sich auf Kosten der Mädchen stark zu fühlen. Die Stimmung unter den frauenbewegten Gruppen war zunehmend selbstbewusst und von dem Impetus getragen, historisch und politisch im Recht zu sein.

Hier ging es also nicht mehr um Teilhabe, sondern darum, noch nicht durchschaute Zusammenhänge zu erschließen und dieses neue Wissen für eine Neu-Interpretation der gesellschaftlichen Verhältnisse und der eigenen Rolle darin zu nutzen. Nur auf dieser Basis konnten die entsprechenden politischen Strategien entwickelt werden. Allerdings gab es für die Frauen der 1970er Jahre keine ausgeprägte Tradition selbständigen Denkens und offener Lebensentwürfe, auf die sie hätten zurückgreifen können – weder im pädagogischen noch im gesellschaftlich-politischen Feld. Die Entschlossenheit, gemeinsam etwas Neues, noch nie Gedachtes zu entwickeln und mit dessen Hilfe die Gesellschaft umzustürzen, war das wirklich revolutionäre Potential der Zweiten Frauenbewegung, das im Verlauf weniger Jahre von vielen mit Bildung befassten Einrichtungen als pädagogisches Konzept aufgegriffen wurde.

In den ersten Jahren setzten die Frauen ausschließlich auf Selbstorganisation und Eigeninitiative, Selbsterfahrungs- und Diskussionsgruppen zu unterschiedlichen Themen gründeten sich meist über Aushänge in den Frauenzentren. Aber bald entstanden auf Initiative einzelner Frauen in vielen Volkshochschulen, Gewerkschaften und Kirchengemeinden Frauengruppen und Kurse, sowohl zu lebenspraktischen Themen wie auch grundsätzlicher angelegte Wissens- und

Reflexionsangebote – wobei die Erfahrung, mit und unter Frauen gleichberechtigt über sachbezogene Themen diskutieren zu können, immer ein wesentliches politisches Ziel gegenseitiger Wertschätzung bildete. Getragen von der allgemeinen Euphorie gründeten sich dann in einem weiteren Schritt auch eigenständige selbstorganisierte Projekte mit festen Angeboten (z. B. das FFBIZ (Frauenforschungs-, Bildungs- und Informationszentrum), Berlin, die »Frauenwerkstatt Wiesbaden« oder die »Frankfurter Frauenschule« (Dokumentation, 1983: I)), meistens mit enthusiastischen hochfliegenden Plänen verbunden: Fast alle wollten neben dem Angebot von Kursen, Gesprächsgruppen und größeren Veranstaltungen mindestens auch ein Kulturprogramm initiieren, eine Bibliothek, ein Archiv, eine Werkstatt oder ein Café einrichten usw. – aber fast keines der Projekte bekam irgendwelche öffentlichen Gelder oder Zuschüsse. Die ehrenamtliche Arbeit lebte von der Energie des politischen Enthusiasmus und der beflügelnden Vorstellung, an etwas Neuem mitzuarbeiten: »In den Arbeitskreisen«, formuliert es ein Münchener Bildungsprojekt, »sollen Frauen, denen Feminismus etwas bedeutet, die Möglichkeit haben, auf noch unbekannten Gebieten mit noch unbekannten Vorgehensweisen zusammen weiterzuarbeiten, um ihre Ergebnisse langfristig wieder für die Erreichung feministischer Ziele direkt oder indirekt einzusetzen« (Dokumentation, Anhang, o. S.).

Als weniger spezifische Angebote wurden zudem in den 1970er und 1980er Jahren auch große überregionale Bildungsereignisse initiiert, wie die Sommeruniversitäten an der FU Berlin von 1976 bis 1983 (die eher auf ein studentisches Publikum zielte) oder diverse Frauenwochen (die die Frauen in der jeweiligen Region ansprechen sollten), die von tausenden Besucherinnen genutzt wurden. Der Ausschluss von Männern aus der ersten »Sommeruniversität für Frauen« im Jahre 1976 wurde mit der Einsicht begründet, dass die habitualisierten geschlechtstypischen Strukturen es nicht möglich erscheinen ließen, von Anfang an ein gleichberechtigtes Gesprächsverhalten herzustellen, dass die Frauen aber nicht ständig damit beschäftigt sein wollten, sich gegen männliches Dominanzverhalten zur Wehr zu setzen – das Motto war also »Nicht gegen Männer – aber für Frauen«. Dass es in einer dpa-Meldung daraufhin hieß, die Sommeruni finde »unter Ausschluss der Öffentlichkeit« statt, schien dann nur bezeichnend, denn damit, sagte die Rednerin der Eröffnungsrede, werde wieder einmal gezeigt, »dass ›öffentlich‹ nur sei, wo Männer sind« (Courage Nr. 1: 15; vgl. auch Courage, Null-Nr.: 13).

Alle diese bildungsbezogenen Arbeitsformen haben sehr zu einer gemeinsamen »Aufwertung« der Anwesenheit von Frauen, Frauenkörpern und Frauenstimmen, im öffentlichen Raum beigetragen, und vor allem unter den Beteiligten auch zu völlig neuen Formen von Respekt und Anerkennung, aber auch dem wachsenden Bewusstsein politischer Differenzen. Sie stärkten auch das Selbstbewusstsein der Frauen in ihren Forderungen nach Institutionalisierung von »Frauenforschung« (heute: Geschlechterforschung, mehr dazu ▶ Kap. 13) an den Universitäten. Frauenforschung zielte darauf, Frauen als Gegenstand der Wissenschaft sichtbarer zu machen und sie anders – insbesondere weniger stereotyp – zu thematisieren, sie als Subjekte im System Wissenschaft zu stärken und schließlich darauf, das System der Wissenschaft selbst grundlegend zu verändern.

Während es der ersten Frauenbewegung wesentlich darum ging, Frauen den Zugang zum Studium und zur Promotion an den Universitäten zu ermöglichen, hat die zweite Frauenbewegung stark die Inhalte, das Wissen, das Wissenschaftsverständnis und die damit verbundenen Praktiken im Blick sowie die Repräsentation von Frauen als Dozierende an den Hochschulen.

1987 wurde nach langen Auseinandersetzungen der erste Lehrstuhl mit der Denomination »Frauenforschung« eingerichtet (an der Universität Frankfurt, besetzt mit Ute Gerhard), dem bald weitere folgten. Die informelle Frauengruppe »Arbeitskreis Wissenschaftlerinnen NRW« konnte Ende der 1980er Jahre das Land NRW dazu bewegen, eine ganze Reihe Professuren und wissenschaftliche Stellen für Frauenforschung zu finanzieren, die noch heute den Grundstein des »Netzwerk Frauen- und Geschlechterforschung NRW« bilden. Und in den letzten Jahren haben die Aktivitäten sogar bis zur Gründung einer eigenen wissenschaftlichen Fachgesellschaft, der »FG Gender«, geführt.

Politische Differenzen ergaben sich in den 1980er Jahren sowohl in der Tradition der Ersten Frauenbewegung mit sozialistischen Gruppen, für die die Frauenfrage weiterhin einen Nebenwiderspruch zum Hauptwiderspruch zwischen Kapital und Arbeit darstellte, vor allem aber anhand der Frage, ob sich die Frauen auf das »Eigene« konzentrieren und zurückziehen sollten oder ob der gemeinsame politische Kampf um die Veränderung der Gesellschaft das Hauptanliegen bilden sollte. Insofern taucht hier das Stichwort »Teilhabe« erneut unter anderem Vorzeichen wieder auf – denn ein Teil der Frauenbildungsprojekte und Frauen-Ferienhäuser wandte sich, von den anderen als »esoterisch« geschmäht, tendenziell von der Gesellschaft ab, um miteinander ein neues Verständnis von Weiblichkeit zu entwerfen.

Die Debatten um Mono- und Koedukation

Die Konzepte für die Beschulung von Mädchen und Knaben waren niemals das Ergebnis pädagogischer Erwägungen, sondern immer Folge allgemein-gesellschaftlicher, politischer und staatlicher Entscheidungen und Konzepte, die von der Pädagogik oder durch deren Indienstnahme plausibilisiert wurden. Angesichts dessen, dass die Trennung der öffentlichen und der privaten Sphäre in der Bürgerlichen Gesellschaft fest etabliert war, und angesichts dessen, dass das preußisch-deutsche Schulwesen mit seiner »selbstbewussten und selbstherrlichen In-Einssetzung von Bildungsidee und Staatszweck« (Herrlitz/Hopf/Titze 1998: 35) in hohem Maße staatsfunktional organisiert war, schien es im 19. Jahrhundert nur logisch, die »höhere Bildung«, die überwiegend auf Tätigkeiten im Staatsdienst ausgerichtet war, dem Knaben-Schulwesen vorzubehalten, während höhere Töchterschulen für »nicht allgemein notwendig« befunden wurden (ebd.: 93). Auch dass Mädchen mit Blick auf ihre späteren Aufgaben anderes lernen müssten als Knaben, schien kaum diskussionswürdig – einzelne gebildete Frauen in

Sonderrollen hatte es in den entsprechenden gesellschaftlichen Gruppen ja immer gegeben. Erst die Interventionen der Frauenbewegung mit ihren Forderungen nach Reform der Mädchenbildung und vor allem nach deren Eingliederung in das Berechtigungswesen, das auch den Mädchen den Weg zu Abitur und Studium öffnen sollte, ließen die Diskussion über gemeinsame oder getrennte Beschulung überhaupt nötig erscheinen.

Aber die bereits beschriebenen Differenzen in Bezug darauf, aus welchen Weiblichkeitsvorstellungen die Protagonistinnen ihre politischen Haltungen, Forderungen und Strategien entwickelten und mit welchen Begründungsfiguren sie diese zu plausibilisieren versuchten, führten auf allen Ebenen zu kontroversen Konstellationen. Wohl nahmen Lehrerinnen und Aktivistinnen zunehmend Einfluss – und ihre unterschiedlichen Positionen verbanden sich mit denen von anderen pädagogisch Aktiven. So finden sich unter den reformpädagogischen Modellen solche, die Koedukation befürworteten (wie die Odenwaldschule von Paul Geheeb), und solche, die strikt dagegen waren (oder zumindest ambivalent). Auch im »Bund Entschiedener Schulreformer« (gegründet 1919) gab es sowohl Positionen wie die von Anna Siemsen, die für zwar gleiche Lehrpläne, aber partiell getrennten Unterricht plädierte (Kleinau/Mayer 1996: 177) wie auch die der feministischen Sozialdemokratin Lydia Stöcker. Diese kritisierte die Konzentration der pädagogischen Diskussion auf weibliche und männliche Geschlechtscharaktere, verwarf aber auch die Anpassung der Mädchenbildung an die der Knaben (die sie bei Geheeb gegeben sah). Stattdessen votierte sie für eine »Parteilichkeit der Lehrerin für die Schülerinnen«, damit »in dem heranwachsenden Mädchen ein Gefühl von Stolz, von Selbstachtung, von eigener Würde erzeugt werde, das niemals zu hoch sein kann«. Denn der »Fluch« der alten Erziehung habe ja gerade darin bestanden, dass man »das Mädchen als Mensch duckte und immer wieder duckte«, bis sie selbst die Vorstellung von Minderwertigkeit verinnerlicht hatte« (zit. bei Hansen-Schaberg 2007: 207).

In seinem Buch »Geschlechtertrennung oder Geschlechtermischung« zieht Josef Schröteler (1933) eine Bilanz, wie »in manchen Kreisen, die die Frauenemanzipation grundsätzlich bejahen, über das Problem Mann und Frau gedacht wird«. Dabei zitiert er aus einer aktuellen Sammlung einschlägiger Texte einen »Brief eines Vaters«, der zu seiner Tochter spricht: »Von wem oder was habt Ihr Euch denn emanzipiert? Von uns? Aber Ihr habt doch gerade das Gegenteil getan. Ihr meßt Euch im günstigsten Fall mit männlichem Maß [...] Und das nennst Du Emanzipation?« Die Frauen von heute, schreibt der zitierte Autor, »wollen wie Frauen sein und doch nicht die alten« (Schröteler 1933: 16). Schröteler selbst berichtet aber aus einer empirischen Studie, dass die intellektuell starken Mädchen unter den Abiturientinnen »ausnahmslos aus solchen Familien stammten, in welchen die Frau eine dem Manne gleichberechtigte Stellung, z. B. als Mitinhaberin und Mitleiterin irgend eines Betriebes, innehatte.‹ Also eine von dem Milieu der Geschlechtsgenossinnen abweichende Umgebung, die auf die Variationsbreite entscheidend einwirkte« (ebd.: 125). Auch die sorgfältige Studie zu Koedukation von Kurt Wawrzyniak kommt zu dem Schluss, dass Leistungsunterschiede das Ergebnis einer jeweils bestimmten »kulturpädagogischen« Situation seien (Wawrzyniak 1959: 91) und weder auf Geschlechtsspezifika noch auf die Unterrichtsform zurückgeführt werden können. Alle diese Hinweise wurden später weitgehend ignoriert.

Tragisch für die zweite Frauenbewegung war die Tatsache, dass sie in der Bildungsreformzeit der 1960er Jahren noch nicht sehr präsent war – deshalb wiederholte sich, was schon in der ersten Runde passiert war: Die Mädchen wurden ohne weitere pädagogische Überlegungen in die höheren Knabenschulen eingegliedert – obgleich doch diese schon so oft kritisiert worden waren und sich nun eine gute Gelegenheit zur Revision ergeben hätte (allerdings hätte dies den Mädchen eine Art Definitions- oder Einspruchsmacht zugeschrieben, die möglicherweise gerade nicht gewollt war). So war es auch für die feministische Schulforschung der 1970er und 1980er Jahre nicht leicht, den ja offenbar für die Mädchen nachteiligen Einfluss zu lokalisieren: Lag das Problem für das geringere Selbstvertrauen der Mädchen, ihre domänenspezifisch schwächeren Leistungen und ihre Angst vor den naturwissenschaftlichen Fächern in spezifischen Strukturaspekten des Bildungssystems begründet? Oder in der Koedukation selbst? Intensive empirische Forschungen zur Koedukation setzen in den 1980er Jahren ein (vgl. Horstkemper 1987), aber der von Horstkemper herausgearbeitete Befund, dass Mädchen ihr schwächeres intellektuelles Selbstkonzept erst im Verlauf ihrer Schulerfahrungen entwickeln, lässt sich bis heute zeigen (z. B. Sprietsma 2011; Rendtorff 2016) – und das, obwohl viele Schulversuche mit partieller, jahrgangs- oder fächerweiser Aufteilung unternommen wurden, bis hin zu paralleler Monoedukation. Die Organisationsform des Unterrichts ist eben nur ein Kriterium unter anderen. Und die Schulforschung und die Praxis standen vor einer von Widersprüchen geprägten komplizierten Situation. Einerseits zeigte sich, dass Mädchen und Jungen, oft gegen die Überzeugung der beteiligten Lehrkräfte, zum Nachteil der Mädchen ungleich behandelt wurden, beispielsweise im Hinblick auf der Verteilung der Aufmerksamkeit. Andererseits wurde deutlich, dass sich der Unterricht stärker an den Interessen von Jungen orientierte und die Interessen von Mädchen vernachlässigte, dass also Ungleiche gleichbehandelt wurden. Schließlich wurde den Befürworterinnen monoedukuaktiven Unterrichts vorgeworfen, die Geschlechterdifferenzen, die doch in ihrem Einfluss unwichtiger werden sollten, zu betonen oder sogar zu dramatisieren (vgl. Breitenbach 2002). Viele der von der feministischen Schulforschung angestoßenen Veränderungsansätze konzentrierten sich auf sexistische Aspekte in Schulbüchern und Unterrichtsmaterialien und auf geschlechtstypische Er- und Entmutigungsroutinen. Um allerdings im Unterrichtsstil, in der Form der Ansprache von Mädchen und Jungen oder in der Gestaltung von Aufgaben kluge Veränderungen in Gang zu setzen, hätte es groß angelegter Fortbildungsbemühungen für die Lehrkräfte bedurft, zu denen letztlich das Schulsystem nicht bereit war.

Im Kern ging es auch in dieser historischen Phase, wie schon zuvor, um die Einschätzung der Bedeutsamkeit (vermeintlicher) Geschlechtscharaktere und deren mehr oder weniger polarisiert/binär gedachtes Verhältnis. Wenn es heute in pädagogischen Schriften gang und gäbe ist, zu fordern, der Unterricht müsse etwa in den Naturwissenschaften an den »Interessen der Mädchen« ansetzen oder im Schriftspracherwerb in der Grundschule die »Interessen von Jungen« stärker berücksichtigen, so zeigt das doch, dass die Debatte immer noch (oder wieder) um dieselbe Frage kreist. Entsprechend der jeweils zugrunde gelegten Weiblichkeitsvorstellungen, in Korrespondenz damit, welche Lebensentwürfe und Handlungsspielräume die jeweilige Gesellschaft für Mädchen und Frauen als »angemessen« ansieht, wurden also im Verlauf der Koedukationsdebatten entweder die Mädchen als schutzbedürftig dargestellt – zu schützen vor Überforderung oder vor schädlichen erotischen Einflüssen – oder sie galten als intellektuell zu schwach, um den Anforderungen höherer Bildung zu genügen (Klimek 2002: Kap. III; Rendtorff 2006). Am stärksten scheint jedoch immer das Argument der »Bestimmung« der Frau durchzuschlagen: dass die gesellschaftliche und sittliche Aufgabe der Frau in der Pflege des Hauswesens, oder moderner ausgedrückt: in Sorge und Verantwortung für andere besteht, und dass dieser Bestimmung alle anderen Überlegungen untergeordnet werden müssen.

Im Übrigen lässt sich die Frage, ob Mono- oder Koedukation die »bessere« Lösung wäre, bis heute nicht beantworten, obwohl das Thema vielfach untersucht wurde. Sowohl in Bezug auf Leistung und Notengebung als auch auf das subjektive Wohlbefinden oder geschlechtstypische Einstellungen sind die Ergebnisse widersprüchlich, wobei sich häufig dezente Hinweise darauf finden lassen, dass Jungen mehr von Koedukation profitieren als Mädchen und dass sich geschlechtstypische Interessen unter Koedukationsbedingungen verstärken – hier scheint sich der Verdacht der feministischen Schulforschung zu bestätigen. Allerdings sind solche Untersuchungen kompliziert, weil monoedukative Schulen eine spezifisch selektierte Elternschaft aufweisen und monoedukativ unterrichtete Klassen oder Fächer in der koedukativen Regelschule von vorneherein einen Sonderstatus bilden, der die Situation möglicherweise verzerrt. Deshalb sind selbst die vergleichsweise gut dokumentierten Studien zum monoedukativen Physikanfangsunterricht, die meistens einen kurzfristigen Vorteil der Mädchen ergeben, nur beschränkt aussagekräftig.

Dennoch lässt sich in Bezug auf Mädchenschulen zeigen, dass diese es Mädchen leichter machen, sich für Physik und teilweise auch für Mathematik zu interessieren und dass ihre Selbstwirksamkeitsüberzeugung hier höher ist als in koedukativen Schulen (vgl. Schurt/Waburg 2007). Auch wenn die Organisationsform nur einen Teil von Schulkultur ausmacht und obwohl Mädchenschulen aktuell unter einem gewissen Legitimationszwang stehen, können sie dennoch eine Ressource für Mädchen hinsichtlich Interessenentwicklung, Selbstwirksamkeit und Schulerfolg darstellen (vgl. Herwartz-Emden 2007; Herwartz-Emden/Schurt/Waburg 2010).

Die durchschnittlichen Leistungsunterschiede zwischen Mädchen und Jungen fallen weniger eindeutig aus als oftmals angenommen (vgl. Rendtorff 2016: Kap. 2.3). Zwar sind die Jungen in Physik und Informatik leistungsstärker und die Mädchen in den sprachlichen Fächern, aber der Abstand hat sich in den letzten Jahren deutlich verringert (vor allem in Mathematik). Es zeigt sich aber ein paradoxes Bild: Der *Vorsprung* der Mädchen in der Lesekompetenz scheint sich im frühen Erwachsenenalter sehr schnell zu verlieren (OECD 2015: 4), während sich ihr *Rückstand* in den naturwissenschaftlichen Fächern überproportional stark entwickelt. Obwohl sich die Leistungen von Mädchen und Jungen gerade in den unteren Klassenstufen nur noch wenig unterscheiden, steigert sich die Distanz der Mädchen gegenüber Technik und Naturwissenschaften bis zu den geschlechtstypischen Fächerwahlen in der Oberstufe und entsprechenden Studienfachwahlen. Zwar werden Leistungs- und Abiturfächer auch nach den vorangegangenen Noten gewählt, doch scheint dies den Effekt nicht zu erklären. Durchgängig zeigen sich dagegen das geringere Selbstvertrauen der Mädchen in ihre rationalitätsbezogenen Fähigkeiten (auch im deutlichen Widerspruch zu ihren Noten) und die Vorstellung geschlechtstypischer »Passung« als wichtigste Einflussfaktoren.

Dass sich die Diskussion um Ko- oder Monoedukation auf messbare Leistungsunterschiede konzentriert, ist deshalb eher neoliberalen Einflüssen im Bildungswesen zuzuschreiben als der Plausibilität des Faktors selbst. Bedauerlicherweise führt dies aber dazu, dass die Frage nach dem Einfluss des Bildungssystems auf das schwächere intellektuelle und rationalitätsbezogene Selbstbild von Mädchen nach wie vor nicht zufriedenstellend bearbeitet worden ist.

Resümee und Ausblick

Jede soziale oder politische Bewegung, die sich in Opposition zu den gesellschaftlichen Institutionen begibt und deren Veränderung anstrebt, steht vor derselben dilemmatischen Entscheidung: Verharrt sie in der Opposition, kann sie ihre Argumente weiter schärfen, aber nur wenig konkret bewirken, begibt sie sich auf den »Weg durch die Institutionen«, gewinnt sie an Einflussmöglichkeit, muss sich aber in gewissem Maße den Gegebenheiten anpassen und Teile ihrer Ideen und Wünsche opfern. Die mittel- und langfristigen Folgen jedoch, die ein revolutionärer oder reformerischer Diskurs möglicherweise in Gang setzen kann, lassen sich überhaupt nicht vorhersehen und auch im Nachhinein nur schwer ermessen. Gegenüber den beiden vorangegangenen Jahrhunderten hat die Erste Frauenbewegung eine enorme Umwälzung in Gang gesetzt, indem sie den Frauen eine (wenn auch nicht gleichberechtigte) Teilhabe an Öffentlichkeit, Politik, an Bildungs- und Berufsmöglichkeiten eröffnete. Auf deren Schultern stehend hat dann die Zweite Frauenbewegung genauer hinterfragt, wie es dazu kommen kann, dass trotz gleicher Möglichkeiten Unterschiedliches gelehrt und gelernt wird, dass Selbstbilder und Selbstvertrauen von Mädchen und Jungen sich dennoch so sehr voneinander unterscheiden. Dass aus feministischer Schulforschung und Frauenforschung dann »Geschlechterforschung« wurde, zeigt eine Verschiebung der Perspektive an, die nicht mehr vorrangig das »Mehr« (der Männer) und das »Weniger« (der Frauen) vergleichend in den Blick nimmt, sondern die Dynamik, mit der die Strukturen der Geschlechterordnung auf beide Genusgruppen wirken. Hierin liegt allerdings auch das Risiko, nun aus dem Impuls heraus, beide als »Opfer der Verhältnisse« zu betrachten, weiterhin vorhandene androzentrische, die Genusgruppe der Frauen benachteiligende Strukturen weniger genau zu beobachten.

Herausgearbeitet wurde zudem in diesem Kapitel der enorme Bildungsoptimismus der ersten und der zweiten Frauenbewegung. Historisch betrachtet haben die damit verbundenen Anstrengungen und Kämpfe Früchte getragen, und gegen Ende des 20. Jahrhunderts hat die Partizipation der Mädchen an der höheren schulischen Bildung in der Bundesrepublik die der Jungen überholt. In der zweiten Hälfte der 1990er Jahre besuchten 25 % der Jungen und 30 % der Mädchen das Gymnasium, 1999 lagen die Mädchen um 6 % vor den Jungen (vgl. Hopf 2010: 41f.), 2017 um 4 % (Statistisches Bundesamt 2018, S. 16). Auch die schulischen Leistungen der Mädchen sind insgesamt besser, was seit etwa 2000 zur Diskussion über die »Jungen als Bildungsverlierer« beigetragen hat. Allerdings, und darin besteht das aktuelle Dilemma, nehmen die Frauen diesen Vorsprung nicht mit auf den Arbeitsmarkt und in ihr Erwerbsleben. Ihr Leistungsvorsprung geht bei der Einmündung in den Arbeitsmarkt bezogen auf Positionen und Bezahlungen sukzessive und über die Zeit hin aufgeschichtet verloren, was sich unter anderem im Gender-Pay-Gap zeigt. Hierin liegen aktuell die Herausforderungen einerseits für die politischen Aktivitäten und andererseits für die Forschung und die Analyse der Ursachen. Diese sind multifaktoriell und hängen mit komplexen Dynamiken und offenen wie mit verdeckten Strukturen zusammen. Eine Rolle spielen dabei die Verknüpfung von Geschlechterverhältnissen mit Organisationen und ihren verschiedenen Ebenen (vgl. Krell/Rastetter/Reichel 2012), mit sozialem Kapital und Netzwerken, aber auch Fragen von Anerkennung, Wertschätzung und Autorisierung. Entscheidende Faktoren sind zudem Teilzeitarbeit und die gesellschaftliche Ordnung der Sorgeverhältnisse. Etwas provokativ gefragt: Haben wir es bei diesen aktuellen Konstellationen, dass Frauen ihre guten Bildungsabschlüsse und Leistungen nicht in die gleiche Bezahlung wie Männer übersetzen können, auch mit den Spätfolgen einer hohen Wertschätzung von Bildung, wie sie sie die Frauenbewegungen akzentuiert haben, bei gleichzeitiger Geringschätzung von ökonomischen Fragen zu tun?

Es scheint, dass der Bildungsoptimismus sich auch bei heutigen jüngeren Frauen fortschreibt und ein damit verbundener Glaube, »dass Frauen alle Möglichkeiten hätten« weit verbreitet ist (Hensel/Raether 2008: 67). In einem viel beachteten Buch aus dem Jahre 2008 beschreiben zwei um 1980 geborene Frauen, wie auch sie dieser Vorstellung für ihr Leben gefolgt seien. Feminismus habe sie nicht besonders interessiert. Dabei benennen sie auch eine Generationendifferenz gegenüber der Generation ihrer feministischen Mütter. Dies zeigt, dass die zweite Frauenbewegung »im Wandel der Generationen« in den jeweiligen biographischen Selbstentwürfen eine Rolle spielt (Thon 2015) – und sei es über Abgrenzung. Diese Erfahrung der Distanzierung der folgenden Generation hatten bereits, wie vorne erwähnt, die frauenbewegten Vorkämpferinnen für das Frauenstudium zu Beginn des 20. Jahunderst gemacht. Die beiden Autorinnen der 2000er Jahre dachten über den Feminismus, wie eine der beiden schreibt, dass »die Generation meiner Mutter das für mich abgehandelt habe« (ebd.). »Mitglied einer ausgegrenzten Minderheit zu sein« (ebd.) habe nicht zu ihrem Lebensgefühl gepasst.

»Dass keine der Vorlesungen, in die ich mich eintrug, von einer Frau gehalten wurde, bemerkte ich nicht. Als ich im Hörsaal saß, fiel mir nicht auf, dass die Mehrzahl derjenigen, die mit mir Germanistik studierten, weiblich waren und die Mehrzahl derjenigen, die mit mir Politikwissenschaften studierten, männlich. Mir fiel auch nicht auf, dass wenn ich mal wieder eine Vorlesung ausfallen ließ und stattdessen im Supermarkt am Helmholtzplatz Joghurt und Pfirsiche für mein Frühstück kaufte, alle anderen Kunden weiblich waren und einen Kinderwagen dabeihatten« (ebd.: 66).

Ihre Vorstellungen als jüngere Frauen über »die Chancen in der Gesellschaft« (ebd.: 164) entpuppten sich den beiden Autorinnen erst, nachdem sie längere Zeit erwerbstätig waren und mit Anfang 30 Kinder bekommen hatten, als »Illusionen«.

Literatur

Allen, Ann Taylor (1996): »Geistige Mütterlichkeit« als Bildungsprinzip. Die Kindergartenbewegung 1840–1870. In: Elke Kleinau/Claudia Opitz (Hrsg.), Geschichte der Mädchen- und Frauenbildung, Bd. 2 (S. 19–34). Frankfurt am Main: Campus.
Baader, Meike Sophia (1992): Nie sicher vor Fremdheit. Rahel Straus – erste Medizinstudentin in Heidelberg. In: Norbert Giovannini/Jo-Hannes Bauer/Hans-Martin Mumm (Hrsg.), Jüdisches Leben in Heidelberg. Studien zu einer unterbrochenen Geschichte (S. 221–233). Heidelberg: Wunderhorn.
Baader, Meike Sophia (1995): »Wissenschaft als Beruf« in den Naturwissenschaften. Gerta von Ubisch (1882–1965) – die erste habilitierte und dennoch weithin unbekannte Frau an der Universität Heidelberg. In: Hubert Treiber/Karol Sauerland (Hrsg.), Heidelberg im Schnittpunkt intellektueller Kreise. Zur Topographie der geistigen Geselligkeit eines »Weltdorfes«: 1850–1950 (S. 445–461). Opladen: Westdeutscher Verlag.
Borris, Maria (1972): Die Benachteiligung der Mädchen in Schulen der Bundesrepublik und Westberlin. Frankfurt am Main: Europäische Verlagsanstalt.
Braun, Lily (1901): Fortbildungsschulen. In: Elke Frederiksen (Hrsg.) (1981): Die Frauenfrage in Deutschland 1865–1915. Texte und Dokumente (S. 285–286). Stuttgart: Reclam.
Breitenbach, Eva (1994): Geschlechtsspezifische Interaktion in der Schule. Eine Bestandsaufnahme der feministischen Schulforschung. In: Die deutsche Schule, 86 (2), 179–191.
Breitenbach, Eva (2002): Geschlecht im schulischen Kontext. Theoretische und empirische Fragen an die Koedukationsdebatte. In: Dies. et al. (Hrsg.), Geschlechterforschung als Kritik (S. 149–163). Bielefeld: Kleine.
Brinkschulte, Eva (2005): »…das Weib lässt sich nicht gegenüber dem Gelehrten vergessen« – Zur Aufrechterhaltung der Virilität des Hochschulbetriebs um 1900. In: Frank Stahnisch/Florian Steger (Hrsg.), Medizin, Geschichte und Geschlecht: körperhistorische Rekonstruktionen von Identitäten und Differenzen (S. 103–118). Wiesbaden: Steiner.
Costas, Ilse (1992): Der Kampf um das Frauenstudium im internationalen Vergleich. Begünstigende und hemmende Faktoren für die Emanzipation der Frauen aus ihrer intellektuellen Unmündigkeit in unterschiedlichen bürgerlichen Gesellschaften. In: Anne Schlüter (Hrsg.), Pionierinnen, Feministinnen, Karrierefrauen? Zur Geschichte des Frauenstudiums in Deutschland (S. 115–146). Pfaffenweiler: Centaurus.
Costas, Ilse (2010): Von der Gasthörerin zur voll immatrikulierten Studentin. Die Zulassung von Frauen in den deutschen Bundesstaaten 1900–1909. In: Trude Maurer (Hrsg.), Der Weg an die Universität. Höhere Frauenstudien vom Mittelalter bis zum 20. Jahrhundert (S. 191–211). Göttingen: Wallstein.

Courage Nr. 1 (1976). Online verfügbar unter: http://library.fes.de/courage/pdf/1976_01.pdf, Zugriff am 07.10.2020.
Courage, Null-Nr. (1976). Online verfügbar unter: http://library.fes.de/courage/pdf/1976_00.pdf, Zugriff am 07.10.2020.
Dauzenroth, Erich (1964): Frauenbewegung und Frauenbildung. Bad Heilbrunn: Klinkhardt.
Dauzenroth, Erich (1971): Kleine Geschichte der Mädchenbildung. Ratingen: A. Henn.
Dohm, Hedwig (1910): Einheitsschule und Koedukation. In: Elke Frederiksen (Hrsg.) (1981), Die Frauenfrage in Deutschland 1865–1915. Texte und Dokumente (S. 232–239). Stuttgart: Reclam.
Enders, Uta (1981): Hausaufgaben und kein Ende … In: Irene Block/Uta Enders/Susanne Müller (Hrsg.), Das unsichtbare Tagwerk. Mütter erforschen ihren Alltag (S. 79–117). Reinbek: Rowohlt.
Faulstich-Wieland, Hannelore (1996): Abschied von der Koedukation? In: Elke Kleinau/Claudia Opitz (Hrsg.), Geschichte der Mädchen- und Frauenbildung, Bd. 2 (S. 386–400). Frankfurt am Main: Campus.
Flaake, Karin (1989): Berufliche Orientierungen von Lehrerinnen und Lehrern. Frankfurt am Main: Campus.
Frauen-Zeitung (1849). Online verfügbar unter: http://www.addf-kassel.de/fileadmin/user_upload/Dossiers/LOP/LOP_Frauen-Zeitung_1_1849.pdf, Zugriff am 07.10.2020.
Gerhard, Ute (1996): Unerhört. Die Geschichte der deutschen Frauenbewegung. Reinbek: Rowohlt.
Hansen-Schaberg, Inge (2007): Der Beitrag Lydia Stöckers zur Mädchenbildung und Koedukation in den zwanziger Jahren im Kontext der zeitgenössischen Koedukationsdebatte. In: Dies./Bruno Schoning (Hrsg.), Reformpädagogik. Geschichte und Rezeption (S. 202–235). Baltmannsweiler: Schneider Hohengehren.
Hensel, Jana/Raether, Elisabeth (2008): Neue deutsche Mädchen. Berlin: Rowohlt.
Herrlitz, Hans-Georg/Hopf, Wulf/Titze, Hartmut (1998): Deutsche Schulgeschichte von 1800 bis zur Gegenwart. Weinheim: Juventa.
Herwartz-Emden, Leonie (Hrsg.) (2007): Neues aus alten Schulen – empirische Studien in Mädchenschulen. Opladen: Barbara Budrich.
Herwartz-Emden, Leonie/Schurt, Verena/Waburg, Wiebke (Hrsg.) (2010): Mädchen in der Schule. Empirische Studien zu Heterogenität in monoedukativen und koedukativen Kontexten. Opladen: Barbara Budrich
Hoff, Walburga (2005): Schulleitung als Bewährung. Ein fallrekonstruktiver Generationen- und Geschlechtervergleich. Opladen: Barbara Budrich.
Hopf, Wulf (2010): Freiheit – Leistung – Ungleichheit. Bildung und soziale Herkunft in Deutschland. Weinheim: Juventa.
Horstkemper, Marianne (1987): Schule, Geschlecht und Selbstvertrauen. Eine Längsschnittstudie über Mädchensozialisation in der Schule. Weinheim: Juventa.
Jacobi, Juliane (2010): »They made old Cambridge wonder«. Englische Frauencolleges zwischen Tradition und Aufbruch. In: Trude Maurer (Hrsg.), Der Weg an die Universität. Höhere Frauenstudien vom Mittelalter bis zum 20. Jahrhundert (S. 91–107). Göttingen: Wallstein.
Jacobi, Juliane (2013): Mädchen- und Frauenbildung in Europa. Von 1500 bis zur Gegenwart. Frankfurt am Main: Campus.
Kleinau, Elke/Mayer, Christine (Hrsg.) (1996): Erziehung und Bildung des weiblichen Geschlechts. Eine kommentierte Quellensammlung zur Bildungs- und Berufsbildungsgeschichte von Mädchen und Frauen. 2 Bde. Weinheim: Deutscher Studien Verlag.
Klimek, Brigitte (2002): Mädchenbildung zwischen Traditionsbindung und Reformanspruch. Dissertation Universität Bonn.
Kraul, Margret (1991): Höhere Mädchenschulen. In: Christa Berg (Hrsg.), Handbuch der deutschen Bildungsgeschichte, Bd. IV (1870–1918) (S. 279–303). München: Beck.
Krell, Gertraude/Rastetter, Daniela/Reichel, Karin (Hrsg.) (2012): Geschlecht macht Karriere in Organisationen. Berlin: edition sigma.

Lange, Helene (1887): Die Höhere Mädchenschule und ihre Bestimmung. Begleitschrift einer Petition an das preußische Unterrichtsministerium und das preußische Abgeordnetenhaus. In: Elke Frederiksen (Hrsg.) (1981), Die Frauenfrage in Deutschland 1865–1915. Texte und Dokumente (S. 207–230). Stuttgart: Reclam.
Lenz, Ilse (2008): Die neue Frauenbewegung in Deutschland. Abschied vom kleinen Unterschied. Eine Quellensammlung. Wiesbaden: VS Verlag für Sozialwissenschaften.
Maurer, Trude (2010): Einführung: Von der Gleichzeitigkeit des Ungleichzeitigen: Das deutsche Frauenstudium im internationalen Kontext. In: Dies. (Hrsg.), Der Weg an die Universität. Höhere Frauenstudien vom Mittelalter bis zum 20. Jahrhundert. Göttingen: Wallstein, S. 7–22.
Nieswandt, Martina (1996): Lehrerinnenseminare: Sonderweg zum Abitur oder Bestandteil höherer Mädchenbildung? In: Elke Kleinau/Claudia Opitz (Hrsg.), Geschichte der Mädchen- und Frauenbildung, Bd. 2 (S. 174–188). Frankfurt am Main: Campus.
OECD (2015): Was sind die Ursachen von Ungleichheit zwischen den Geschlechtern im Bildungsbereich? PISA im Fokus, 49. Online verfügbar unter: https://www.oecd.org/pisa/pisaproducts/pisainfocus/PIF-49%20(ger).pdf, Zugriff am 07.10.2020.
Paletschek, Sylvia (1991): Frauen im Umbruch. Untersuchungen zu Frauen im Umfeld der deutschen Revolution von 1848/49. In: Beate Fieseler (Hrsg.), Frauengeschichte gesucht – gefunden? Auskünfte zum Stand der historischen Frauenforschung (S. 47–64). Köln: Böhlau. Online verfügbar unter: https://freidok.uni-freiburg.de/fedora/objects/freidok:4660/datastreams/FILE1/content, Zugriff am 07.10.2020.
Prokop, Ulrike (1977): Weiblicher Lebenszusammenhang. Von der Beschränktheit der Strategien und der Unangemessenheit der Wünsche. Frankfurt am Main: Suhrkamp.
Rendtorff, Barbara (2006): Erziehung und Geschlecht. Eine Einführung. Stuttgart: Kohlhammer.
Rendtorff, Barbara (mit Birgit Riegraf, Elke Kleinau) (2016): Bildung – Geschlecht – Gesellschaft. Weinheim: Beltz.
Salomon, Alice (1904): Wissenschaftliche Bildung und soziale Frauenarbeit. In: Dies. (1997), Frauenemanzipation und soziale Verantwortung. Ausgewählte Schriften, Bd. 1: 1896–1908 (S. 202–207). München: Luchterhand.
Salomon, Alice (1908): Zur Eröffnung der sozialen Frauenschule. In: Dies. (1997), Frauenemanzipation und soziale Verantwortung. Ausgewählte Schriften, Bd. 1: 1896–1908 (S. 480–485). München: Luchterhand.
Schröteler, Josef (1933): Geschlechtertrennung oder Geschlechtermischung. Beiträge zum Koedukationsproblem. Düsseldorf: Pädagogischer Verlag.
Schurt, Verena/Waburg, Wiebke (2007): Geschlechtsspezifik und/oder Fachtypik? Selbstwirksamkeit, Interesse, Stimmung und körperliches (Wohl)befinden von Schülerinnen in ausgewählten Schulfächern im Vergleich. In: Leonie Herwartz-Emden (Hrsg.), Neues aus alten Schulen – empirische Studien in Mädchenschulen (S. 115–160). Opladen: Barbara Budrich.
Sprietsma, Maresa (2011): Explaining the Persisting Mathematics Test Score Gap Between Boys and Girls. In: ZEW Zentrum für Europäische Wirtschaftsforschung GmbH, Discussion Paper No 10–101. Online verfügbar unter: ftp://ftp.zew.de/pub/zew-docs/dp/dp10101.pdf, Zugriff am 07.10.2020.
Statistisches Bundesamt (Destatis) (2018): Schulen auf einen Blick.
Straus, Rahel (1961): Wir lebten in Deutschland. Erinnerungen einer deutschen Jüdin. Stuttgart: DVA.
Thon, Christine (2015): Frauenbewegung im Wandel der Generationen. Eine Studie über Geschlechterkonstruktionen in biographischen Erzählungen. Bielefeld: transcript.
Vaerting, Mathilde (1923): Wahrheit und Irrtum in der Geschlechterpsychologie. Karlsruhe: G. Braun.
Verein SFBF (Sozialwissenschaftliche Forschung und Bildung für Frauen) (1983): Dokumentation der bundesweiten Arbeitstagung ›Autonome Frauen-Bildungsarbeit mit Frauen‹ am 4./5.6.1983 in Frankfurt am Main: Selbstverlag.
Wawrzyniak, Kurt (1959): Grundfragen der Koedukation. Ein Beitrag zur Pädagogik der Rolle der Geschlechter. München: Ernst Reinhardt.

Weber, Marianne (1919): Die Beteiligung der Frau an der Wissenschaft. In: Dies., Frauenfragen und Frauengedanken. Gesammelte Aufsätze (S. 1–9). Tübingen: Mohr.
Weber, Marianne (1948): Lebenserinnerungen. Bremen: Storm.
Zepler, Wally (1899): Welchen Wert hat die Bildung für die Arbeiterin? In: Frederiksen, E. (Hrsg.) (1981), Die Frauenfrage in Deutschland 1865–1915. Texte und Dokumente (S. 273–285). Stuttgart: Reclam.
Zepler, Wally (1916): Die Frauen und der Krieg. Berlin: Verlag der »Internationalen Korrespondenz« (A. Baumeister).
Zinnecker, Jürgen (1972): Emanzipation der Frau und Schulausbildung. Zur schulischen Sozialisation und gesellschaftlichen Position der Frau. Weinheim: Beltz.

3   Sozialisation und Erziehung

3	Sozialisation und Erziehung	51
	Ausgangslage	51
	Weibliche Sozialisation. Die Anfänge der Diskussion und die Etablierung als theoretisches Thema	54
	Mädchen in der Geschlechterforschung	56
	Geschlechtstypische Sozialisation – theoretische Entwicklung ...	58
	Männliche Sozialisation	62
	Literatur	67

Ausgangslage

Als die erste Frauenbewegung im letzten Drittel des 19. Jahrhunderts aktiv war, wurden die Begriffe Erziehung, Bildung und Sozialisation noch nicht systematisch im heutigen Verständnis unterschieden. Während »Sozialisation« noch nicht gebräuchlich war, wurden die Begriffe Erziehung und Bildung im Kontext der ersten Frauenbewegung meist mit einer gewissen Selbstverständlichkeit und in Übereinstimmung mit der damaligen Begriffsverwendung auf familiale bzw. familienähnliche Einwirkung Erwachsener auf jüngere Kinder (d. i. Erziehung) einerseits und andererseits auf die Wissens- und Berufs*bildung* verteilt. Auch wurde zwischen Bildung als Prozess der intellektuellen Entfaltung des jeweiligen menschlichen Potentials (▶ Kap. 2) und der Erziehung als gezielte Einflussnahme Erwachsener auf Kinder unterschieden: So nennt etwa Johanna Fröbel das, was im Kindergarten stattfindet, »Erziehung« und die darin Wirkenden »Erzieherinnen«, wobei die ergänzende Verbindung mit Schule und Bildung aus den verschiedenen Einrichtungen erst eine »vollständige Bildungsanstalt« werden lässt (Fröbel 1849 in Kleinau/Mayer 1996: 89f.). Friedrich Fröbel hingegen sprach für die Kindergärten sowohl von Erziehung als auch, wenn auch durchaus seltener, von Bildung der kleinen Kinder. Sowohl die vorschulische Erziehung als auch Bildung sah er in der Verantwortung der Frauen und widmete die entsprechenden Schriften zum Kindergarten »ihr«, während er ab dem Schuleintritt von »Menschenerziehung«, so in seiner Schrift von 1826 sprach, die er »ihm« widmete und damit in die Hände von Männern legte (vgl. Baader 1996). Andere Texte unterscheiden zwischen (männlicher) Bildung als Geistesbildung und dem weiblichen Einwirken auf die Entwicklung des »Charakters«, der Herzensbildung, als erzieherischer Einflussnahme von Müttern und Frauen (so etwa Caroline Rudolphi 1907 in Kleinau/Mayer 1996: 75f.) – aber auch diese Begriffsverwendung ist unsystematisch. So wird oftmals von »gemeinsamer Erziehung« auch im Kontext von Schule und Schulbildung gesprochen, wenn auf das Thema der Koedukation verwiesen werden soll (vgl. die Quellen in Kleinau/ Mayer 1996, ▶ Kap. 4).

Diese Unschärfe der Begriffsverwendung ist aber kein Spezifikum der Frauenbewegung, sondern hängt mit der Komplexität des Gegenstandes und insbesondere auch der spezifischen Begriffsverwendung in der deutschen Tradition zusammen, denn andere Sprachen kennen die Unterscheidung von Erziehung und Bildung nicht. Wenngleich normativ, kann Erziehung doch nur in ihrer Prozesshaftigkeit gesehen werden und lässt sich nicht durch einfache und linear gedachte Handlungsvorgaben beschreiben. Die Unterscheidung zwischen einer eher familialen, im häuslichen Rahmen stattfindenden Einwirkung und einer auf Entfaltung des Potentials und der Vermittlung von Wissen gerichteten öffentlichen Erziehung und Bildung gilt im Übrigen bis heute – so heißt es ja in Art. 6 (2) des Grundgesetzes: »Pflege und Erziehung der Kinder sind das natürliche Recht der Eltern und die zuvörderst ihnen obliegende Pflicht. Über ihre Betätigung wacht die staatliche Gemeinschaft.«

Während also die Differenzierung zwischen Erziehung und Bildung im Kontext der ersten Frauenbewegung unscharf war, so fehlte der Begriff Sozialisation noch völlig.

Der Begriff und die Theorien der Sozialisation wurden vornehmlich in der Soziologie entwickelt (vgl. Durkheim 1902/1984) und kamen erst in den 70er Jahren des letzten Jahrhunderts über eine sozialwissenschaftlich und empirisch ausgerichtete Erziehungswissenschaft zum allgemeinen Bestand der Erziehungswissenschaft. Der Begriff gehörte nicht zum traditionellen Kanon der Allgemeinen Pädagogik. Sozialisationstheorien heben hervor, dass die Gesamtheit aller Lebensbedingungen auf das Individuum Einfluss nimmt. Eine grundlegende Frage ist – und das war auch eine Frage der Frauenbewegung und der feministischen Forschung – wie eigentlich aus äußeren Bedingungen Erfahrungen werden und aus den Erfahrungen möglicherweise relativ stabile Persönlichkeitsmerkmale. Dies machte auch die anfängliche Attraktivität des Sozialisationsbegriffes für die feministische Auseinandersetzung aus, lieferte er doch Ansätze und Modelle dafür, wie – auch jenseits direkter erzieherischer Intentionen seitens der Eltern oder der Erziehenden – Vorgaben und Zuschreibungen für die Geschlechter auf den verschiedensten Ebenen gesellschaftlich transportiert und dann auch übernommen und reproduziert werden. Auch der mit den Sozialisationstheorien verbundene Rollenbegriff bot für die feministische Theorie und Forschung ein hohes Erklärungspotential für Produktion und Reproduktion, das heißt auch für die Übernahme von Erwartungen und Stereotypen. Die Auseinandersetzungen um das Sozialisationsparadigma insgesamt sind für die feministische Theorie und Forschung verknüpft mit den Auseinandersetzungen um die sogenannte »geschlechtsspezifische Sozialisation«.

In den siebziger Jahren, einem Höhepunkt der schicht- und geschlechtsspezifischen Sozialisationsforschung, herrschte eine Konzeption von Sozialisation vor, die das Individuum als von gesellschaftlichen Strukturen determiniert ansah. »In diesem Sinne gebrauchen wir also den allgemeinen Begriff der Sozialisation, der meint: gesellschaftlich werden (oder zu einem bestimmten gesellschaftlichen Wesen gemacht werden)«, so Carol Hagemann-White und Reinhart Wolff (ebd. 1975: 36). Diese Konzeption wurde abgelöst durch Modelle von Interaktionen zwischen dem Individuum und seiner Umwelt. In diesen Interaktionsmodellen sah etwa Jürgen Habermas, der den Sozialisationsbegriff 1968 prominent in die deutsche sozialwissenschaftliche Diskussion eingeführt hatte (vgl. Habermas 1968), den Vorteil gegenüber der Psychoanalyse, da Interaktions- und Rollenmodelle erklären könnten, auf welche Weise die Persönlichkeit auf inneren Kommunikationsprozessen basiere (ebd.: 34; vgl. Baader 2020b). Sozialisation wurde in den frühen 1980er Jahren gekennzeichnet als »Prozess der Entstehung und Entwicklung der Persönlichkeit in wechselseitiger Abhängigkeit von der gesellschaftlich vermittelten sozialen und dinglich-materiellen Umwelt« (Geulen/Hurrelmann 1980: 51). Einflussreich wurde das »Modell der produktiven Realitätsverarbeitung« (Hurrelmann 1986: 64). In den folgenden Jahren wurde dieser Ansatz verstärkt mit einer Vorstellung von Sozialisation als Aktivität des Subjektes verbunden, was mit einem Abrücken vom oben genannten deterministischen Verständnis einer passiven Einwirkung auf das Subjekt verbunden war. Zu Beginn des 21. Jahrhunderts kam dann der Begriff der »Selbstsozialisation« ins Spiel, der wesentlich auf Niklas Luhmanns Schrift »Das Erziehungssystem der Gesellschaft« (Luhmann 2002) zurückging. Auch erhielten in der Sozialisationsforschung die Peers eine wichtige Rolle als Sozialisationsinstanzen und Sozialisation wurde zudem als lebenslanger Prozess gedacht. Im Anschluss daran lässt sich Sozialisation definieren als »ein Prozess, durch den in wechselseitiger Interdependenz zwischen der biopsychischen Grundstruktur individueller Akteure und ihrer sozialen und physischen Umwelt relativ dauerhafte Wahrnehmungs-, Bewertungs- und Handlungsdispositionen auf persönlicher ebenso wie auf kollektiver Ebene entstehen« (Hurrelmann/Grundmann/Walper 2008: 25). In den letzten Jahren wendet sich die Sozialisationsforschung wieder verstärkt dem Gegenstand der sozialen Ungleichheit und der sozialen Teilhabe zu. »Die sozialwissenschaftliche und sozioökonomische Forschung weist darauf hin, wie unverändert wichtig der Prozess der gesellschaftlichen Restrukturierung von Ungleichheit über Sozialisationsprozesse ist« (Hurrelmann et al. 2015: 12).

In der zweiten Frauenbewegung, insbesondere in ihren Anfängen, wurde Sozialisation zu einem zentralen Topos. Das hatte sicherlich eine Ursache darin, dass diese sich mit einem breiteren, offeneren Blick der Analyse von Geschlechterdifferenzen zuwandte, aufgefasst als Unterschiede zwischen Männern und Frauen und vor allem als Unterschiede der *Lebenslagen* von Frauen und Männern. Stichworte waren hier etwa unterschiedlich verteilte Privilegien, Unterdrückung und Gewalt, eine Arbeitsteilung, die Frauen selbstverständlich die Verantwortung für Kindererziehung, -betreuung und -versorgung zuwies, verbunden mit dem Verzicht auf berufliche Qualifikation und Berufstätigkeit. »als ich heiratete, weil ich ein kind bekam, es aus wirtschaftlichen gründen nicht schaffte, unverheiratet zu bleiben, war es selbstverständlich, dass ich natürlich meine studien unterbrach, damit der mann zu ende studieren konnte« (Sander 1968: 53,

Kleinschreibung im Original[5]). Mutterschaft und Kinderbetreuung bilden einen Schwerpunkt der theoretischen und politischen Arbeit in den Anfängen der zweiten Frauenbewegung in der Bundesrepublik (▶ Kap. 4).

Der 1968 in Berlin gegründete »Aktionsrat zur Befreiung der Frauen« solidarisierte sich vor diesem Hintergrund mit den (zu dieser Zeit so genannten) Kindergärtnerinnen als Berufsgruppe und der Aktionsrat unterstützte den Streik der Kindergärtnerinnen unter anderem mit Flugblättern. »GEHEN WIR AM STREIKTAG ZUR KUNDGEBUNG DER KINDERGÄRTERINNEN. ÜBERLEGEN WIR UNS GEMEINSAM MIT IHNEN, WIE WIR EINE BESSERE ERZIEHUNG UNSERER KINDER ERMÖGLICHEN KÖNNEN. (...) Frauen gemeinsam sind stark« (Privatarchiv Helke Sander 1969: 68, Großschreibung im Original).

Weibliche Sozialisation. Die Anfänge der Diskussion und die Etablierung als theoretisches Thema

Geschlechtsspezifische Sozialisation wurde zunächst – wie Sozialisation innerhalb der Sozialisationsforschung insgesamt – vor allem als gezielte, prägende und einschränkende Beeinflussung von Mädchen in Richtung auf ein zu den Interessen der bürgerlichen Gesellschaft passendes Verhalten verstanden (vgl. Rendtorff 2019). Folglich dominierten in den 1970er Jahren Begriffe wie »weibliche« oder »geschlechtsspezifische« Sozialisation. Sie wurde aus zwei Perspektiven gedacht: Einmal ging es um die eigene Sozialisation, die selbst erfahrene Sozialisation der erwachsenen Frauen, und zum zweiten um die Sozialisation der Kinder, der zukünftigen Generation. Zunächst stand die weibliche Sozialisation im Mittelpunkt.

Dass und wie Sozialisation, Erziehung und Bildung als Normierungs- und Disziplinierungsprozesse die Geschlechterverhältnisse in ihren komplementären und hierarchischen Ausgestaltungen und Orientierungen erst herstellen und in den Individuen verankern, war bis dahin im deutschsprachigen Raum theoretisch wenig bearbeitet worden. Eine der wenigen Quellen, auf die zurückgegriffen werden konnte, bot Simone des Beauvoirs Schrift »Das andere Geschlecht. Sitte und Sexus der Frau«, 1949 in Frankreich erschienen und zwei Jahre später ins Deutsche übersetzt, mit dem populär gewordenen Schlüsselsatz »On ne naît pas femme: on le devient« – »man kommt nicht als Frau zur Welt, man wird es«.

Hier knüpfte eine der ersten und sehr populären Publikationen zur geschlechtsspezifischen Sozialisation bereits in der Überschrift an: »Wir werden nicht als Mädchen geboren, wir werden dazu gemacht. Zur frühkindlichen Er-

---

5 Die Klein- oder auch Großschreibung, besser: der Verzicht auf ungleiche Buchstaben war in den 1970er Jahren auch in Kunst und Literatur verbreitet – als Einspruch gegen die Konventionen der Schrift und als demonstrative Ablehnung von Hierarchien.

ziehung in unserer Gesellschaft«. Dass sich dieses Buch von Ursula Scheu (1977) so stark verbreitete (1978 erreichte es bereits eine Auflage von 75000), lag nicht daran, dass es leicht lesbar gewesen wäre. Vielmehr las sich die Auseinandersetzung mit »bürgerlicher und marxistischer« Gesellschaftstheorie und marxistischer Persönlichkeitstheorie eher mühsam. Die Autorin analysierte zunächst die »geschlechtsspezifische Arbeitsteilung« als Herrschaftsinstrument. »Die totale Aufhebung der geschlechtsspezifischen Arbeitsteilung ist eine der Hauptvoraussetzungen für die Befreiung der Frauen« (Scheu 1978: 20). Im zweiten Schritt folgte sie der kindlichen Entwicklung und trug Ergebnisse zur unterschiedlichen Behandlung von Mädchen und Jungen auf unterschiedlichen Gebieten (taktile und akustische Stimulierung, Sauberkeitserziehung, Spielzeug etc.) zusammen, die dann wiederum als Ursache der Geschlechterdifferenzen dingfest gemacht wurden.

Die Analyse der geschlechtsspezifischen Arbeitsteilung, im Zuge derer die familialen Haus- und Sorgearbeiten den Frauen zugeordnet wurden, und die Analyse der frühkindlichen Sozialisation in ihrer Verbindung gaben Antworten auf die Fragen der Frauen in der Frauenbewegung, der Scheu als Autorin angehörte. Für sie hingen Praxis und Theorie eng zusammen: »Ich hoffe, dass sich aus diesem Buch Konsequenzen theoretischer und praktischer Art ergeben«, schrieb sie in ihrem Vorwort, »zwingende Schritte für Erzieher(innen) und Wissenschaftler(innen), die nicht länger die Augen verschließen können, vor den Verbrechen, die an Mädchen im Namen der ›Weiblichkeit‹ begangen werden« (ebd.: 11). Dies ist als ein doppelter Verweis zu lesen, als eine doppelte Aufforderung zur Weiterentwicklung pädagogischer Theorien und Erziehungsvorstellungen: Sowohl die Analyse der ausdrücklichen, intendierten Erziehungsmaßnahmen, die Mädchen und Jungen an vorgesehene Geschlechterrollen gewöhnen sollten, sei vonnöten, als auch die Analyse der Wirkmechanismen eher unbewusster, gewissermaßen »nebenbei« ins pädagogische Handeln eingebetteter geschlechtstypisierender Einflüsse.

Bereits zwei Jahre vorher, 1975, erschien (im Verlag Frauenoffensive, ▶ Kap. 10) eine Schrift von Elena Gianini Belotti mit dem Titel »Was geschieht mit kleinen Mädchen? Über die zwangsweise Herausbildung der weiblichen Rolle in den ersten Lebensjahren durch die Gesellschaft«. Auch diese Autorin zeichnete die kindliche Entwicklung vom Mutterleib bis in pädagogische Institutionen nach und prangerte die Zurichtung der Mädchen und die Feindseligkeit gegenüber Frauen an. Belotti verzichtete auf eine theoretische Gesellschaftsanalyse und diskutierte die Möglichkeit, dass Männer in Frauenberufen, genauer gesagt, im Kindergarten arbeiten könnten, durchaus positiv und verbunden mit einer negativen Kritik an den dort arbeitenden Frauen. Beides wurde im Nachwort vom Redaktionskollektiv des Verlags scharf als eine verkürzte Sichtweise der Probleme kritisiert. Anstatt sich »gegen dieses ganze System der patriarchalen Arbeitsteilung zu wehren«, wie es das Redaktionskollektiv forderte, hänge Belotti »im Fangnetz männlicher Definitionen« (ebd.: 171).

Gegen das Defizitmodell, das sie bei Belotti erkannten, setzten die Verlagsfrauen ein Konzept von weiblichem Selbstbewusstsein und von geschlechtlicher Differenz, »weil wir als Feministinnen nicht um Gleichheit mit den Männern kämpfen, sondern um unsere Existenz und Identität als Frauen« (ebd.: 166).

Einige Jahre später, 1984, bildete eine Schrift mit dem Titel »Sozialisation: weiblich-männlich?« von Carol Hagemann-White den Auftakt zu der sechzehnbändigen Reihe »Alltag und Biographie von Mädchen«, herausgegeben von der Sachverständigenkommission Sechster Jugendbericht, erschienen 1984–1988. Dieser Bericht hatte die »Verbesserung der Chancengleichheit von Mädchen« zum Thema, denn, so die Sachverständigenkommission, in der Literatur über Kinder- und Jugendfragen blieben Mädchen und ihre Situation unsichtbar: »Es wird praktisch nur von Jungen berichtet – Mädchen erscheinen subsumiert bzw. allenfalls als eine (defizitäre) Untergruppe des ›Normalfalls‹ der männlichen Jugendlichen« (ebd.: 5).

An diesen Beispielen lassen sich bereits die zentralen Problematiken erkennen, die für das Konzept von Sozialisation sowie für die Kritik an geschlechtstypisierenden Sozialisationseinflüssen zentral sind: der Aspekt der »Herrschaftskritik«, ausgehend von der Tatsache der Ungleichstellung von Frauen, ihrer mangelnden Sichtbarkeit und Wertschätzung – und der Aspekt der Beeinflussung und Prägung der Mädchen (Jungen waren zu diesem Zeitpunkt noch nicht zum Gegenstand des Interesses geworden) durch Gewöhnung an ein nur schmales Segment von Entfaltungsmöglichkeiten. Dabei fällt der zweite Aspekt wesentlich in die Verantwortung von Erziehung und Pädagogik und ihren Institutionen. Auf diese richtete sich denn auch die Hoffnung der Protagonistinnen der Frauenbewegung.

Mädchen in der Geschlechterforschung

Die Reihe zu »Alltag und Biographie von Mädchen« kann als ein Meilenstein nicht nur in der Mädchenarbeit, sondern auch der Forschung über Mädchen, die sich ab Ende der siebziger Jahre entwickelte, angesehen werden. Mädchen wurden »aus dem permanenten Vergleich mit den Jungen entlassen« und als eigenständige Gruppe wahr- und ernstgenommen (Kelle 2004: 360, ▶ Kap. 5). In den folgenden zwanzig Jahren konzentrierte sich die Geschlechterforschung deutlicher auf die weibliche Geschlechtszugehörigkeit als auf die männliche, d. h. die Bildungsverläufe, Zukunftsentwürfe, Alltagspraktiken und Beziehungen von Mädchen wurden stärker als bei Jungen mit ihrer Geschlechtszugehörigkeit verbunden. Weibliche Jugendliche schienen sich in besonderer Weise als Projektionsfläche für Bilder von modernen und emanzipierten wie auch von traditionellen Lebensentwürfen anzubieten. Auch für die Mädchenforschung lässt sich skizzieren, dass sich die Forschung von einer Benachteiligungs- und Defizitperspektive über eine Betonung und Aufwertung der Geschlechterdifferenz theoretisch zu (de)konstruktivistischen Ansätzen und methodisch zu rekonstruktiven und ethnographischen Zugängen hin entwickelte.

1992 fand an der Freien Universität Amsterdam die »First International Conference of Girls and Girlhoood: Transitions and Dilemmas«, »Alice in Wonderland« statt, die dazu gedacht war, die Mädchenforschung als eigenständiges akademisches Feld zu etablieren, den internationalen Forschungsstand zu diskutieren und zugleich die »Kategorie ›Mädchen‹ als historische, soziale und ideologische Konstruktion« zu problematisieren« (Breitenbach 1992: 123; Kelle 2004). (Über diese Tagung heute zu lesen, ist irritierend: thematisch wie theoretisch könnte es sich um eine aktuelle Tagung handeln und nicht um eine, die fast dreißig Jahre zurückliegt).

Ein zentrales Thema der Mädchenforschung war die weibliche Adoleszenz. Ein Zweig der Forschung sah in den Beziehungen von Mädchen zu anderen Mädchen und zu erwachsenen Frauen, also in weiblichen Beziehungszusammenhängen einen Schlüssel zum Verständnis der weiblichen Adoleszenz. Carol Gilligan und ihre Kolleginnen entwickelten auf der Basis langjähriger empirischer Arbeit – insbesondere einer Längsschnittstudie mit Schülerinnen zwischen 7 und 16 Jahren – eine Theorie weiblicher Adoleszenz (Brown/Gilligan 1994). Im Mittelpunkt dieses Ansatzes steht die zentrale Bedeutung von Beziehungen, und zwar insbesondere von Beziehungen zwischen Mädchen und Frauen, für die Identitätsentwicklung des Mädchens. Der Beginn der weiblichen Adoleszenz wird als eine tiefe Krise angesehen, in der das Mädchen sich selbst, die selbstbewusste »Stimme« ihrer Kindheit verliert, weil sie sich genötigt sieht, sich den gesellschaftlichen und sozialen Erwartungen an sie als (zukünftige) Frau anzupassen (vgl. auch Flaake/King (Hrsg.) 1992).

Erwachsenen Frauen, insbesondere Müttern, kommt in diesem Konzept weiblicher Adoleszenz eine zentrale Bedeutung zu: Erwachsene Frauen werden als Beispiel oder auch als Vorbilder betrachtet, die dem Mädchen eine bestimmte Art von Weiblichkeit vorleben und sie ihm gleichzeitig nahelegen. Für Mädchen wiederum steht nicht die Ablösung oder Trennung von der Mutter im Vordergrund, sondern es kommt für sie darauf an, die Beziehung neu auszuhandeln und auf eine Grundlage zu stellen, die beiden eine offene und streitbare Kommunikation und gegenseitige Anerkennung ermöglicht (vgl. Apter 1990). Aus der Sicht von adoleszenten Mädchen scheinen Bindung und Trennung keine Gegensätze zu sein, sondern sich auf vielfältige Weise verknüpfen zu lassen (vgl. Brown/Gilligan 1994; Stern 1992). Diese Ansätze hätten einen Impuls für die Jugendforschung bedeuten können, um das Konzept der »Entwicklungsaufgaben«, das sich auf Ablösung, Autonomie und heterosexuelle Beziehungen zentrierte, zu erweitern – der allerdings nicht in Literatur und Forschung aufgenommen wurde.

Die Erforschung der Beziehungen von Mädchen untereinander stellte ebenfalls eine Linie der Adoleszenzforschung dar, eine Perspektive, die jedoch nicht weiterverfolgt wurde und die gegenwärtig in der ohnedies raren Jugendforschung keine Rolle spielt. Auch wenn Mädchenbeziehungen hier als »Mädchenkultur« oder als »weiblicher Raum« gekennzeichnet wurden, ging es nicht um eine Aufwertung oder Stabilisierung der Geschlechterdifferenz, sondern um Konstruktionsprozesse von Geschlecht innerhalb und durch Beziehungen. Thema der Beiträge waren die Ausgestaltungen und Bedeutungen von Mädchengruppen für die Alltagspraxis und die Entwicklung von Mädchen. So lassen sich beispielsweise Mädchenfreundschaften als eine bedeutsame weibliche Beziehungspraxis beschreiben, als einen Erfahrungs- und Arbeitsraum, in dem vielfältige Fragen wie z. B. die angemessene Darstellung als Frau und die Inszenierung von Weiblichkeit, Konflikte mit Peers und den Eltern, Konzepte von Freundschaften und Liebesbeziehungen, erste sexuelle Erfahrungen begleitet und bearbeitet werden können (Bütow 2006; Breitenbach 1998, 2000; Fritzsche 2003).

Geschlechtstypische Sozialisation – theoretische Entwicklung

Carol Hagemann-White setzte in ihrem Buchtitel »Sozialisation: weiblich – männlich?« ein Fragezeichen hinter die Unterteilung in weibliche und männliche Sozialisation. Indem das Thema mehr und mehr zum wissenschaftlichen Gegenstand und Gegenstand von Forschung wurde und sich als empirisches Thema in einzelne Felder ausdifferenzierte, wurden die schlichte Entgegensetzung von weiblicher und männlicher Sozialisation sowie die polaren Konstruktionen von Weiblichkeit und Männlichkeit auf mehreren Ebenen in Zweifel gezogen. Erstens wurde weiterhin versucht, die Theorien zu angeborenen Geschlechtsunterschieden zu entkräften (Hagemann-White 1984, Kapitel I). Zweitens blieb (und bleibt) die Suche nach empirisch belegbaren Geschlechterdifferenzen schwierig (Hagemann-White 1984, Kapitel I.2; vgl. auch Connell 2013; Fine 2012). Drittens schließlich wurde deutlich, dass sich Sozialisationsprozesse in ihrer Komplexität nicht in einfache Ursache-Wirkungs-Zusammenhänge einpassen oder mit Reiz-Reaktions-Mustern erklären und verändern lassen. Das Konzept der Zweigeschlechtlichkeit selbst rückte nun in den Blick und »Sozialisation« erschien zunehmend als ein Modus für dessen Herstellung. Auch bezieht Hagemann-White hier bereits die Unterschiede *zwischen* Frauen/Mädchen entsprechend ihrer sozialen Lage mit ein:

> »Die Zweigeschlechtlichkeit ist in jeder Gesellschaft ein symbolisches System, das mit den ökonomischen und sozialen Verhältnissen zutiefst verwoben, aber keineswegs identisch ist. Die Macht dieses Systems führt dazu [...] dass weniger privilegierte Mädchen sich stärker an normativen Geschlechterbestimmungen orientieren, daher aber auch als ›rückständig‹ oder emanzipationsfeindlich denunziert werden können« (Hagemann-White 1984: 77).

Im weiteren Verlauf der Diskussion wurden die verhaltenstheoretischen Paradigmen von tiefenpsychologischen und kognitivistischen, später von (im weitesten Sinne) konstruktivistischen und biographischen Ansätzen abgelöst. »Aus den Opfern des Patriarchats der 70er Jahre, den Seelensucherinnen der frühen und Architektinnen einer positiven weiblichen Kultur der späten 80er Jahre werden die Frauen jetzt zu durchaus unterschiedlichen Konstrukteurinnen und Managerinnen ihrer je eigenen Biographie« (Breitenbach/Hagemann-White 1994: 258). Diese Paradigmenwechsel waren zwar kein Spezifikum der Geschlechterforschung allein, sondern vollzogen sich in vielen Bereichen der sozialwissenschaftlichen Theoriebildung wie auch der Sozialisationsforschung insgesamt – doch sie kamen den Interessen und der Entwicklungsdynamik innerhalb der Geschlechterforschung entgegen. Sie verbanden sich mit deren Theoretisierungsbemühungen und ihrem Interesse an einer breiteren Perspektive sowie der Einbeziehung unterschiedlicher Einflussebenen in die Analyse von vergeschlechtlichenden Sozialisationsprozessen. Im Folgenden betrachten wir diese komplexen und widersprüchlichen Prozesse genauer.

In der Frauenbewegung (und in der Geschlechterforschung) verminderte sich der Optimismus der frühen Jahre, dass etwas zu verstehen (hier: die eigene Sozialisation) gleichbedeutend damit sei, es unmittelbar verändern zu können (hier: die eigene Identität und das eigene gelebte Leben). In den 1980er Jahren wandte sich deshalb der Blick stärker nach innen, auf das Subjekt selbst. Zwar setzt sich Sozialisationstheorie als Theorie der Vergesellschaftung des Subjekts immer mit den Wechselbeziehungen zwischen Individuum und Gesellschaft auseinander – doch hatten die Ansätze der frühen siebziger Jahre dazu tendiert, die Bedeutung der gesellschaftlichen Verhältnisse hervorzuheben, so wechselte die Perspektive in den 1980ern stärker zum Individuum. Das Individuum erhielt theoretisch mehr Spielraum und mehr Verantwortung für sich und das eigene Leben, eine Tendenz, die sich bis in die Gegenwart noch verstärkt hat (vgl. z. B. Schmidt 2017, Kapitel 5) und in der kritischen Gesellschaftsanalyse seit der Jahrtausendwende breit unter den Begriffen des »unternehmerischen Selbst« als Subjektivierungsform (vgl. Bröckling 2007) oder auch der Selbstoptimierung diskutiert wird. Gleichzeitig öffnete sich damit der Blick für die biographisch erworbenen Zwänge und Verstrickungen, die sich nicht durch Vernunft und Einsicht allein auflösen ließen. Diese Perspektive war teilweise etwas anklagend oder resigniert, wie es z. B. in Studien über misshandelte Frauen zum Ausdruck kam (vgl. Brückner 1983, 1987). Sie war aber zugleich auch durch einen neuen Optimismus geprägt, indem sich die Frauenbewegung der Psychotherapie zuwandte und sich feministische Therapieansätze entwickelten, durchaus weiterhin mit gesellschaftskritischem Anspruch (vgl. Bilden 1992; Eichenbaum/Orbach 1984). Auch darin drückte sich eine Tendenz aus, die die 1970er und 1980er Jahre jenseits der feministischen Debatten prägten und die als »Therapeutisierung« des Selbst (vgl. Maasen et al. 2011) beschrieben wurden. Geschlechtsspezifische Sozialisation wurde jetzt als etwas angesehen, das Frauen bis in die tiefen Schichten ihrer Persönlichkeit und/oder bis in ihr Unbewusstes hinein geformt hat. Die therapeutischen Ansätze enthielten das Versprechen, Frauen individuell von den Lasten ihrer Vergangenheit, insbesondere ihrer Kindheit und Jugend und damit in der Folge von den Fesseln ihrer Gegenwart zu befreien. Sie waren aber auch verbunden mit dem Anspruch, die psychische Situation von Frauen insgesamt zu begreifen und ein neues Bild von Frauen zu kreieren. Das Verständnis der weiblichen Psyche wurde jetzt zum Schlüssel für das Verständnis des weiblichen Lebenszusammenhangs. »Die Frauenbewegung hat heute eine Entwicklungsstufe erreicht, auf der man anfangen kann, eine radikal neue Theorie der weiblichen Psyche zu formulieren, die auf feministischen Grundsätzen beruht« (Eichenbaum/Orbach 1984: 10).

Im Zuge der Auseinandersetzung mit den Prozessen, durch die Menschen zu Mädchen und Frauen (und Jungen und Männern) werden, kam die Mutter-Kind-Beziehung und insbesondere die Mutter-Tochter-Beziehung als oft erste zentrale und einflussreiche Beziehung im menschlichen Leben in den Blick. Die Mutter-Tochter-Beziehung (▶ Kap. 4) war Gegenstand populärwissenschaftlicher Entwürfe (Franck 1987; Friday 1979), therapeutischer Konzepte (Eichenbaum/Orbach 1984) und theoretischer und empirischer Studien. In Deutschland einflussreich waren die Arbeiten von Nancy Chodorow (1985) und Carol Gilligan (1984), ebenfalls, wenn auch etwas weniger bekannt, von Dorothy Dinnerstein (1979).

Chodorow ging in ihrer psychoanalytischen und soziologischen Analyse von einer gesellschaftlichen Arbeitsteilung aus, die in der Regel Frauen die Aufgabe der Versorgung und Erziehung der Kinder zuweist, das von ihr so genannte »Muttern«. Mädchen würden ihre Identität demnach in Ähnlichkeit und in Verbindung zu ihrer Bezugsperson ausbilden, Jungen in Differenz zu ihr. Das Geschlecht würde für Jungen ein Instrument der Abgrenzung, für Mädchen ein Instrument der Verbundenheit. »Das grundlegende weibliche Selbstgefühl ist Weltverbundenheit, das grundlegende männliche Selbstgefühl ist Separatheit« (Chodorow 1985: 220). Diese Sichtweise tendiert erkennbar zu dichotomisierenden und essentialisierenden Vorstellungen von männlich und weiblich und wurde deshalb entsprechend kontrovers diskutiert (vgl. z. B. Großmaß 1989).

Wie bereits ausgeführt, betonte Gilligan auch in ihren Arbeiten zur Moral (Gilligan 1984) und in ihren Arbeiten über Mädchen in Kindheit und Adoleszenz (Brown/Gilligan 1994) das »Leben in Beziehungen« und die Bedeutung der Fürsorge, wobei auch für sie die Beziehungen zwischen Müttern und Töchtern von entscheidender Bedeutung sind – sie sieht jedoch erheblich deutlicher den Einfluss der Sozialisation auf diese Orientierung von Mädchen und Frauen.

Mit dieser neuen Betonung einer essentiellen Verschiedenheit ging eine Aufwertung der »Geschlechterdifferenz«, von Unterschiedlichkeit und (vermeintlichen) Besonderheiten von Frauen und Männern einher. Beziehungsfähigkeit und Fähigkeit zur Fürsorge beispielsweise, weibliche Fähigkeiten und weibliche Arbeitsfelder wurden jetzt expliziter in ihrer sozialen und gesellschaftlichen Bedeutung erkannt und ihre gesellschaftliche Anerkennung gefordert. Dies ist allerdings auch hoch ambivalent – denn mit der Aufwertung wurde die Verortung dieser Qualitäten bei den Frauen gewissermaßen bestätigt und ihre Bindung an sie verstärkt. Bis heute finden sich in pädagogischen Kontexten Spuren dieser Aufteilung – etwa, wenn mit großer Selbstverständlichkeit Frauen mehr Empathie attestiert wird als Männern, Männern jedoch ein höheres Maß an *agency* (Ebert/Steffens 2013) – obgleich sich in sozialpsychologischen Studien zeigen lässt, dass Frauen keine größere Empathiefähigkeit haben, sich jedoch mehr anstrengen, wenn sie daran erinnert werden, dass dies von ihnen erwartet wird (Fine 2012: 60). Diese Vorstellungen schlagen sich nicht zuletzt in Arbeitsteilungen in pädagogischen Einrichtungen nieder (mehr Männer in Leitungsfunktionen; Männer spielen mit den Jungen draußen, Frauen malen mit den Mädchen drinnen usw.). Die theoriebasierte Erkenntnis, dass Sozialisationsprozesse umfassend, auf vielfältige und meist unbemerkte Weise solche Arten von ›beliefs‹ erzeugen, ist sicherlich richtig – doch kann sie (auch begünstigt durch Texte wie den von Chodorow) gelegentlich auch leicht kippen in einen biologisierenden Gestus.

Und dennoch: Es muss als ein großes Verdienst der frühen Frauenbewegung und -forschung gesehen werden, dass sie diese Widersprüchlichkeit in die Diskussion getragen und mit vielen empirischen und theoretischen Impulsen unterfüttert hat. Hier hätte allerdings der Mainstream der sozialwissenschaftlichen Fächer deutlich stärker reagieren und sich selbst des Themas annehmen müssen – dieses Versäumnis hat nicht zuletzt dazu beigetragen, dass der Glaube an angeborene Geschlechterunterschiede noch immer sehr weit verbreitet ist (und von populärwissenschaftlichen Veröffentlichungen nach wie vor gestützt wird).

Anfang der neunziger Jahre des 20. Jahrhunderts geriet das Sozialisationsparadigma insgesamt in die Kritik, dies gilt etwa für die Neuere Kindheitsforschung (▶ Kap. 12) und betrifft auch den Ansatz der geschlechtsspezifischen Sozialisation. Der Sozialisationsbegriff und das weibliche Subjekt lösten sich sozusagen im »doing gender« als situierte Praxis auf. »Dem Sozialisationskonzept sind grundlegende Annahmen nicht wirklich auszutreiben, die ich nicht mehr teilen kann«, schrieb Helga Bilden (1991/1998: 279) im »Neuen Handbuch Sozialisationsforschung«, in dessen erster Fassung sie bereits zehn Jahre früher einen Beitrag zur geschlechtsspezifischen Sozialisation veröffentlicht hatte, und sie kritisierte unter anderem »das Konzept der stabilen Persönlichkeit bzw. des (hoffentlich) mit sich identischen Individuums, das durch Sozialisation entstünde«. Dementsprechend verwarf sie die Frage nach verallgemeinerbaren Geschlechterdifferenzen, sowohl hinsichtlich der Sozialisationsbedingungen als auch hinsichtlich der weiblichen und männlichen Subjekte selbst – auch Geschlecht wurde von etwas, das jemand »ist« oder »hat«, zu etwas, das jemand in bestimmten Situationen »tut« (Gildemeister/Wetterer 1992: 212) – womit der Blick von den prägenden Einflüssen gesellschaftlicher Geschlechter*verhältnisse* weg und stärker auf die einzelnen Individuen und ihr Handeln in konkreten Situationen gelenkt wurde. Zwar sei die Suche nach verallgemeinerbaren Geschlechterdifferenzen, die durch geschlechtsspezifische Sozialisation entstünden, für die Frauenbewegung eine wichtige Frage für die Selbstvergewisserung gewesen, heißt es bei Bilden, inzwischen analysiere die feministische Forschung aber vielfältige Geschlechter- und Lebensverhältnisse. Bilden schlug stattdessen eine sozialkonstruktivistische Sichtweise vor. »Zentral ist die *Annahme, dass wir unsere Wirklichkeit andauernd in sozialen Praktiken produzieren*« (Bilden 1991/1998: 280, kursiv i. O.).

Auch der mit der frühen Sozialisationsforschung eng verbundene Rollenbegriff wurde in der sozialwissenschaftlichen Geschlechterforschung in den letzten Jahrzehnten zugunsten von Perspektiven, die sich an der Bedeutung von Praktiken, an Situierungen, Wissen, Sprache und Performativität orientieren, zunehmend infrage gestellt. Kritisiert wird, dass er die Möglichkeit des Ablegens von Rollen suggeriere und nach wie vor einer strikten Unterscheidung von sex und gender folge. In der eher psychologisch orientierten Sozialisationsforschung ist der Rollenbegriff hingegen stark präsent (vgl. Kahlert 2013). Dort geht er auch einher mit einem weiteren Festhalten an stabilen Persönlichkeitsmerkmalen.

2015 betonte Andrea Maihofer wiederum im neuen Handbuch Sozialisationsforschung unter der vorsichtigeren Überschrift »Sozialisation und Geschlecht« die gesellschaftlichen Zumutungen an Frauen und Männer, sich geschlechtlich eindeutig zu positionieren.

»Geschlechtsidentität wird dabei als ein Disziplinierungs- und Normalisierungsprozess deutlich, in dem ein Individuum einen kompliziert ineinander verschränkten Vereindeutigungs-, Vereinheitlichungs- und Vereigenschaftlichungsprozess in und mit sich vollziehen und immer wieder aufs Neue reproduzieren muss oder jedenfalls müsste, will es geschlechtlich (an)erkennbar sein« (Maihofer 2015: 652).

Es wird hier also eine hochkomplexe Verbindung deutlich, in der explizite Erziehungsbemühungen, individuelle Sozialisationserfahrungen im gesellschaftlichen Umfeld und mit Gleichaltrigen sowie in pädagogischen Institutionen zusammenwirken und allesamt durch das deutliche Bestreben der Gesellschaft unterfüttert werden, Mädchen und Frauen nach wie vor auf beziehungsorientiertes Verhalten und auf Sorgetätigkeiten zu verpflichten. Gerade für diesen letzten Aspekt ist die Aufrechterhaltung von Zweigeschlechtlichkeit als Ordnungssystem durchaus von gesellschaftlichem Interesse. Was in der feministischen Bewegung unter den Stichworten »Heteronormativität« oder »Zwangsheterosexualität« auf einer politischen Ebene diskutiert wurde (und wird), zeigt sich hier in aller Brisanz in seiner pädagogischen Dimension – und ist doch im Feld der Erziehungswissenschaft noch weitgehend unbearbeitet geblieben.

Männliche Sozialisation

Schon bevor die männliche Sozialisation explizit zum Thema wurde, wurde die weibliche Sozialisation in ihren Unterschieden und Ähnlichkeiten zur männlichen Sozialisation betrachtet. Selbst da, wo Frauen ausschließlich Frauen und Weiblichkeit berücksichtigen wollten, folgten ihnen die Fragen um Männer und Männlichkeit wie ein Schatten, und sei es nur in der Figur der Abgrenzung. Das war aus zwei Gründen folgerichtig: Erstens bilden männlich-weiblich bzw. Weiblichkeit-Männlichkeit ohnehin ein relationales Begriffspaar, dessen Terme aufeinander verweisen und die deshalb nur gemeinsam auftreten können – die Frage, in welcher Weise diese Relationalität zu denken ist, hat die Philosophiegeschichte seit ihren Anfängen beschäftigt, sie gehört zum Kernbestand jeder Religion und aller Gesellschaftskonzepte und ist seit Jahrtausenden Gegenstand von Auseinandersetzungen. Zweitens aber dominierte in der Frauenbewegung als Ausgangspunkt der Analyse und Einsatzpunkt politischer Interventionen die Benachteiligung von Frauen gegenüber Männern. Die Sozialisationsdebatte fragte nach den Prozessen, die Benachteiligung individuell und gesellschaftlich entstehen ließen und fortschreiben – und dies führte in ihren Anfängen dazu, Jungen (und Männer) als Bevorteilte zu sehen und deshalb die Problematik in der Erziehung kleiner Jungen zu unterschätzen und zu vernachlässigen.

Die Problematik, bei der Beschäftigung mit der weiblichen Sozialisation die männliche sozusagen immer mitschleppen zu müssen (ohne sie jedoch prominent zu setzen), zeigte sich in zwei Ebenen der Diskussion. Eine Ebene bestand darin, die weibliche Sozialisation, wie schon ausgeführt, als benachteiligend und einschränkend zu beschreiben. Mehr oder weniger explizit verwandelte sich Weiblichkeit in eine Beschreibung von Defiziten und wurden Mädchen und Frauen in der Folge als defizitär charakterisiert – gemessen an einem Stereotyp von Männlichkeit. Entsprechend wurde der Beweis der Gleichbefähigung im Vergleich zu Jungen (und Männern) handlungsleitend. Sehr prägnant und konkret wird dies veranschaulicht in einem Lied des seinerzeit sehr bekannten Grips Theaters in Berlin von 1978. Dort heißt es: »Wer sagt, dass Mädchen dümmer sind, der spinnt, der spinnt, der spinnt. Mädchen sind genau so schlau wie Jungen, Mädchen sind genau so frech und schnell. Mädchen haben soviel Mut wie Jungen, Mädchen haben auch ein dickes Fell.«

Die zweite Ebene der Diskussion bestand darin, dass überall (nicht nur in der Frauenbewegung) die Beschäftigung mit Geschlecht und geschlechtsspezifischer Sozialisation quasi automatisch die Beschäftigung mit Frauen meinte, und damit die Frauen zum Problemfall erklärt wurden, zur Abweichung vom männlichen und damit vom menschlichen Allgemeinen, »wie überhaupt das Wort ›geschlechtsspezifisch‹ anzeigt, dass Frauenprobleme zur Sprache kommen sollen« (Hagemann-White/Wolff 1975: 199). »Ich habe lange gezögert, ein Buch über die Frau zu schreiben. Das ist ein Reizthema, besonders für Frauen, und es ist nicht neu« (Beauvoir 1949/2000: 9). So begann Simone de Beauvoir ihr Buch über »Sitte und Sexus der Frau« und illustrierte damit die Schwierigkeit, mit der Beschäftigung mit den Lebenslagen von Frauen fast zwangsläufig nicht die Geschlechterverhältnisse, sondern die Frauen zu problematisieren.

Doch wurden durchaus, wenn auch weitaus weniger intensiv und überwiegend im Konzept der geschlechtsspezifischen Sozialisation, die Probleme typisch männlicher Sozialisation (und typischer Männer) analysiert – spätestens mit dem Band »Männer« von Helga Dierichs und Margarete Mitscherlich (1980). So sprachen Uta Enders-Dragässer und Claudia Fuchs (1988) vom »Überlegenheitsimperativ«, dem Jungen ausgeliefert seien, und Ilse Brehmer formulierte im Hinblick auf Schule: »Obwohl es unser/mein vordringliches Ziel ist, Frauen zu stärken, so müssen wir gleichzeitig dringend fordern, dass männliche Sozialisation in ihrer jetzigen Form und in ihren Folgen aus ihrem defizitären Zustand herausgeführt wird« (Brehmer 1984: 567f.). Die mit dem Ausdruck »Überlegenheitsimperativ« sehr treffend beschriebene Erwartung an Jungen, besser zu sein als andere, verweist dabei nicht einmal in erster Linie auf ein Problem zwischen den Geschlechtern (denn dass Jungen Mädchen überlegen seien, schien ja ohnehin klar), sondern beschreibt ein grundlegendes Muster männlicher Sozialisation (vgl. Forster/Rendtorff/Mahs 2011). Es thematisiert den Modus von Rivalität zwischen Jungen bzw. zwischen Männern, den Bourdieu später als »ernste Spiele des Wettbewerbs« bezeichnet hat (vgl. Meuser 2008) und der sich in Raewyn Connells Konzept der »hegemonialen Männlichkeit« (1999) wiederfindet.

Im Kontext der neu entstehenden Männlichkeitsforschung nahmen sich dann einige Autoren explizit der Schwierigkeiten und Defizite männlicher Sozialisation an und beschrieben sie aus einer anderen Perspektive als Benachteiligung von Jungen. Ähnlich große Verbreitung wie die ersten Schriften zur weiblichen Sozialisation erreichte beispielsweise das Buch »Kleine Helden in Not. Jungen auf der Suche nach Männlichkeit« von Dieter Schnack und Rainer Neutzling, welches, erschienen 1990, 1992 bereits eine Auflage von 82.000 erreicht hatte. Wenig später folgten »Männliche Sozialisation. Bewältigungsprobleme männlicher Geschlechtsidentität im Lebenslauf« von Lothar Böhnisch und Reinhard Winter (1993). Böhnisch/Winter schlossen auch an feministische Theorien an und sahen den Kern der männlichen Sozialisation in der Problematik, dass Männlichkeit in erster Linie über Nicht-Weiblichkeit definiert sei (vgl. ebd.). Dieser Gedanke findet sich einige Jahre später auch zentral bei Bourdieu, der in seinem Buch »Die männliche Herrschaft« darauf verweist, dass die männliche Sozialisation in erster Linie in der Arbeit an der »Entweiblichung« bestehe (Bourdieu 2012).

Für die Pädagogik erörterte die Publikation »Junge, Junge – Mann, o Mann« von Tim Rohrmann (Rohrmann 1994) die »Entwicklung zur Männlichkeit« breit. Nahmen diese Schriften noch Bezug auf feministische Forschung (wenn auch bei Schnack/Neutzling eher in negativer Abgrenzung), so verlor sich dieser Bezug in der bis heute andauernden Debatte über Benachteiligung von Jungen in der Familie und in pädagogischen Institutionen.

Es ist allerdings doch irritierend zu sehen, dass die »Jungen-Debatte« erst nach der Jahrtausendwende mit der ersten PISA-Studie Schwung aufnahm – dann aber vom Mainstream der Erziehungswissenschaft und der Bildungsforschung in dramatisierendem Gestus aufgegriffen wurde. Hier ging es angesichts des schwächer werdenden leistungsmäßigen Vorsprungs um messbare Nachteile (recht eigentlich um das Nachlassen gewöhnlich gewesener Vorteile) von Jungen, bezogen auf Output und schulische Leistung. Doch war diese selektive Aufmerksamkeit für die Sache der Jungen nur begrenzt hilfreich, denn dieser Befund führte gerade *nicht* zu einer erziehungswissenschaftlichen Reflexion der Bedingungen des Aufwachsens von Jungen, sondern verblieb ganz überwiegend auf der Ebene von Schuldzuweisungen (an weibliche Lehrkräfte oder schulische Strukturen), die unter dem Schlagwort von der »Feminisierung der Erziehung« geführt und von pragmatischen Vorschlägen für pädagogische Einrichtungen begleitet wurden (vgl. Hurrelmann/Schulz 2012).

Im Mittelpunkt des aktuellen Diskurses um Jungen und pädagogische Institutionen steht die Vorstellung, dass Jungen erwachsene Männer brauchen, als Väter und (teilweise als Vaterersatz) als männliche Pädagogen. Diese Position wird auch in der Sozialisationsforschung vertreten, etwa von dem Sozialisationsforscher Klaus Hurrelmann (ebd.). Einen Schwerpunkt bildet derzeit die Wachstumsbranche Kinderbetreuung. In Verbindung mit der Diagnose, dass männliche Pädagogen in Kita und Grundschule fehlen, entwickelte sich eine populäre, politisch (mit vielen Fördermitteln) und pädagogisch gestützte Bewegung für männliche Fachkräfte in Kitas (vgl. BMFSFJ 2015). Die entsprechenden theoretischen Ansätze argumentieren im Grunde ähnlich wie die frühen Sozialisationstheoretikerinnen der zweiten Frauenbewegung: ihr Ausgangspunkt ist die gesellschaftliche Zuständigkeit der Frauen für die Betreuung und Erziehung von Kindern, gerade in der frühen Kindheit.

Die Analyse dieses Befundes sieht dann jedoch anders aus. Die Zuständigkeit von Frauen wird oftmals zur »Dominanz« von Frauen in der weiblichen und männlichen Kindheit (Rohrmann 2011: 109), und es entsteht ein Bild dominanter Frauen, die Jungen in einer Weise erziehen (und unterdrücken), dass sie keine männliche Identität entwickeln können. Die Entwicklung einer männlichen Geschlechtsidentität, ausgerichtet am männlichen Vorbild, soll nun die Aufgabe der männlichen Pädagogen sein. Es tun sich hier mehrere Probleme auf: Zum einen kann es als eine Zumutung angesehen werden, von (jungen) Männern, die in ein Berufsfeld einmünden, zu verlangen, sie mögen ihr gesamtes Geschlecht repräsentieren. Zweitens bleibt weitgehend unklar, worin denn diese »Männlichkeit«, die Jungen präsentiert werden soll, besteht und was sie kennzeichnet – und nicht zuletzt verbirgt sich schon in dem Grundansatz selbst ein problematisches, sogar sexistisches Moment, sofern die Repräsentation dieses Männlichen an das Körpergeschlecht gebunden wird und damit letztlich auch qualitative Verhaltensaspekte aus dem Körpergeschlecht abgeleitet werden. Die Erkenntnis der 1980er Jahre, dass Geschlechtsidentität im Sozialisationsprozess produktiv-realitätsverarbeitend entsteht, scheint somit vergessen, zumindest aber deutlich umgewichtet zu sein.

Ein offenkundiger Widerspruch zeigt sich darin, dass einerseits in frühpädagogischen Konzepten weitgehende Übereinstimmung darin besteht, Kinder nicht in geschlechtstypischer Weise erziehen und damit einschränken zu wollen, andererseits eine zentrale Forderung darin besteht, Mädchen und Jungen bei der Entwicklung ihrer Geschlechtsidentität *als* Mädchen oder Junge zu begleiten und zu fördern – was leicht darauf hinauslaufen kann, ihre vermeintliche »Besonderheit« fixierend zu verstärken, statt sie zu verbreitern.

Die Anforderungen an die pädagogische Arbeit, wie sie sich derzeit darstellen, lassen sich also in etwa so verdichten: Die Geschlechterdifferenzen sollen keine einschränkende soziale und gesellschaftliche Bedeutung entfalten, sie sollen diese Bedeutung jedoch *in der persönlichen Identität des Subjekts* erhalten. Beides soll sowohl für die Kinder als auch für die Erwachsenen gelten. Auslegungsfähig ist also jeweils, worin die »Differenz« überhaupt bestehen könnte und wie sie ihre »Bedeutung« erlangt.

Eine mögliche theoretische Antwort bietet die Hinwendung zu irgendeiner Art von essentialistischer Geschlechtertheorie, sei sie nun biologisch, sozialisationstheoretisch, psychologisch, evolutionstheoretisch oder philosophisch-spirituell begründet. Dann wären für erstere Anforderung – die Geschlechterdifferenzen sollen nicht bedeutsam sein – Kultur, Sozialisation und Erziehung zuständig, für die zweite – die Geschlechterdifferenzen sollen in der persönlichen Identität bedeutsam werden – die Natur bzw. ein essentieller Kern des Selbst.

Einen *pädagogischen* Ausweg aus den widersprüchlichen Anforderungen scheint die Figur des Vorbildes zu bieten bzw. das Lernen am Modell: Jungen sollen sich am männlichen Erzieher orientieren, der sowohl die robusten als auch die verletzlich-sanftmütigen Anteile von Männlichkeit verkörpern und darstellen soll, Mädchen orientierten sich wie gehabt an den Erzieherinnen als Frauen, die entsprechend moderne Weiblichkeit und Mütterlichkeit verkörpern und darstellen sollen. »Role model«, heißt das dann, auch hier wird der oben kritisch thematisierte Rollenbegriff verwendet und zeigt verblüffende Ähnlichkeiten zur traditionellen geschlechtstypischen Erziehung – allerdings auch hier verbunden mit einer (Selbst-)Überschätzung der pädagogischen Fachkräfte. Statt auch die Unterstützung der Kinder bei der Herausbildung von Geschlechtsidentität als Bestandteil *professionellen* Handelns zu begreifen, sind die einzelnen Fachkräfte aufgefordert, sich als *Personen* einzubringen, aus sich selbst heraus in »Selbstreflexion« ihre Verstrickung in Geschlechterstereotype zu erkennen, zu überwinden und ein davon befreites *role-model* zu verkörpern – ohne dass sie dabei auf tragfähige Unterstützung aus ihrer pädagogischen Fachliteratur rechnen können. Das muss notgedrungen dazu führen, dass sich die Einzelnen an das halten, was sie persönlich für richtig erachten und als »normal« in ihrer eigenen Sozialisationsgeschichte kennengelernt haben. Damit schließt sich der Kreis: Die Forderungen und Ansätze der Frauenbewegung an die professionelle Pädagogik, die Entstehung geschlechterstereotypen Denkens zu analysieren und alternative Erziehungskonzepte zu erarbeiten, scheint vergessen und durch die Hintertür der rosa und blauen Geschlechtsidentität kehren die traditionelle Geschlechtererziehung und die hegemoniale Männlichkeit zurück in den (sich doch als fortschrittlich verstehenden) Raum der Pädagogik (Breitenbach/Bürmann 2014; Breitenbach et al 2015).

In den entsprechenden Ansätzen wird auch die in der feministischen Forschung breit diskutierte Problematik der Reifizierung von Stereotypisierungen durch die Forschung nicht reflektiert, sondern reproduziert, so dass sich auch hier Verengungen und Simplifizierungen zeigen. Ironischerweise reproduziert diese verengte Form der Männlichkeitsforschung, die auch die Impulse einer gesellschaftskritischen Männlichkeitsforschung nicht aufnimmt, teilweise die vereinfachenden Positionen der frühen feministischen Sozialisationsforschung, wenn mit Schlagworten wie »unterdrückte Jungs«, »weibliche Herrschaft« oder notwendige »Jungenoffensive« operiert wird.

Diese Tendenz kann jedoch, ihren Vertretern durchaus unbewusst, politisch brisant sein, denn zu gleicher Zeit gibt es aktuell im Kontext der Neuen Rechten und populistischer Strömungen eine Debatte, die ihren Fokus auf Kinder und den vorschulischen Bereich legt und *jede* Kritik an Geschlechterstereotypen und *jegliche* geschlechterreflektierte Pädagogik grundsätzlich als »Umerziehung«, »Gewalt an Kindern« und Eingriff in die »Elternrechte« – bevorzugt unter dem Stichwort »Frühsexualisierung« – verunglimpft und mit einem höchst aggressiven Antifeminismus verbindet (vgl. Baader 2020a).

Zugleich fällt auf, dass die Impulse, die am Anfang der feministischen Sozialisationsforschung standen, nämlich insbesondere nach der geschlechterdifferierenden Erziehung in der frühen Kindheit zu fragen, kaum fortgeführt wurden, denn in den letzten Jahren wurden nur sehr wenige Arbeiten zu »Geschlecht« im Bereich der frühen Kindheit vorgelegt (z. B. Brandes et al. 2016; Kubandt 2016). Insgesamt kann festgehalten werden, dass gerade die gesellschaftskritische Dimension, der kritisch-analytische Blick auf die von Machtverhältnissen und Ideologien geprägten Bedingungen des Aufwachsens von Kindern, die feministischer Forschung immer eigen waren, hinter extrem vereinfachenden Fragen »Wer ist mehr benachteiligt?« und »Wer ist schuld daran«? weitestgehend verschwunden ist.

Literatur

Apter, Terri (1990): Altered Loves. Mothers and Daughters during Adolescence. New York: Ballantine Books.
Baader, Meike Sophia (1996): Die romantische Idee des Kindes und der Kindheit. Auf der Suche nach der verlorenen Unschuld. Neuwied: Luchterhand.
Baader, Meike Sophia (2020a): »Umerziehung«, »Genderideologie« und »Frühsexualisierung« – Kampfbegriffe in einem neuen Kulturkampf. Erziehungswissenschaftliche Themen im Fokus von Populismus und Neuer Rechter. In: Urich Binder/Jürgen Oelkers (Hrsg.), Das Ende der politischen Ordnungsvorstellungen des 20. Jahrhunderts (S. 129–154). Wiesbaden: Springer-VS.
Baader, Meike Sophia (2020b): Von der Antiautorität zur Diversität. Soziale Differenzen in Kinderläden und Elterninitiativen von den 1970er Jahren bis heute. In: Geschichte und Gesellschaft, 46 (20), 1–31 (im Erscheinen).
Beauvoir, Simone de (1949/2000): Das andere Geschlecht. Sitte und Sexus der Frau. Reinbek: Rowohlt.
Belotti, Elena Gianini (1975): Was geschieht mit kleinen Mädchen? Über die zwangsweise Herausbildung der weiblichen Rolle in den ersten Lebensjahren durch die Gesellschaft. München: Frauenoffensive.
Bilden, Helga (1991/1998): Geschlechtsspezifische Sozialisation. In: Klaus Hurrelmann/Dieter Ulich (Hrsg.), Neues Handbuch der Sozialisationsforschung (S. 279–301). Weinheim: Beltz.
Bilden, Helga (Hrsg.) (1992): Das Frauen Therapie Handbuch. München: Frauenoffensive.
Böhnisch, Lothar/Winter, Reinhard (1993): Männliche Sozialisation: Bewältigungsprobleme männlicher Geschlechtsidentität im Lebenslauf. Weinheim: Juventa.
Bourdieu, Pierre (2012): Die männliche Herrschaft. Frankfurt am Main: Suhrkamp.
Brandes, Holger et al. (2016): Macht das Geschlecht einen Unterschied? Ergebnisse der »Tandem-Studie« zu professionellem Erziehungsverhalten von Frauen und Männern. Opladen: Barbara Budrich.
Brehmer, Ilse (1984): Geschlechtsspezifische Sozialisation. In: Ilse Lenz (Hrsg.) (2010), Die Neue Frauenbewegung in Deutschland. Abschied vom kleinen Unterschied. Eine Quellensammlung (S. 563–568). Wiesbaden: Springer VS.
Breitenbach, Eva (1992): »Alice in Wonderland«. Neue Ansätze in der Mädchenforschung? In: Frauenforschung. Informationsdienst des Forschungsinstituts Frau und Gesellschaft, 10 (3). Bielefeld: Kleine, 123–128.
Breitenbach, Eva/Hagemann-White, Carol (1994): Von der Sozialisation zur Erziehung – Der Umgang mit geschlechtsdifferenter Subjektivität in der feministischen Forschung. In: Kurt Beutler et al. (Hrsg.), Die Geschlechterverhältnisse und die Pädagogik. Jahrbuch für Pädagogik (S. 249–264). Frankfurt am Main: Peter Lang.
Breitenbach, Eva/Kausträter, Sabine (1998): »Ich finde, man braucht irgendwie eine Freundin« – Beziehungen zwischen Gleichaltrigen in der Adoleszenz. In: Zeitschrift für Soziologie der Erziehung und Sozialisation, 4, 389–402.
Breitenbach, Eva (2000): Mädchenfreundschaften in der Adoleszenz. Eine rekonstruktive Untersuchung von Gleichaltrigengruppen. Opladen: Leske und Budrich.
Breitenbach, Eva/Bürmann, Ilse (2014): Heilsbringer oder Erlösungssucher? Befunde und Thesen zur Problematik von Männern in frühpädagogischen Institutionen. In: Jürgen Budde/Christine Thon/Katharina Walgenbach (Hrsg.), Männlichkeiten. Geschlechterkonstruktionen in pädagogischen Institutionen (S. 51–66). Opladen: Barbara Budrich.
Breitenbach, Eva et al. (2015): Männer in Kindertageseinrichtungen. Eine rekonstruktive Studie über Geschlecht und Professionalität. Opladen: Barbara Budrich.
Bröckling, Ulrich (2007): Das unternehmerische Selbst. Soziologie einer Subjektivierungsform. Frankfurt am Main: Suhrkamp.
Brown, Lyn M./Gilligan, Carol (1992): Die verlorene Stimme. Wendepunkte in der Entwicklung von Mädchen und Frauen. Frankfurt am Main: Campus.

Brückner, Margrit (1983): Die Liebe der Frauen. Über Weiblichkeit und Misshandlung. Frankfurt am Main: Neue Kritik.
Brückner, Margrit (1987): Die janusköpfige Frau. Lebensstärken und Beziehungsschwächen. Frankfurt am Main: Neue Kritik.
Bundesministerium für Familie, Senioren, Frauen und Gesundheit (BMFSFJ) (2015): Männliche Fachkräfte in Kindertagesstätten. Eine Studie zur Situation von Männern in Kindertagesstätten und in der Ausbildung zum Erzieher. Berlin: Katholische Hochschule für Sozialwesen. Online verfügbar unter: https://www.bmfsfj.de/blob/94268/a974404ff4a9f51a20136bfc8a1e2047/maennliche-fachkraefte-kitas-data.pdf, Zugriff am 30.09.2020.
Bütow, Birgit (2006): Sozialräumliche Konstruktionsprozesse von Geschlecht in der weiblichen Adoleszenz. Weinheim: Juventa.
Chodorow, Nancy (1985): Das Erbe der Mütter. Psychoanalyse und Soziologie der Geschlechter. München: Frauenoffensive.
Connell, Raewyn (1999): Der gemachte Mann. Konstruktion und Krise von Männlichkeiten. Opladen: Leske und Budrich.
Connell, Raewyn (2013): Gender. Wiesbaden: Springer VS.
Dierichs, Helga/Mitscherlich, Margarete (1980): Männer. Frankfurt am Main: Fischer.
Dinnerstein, Dorothy (1979): Das Arrangement der Geschlechter. Stuttgart: Deutsche Verlagsanstalt.
Durkheim, Émile (1902/1984): Erziehung, Moral und Gesellschaft. Frankfurt am Main: Suhrkamp.
Ebert, Irina D./Steffens, Melanie C. (2013): Positionspapier zum Forschungsprogramm ›Explizite und implizite geschlechterbezogene Kognitionen heute‹. In: Gender, 5 (3), 26–40.
Eichenbaum, Luise/Orbach, Susie (1984): Feministische Psychotherapie. Auf der Suche nach einem neuen Selbstverständnis der Frau. München: Kösel.
Enders-Dragässer, Uta/Fuchs, Claudia (1988): Jungensozialisation in der Schule. Eine Expertise im Auftrag der Männerarbeit der Evangelischen Kirche in Hessen und Nassau. Darmstadt: Gemeindedienste u. Männerarbeit d. EKHN.
Fine, Cordelia (2012): Die Geschlechterlüge. Die Macht der Vorurteile über Frau und Mann. Stuttgart: Klett-Cotta.
Flaake, Karin/King, Vera (Hrsg.) (1992): Weibliche Adoleszenz. Zur Sozialisation junger Frauen. Frankfurt am Main: Campus.
Forster, Edgar/Rendtorff, Barbara/Mahs, Claudia (Hrsg.) (2011): Jungenpädagogik im Widerstreit. Stuttgart: Kohlhammer.
Franck, Barbara (1987): Ich schau in den Spiegel und sehe meine Mutter / Gesprächsprotokolle mit Töchtern. Mit e. Einf. von Michael Lukas Moeller (3. Auflage). München: Goldmann.
Friday, Nancy (1979): Wie meine Mutter (engl. Original: My Mother, myself). Frankfurt am Main: Goverts.
Fritzsche, Bettina (2003): Pop-Fans. Studie einer Mädchenkultur. Opladen: Leske und Budrich.
Gildemeister, Regine/Wetterer, Angelika (1992): Wie Geschlechter gemacht werden. Die soziale Konstruktion der Zweigeschlechtlichkeit und ihre Reifizierung in der Frauenforschung. In: Gudrun-Axeli Knapp/Angelika Wetterer (Hrsg.), TraditionenBrüche. Entwicklungen feministischer Theorie (S. 201–254). Freiburg: Kore.
Geulen, Dieter/Hurrelmann, Klaus (1980): Zur Programmatik einer umfassenden Sozialisationstheorie. In: Klaus Hurrelmann/Dieter Ulich (Hrsg.), Handbuch der Sozialisationsforschung (S. 51–70). Weinheim: Beltz.
Gilligan, Carol (1984): Die andere Stimme. Lebenskonflikte und Moral der Frau. München: Piper.
Großmaß, Ruth (1989): Nicht die Mutter ist schuld, sondern »nur« ihr Geschlecht: Nancy Chodorows Analyse weiblichen Mutterns. In: Psychologie und Gesellschaftskritik, 13 (1/2), 51–82.
Habermas, Jürgen (1968): Thesen zur Theorie der Sozialisation. Stichworte und Literatur zur Vorlesung im Sommer-Semester. Broschüre: Frankfurt am Main.
Hagemann-White, Carol (1984): Sozialisation: weiblich – männlich? (Alltag und Biographie von Mädchen, Bd. 1). Opladen: Leske und Budrich.

Hagemann-White, Carol/Wolf, Reinhart (1975): Lebensumstände und Erziehung: Grundfragen der Sozialisationsforschung. Frankfurt am Main: Roter Stern.
Hurrelmann, Klaus (1986): Einführung in die Sozialisationstheorie. Weinheim: Beltz.
Hurrelmann, Klaus/Schulz, Tanjev (Hrsg.) (2012): Jungen als Bildungsverlierer. Brauchen wir eine Männerquote in Kitas und Schulen? Weinheim: Beltz-Juventa.
Hurrelmann, Klaus/Grundmann, Matthias/Walper, Sabine (2008): Zum Stand der Sozialisationsforschung. In: dies. (Hrsg.), Handbuch Sozialisationsforschung (7. Auflage) (S. 14–31). Weinheim: Beltz.
Hurrelmann, Klaus/Bauer, Ullrich/Grundmann, Matthias/Walper, Sabine (2015): Vorwort. Die Entwicklung der Sozialisationsforschung. In: dies. (Hrsg.), Handbuch Sozialisationsforschung (8. Auflage) (S. 9–13). Weinheim: Beltz.
Kahlert, Heike (2013): Psychologisch orientierte Geschlechterforschung zwischen Wertneutralität und situiertem Wissen. In: querelles-net, 14 (2). Online verfügbar unter: https://www.querelles-net.de/index.php/qn/rt/printerFriendly/1060/1102, Zugriff am 19.8.2020.
Kleinau, Elke/Mayer, Christine (1996): Erziehung und Bildung des weiblichen Geschlechts. Eine kommentierte Quellensammlung zur Bildungs- und Berufsbildungsgeschichte von Mädchen und Frauen, Bd. I. Weinheim: Deutscher Studienverlag.
Kubandt, Melanie (2016): Geschlechterdifferenzierung in der Kindertageseinrichtung. Eine qualitativ-rekonstruktive Studie. Opladen: Barbara Budrich.
Lenz, Ilse (Hrsg.) (2010): Die Neue Frauenbewegung in Deutschland. Abschied vom kleinen Unterschied. Eine Quellensammlung. Wiesbaden: Springer VS.
Luhmann, Niklas (2002): Das Erziehungssystem der Gesellschaft. Frankfurt am Main: Suhrkamp.
Maasen, Sabine et al. (Hrsg.) (2011): Das beratene Selbst. Zur Genealogie der Therapeutisierung in den langen ›Siebzigern‹. Bielefeld: transcript.
Maihofer, Andrea (2015): Sozialisation und Geschlecht. In: Klaus Hurrelmann et al. (Hrsg.), Handbuch Sozialisationsforschung (8. Auflage) (S. 630–658). Weinheim: Beltz.
Meuser, Michael (2008): Riskante Praktiken. Zur Aneignung von Männlichkeit in den ernsten Spielen des Wettbewerbs. In: Barbara Rendtorff/Svenja Burckhart (Hrsg.), Schule, Jugend und Gesellschaft. Ein Studienbuch zur Pädagogik der Sekundarstufe (S. 121–131). Stuttgart: Kohlhammer.
Privatarchiv Helke Sander (1969): Warum unterstützen Mütter den Streik der Kindergärtnerinnen. In: Ilse Lenz (Hrsg.) (2010): Die Neue Frauenbewegung in Deutschland. Abschied vom kleinen Unterschied. Eine Quellensammlung (S. 64–68). Wiesbaden: Springer VS.
Rendtorff, Barbara (2019): Sozialisation: Geschlechtstypisierungen und ihre Wirkung. In: Handbuch Interdisziplinäre Geschlechterforschung. Wiesbaden: Springer VS. Online verfügbar unter: https://doi.org/10.1007/978-3-658-12500-4_158-1, Zugriff am 30.09.2020.
Rohrmann, Tim (1994): Junge, Junge – Mann, o Mann. Die Entwicklung zur Männlichkeit. Reinbek: Rowohlt.
Rohrmann, Tim (2011): Zur Bedeutung von männlichen Pädagogen für Jungen. In: Edgar Forster/Barbara Rendtorff/Claudia Mahs (Hrsg.), Jungenpädagogik im Widerstreit (S. 81–95). Stuttgart: Kohlhammer.
Sander, Helke (1968): Versuch, die richtigen Fragen zu finden. In: Ilse Lenz (Hrsg.) (2010), Die Neue Frauenbewegung in Deutschland. Abschied vom kleinen Unterschied. Eine Quellensammlung (S. 53–57). Wiesbaden: Springer VS.
Scheu, Ursula (1978): Wir werden nicht als Mädchen geboren, wir werden dazu gemacht. Zur frühkindlichen Erziehung in unserer Gesellschaft. Frankfurt am Main: Fischer.
Schmidt, Bettina (2017): Exklusive Gesundheit. Gesundheit als Instrument zur Herstellung sozialer Ordnung. Wiesbaden: Springer VS.
Schnack, Dieter/Neutzling, Rainer (1990): Kleine Helden in Not. Jungen auf der Suche nach Männlichkeit. Reinbek: Rowohlt.
Stern, Lori (1992): Vorstellungen von Trennung und Bindung bei adoleszenten Mädchen. In: Karin Flaake/Vera King (Hrsg.) (1992), Weibliche Adoleszenz. Zur Sozialisation junger Frauen (S. 254–265). Frankfurt am Main: Campus.

4 Mutterschaft, Mütterlichkeit und öffentliche Kleinkinderziehung

4	Mutterschaft, Mütterlichkeit und öffentliche	
	Kleinkinderziehung...	70
	Thematisierung von Mutterschaft und Mütterlichkeit	
	in den Frauenbewegungen	70
	Mütterpolitik und »geistige und soziale Mütterlichkeit«	
	in der ersten Frauenbewegung	74
	Mutterschaft und Mütterlichkeit in der zweiten	
	Frauenbewegung	81
	Kinderläden, Frauenbewegung und Mütter als	
	»politische Personen«	83
	Konsequenzen für die Pädagogik	57
	Resümee und Ausblick.......................................	89
	Literatur	91

Thematisierung von Mutterschaft und Mütterlichkeit in den Frauenbewegungen

Mutterschaft und Mütterlichkeit waren für die erste und wie für die zweite Frauenbewegung wichtige Themen. Und in beiden Bewegungen waren diese und damit zusammenhängende Fragen kontrovers und umstritten, allerdings mit unterschiedlichen Akzentuierungen. Dies hängt auch damit zusammen, dass Mutterschaft Teil der traditionellen Rollenzuschreibung und einer Zuständigkeitsnorm ist, die seit dem 18. Jahrhundert – mit der Herausbildung der bürgerlichen Gesellschaft und als Reaktion auf die Gleichheitsforderungen der französischen Revolution – als Begründung für Ausschlüsse der Frauen von der Staatsbürgerschaft diente. Den bürgerlichen Frauen wurde in der neuen Gesellschaftsformation die Zuständigkeit für die Familie und die Erziehung der kleinen Kinder mit der dreifachen Bestimmung als »Ehefrau, Mutter und Hausfrau« und damit für das Haus und die private Sphäre zugewiesen. Dabei wurde die neue bürgerliche Frau mit ihren Werten und Tugenden durchaus auch gegen die Adelige profiliert, was sich etwa in einem ausgeprägten Diskurs über die Notwendigkeit des Stillens oder gegen die Vergnügungssucht der Adeligen in der Öffentlichkeit der Städte zeigte. Die Festlegung auf familiale Aufgaben in der bürgerlichen Gesellschaft ging also zugleich mit der Verweigerung staatsbürgerlicher Rechte einher. Diese waren im 19. Jahrhundert und zu Beginn des 20. Jahrhunderts dem Mann vorbehalten, so dass der Staat männlich konnotiert war, dem eine weibliche Sphäre der Familie als Gegenwelt gegenübergestellt wurde. Damit war die andere Seite der Idealisierung von Mutterschaft, etwa in Rousseaus »Émile« von 1762, der sich mit diesem Buch an die Mütter wendete (Rousseau 1998: 107), die staatsbürgerliche Exklusion. Zugleich wurde ihnen – zum einen durch die Verantwortung für die Erziehung der Töchter und Söhne sowie für »ein gut geregeltes Familienleben« und zum anderen, indem die Frauen und Mütter die Tugend verkörpern sollten – die wichtige Rolle der Zuständigkeit für die Sitten im Staat zugesprochen (ebd.: 108, siehe ▶ Kap. 8, ▶ Kap. 9). Diese Konstellationen erklären unter anderem, warum die erste Frauenbewegung versuchte, an der Mutterschaft anzusetzen, um auf diesem Weg diverse Rechte für Frauen einzuklagen, etwa hinsichtlich der Erwerbstätigkeit, des Mutterschutzes und des Wahlrechtes.

Für die erste Frauenbewegung standen dabei insbesondere Fragen von Mutterschutz unter verschiedenen Aspekten im Vordergrund, die es sozialpolitisch und rechtlich im Kontext des sich nach 1871 herausbildenden Wohlfahrtstaates durchzusetzen galt. Auch der Verbesserung der Lage von ledigen Müttern galten die Bemühungen und Kämpfe der Frauenbewegung sowie der Finanzierung von verwitweten Müttern. Zudem brachte die bürgerliche Frauenbewegung in Deutschland Mitte des 19. Jahrhunderts das Konzept der »geistigen Mütterlichkeit« oder später der »sozialen Mütterlichkeit« hervor, das sie als argumentative Strategie entwickelte, um bürgerlichen Frauen einen Beruf im sozialen Bereich zu ermöglichen (▶ Kap. 2, ▶ Kap. 6). Dies zeitigt bis heute unter anderem als »Maternalismus« seine Folgen für die Fachlichkeit im frühpädagogischen Bereich (vgl. Rabe-Kleberg 2009). Aufgrund der Bedeutung für die erste Frauenbewegung und ihrer Nachwirkungen werden diese Zusammenhänge im Folgenden genauer diskutiert. Eng verbunden damit waren Initiativen zur öffentlichen Kleinkindbetreuung, die von Friedrich Fröbel (1782–1852) ausgingen und von frauenbewegten Aktivistinnen, etwa von Louise Otto Peters (1819–1895), Gründerin des Allgemeinen Deutschen Frauenvereins im Jahre 1865, unterstützt wurden. Diese Einrichtungen brachten wichtige Impulse für die öffentliche Kleinkindbetreuung mit sich, und so wurde in den 1840er Jahren der erste Beruf für bürgerliche Frauen im sozialen Bereich geschaffen, der Beruf der Kindergärtnerin. Die Idee des Kindergartens wurde im Kontext der Revolutionen von 1848 unterstützt und durch die Emigration von Aktivist:innen der 1848 Revolution auch transnational verbreitet.

Für die zweite Frauenbewegung in der Bundesrepublik Deutschland erwies sich eine ausschließlich positive Besetzung von Mutterschaft und Mütterlichkeit aus mehreren Gründen als problematisch. Schließlich hatte der Nationalsozialismus mit seiner rassehygienisch begründeten pronatalistischen Familienpolitik für sogenannte »deutschblütige und erbtüchtige« Kinder einen ausgeprägten Mutterkult entwickelt, für den, neben einer Reihe von anderen Maßnahmen, die Verleihung des »Mutterkreuzes« als Orden ab dem vierten Kind in mehreren Stufen bis zum achten Kind exemplarisch war. Flankiert wurde dieses 1938 eingeführte »Ehrenkreuz der Deutschen Mutter« durch die staatliche Auszahlung einer

Kindprämie ab dem vierten Kind. Allerdings war die Mutterehrung durch einen Orden keine historische Erfindung des Nationalsozialismus, sondern wurde in Frankreich bereits früher praktiziert.

Eine fundamentale Kritik an der Norm, dass nur durch die Mutterschaft »die Frau zur vollständigen Erfüllung ihres physiologischen Schicksals« finde (Beauvoir 1992: 612), hatte Simone de Beauvoir (1908–1986) in ihrem 1949 erschienen Klassiker »Le deuxième sexe« (dt. 1951) formuliert, der zwei Bücher umfasst. Beauvoir widmete »Der Mutter« ein umfangreiches Kapitel, in dem sie unter anderem das Drama ungewollter Schwangerschaft und die »Heuchelei, die sich im männlichen Moralkodex verbirgt« (ebd.: 622), entfaltete, aber sich auch kritisch mit psychologischen Theorien zum weiblichen Leiden auseinandersetzt (ebd.: 641) sowie mit Antifeministen, die »im Namen der Natur und der Bibel« sprechen würden (ebd.). Anhand vieler Beispiele, insbesondere auch aus literarischen Texten von Frauen zeigt sie, dass es »keinen ›Mutterinstinkt‹ gibt« (ebd.: 647).

Das Buch und Beauvoirs kritische Überlegungen zur Biologie als Schicksal der Frau, zur Bedeutung der Kultur für die Hervorbringung der Unterschiede zwischen den Geschlechtern, zu Sexualität und Körper, zu Abtreibung und zu Mutterschaft, zu weiblicher Erziehung und Alter, dessen letztes Kapitel »Auf dem Weg zur Befreiung« lautet, bildete mit seinem Anliegen, »den Mythos der Weiblichkeit außer Kraft zu setzen« (ebd.: 334), eine wichtige Referenz für die zweite Frauenbewegung. So bezog sich etwa die US-amerikanische Feministin Shulamith Firestone (1945–2012), eine zentrale Akteurin der Frauenbewegung in den USA, in ihrem als Manifest bezeichneten Text »The dialectic of sex« (1970), der in der deutschen Übersetzung »Frauenbefreiung und sexuelle Revolution« (1970) hieß, insbesondere auch in dem Kapitel, in dem sie sich mit der traditionellen Mutterrolle und dem Mutterschaftsmythos beschäftigte, stark auf Simone der Beauvoir (ebd.: 71f.). Dieser und »ihrer Integrität« war darüber hinaus das gesamte Buch gewidmet (ebd.: 8). Auch für die Auseinandersetzung und Debatten über die Mutterschaft spielten also Texte und Lektüren – auch über den Atlantik hinweg – eine wichtige Rolle (▶ Kap. 10).

Das Erscheinungsdatum von Beauvoirs »Le deuxième sexe« im Jahre 1949 ist zwischen erster und zweiter Frauenbewegung anzusiedeln. Während Beauvoir sich in der Zeit, in der sie am Buch arbeitete, selbst nicht als Feministin, sondern als Sozialistin bezeichnete, bekennt sie sich in den 1970er Jahren in einem Gespräch mit Alice Schwarzer zum Feminismus (vgl. Schmincke 2019). Auch mehr als siebzig Jahre nach seinem Erscheinen wurde dem Buch unlängst höchste Aktualität und ein großes Lernpotential attestiert (vgl. Stokowski 2019). Die Originalität ihres Werkes würdigt auch eine 2019 veröffentliche Biographie über Simone de Beauvoir (vgl. Kirkpatrick 2019).

Im Fokus der neuen Frauenbewegung seit Ende der 1960er Jahre stand die Kritik an der Reduktion der Frauen auf die Mutterschaft als Kern des weiblichen Lebensentwurfes und den damit verbundenen Aufgaben, sich um die Betreuung und Erziehung und der eigenen kleinen Kinder in der Privatheit des Hauses zu kümmern. Dies führte in der Bundesrepublik gleichfalls zu Initiativen im Bereich der öffentlichen Kleinkinderziehung, den Kinderläden, die um 1968 entstanden sind und wiederum eng mit der Entstehung der zweiten Frauenbewegung verbunden waren. Die Kinderläden verfolgten nicht nur das Ziel einer freieren und weniger an Autorität und Gehorsam orientierten Erziehung, sondern sollten es den Frauen auch ermöglichen, Erwerbstätigkeit, eigene Interessen sowie politisches Engagement mit Mutterschaft und einem Leben mit Kindern zu verbinden. Diese Thematik wurde in den 1970er Jahren unter dem Stichwort »Doppelbelastung« diskutiert, nicht mit der heutigen Begrifflichkeit der »Vereinbarkeit«. Damit wird eine Verschiebung von der Akzentuierung der Belastung von Frauen hin zu einem begrifflich neutral gehaltenen Organisationsproblem vorgenommen, auch wenn faktisch mit dem Stichwort »Vereinbarkeit« nach wie vor in erster Linie Frauen adressiert werden. Da mit den Kinderläden weitreichende pädagogische Impulse einhergingen, die längerfristig auch über die Kinderläden hinaus ihre Wirkungen entfalteten, werden diese in einem weiteren Schritt genauer diskutiert.

Darüber hinaus hat sich die neue Frauenbewegung im Kontext von Selbstreflexion, Selbsthilfe und »Consciousness Raising Groups« (▶ Kap. 10) intensiv mit der Figur der eigenen Mutter befasst. Die international rezipierte und diskutierte Bestseller »My Mother My Self. The Daughter's Search for Identity« von Nancy Friday (1933–2017), eine Art Ratgeber aus dem Jahre 1977, stand exemplarisch dafür. Es handelte sich dabei um eine kritische Auseinandersetzung mit einer überkommenen Erziehung zur Weiblichkeit durch die Generation der Mütter und mit der Suche nach einer neuen Identität der Generation der Töchter. Deutlich wird damit auch, dass die Beschäftigung mit Fragen der Erziehung zur Weiblichkeit und der Zusammenhang von Geschlechter- und Generationenverhältnissen die Vertreterinnen der zweiten Frauenbewegung international umtrieben. Damit war – jenseits der Thematisierung und der Ermöglichung von Bildung sowie der Hervorbringung eigener Bildungsräume und -orte – auch der zweiten Frauenbewegung von Anfang an eine pädagogische Dimension eingeschrieben, die jedoch in den historischen Darstellungen kaum explizit erwähnt wird. Die Befassung der zweiten Frauenbewegung mit der Mutter-Tochter-Beziehung zielte auf neue Formen der Subjektivität und Subjektbildung, die insgesamt die zweite Frauenbewegung seit den 1970ern auszeichnete.

Der Beschäftigung mit dieser Beziehung kam aber nicht nur für eine pädagogische und psychologische Auseinandersetzung mit individuellen Mutter-Tochter-Interaktionen, sondern auch für die Kulturgeschichte und ihre Symbolisierungen eine wichtige Bedeutung zu, basierte die Darstellung der westlichen Kultur, ihrer Werte und kulturellen Leistungen, ihrer Bildungskonzepte und ihrer Geschichtsschreibung doch wesentlich auf mann-männlichen Meister-Schüler-Verhältnissen und Vater-Sohn-Beziehungen, seien sie leiblicher oder symbolischer Natur.

Darüber hinaus stand die Beschäftigung mit der Geschichte von Mutterschaft und Mütterlichkeit im Fokus der Auseinandersetzungen der von der zweiten Frauenbewegung ausgehenden frühen Frauenforschung. Aber auch heute bilden Forschungen zu Mutterschaft ein wichtiges Thema der Geschlechterforschung. Als klassische Arbeiten zur Mutterschaft und ihrer Geschichte können Elisabeth Badinters Studien »Mutterliebe. Die Geschichte eines Gefühls vom 17. Jahrhundert bis heute« (dt. 1980) sowie »Der Konflikt. Die Frau und die Mutter« (2010), die Untersuchung von Yvonne Schütze »Die gute Mutter. Zur Geschichte des normativen Musters ›Mutterliebe‹« (1991) und Barbara Vinkens Buch »Die deutsche Mutter. Der lange Schatten eines Mythos« (2007) gelten. Die Frage nach aktuellen ambivalenten Neucodierungen von Mutterschaft in der modernisierten Industriegesellschaft, der postindustriellen Gesellschaft, der reflexiven Moderne oder Spätmoderne – wie auch immer die gesellschaftstheoretischen Beschreibungen lauten mögen – treibt die Geschlechterforschung um. Dazu gehören Diagnosen wie die »Illusion der Chancengleichheit« (vgl. Koppetsch/Burkhardt 1999), die sich bei der Geburt von Kindern entpuppt, von Retraditionalisierungen (ebd.) und Rekonfigurationen oder auch von »rhetorischen Modernisierungen« (vgl. Wetterer 2003), die lediglich als modernisierte Oberflächenstrukturen das Fortwirken von tief in die Kultur und ihre Symbolsysteme eingelassenen Strukturen der tradierten Geschlechternormen und Muster überdecken (vgl. Baader 2020a). Begleitet wird dies in den Mittel- und Oberschichten zudem durch die »neuen Dienstmädchen im Zeitalter der Globalisierung«, die vom »Weltmarkt in den Privathaushalt« (vgl. Lutz 2007) gelangen und dort diejenigen Erziehungs-, Care- und Haushaltsarbeiten übernehmen und damit die Versorgungslücken füllen, die die erwerbstätigen gut ausgebildeten Frauen im Westen nicht mehr erbringen wollen oder können. Diese Konstellationen wurden international auch als Care Chains (vgl. Hochschild 2000/2001) und transnationale Mutterschaft diskutiert. Eine weitere Perspektive bildete die Forschung zum interkulturellen Vergleich der Ausgestaltungen und Bedeutungen von Mutterschaft und Mütterlichkeit (vgl. Herwatz-Emden 1995).

Mütterpolitik und »geistige und soziale Mütterlichkeit« in der ersten Frauenbewegung

Für die erste Frauenbewegung kann – transnational und nicht nur auf Deutschland bezogen – von einer Mütterpolitik gesprochen werden, bei der es um die Rechte von Müttern geht. Die Durchsetzung von Arbeitsschutzbestimmungen, von Lohnfortzahlungen bei der Geburt von Kindern, die Rechte unehelicher Mütter sowie eine Verbesserung des Wissens um Schwangerschaft, Geburt und Kindererziehung standen im Zentrum des Engagements der ersten Frauenbewegung. Zwar blieben prominente Vertreterinnen der bürgerlichen Frauenbewegung selbst ehe- oder kinderlos und wählten andere Lebensformen, aber Mutterschaft war für die allermeisten Vertreterinnen der Bewegung ein Bestandteil des weiblichen Lebens, von dem selbstverständlich ausgegangen wurde, so dass von einer grundsätzlichen Normalisierung von Mutterschaft für das Leben von Frauen gesprochen werden kann, auch wenn die Mütterpolitiken der ersten Frauenbewegung heterogen waren. Dass sie jedoch überhaupt eine Mütterpolitik verfolgten, das heißt »Mutterschaft« zu einem zentralen Thema ihrer politischen

Agenda erklärten, kann als »kognitive Identität« ihrer Bewegung gelten (▶ Kap. 1), die sie, anders als etwa die Forderung nach einem besonderen Schutz von Arbeiterinnen, einte.

Die Frage des Arbeiterinnenschutzes hingegen spaltete die Lager innerhalb der ersten Frauenbewegung und war mit heftigen Auseinandersetzungen verbunden: So protestierten etwa hochqualifizierte Druckereiarbeiterinnen gegen ein Nachtarbeitsverbot, da sie mit der Nachtarbeit gut verdienten, und auch Clara Zetkin lehnte ein Verbot ab, da es mit einer sozialistischen Politik unvereinbar sei (Bock 2005: 221). Mit diesem Thema wurde die Problematik der Differenz oder Gleichheit der Geschlechter aufgerufen (▶ Kap. 12), ging es dabei doch um die grundsätzliche Frage, ob Frauen eines besonderen arbeitsrechtlichen und sozialen Schutzes bedürften oder aber zu den gleichen Bedingungen arbeiten sollten wie die Männer. Im Falle von Schwangerschaft und Mutterschaft war jedoch die différence gegeben und Vergleiche konnten nicht gezogen werden, so dass in der Frage des Mutterschutzes Übereinstimmung innerhalb der Lager der Frauenbewegung herrschte und dieser um 1900 Gegenstand einer »transnationalen Bewegung« wurde und in Deutschland eine der Säulen der Anfänge des Sozialstaates bildete (ebd.: 223).

Kontroversen hingegen und sehr unterschiedliche Positionen gab es wiederum hinsichtlich der öffentlichen Kinderbetreuung. Hier standen sich um 1900 beispielsweise die US-amerikanische Feministin Charlotte Perkins Gilman (1860–1935), die öffentliche Institutionen der Kinderbetreuung forderte, damit Frauen erwerbstätig sein konnten, und die schwedische Feministin und Sozialistin Ellen Key (1948–1926) als Kontrahentinnen in den transnational geführten Debatten der Frauenbewegung gegenüber (vgl. Perkins Gilman 1911). Key wollte die Erziehung der Kinder in den Händen gut ausgebildeter, das heißt semi-professionalisierter und bezahlter Mütter sehen (Schreiber 1905, Baader 2005: 172). Key, die wie ihre Mitstreiterinnen im »Bund für Mutterschutz« für die freie Liebe plädierte und in unehelichen Kindern kein sittliches Problem sah, betrachtete die Mutterschaft als höchste Kulturaufgabe der Frau und wies dieser einen geradezu religiösen Status zu. Im Kapitel »Mutterschaft« ihres Buches »Die Frauenbewegung« (1905), das in einer renommierten und von Martin Buber herausgegeben Reihe »Die Gesellschaft« zu wichtigen zeitgenössischen Fragen erschien, kritisierte Key »amaternelle Theorien«, die weibliche Köpfe verwirre und Instinkte fehlleite (ebd.: 160). Diese führten, so die Autorin, auch zu einer tiefen »Feindlichkeit der Männer gegen den Feminismus« (ebd.). Sie plädiert dagegen für den »Typus der neuen Mutter«, die freie Kinder erziehe und die Bedeutung der ersten Jahre erkenne (ebd.: 184f). Diese »neue Mutter« und »neue Frau« sei »noch immer ›Feministin‹« und verfechte »noch immer die grundlegenden Ideen der Frauenbewegung« (ebd.: 197). Sie trage mit ihrer »Gesellschaftsmütterlichkeit« (ebd.: 198) zu einer Höherentwicklung der Menschheit bei, so Key in einer durch Nietzsche inspirierten Perspektive, und »will überall ihr schönstes Vorrecht ausüben – das Vorrecht zu helfen, zu stützen, zu trösten« (ebd.). Dies bezog Key jedoch auf die leibliche Mutter, und so hatten ihr Vertreterinnen der bürgerlichen Frauenbewegung in Deutschland, wie Salomon oder Bäumer, einen zu ausgeprägten Individualismus und eine zu starke Akzentuierung der Selbstentfaltung der Frau vorgeworfen (Baader 2005: 166–175).

Wie Perkins Gilman widersprach auch die deutsche Feministin und Sozialdemokratin Adele Schreiber (1872–1957), die zum radikalen Flügel der bürgerlichen Frauenbewegung gehörte und gemeinsam mit Ellen Key Mitglied im »Bund für Mutterschutz« war, Keys Forderung nach einer Bezahlung der Mütter und erklärte, dass »moderne Frauenrechtlerinnen, sowohl in der bürgerlichen wie in der Arbeiterinnenbewegung für genossenschaftliche Wirtschaftsführung, für ein ineinandergegliedertes System gemeinsamer Kindererziehung von Krippen, Kindergärten, Kinderhorten« einträten, während »Ellen Key eine Gegnerin dieser Institutionen« sei (Schreiber 1905: 210). Ungeachtet dieser Differenzen über private und öffentliche Kleinkindererziehung bildet die Mutterschaft eines der wichtigen Themen der ersten Frauenbewegung (vgl. Stoehr 2000), und aus der Bezugnahme auf die gesellschaftliche Bedeutung der Mütter und aus ihrer Funktion für die Gesellschaft wurden Rechte und Forderungen, wie die nach einer Berufstätigkeit für bürgerliche Frauen oder nach dem Wahlrecht, abgeleitet.[6] Die Bedeutung des Themas zeigte sich auch in dem einschlägigen Handbuch »Mutterschaft. Ein Sammelwerk für die Probleme des Weibes als Mutter«, das Adele Schreiber 1912 herausgegeben hatte. Schreiber agierte transnational, sie hatte auch zum Wahlrecht und zur anglo-amerikanischen Settlementbewegung (▶ Kap. 13) publiziert und saß 1918 als Kämpferin für Frauenrechte in der Nationalversammlung, wo sie sich insbesondere für das Kindeswohl, für Mutterschutz und die Rechte unehelicher Kinder einsetzte. Letzteres blieb am Ende jedoch erfolglos (Allen 2000a: 324). Das Handbuch, das mehrere Texte von Schreiber selbst enthält, unter anderem einen über »Uneheliche Mütter«, umfasst 52 Beiträge von internationalen Expert:innen aus den Bereichen Recht, Wissenschaft, Medizin, Anthropologie, Politik, Bildung, Frauenbewegung u. a. und schließt an das Sammelwerk »Das Buch vom Kinde« (1907) an, das Schreiber fünf Jahre früher unter Mitwirkung zahlreicher bekannter Autor:innen herausgegeben hatte. In beiden von Schreiber herausgegebenen Handbüchern haben einschlägige Vertreterinnen der Frauenbewegung Texte verfasst, darunter Gertrud Bäumer, Lily Braun, Henriette Fürth, Hedwig Dohm, Hedwig Heyl, Ellen Key, Rosa Mayreder, Alice Salomon, Marie Stritt oder Bertha von Suttner und damit Vertreterinnen sowohl des gemäßigten als auch des radikalen Flügels der bürgerlichen Frauenbewegung. Für sie alle war Mutterschaft ein essentieller Teil des weiblichen Lebens, und das Konzept der Geschlechterdifferenz stellte durchgängig eine Gemeinsamkeit dar (Holland-Cunz 2003: 49). Zudem verweisen die beiden Handbücher auf den engen Zusammenhang zwischen der Beschäftigung mit Mutterschaft und mit Kindern und Kindheit im Fokus der ersten Frauenbewegung.

Viele Artikel der beiden Handbücher, insbesondere in Schreibers »Buch vom Kinde«, stammen zudem aus dem Umfeld von Lebensreformbewegung und Reformpädagogik und spiegeln die spezifische Verbindung von Frauenbewegung, Fröbelbewegung, Reformpädagogik und Lebensreform wider (vgl. Baader 2014a; Kersting 2013). Beide Handbücher weisen jedoch auch eine eugenische und rassenhygienische Ausrichtung auf. Die geäußerten eugenischen Positionen

---

6 In den folgenden Passagen dieses Unterkapitels sind einige Formulierungen und Ausführungen übernommen aus Baader 2018a.

erfuhren innerhalb der ersten Frauenbewegung keinen Widerspruch. Dass es einen internationalen eugenischen Feminismus gab, der aus einer eigenen feministischen Perspektive argumentierte, zeigt Ann Allen (Allen 2000b; 2006). Ziel des Buches über die Mutterschaft sei es, so Schreiber, Mädchen und Frauen Wissen bereit zu stellen, sodass sie anlässlich der »neuen individuellen Ansprüche des Kindes«, der »Konflikte über das Recht auf sich selbst und dem Recht der anderen« und »der Konflikte zwischen Mutterschaft und Beruf« (Schreiber 1912: VIII) eine Hilfestellung erhielten, um zu »eigener Klarheit zu gelangen« (ebd.: IX). »Unsere Mädchen sollen nicht mehr unwissend in die Ehe treten, nicht mehr unbewußte Mütter« werden (ebd.: VIII). Damit verfolgt das Buch ein klares Bildungsprogramm für Frauen um 1900 entlang zeitgenössischer Konflikte für den weiblichen Lebenszusammenhang angesichts neuer gesellschaftspolitischer, sozialer, wissenschaftlicher und pädagogischer Fragen. Vor dem Hintergrund des Aufstiegs der Eugenik als Wissenschaft wird Fragen der Vererbung, genau wie im »Buch vom Kinde«, für das Nachdenken über Mutterschaft eine wichtige Bedeutung zugeschrieben (ebd.: VII f.). Das weibliche Geschlecht soll damit für seine biopolitischen Aufgaben bezogen auf die Gesundheit der Familien, der Nation bzw. der Menschheit erzogen werden, sodass sich von einer eugenischen Responsibilisierung des weiblichen Geschlechts und der Mütter sprechen lässt. Das »Buch vom Kinde« setzt mit einem Fröbel-Zitat ein und versteht sich als Beitrag zu einer »neuen Ethik der Fortpflanzung«, um »das Bewußtsein für die schwere Verantwortung der Fortpflanzung zu wecken« (Schreiber 1907: IV). Sowohl das »Buch vom Kinde« als auch das Kompendium »Mutterschaft« werden als Teil einer »Neuen Ethik« verstanden, wie sie auch Helene Stöcker (1869–1943) und Ellen Key vertraten.

Exemplarisch und grundlegend für das Leben von Frauen ist in Schreibers »Mutterschaft« eine Perspektive, die Mütterlichkeit als basalen Wesenszug der Frau definiert. Gleichwohl ist Mütterlichkeit jedoch auch Gegenstand von Erziehungsprogrammen, auch wenn Mutterschaft als noch so natürlich gepriesen wurde. Dies wird in einem Beitrag der Schweizer Frauenrechtlerin Hedwig Bleuer-Waser (1869–1940) mit dem Titel »Erziehung zur Mutterschaft« deutlich entfaltet. Dabei werden auch unverheiratete und kinderlose Frauen aufgefordert, ihre mütterlichen Fähigkeiten auszubilden und dem Staat als »Menschheitsmütter« zur Verfügung zu stellen. Die Mütterlichkeit dieser Frauen wird in ihrem Entwurf zur wichtigen Ressource der Organisation von Fürsorge im Wohlfahrtsstaat, für die Frauen jedoch erzogen werden müssen.

Diese »Menschheitsmütter« müssten der Kulturaufgabe der Frau zugeführt werden, bräuchten keine eigenen Kinder und müssten nicht verheiratet sein. Dieser Form der »sublimierten Mütterlichkeit« bedürfe die Kulturwelt dringend, da diese Aufgaben »nur mit Hilfe der Frau gelöst« werden können (ebd.). Damit erscheint die Existenz einer unverheirateten bürgerlichen Frau wertvoll, ist sie doch für eine höhere Aufgabe im Bereich der Sorge und Fürsorge für andere prädestiniert. »Menschheitsmütterlichkeit« wird zum universellen Programm für die Existenzberechtigung der unverheirateten und erwerbstätigen Frau und steht damit in einer Kontinuität der Bemühungen der Frauenbewegung, sich für die »Erwerbsarbeit der unversorgten Töchter« des Bürgertums einzusetzen, wie Lily

Braun (1865–1916), prominente Sozialdemokratin, die damit die unverheirateten Frauen im Blick hatte, es in ihrem Vorwort zum »Buch der Mütter« schrieb (Braun 1912: 3). Das Programm der »Mütterlichkeit als Beruf« und der »Menschheitsmütter« ist ein Programm für die unverheiratete oder kinderlose bürgerliche Frau, die der Norm der verheirateten Ehefrau, der Hausfrauenehe und Mutter nicht entspricht. Das bis 1957 bestehende Zölibat für Lehrerinnen, das teilweise auch für Frauen in sozialen Berufen galt, resultiert aus dieser Norm. Die Forderung der bürgerlichen Frauenbewegung nach Berufen im sozialen Bereich galt zunächst nur für bürgerliche Frauen und die bürgerlichen Aktivistinnen taten sich schwer, auch Frauen, die nicht aus dem Bürgertum kamen, zu der Ausbildung für diese Berufe zuzulassen (vgl. Baader 2015). In der Programmatik von Bleuler-Waser zeichnet sich das Leben jeder Frau in jedem Alter, von der Kindheit bis ins hohe Alter, durch psychische Regungen von Mütterlichkeit aus. Darüber hinaus bestimmen in ihrer Sicht unterschiedliche Formen von Mütterlichkeit das Leben von Frauen. In der Tätigkeit von Frauen als »Menschheitsmütter« in der sozialen Arbeit gelangt die Disposition zu höchsten Formen, in der sich die Kulturaufgabe der Frau realisiert.

Mit den »Menschheitsmüttern« ist, anders als mit der »Gesellschaftsmütterlichkeit« von Ellen Key, etwas Ähnliches gemeint wie mit dem Begriff der »geistigen Mütterlichkeit«. Dieser ging auf Fröbels Nichte Henriette Schrader-Breymann zurück und wurde von ihr 1868 geprägt (vgl. Jacobi 2000, Jacobi 2013: 248). Er bezog sich auf mütterliche Eigenschaften außerhalb des Hauses und der eigenen Familienbande und wurde von Schrader-Breymann auf den Erzieherinnenberuf, den sie auch als »mütterlichen Beruf« bezeichnete, bezogen (vgl. Sachße 1986). Helene Lange weitete die »geistige Mütterlichkeit« in den 1880er Jahren dann auf den gesamten Bereich von Erziehung und Bildung als weibliche Aufgabe aus (Jacobi 2013: 248). Während die Idee der »geistigen Mütterlichkeit« also dem 19. Jahrhundert entstammte, war in der modernisierten Variante des 20. Jahrhunderts dann von der »sozialen Mutterschaft« (Deutsch 1912) bzw. von der »sozialen Mütterlichkeit« (Weber 1941: 231) die Rede. Diese Begrifflichkeit passte zur sozialen Arbeit, wurde von Sozialreformerinnen favorisiert und etwa von Regine Deutsch (1860–1935) 1912 in Schreibers Sammelwerk ausbuchstabiert. Deutsch, Frauenrechtlerin, Politikerin und Mitglied im Reichstag und im »Weltbund für Frauenstimmrecht«, unterschied dabei zwischen einer alten Form der Wohltätigkeit von Frauen und einer neuen Form der sozialen Hilfe und Verantwortung von Frauen im Wohlfahrtsstaat (Deutsch 1912: 608).[7] Insgesamt führt sie aus, dass der neue fürsorgende Staat und das durch ihn vertretene Wächteramt zu einem neuen Verhältnis von Mutterschaft und Staat und neuen Formen der sozialen Hilfe führe (ebd.: 607). Auch die verheiratete Mutter habe das Recht, ihr starkes Muttergefühl auf andere auszudehnen (ebd.: 606). Um »die volle Verantwortung für alle Kinder der Stadt wie des Staates« auf sich zu nehmen, bedürfte es der sozialen Mutterschaft aller Frauen, nicht nur der kinderlo-

---

7 Regine Deutsch wurde 1860 geboren, darüber, wann und wo sie gestorben ist, ist nichts bekannt, als deutsche Jüdin verlieren sich ihre Lebensspuren.

sen, denn die Aufgabe der sozialen Mutterschaft liege auf dem Gebiet der sozialen Fürsorge für Kinder und Jugendliche (ebd.: S. 608).

Eine universelle Mütterlichkeit, die allen Frauen eigen sei, wird damit zur Ressource für den Fürsorgebereich und die Organisation von Care. Bei ihrem Plädoyer bezieht sich Deutsch wiederum auch auf die Positionen der US-amerikanischen Feministin Gilman Perkins (ebd.: 605) Deutsch zitiert Perkins' universalistische Position: »Alle Mütter der Welt sind verantwortlich für alle Kinder der Welt« (ebd.: S. 605). Damit nimmt Deutsch eine andere Position ein als Marianne Weber, die vertrat, dass biologische Mütter niemals arbeiten sollten (vgl. Weber 1941). Deutlich wird am Beispiel der Bezugnahme auf Gilman Perkins auch, dass die Debatte um »geistige«, »soziale« oder »universelle Mütterlichkeit« als Strategie zur Legitimation von weiblicher Erwerbstätigkeit keine rein deutsche Diskussion war (Jacobi 2013: 249), genauso wenig wie der Zusammenhang von Frauenbewegung, Mütterlichkeit und Eugenik. Darüber hinaus zeigen die unterschiedlichen Positionen, von welchen Konfliktlinien sie durchzogen waren, die insbesondere auch den Status der Ehefrau tangieren.

Einerseits wird in Schreibers Buch und auch bei Deutsch vielfältig an religiöse Traditionen der Caritas und der Mutterschaft angeknüpft, etwa durch eine reiche Bebilderung des Sammelwerkes aus den Bildbeständen von Mariendarstellungen in der christlichen Tradition. Auch unter Berufung auf diese Traditionen wird Mutterschaft als »weibliche Kulturaufgabe« religiös überhöht und sakralisiert. Die Konzepte der »Mutterschaft als Beruf« und der »sozialen Mutterschaft« bzw. der »sozialen Mütterlichkeit« sind jedoch ohne das erwähnte Konzept der »weiblichen Kulturaufgabe« nicht zu denken. Zugleich aber überschreitet das Sammelwerk ältere Bestimmungen von Mutterschaft durch modernisierte und verwissenschaftlichte Perspektiven auf Mutterschaft im Wohlfahrts- und Nationalstaat, die mit weitreichenden Vorstellungen von einem vergeschlechtlichten Fürsorgebereich und mit der Mobilisierung von Frauen für diesen verbunden sind.

Während die Rede vom »natürlichen Beruf« bereits ältere Vorstellungen des 18. und aus der ersten Hälfte des 19. Jahrhunderts prägte, gerät »Mutterschaft« im frühen 20. Jahrhundert zunehmend in einen wissenschaftlichen Kontext, in dem die Normierung und Normalisierung vor allem durch die Wissenschaften wie Medizin, Pathologie, Anthropologie, Psychiatrie, Bevölkerungs- und Sozialpolitik sowie durch Statistik vorangetrieben wurde. Eugenische Überlegungen waren dabei eingeschlossen. Im Rahmen dieser verwissenschaftlichten Sicht erfolgten Typenbildungen sowie die Konstruktion von Abnormität, etwa durch den Begriff der »verkrüppelte Mutterschaft« oder der »entarteten Mutterschaft« (Weygandt 1912: 466). Diese Verwissenschaftlichung fügt sich in das Muster der ersten Welle einer Verwissenschaftlichung des Sozialen (vgl. Raphael 1996) und ist eng mit der Verwissenschaftlichung von Kindheit und entsprechenden Normierungen verbunden (vgl. Baader 2014a; Eßer 2014). Umfangreiche bevölkerungspolitische Statistiken, die etwa einen Zusammenhang zwischen der mütterlichen Stilltätigkeit, dem Kopfumfang der Kinder und der späteren Wehrtauglichkeit erfassen, wie sie im »Buch vom Kinde« veröffentlicht wurden, gehören zu diesen bevölkerungspolitischen Programmen der Vermessung und Kontrolle (Zahn 1907). Erhoben werden in den Großstädten Preußens um 1900 beispielsweise komplexe Daten zum Alter von Mutter und Vater, zum väterlichen Beruf, zur Religionszugehörigkeit (!), zur Kinderzahl, zu unehelichen Kindern und zu Durchschnittgewichten der Kinder in den ersten Lebensmonaten (ebd.).

Je nach politischer Ausrichtung wird Mütterlichkeit als Wesenszug von Weiblichkeit zur Kulturaufgabe der Frau im Kontext des National- und Wohlfahrtsstaates erhoben oder auf die gesamte Menschheit bezogen. In jedem Fall aber gerät Mütterlichkeit als weibliches Wesensmerkmal in den Kontext politischer und biopolitischer Programmatiken, Normierungen und Formen der wissenschaftlich untermauerten Kontrolle. Zu dieser Verwissenschaftlichung gehört auch der koloniale Blick auf die »Mütter und Kinder der Anderen«. Dieser Blick findet sich zwar bereits in Geburtsratgebern aus der Mitte des 19. Jahrhunderts – die sich etwa auf Erzählungen von Missionaren berufen (vgl. Baader 2008a) –, in Schreibers Ratgeber wird er jedoch aus der Perspektive der vergleichenden Anthropologie, Ethnologie und Völkerkunde mit vermeintlich wissenschaftlichen Instrumenten systematisiert. Die Grundlage bildet dabei die Unterscheidung zwischen Kulturstaaten und Naturvölkern (vgl. Bartels 1912). Die Begriffe »Kulturstaat«, »Kulturwelt« und »Kulturaufgabe«, durchziehen den hier rekonstruierten Diskurs im Sammelband »Mutterschaft« aus dem Jahre 1912 in auffälliger Weise. Den Begriff der »Kulturaufgabe der Frau« hatte Simmel 1911 in einem Text »Weibliche Kultur« entfaltet (Simmel 1911; vgl. Bovenschen 1979: 24ff).

Zwar gibt es innerhalb der bürgerlichen Frauenbewegung Konfliktlinien um die »Mutterschaft«, etwa bezüglich der Frage, ob auch verheiratete Frauen mit Kindern »soziale Mutterschaft« praktizieren sollten, aber die große Bedeutung von Mutterschaft für den weiblichen Lebensentwurf ist unbestritten. Mutterschaft, so betont die Sozialdemokratin Lily Braun, die zwischen proletarischer und bürgerlicher Frauenbewegung vermittelte, in ihrer Einleitung zu Schreibers Sammelwerk, versöhne auch die Konflikte zwischen der bürgerlichen und der proletarischen Frauenbewegung (vgl. Braun 1912). Die proletarische Frauenbewegung könne die Auseinandersetzungen um die Erwerbstätigkeit nicht nachvollziehen. Über die Beschreibung der Konfliktlinien hinaus macht Braun jedoch darauf aufmerksam, dass Fragen der Vereinbarkeit von Kindererziehung und Erwerbstätigkeit einen Sprengstoff für das klassische bürgerliche Familienmodell, »die alte Form der Ehe« und letztlich »die Beziehungen zwischen Mann und Weib« und »die Unterordnung der Gattin unter den Gatten« bedeute (Braun 1912: 3). »Die Frauenbewegung, die so harmlos einsetzte, deren Vorkämpferinnen nicht müde wurden zu versichern, dass keinerlei von Tradition und Sitte geheiligte Einrichtung von ihr berührt werden würde, erweist sich als im tiefsten Sinne revolutionär« (ebd.: 4), so Lily Braun weitsichtig.

Mutterschaft und Mütterlichkeit in der zweiten Frauenbewegung

Auch für die zweite Frauenbewegung waren Mutterschaft und Mütterlichkeit wichtige Themen, und auch für sie gab es vielfältige Konflikte und Kontroversen rund um das Thema – etwa um die Bedeutung der symbolischen Mütter im italienischen Differenzfeminismus (▶ Kap. 11; ▶ Kap. 12). Aber insgesamt zielte die zweite Frauenbewegung stärker darauf, die Norm der Mutterschaft als *die* »Bestimmung« des weiblichen Geschlechts und für das Leben von Frauen aufzusprengen und somit Mutterschaft und den Lebensentwurf von Frauen zu dezentrieren (vgl. Baader 2018a). Dies bezog sich nicht nur auf eine Normalisierung von Kinderlosigkeit, sondern vor allem auf die Kritik an der Idee der Bestimmung zur Mutterschaft als festgelegtes Zentrum des weiblichen Lebens. Mutterschaft sollte im Rahmen eines selbstbestimmten Lebens selbstbestimmt und keine verordnete Bestimmung sein. Dies fand unter anderem in der Parole »Ob Kinder oder keine, entscheiden wir alleine« ihren Ausdruck, die im Kontext der Proteste gegen den § 218 entstand. Aber nicht nur der Kampf gegen den § 218, sondern auch der Einsatz für eine freie Zugänglichkeit und Wahl von Empfängnisverhütungsmitteln zielte auf eine selbstbestimmte Trennung von Sexualität und Fortpflanzung (vgl. Sillies 2010, ▶ Kap. 8).

Die Absage an die »Selbstverständlichkeit von Mutterschaft für jede Frau« wird, bei aller Vielstimmigkeit der Positionen zur Mutterschaft, als Gemeinsamkeit der zweiten Frauenbewegung gesehen (Sichtermann 1983: 199). Mit der Kritik an einer Festlegung auf die Mutterschaft verbunden war auch die Kritik an einer Erziehung von Mädchen zur Mutterschaft und Mütterlichkeit.

Darüber hinaus richtete sich der Fokus der Aktivitäten der zweiten Frauenbewegung auf Orte und Räume, an denen Frauen ihre Leben mit Kindern gestalten, etwa auf Mütterzentren im Sinne der Selbsthilfe (Schooß 1983: 196; ▶ Kap. 10). Unterstützungsangebote richteten sich auch an Alleinerziehende und ihre Lage, dabei wurden besonders Probleme der Schuld, des Geld- sowie Zeitmangels und der sozialen Isolation fokussiert (vgl. Behr 1983). Wesentliche Bemühungen zielten zudem auf die Frage, wie ein Leben mit Kindern mit Erwerbstätigkeit zu verbinden sei, und die Frauenbewegung setzte sich deshalb für einen Ausbau der öffentlichen Kinderbetreuung ein, wie es im nächsten Abschnitt am Beispiel der Kinderläden und ihrer engen Verbindung mit den Anfängen der zweiten Frauenbewegung in der Bundesrepublik noch genauer diskutiert wird.

In den 1980er Jahren wurden dann, insbesondere bei den GRÜNEN, Stimmen stark, die versuchten, aus dem Leben mit Kindern Utopien zu entwickeln und diese zu politisieren. In diesem Zusammenhang wurde im Jahre 1987 das sogenannte »Müttermanifest« (Erler 1987) veröffentlicht, welches in der zweiten Frauenbewegung umstritten war. Hierbei wurde durchaus an ältere Utopien von Weiblichkeit und Mutterschaft angeknüpft, wie sie die erste Frauenbewegung hervorgebracht hat. Andere Positionen kritisierten hingegen den Mütterlichkeitskult der ersten Frauenbewegung. Beide Frauenbewegungen setzten sich zudem, auf sehr unterschiedliche Weise, mit Matriarchatstheorien auseinander. Dabei bezogen sich Vertreterinnen der ersten Frauenbewegung auf die Studie »Das Mutterrecht« (1861) des Rechtshistorikers und Altertumsforschers Johann Jakob Heinrich Bachofen, die etwa für Ellen Keys Visionen, aber auch für sozialistische Konzepte sowie in zahlreichen literarischen Bearbeitungen eine Rolle spielte. Auch die zweite Frauenbewegung brachte diverse Matriarchatstheorien hervor, die von Meret Fehlmann treffend als »Gebrauchsgeschichte eines Arguments« (2011) bezeichnet wurden und mit vielfältigen Projektionen auf Welten einhergingen, in den Frauen Macht und Einfluss hatten und ihnen Respekt entgegengebracht wurde. So wurde beispielsweise der sich an Matriarchatsvorstellungen orientierende Roman »Herland« (1915/1980) von Gilman Perkins, vorne bereits erwähnte US-amerikanische Protagonistin der ersten Frauenbewegung, durch die zweite Frauenbewegung wiederentdeckt. Der Roman entwirft die Utopie eines von Frauen bewohnten Landes, in dem Frieden, Kinderliebe, Weisheit und Gemeinsinn herrschen.

Zahlreiche Klassiker der zweiten Frauenbewegung setzten sich mit der Mutterschaft und den Müttern auseinander, und im Vergleich mit der ersten Frauenbewegung wurden Fragen von Mutterschaft und Mütterlichkeit stärker in einer psychoanalytischen und psychologischen Perspektive betrachtet. Wenn die Befreiung aus den Fesseln der Tradition und Sozialisation nicht so leicht gelang, wie zunächst gewünscht und erhofft, dann gerieten die Mütter und mit ihnen Aspekte von Erziehung und Sozialisation sowie der transgenerationalen Weitergabe als »Erbe der Mütter« (vgl. Chodorow 1985) in den Blick. Mutter-Tochter-Beziehungen wurden in all ihrer Ambivalenz Thema und beispielsweise in Mutter-Tochter-Gruppen (ebd.: 7) diskutiert. Damit wurden Mutterschaft, Mütter und Mütterlichkeit psychologisiert und Gegenstand von Psychokulturen, Psychopraktiken und eines »Psychobooms« seit den 1970er Jahren, der spezifische und ganz eigene Formen von »Psychowissen« hervorbrachte (vgl. Tändler/Jensen 2012).

Das enge Verhältnis von Mutter und Kind, auf dem die erste Frauenbewegung teilweise ihre Politik aufgebaut hatte, versuchten manche Vertreterinnen der zweiten Frauenbewegung radikal zu dekonstruieren, indem sie zeigten, mit welchen einschränkenden Normen Idealvorstellungen von Mütterlichkeit und Kindheit verbunden waren. Diesen Versuch unternahm etwa Shulamith Firestone im Kapitel »Nieder mit der Kindheit!« ihres Buches »Frauenbefreiung und sexuelle Revolution« (Firestone 1970/1975: 71–99). Dass das Kapitel im Selbstverständigungsorgan der Neuen Linken – im »Kursbuch« zum Thema »Kinder« – 1973 als Eröffnungsbeitrag abgedruckt wurde, zeigt, auf welche Resonanzen diese Perspektive in den 1970er Jahren stieß (vgl. Firestone 1973). Firestone unterstrich die gemeinsame Unterdrückung von Frauen und Kindern und verwies auf die sich gegenseitig stabilisierenden Mythenbildungen zu beiden Themen und sah in beiden Gruppen ein besonders revolutionäres Potential. Nicht mehr der Arbeiter, wie in der marxistischen Theorie, ist hier das revolutionäre Subjekt, sondern Frauen und Kinder. Der Text endet mit einem pathetischen Aufruf an die Feministinnen und ihre Programmatik in einer langfristigen Perspektive der Veränderung der Welt:

»Es bleibt den Revolutionärinnen der Frauenbewegung (ehemaligen Kindern und nach wie vor unterdrückten Kindfrauen) überlassen, sich der Kinder anzunehmen. Wir müssen ihre Unterdrückung in allen Programmen der Frauen-Revolution berücksichtigen, oder wir werden dieselben Fehler machen, die wir so oft den Männern vorwerfen: dass wir nicht gründlich genug analysieren, dass wir einen wichtigen Aspekt der Repression vernachlässigen. Nur weil er uns selbst nicht unmittelbar betrifft. Dabei weiß ich wohl, dass viele Frauen es leid sind, immer mit den Kindern in einen Topf geworfen zu werden: Eine unserer revolutionären Forderungen muss lauten, dass wir für die Kinder nicht mehr Verpflichtung und Verantwortung tragen als jeder andere auch [...]. Unser letzter Sieg muß die Beseitigung gerade jener Bedingungen der Weiblichkeit und Kindheit sein, die heute eine solche Allianz der Unterdrückten verlangen; diese jedoch wird den Weg bereiten für einen wahrhaft menschlichen Zustand« (Firestone 1973: 24).

Kinderläden, Frauenbewegung und Mütter als »politische Personen«

An der Situation von Frauen mit Kindern setzte auch die Sprecherin des Aktionsrates zur Befreiung der Frauen, Helke Sander, bei ihren Überlegungen zu den Kinderläden an, deren politische Instrumentalisierung durch linke Männer und sozialistische Gruppen sie in einer berühmten Rede 1968 auf der Delegiertenkonferenz des Sozialistischen Deutschen Studentenbundes (SDS) kritisierte (vgl. Baader 2012). Begleitet wird ihre Rede von Tomatenwürfen gegen die männlichen Sprecher des Verbandes.

»Frauen mit Kindern«, so Sander, seien die »Gruppen, die am leichtesten politisierbar sind« (Sander 1968/2004: 373). Auch die bürgerlichen privilegierten Frauen »merken spätestens, wenn sie Kinder bekommen, dass ihnen alle ihre Privilegien nichts nützen«.

»Die Konsequenz, die sich daraus für den Aktionsrat zur Befreiung der Frau ergab, ist folgende: Wir können die gesellschaftliche Unterdrückung der Frauen nicht individuell lösen. Wir können damit nicht auf Zeiten nach der Revolution warten, da eine nur politisch-ökonomische Revolution die Verdrängung des Privatlebens nicht aufhebt, was in allen sozialistischen Ländern bewiesen ist« (ebd.: 374).

Diese Programmatik macht mehreres deutlich. Erstens verweist sie auf die Auseinandersetzungen der frühen zweiten Frauenbewegung in der Bundesrepublik mit der Neuen Linken (▶ Kap. 1), mit den tradierten sozialistischen Revolutionstheorien sowie mit den autoritären Habitus der Männer der Neuen Linken. Dies gipfelte in Sanders Ausruf »Genossen, Eure Veranstaltungen sind unerträglich« (ebd.: 375). Zweitens wird eine Differenzmarkierung gegenüber den tradierten, zuweilen dogmatisch verengten, sozialistischen Theorien durch die Perspektive »das Private ist politisch« vorgenommen, die ein neues Verständnis von Politik einforderte, das insgesamt zentral für die zweite Frauenbewegung ist. Sander macht dabei deutlich, dass die Bestrebungen des Aktionsrates darauf zielen würden, »eine demokratische Gesellschaft zu schaffen« (ebd.: 374). Und schließlich zeigt sich drittens, vor dem Hintergrund dieses neuen Politikverständnisses, eine Sicht auf Frauen mit Kindern als revolutionäre Subjekte, die Mutterschaft politisiert, weil Frauen mit Kindern in einer benachteiligten Lage seien. Ein Ausgangspunkt liege in einer Politik, die die Trennung zwischen Familie und öffentlicher Erziehung aufhebe »in einer Politik, die nicht mehr strukturell auf Kosten der Mütter und Kinder« gehe und die »Bedürfnisse von Müttern zur Grundlage der Politik« mache, so die Filmemacherin Sander zehn Jahre später in einem Beitrag in der feministischen Zeitschrift »Courage« (Sander 1978: 38). Auch hier wird also eine »Mütterpolitik« entfaltet, die jedoch nicht beim Mutterschutz, wie in der ersten Frauenbewegung, ansetzte, sondern bei der Trennung von Familie und öffentlicher Erziehung und der Kritik an der Alleinzuständigkeit von Frauen für die Kindererziehung im privaten Bereich. Vor diesem Hintergrund wurden alternative Einrichtungen der öffentlichen Kinderbetreuung als Selbsthilfeprojekte gegen die »Doppelbelastung« initiiert (zur Selbsthilfe ▶ Kap. 10).

Die Kinderläden als eine Erfindung und ein Impuls der Frauen des Aktionsrates waren um 1968 und in den 1970er Jahren ein umkämpftes Feld und stellten damit auch einen Aspekt der »querelles des sexes« (▶ Kap. 12) in den Anfängen der zweiten Frauenbewegung dar, richtete sich doch Sanders Rede insbesondere auch gegen die Usurpation der Kinderläden als Initiative des Aktionsrates durch den sogenannten von Männern beherrschten »Sozialistischen Zentralrat der Kinderläden« (vgl. Baader 2018b).

Anders als im geläufigen Narrativ von den Anfängen der zweiten Frauenbewegung in der Anti-Abtreibungskampagne (ex: Holland-Cunz 2003: 143) existierte in der Bundesrepublik ein enger Zusammenhang von Kinderladen- und Frauenbewegung (vgl. Baader 2008a, 2011), denn die Gründung des Berliner Aktionsrates zur Befreiung der Frauen war eng mit der Gründung von Kinderläden durch diese Frauen Anfang zu Beginn des Jahres 1968 verbunden. Ilse Lenz deutet das dominante Narrativ der Anfänge der Frauenbewegung in den Protesten gegen die Abtreibung als Teil einer Verdrängungsgeschichte, die übersieht, dass es bei den ersten Protestaktionen um Fragen der Kinderbetreuung ging (Lenz 2008: 51). Kämpfe um Anfangsnarrative sind häufig Elemente von Konflikten in sozialen Bewegungen, und mit dem Anfangsnarrativ um den § 218 sind auch Kämpfe um Sprecherinnenpositionen verbunden (vgl. Baader 2011).

Kinderläden waren Elternselbsthilfeinitiativen, die in Berlin von den Frauen des Aktionsrates und etwa zeitgleich in anderen Universitätsstädten gegründet wurden. Der erste Kinderladen in der Bundesrepublik war die von Monika Seifert 1967 in Frankfurt gegründete »Kinderschule«. Die Gründungen dieser Elternselbsthilfeinitiativen, die sich selbst als Kinderladenbewegung beschrieben, folgten mehreren Motiven. Vor dem Hintergrund der Erfahrungen des Nationalsozialismus ging es erstens um alternative Einrichtungen der Kindererziehung, die andere Erziehungskonzepte verfolgten als solche, die auf Gehorsam und Wohlanständigkeit zielten. Entwickelt wurden antiautoritäre pädagogische Konzepte, die zum Schlagwort von der »Erziehung zum Ungehorsam« (vgl. Bott 1970) führten. Zweitens galt es einen Betreuungsmangel auszugleichen, da eine ausreichende Zahl an Betreuungsplätzen vor dem Hintergrund gewandelter Bedarfe fehlte, denn schließlich waren auch bürgerliche bzw. privilegierte Frauen und Mütter um 1970 zunehmend erwerbstätig und zudem gab es viele Studentinnen mit Kindern. 1970 gingen in der BRD gerade mal 30% aller Kinder in einen Kindergarten, die, in einer Pfadabhängigkeit zum Reichsjugendwohlfahrtsgesetz von 1922 stehend, primär als Einrichtungen der Nothilfe für werktätige Mütter gedacht waren und noch dazu mehrheitlich in den Händen der Kirchen lagen. Ein Grund für den geringen Ausbau der öffentlichen Kinderbetreuung in der Bundesrepublik war auch die Systemkonkurrenz mit der DDR. Diese wurde insbesondere im Bereich der Familienpolitik ausgetragen (vgl. Frevert 2000). Drittens sollten die Kinderläden durch öffentliche und kollektive Formen der Betreuung die »Doppelbelastung« von Frauen mindern und diesen auch die Gelegenheit zu politischen Aktivitäten und der Beschäftigung mit eigenen Interessen geben.

Kinderläden waren in sich sehr heterogen und verfolgten durchaus unterschiedliche Konzepte, aber es lassen sich auch einige Gemeinsamkeiten nennen, über alle Differenzen hinweg. Sie folgten einem Fokus auf die frühkindliche Bildung, der bereits in der Kritischen Theorie und deren Konsequenzen aus den »Studien zum autoritären Charakter« (1950/1973) angelegt war. So hatte Theodor W. Adorno in seinen Beiträgen »Erziehung nach Auschwitz« (1967/1971) und »Erziehung zur Mündigkeit« (1969/1971) unterstrichen, dass eine Erziehung zur Kritikfähigkeit und zum Nichtmitmachen bei der frühen Kindheit und der »Wendung auf das Subjekt« (Adorno 1967/1971: 90) anzusetzen habe. Erziehung zur Ich-Stärke, zum Widerstand und zum Nein-Sagen waren wesentliche Momente der sogenannten antiautoritären Pädagogik der Kinderläden. Dabei waren die Debatten um die Konzepte von Autorität und des Antiautoritären durchaus differenziert, arbeiteten sich aber primär an der väterlichen Autorität ab (vgl. Baader 2018b).

Selbstbestimmung oder auch, in Anlehnung an Wilhelm Reich, Selbstregulierung sowie Prozesse des sozialen Lernens im Kollektiv standen im Zentrum der pädagogischen Ansätze. Wesentlich war die Idee des Kollektivs auch für die Eltern, die sich gemeinsam über die Möglichkeiten einer postfaschistischen Erziehung austauschen wollten. Dabei spielte die Distanzierung von der Erziehung der eigenen Eltern eine wichtige Rolle wie auch die Auseinandersetzung mit der NS-Erziehungsprogrammatik. Exemplarisch für eine Erziehung zur Härte, Kälte, Gefühls- und Bindungslosigkeit war beispielsweise der NS-Erziehungsratgeber der Ärztin Johanna Haarer »Die deutsche Mutter und ihr erstes Kind« (1934), der bis in die 1980er Jahre immer weiter, unter Weglassung des Adjektivs, unter dem Titel »Die Mutter und ihr erstes Kind« in überarbeitet Form bis 1987 und in vielen Auflagen verkauft wurde (vgl. Chamberlain 2016).

Selbstbestimmung und Emanzipation waren zentrale Begriffe, die die Kinderladenbewegung mit der Frauenbewegung einte. Auch Konzepte der Sexualerziehung spielten in der Kinderladenbewegung eine wichtige Rolle. Dabei führten sexuelle Befreiungsrhetorik und die Orientierung an Wilhelm Reich in manchen Kontexten auch zu einer Entgrenzung von kindlicher und erwachsener Sexualität, die Texte und Situationen von Missbrauch sowie spezifische »blinde Flecken« im Verhältnis von kindlicher und erwachsener Sexualität erzeugten und ein Nein der Kinder nicht vorsah (vgl. Baader 2017).

In den Kinderläden wurde durchaus auch eine geschlechterreflektierte Pädagogik praktiziert (vgl. Ronneburger 2017), die etwa im Kontext der Sexualerziehung einer Abwertung der weiblichen Geschlechtsorgane entgegenwirken wollte oder geschlechtsspezifisches Spielzeug kritisierte sowie sich intensiv mit Kinderliteratur auseinandersetzte. Konflikte gab es um das Engagement von Vätern, und damit zwischen Männern und Frauen, bei der alltäglichen Organisation der Kinderläden und den verschiedenen Elterndiensten. Diese waren ein wichtiges Element des Selbstverständnisses dieser Elterninitiativen. Der Anteil der Männer an den pädagogischen Fachkräften hingegen war mit 17 % sehr hoch (vgl. Schmidt 2008). Dies hing auch mit den politischen Implikationen dieser erzieherischen Tätigkeit zusammen.

Im heterogenen Spektrum der Kinderläden lassen sich vier Typen identifizieren, von pragmatisch-liberal, über demokratisch, psychoanalytisch bis zu sozialistisch, wobei dieser Typus wiederum ein breites Spektrum von sozialistisch-antiautoritär bis zu orthodox-marxistisch aufwies. Insgesamt waren die Kinderläden ein Erfolgsmodell, so gab es allein in West-Berlin im Jahre 1973 über 300 Kinderläden (vgl. Baader 2014b, vgl. Baader 2020b). Kinderläden existieren als Elterninitiativen, die sich teilweise in der Tradition der Kinderläden verstehen, auch heute noch, und sie machten im Jahr 2017 etwa 8,5 % aller Kindertageseinrichtungen in der BRD aus. Gegenüber den 1970er Jahren haben sie sich heute deutlich professionalisiert, auch in ihrer Organisationsstruktur.

Die Kinderläden, die zur Modernisierung des frühpädagogischen Bereichs und der öffentlichen Kleinkinderziehung beitrugen, setzten Impulse, die allmählich in den 1970er Jahren auch von anderen Einrichtungen übernommen wurden. So wurde etwa in Frankfurt am Main in einem großangelegten Modellprojekt versucht, Ansätze aus der antiautoritären Kinderladenbewegung in den Regelbereich zu übernehmen (vgl. Schmidt 2008). Auf die Kinderläden folgten auch alternative Schulgründungen, etwa in Hannover 1972 und in Frankfurt am Main 1974, die den Kinderladenkindern Kontinuitäten beim Besuch alternativer pädagogischer Einrichtungen ermöglichen sollten. Beide Schulgründungen, die »Glockseeschule« in Hannover und die »Freie Schule« in Frankfurt, existieren heute noch.

Bezogen auf die Mütterfrage zeigt sich heute im Vergleich zu den 1970er Jahren ein Wandel, der auf ein verändertes Verhältnis von Familie, Mutterschaft und öffentlicher Früher Bildung, Betreuung und Erziehung (FBBE) verweist. Wurden um 1970 Mütter, die ihre Kinder in eine öffentliche Kinderbetreuungseinrichtung gaben, aufgrund der »Fremdbetreuung« gerne als »Rabenmütter« stigmatisiert, so sind heute Mütter, die ihre Kinder zu Hause behalten, »Rabenmütter«, da sie ihren Kindern Bildungsgelegenheiten entziehen. Die Gemeinsamkeit aber ist geblieben: es sind trotz aller Debatten seit den 1980er Jahren um »engagierte Vaterschaft« vor allem die Mütter, die für den Bereich der Frühen Bildung, Betreuung und Erziehung ihrer Kinder verantwortlich sind. Sie sind es auch, die durch die Familien-, Sozial- und Bildungspolitik sowie durch die Einrichtungen selbst primär adressiert und zur Verantwortung gezogen werden, so dass auch hier von einer Responsibilisierung der Mütter für gelungene Bildungsverläufe ihrer Kinder zu sprechen ist, dabei wird in den letzten Jahren immer mehr die frühe Bildung akzentuiert, was unter dem Schlagwort »Bildung von Anfang an« betrachtet.

Für die Kinderläden der 1970er Jahre waren die Themen Geschlecht und geschlechterreflektierte Pädagogik durchaus zentral. In den heutigen Elterninitiativen hingegen ist diese Perspektive durch Diversität ersetzt und der Geschlechteraspekt darunter eher verschwunden (vgl. Baader 2020b).

Konsequenzen für die Pädagogik

Die pädagogische Sicht in der Gesellschaft der Bundesrepublik auf Erziehung und Kinder war zu Beginn der zweiten Frauenbewegung um 1970 noch sehr konventionell – Mütter und Kinder waren, wie ausgeführt, dem Häuslich-Privaten zugeordnet, und es war eher Gegenstand der Diskussion, inwieweit dieser Bereich überhaupt entwicklungs- und modernisierungsfähig sei. Das hat mit der zu Beginn des Kapitels angesprochenen »Sphärentrennung« und ihren langen Folgen zu tun.

Da unsere Kulturtradition die Arbeit als der Kultur zugehörig auffasst und mit Veränderung und Trennung verbindet, Beziehung dagegen als dem Familialen und dem vormodernen sozialen Nahraum zugehörig, in dem die Handlungen nicht gemessen, getauscht und bezahlt werden, werden öffentliche Anerkennung und privates Vertrauen (oder Liebe) auseinanderdividiert: Der Beziehung Mutter-Kind wird exklusiv das Vertrauen zugeordnet, aber die Anerkennung geht daraus verloren, während die mit Vater und Erzieher verbundene und dem öffentlichen Raum zugeordnete Bildung zwar stillschweigend auf dem zuvor erlebten und erworbenen Vertrauen aufbauen muss, dieses aber nicht in ihr Selbstverständnis aufnehmen kann. Da Erziehung – wie im zweiten Kapitel (▶ Kap. 2) ausgeführt – auch als die ›ältere‹ Beziehungsform gesehen wird, erscheint sie logischerweise als das, was man ›hinter sich lassen‹ und überwinden muss – und hier erweist sich die Verbindung mit dem Mütterlichen als hoch problematisch, was in der pädagogischen Literatur allerdings nicht reflektiert worden ist. So heißt es noch bei Heinz-Joachim Heydorn:

> »Die Wurzeln des Erziehungsbegriffs reichen in die Ursprünge der menschlichen Zivilisation zurück, die Erziehung bleibt dem Intimbezirk verbunden und damit unabhängiger von einer jeweils erreichten Bewusstseinshöhe; sie hat archetypisch mütterlichen Charakter und weist auf die Einfügung in das Vorgegebene und Unabänderliche hin« (Heydorn 1980: 8).

Mit dem Ansinnen der Veränderung der Position der Mütter, ihrem Wunsch, aus der Enge des Häuslich-Familialen herauszutreten, wurde deshalb die Frage der öffentlichen Erziehung von Kindern virulent.

Unter den politischen Anregungen, die von der Frauenbewegung auf die Kindererziehung übergriffen, waren einige besonders einflussreich – etwa dass das Private »politisch« sei, dass also die Formen, in denen der Alltag in Familien gestaltet war, nicht als »Privatsache« individualisiert seien, sondern dem Politischen, dem Gesellschaftlich-Öffentlichen zugehörig; und dass die gesellschaftliche Lage der Frauen auch ein Ergebnis früh begonnener Einübungsprozesse und einer Erziehung zur Anpassung sei, die folglich von Anfang an vermieden werden müsste. Beide Aspekte wurden natürlich auch im Kontext der Studentenbewegung und vom allgemeinen Liberalisierungstrend der späten 1960er Jahre unterstützt, die aber vor allem die politische Dimension einer »Erziehung zum Ungehorsam« (vgl. Bott 1970) oder die Notwendigkeit einer »Disfunktionalität der Erziehung« (vgl. Mollenhauer 1970) im Blick hatten. Die Erkenntnisse, die die Frauen, die für die Erziehung der Kinder ja maßgeblich verantwortlich waren, aus der Frauenbewegung gewonnen hatten, zielten stärker auf diejenigen Dimensionen, die die Lebensumstände von Frauen in Kindern bestimmten. Sie hatten folglich vor allem die Freiheit von Gewalt und Repression, die Entfaltung der individuellen Eigenart und des Eigenwillens der Kinder im Blick, die Anerkennung kindlicher Bedürfnisse in ihrer altersgemäßen Form. Dies sahen sie aufs engste verknüpft mit ihrer eigenen sozialen Lage. So hieß es in jener bereits zitierten Rede des »Aktionsrat zur Befreiung der Frauen« von 1968, dass dieser mit der Schaffung eigener Frauen-Räume »den Anspruch der Gesellschaft, daß die Frau die Kinder zu erziehen hat, zum erstenmal ernst nehmen [würde]. Und zwar in dem Sinne, daß wir uns weigern, unsere Kinder weiterhin nach den Prinzipien des Konkurrenzkampfes und Leistungsprinzips zu erziehen, von denen wir wissen, daß auf ihrer Erhaltung die Voraussetzung zum Bestehen des kapitalistischen Systems überhaupt beruht.« In einer neu zu schaffende »Gegengesellschaft« müssten aber »unsere eigenen Bedürfnisse endlich einen Platz finden«, die Emanzipation der Frauen sei die Voraussetzung für eine bessere Erziehung. Deren »Hauptaufgabe« bestehe darin, »den Kindern durch Unterstützung ihrer eigenen emanzipatorischen Bemühungen die Kraft zum Widerstand zu geben, damit sie ihre eigenen Konflikte mit der Realität zugunsten einer zu verändernden Realität lösen können« (Sander 1968/2004: 376).

Zugespitzt formuliert war die Idee der Kinder(laden)erziehung, wie sie von der politischen Neuen Linken ins Auge gefasst wurde, das »politisierte Kind«, das seinen Eigenwillen gegen repressive (kapitalistische) gesellschaftliche Strukturen richtet, während die Impulse der Frauenbewegung eher auf das »emanzipierte Kind« zielten, also darauf gerichtet waren, dass das eigenwillige Kind eine wertschätzende Selbstwahrnehmung und von gegenseitigem Respekt getragene soziale Beziehungen entwickeln und *deshalb* auch letztlich dazu beitragen würde, seine Lebensumstände aktiv zu verbessern. Viele der damals entwickelten Vorstellungen sind heute selbstverständliche Bestandteile von Kindererziehung: die Einsicht, dass gemeinsame Erziehung und Gruppenkontakte die Sozialfähigkeit von Kindern verbessern, dass die Fähigkeit zum Erkennen, Benennen und Austragen von Konflikten im Kindesalter eine Grundlage für Konfliktfähigkeit bei Erwachsenen darstellt, dass Kinder deshalb repressionsfrei erzogen und Konflikten nicht aus dem Weg gegangen werden sollte(n) – und vor allem: dass Anerkennung und Respekt die Grundlagen für Gemeinschaftsgefühl und Solidarität darstellen.

Dies wäre auch als Einspruch zu lesen gegen die derzeit (immer noch oder wieder) im pädagogischen Feld verbreitete Vorstellung, dass letztlich doch alle Kinder in ihrer Unterschiedlichkeit gleich seien und deshalb friedlich und nett miteinander umgehen sollten. Denn hier wird betont, dass dieses Miteinander-umgehen-Können als ein wertvolles Gut erarbeitet werden muss: dass Verschiedenheit eben nicht ohne Konflikte ist, dass nicht nur der »Umgang mit der Macht« uns scharf voneinander trennt (▶ Kap. 11), sondern auch individuelle und gruppenbezogene Eigenwilligkeiten in Dissens und auch in Konflikte führen. Die »Anerkennung der Anderen« basiert auf der allen Kindern beizubringenden Fähigkeit, die Andersheit der Anderen zu »ertragen«, d. h. sie gelten zu lassen, Verschiedenheiten als Verschiedene bestehen zu lassen, und der Fähigkeit mit den notwendigerweise daraus erwachsenden Konflikten gemeinschaftlich gut umzugehen. Wenn man die Erfahrungen, politischen Erkenntnisse und Positionen der Frauenbewegung erstnimmt, so zeigt sich, dass sie eben nicht auf Verträglichkeit und Teilhabe am Kuchen der Männer gerichtet war, sondern darauf, sich in Konflikte zu stürzen, in dem Vertrauen, dass alle irgendwann lernen würden, besser – also: respektvoller, anerkennender und wertschätzender – miteinander umzugehen.

Resümee und Ausblick

Die erste Frauenbewegung hat sich – transnational – für die Rechte von Müttern eingesetzt, was eine politische Strategie im männlich geprägten Staat des 19. Jahrhunderts darstellte, Bürgerrechte sowie soziale und gesundheitliche Absicherung für Frauen mit Kindern zu erkämpfen. Diese Ideen reichten bis zur Gründung von Einrichtungen wie das »Müttergenesungswerk« im Jahre 1950, das von Elly Heuss-Knapp (1881–1952) ins Leben gerufen wurde. Die Politikerin hatte sich 1919 bei der ersten Wahl, bei der auch Frauen zugelassen wurde, gezielt für eine parteiübergreifende Aktivierung der weiblichen Wählerschaft eingesetzt. Darüber hinaus waren mit den Konzepten der »geistigen« und der »sozialen Mütterlichkeit«, wie sie von der deutschen Frauenbewegung Mitte des 19. Jahrhunderts und im frühen 20. Jahrhundert entwickelt wurden, Bestrebungen verbunden, Berufe für Frauen im sozialen Bereich zu fordern und durchzusetzen und mit spezifischen Formen der Professionalisierung zu verbinden. Deshalb lässt sich für die erste Frauenbewegung von einer expliziten Mütterpolitik sprechen, auch diese war durchaus transnational.

Die Verantwortung von Frauen für die öffentliche Erziehung der kleinen Kinder erfolgte durch eine Strategie der Übertragung vom privaten auf den öffentlichen Raum, die als Maternalismus bezeichnet wurde und noch bis heute in der Frühpädagogik nachwirkt (vgl. Rabe-Kleberg 2009). Fachkräfte in Kitas sind aktuell mit annähernd 95 % überwiegend weiblich. Dies ist nicht nur in der Bundesrepublik so, sondern auch in anderen westlich-europäischen Ländern der Fall und kann als langer Schatten des Maternalismus beschrieben werden, der auch damit zusammenhängt, dass der Bereich lange als ein semi-professioneller aufgefasst wurde. Darüber hinaus spielen bei der Tradition des Maternalismus weitere

Faktoren eine Rolle, zu denen auch die vergleichsweise schlechte Bezahlung gehört. Seit einigen Jahren nun gibt es verstärkte politische Anstrengungen, die Anzahl von Männern in Kitas zu erhöhen. Ein genauerer Blick in die Begründungen und Programme zeigt jedoch, dass es hier nicht in erster Linie darum geht, dass der Beruf den Geschlechtern gleichermaßen offenstehen sollte oder dass eine Repräsentation der Geschlechter in einem Berufsfeld von Erziehung, Bildung und Care-Tätigkeit auch unter einem pädagogischen Aspekt im Sinne von »Diversität« wünschenswert sei, sondern dass sich die Impulse vor allem aus einer Sorge um die Jungen speisen, die mit dem Argument der Feminisierung zusammengebracht wird. Dies trifft auf eine Debatte um »Jungen als Bildungsverlierer«, wie sie etwa seit den 2000er Jahren, durchaus auch als Reaktion auf PISA geführt wird (vgl. Fegter 2012) (▶ Kap. 3).

Alleinerziehende Mütter weisen auch heute noch ein besonders hohes Armutsrisiko auf. Damit zeigt sich, dass ein Thema, das sowohl im Fokus der frühen zweiten Frauenbewegung als auch bereits im Blick der ersten Frauenbewegung war, die sich besonders um unverheiratete und alleinstehende Mütter und deren ökonomische und soziale Lage kümmerte, nicht erledigt ist.

Die zweite Frauenbewegung hat sich insgesamt kritischer mit der Mutterschaft auseinandergesetzt und sich vor allem dagegen positioniert, dass Mutterschaft – explizit oder implizit – den Kern, die Norm und die zentrale Bestimmung des weiblichen Lebensentwurfes darstellen soll. Darüber hinaus wurde, etwa mit ihrem Fokus auf die Mutter-Tochter-Beziehung, mit der Thematisierung von spezifischen Identifikations- und Ablösungsprozessen und mit psychoanalytisch inspirierten Perspektiven auf die Figur der Mutter diese seit den 1970er und 1980er Jahren psychologisiert.

In den letzten Jahren haben die Reproduktionstechnologien neue Fragen bezüglich der Mutterschaft mit sich gebracht. So ist etwa die Leihmutterschaft, die in Deutschland verboten ist, zu einem transnationalen Geschäft geworden. Feministinnen, die Leihmutterschaft unter anderem als »Fortpflanzungsarbeit« bezeichnen, haben diesbezüglich durchaus kontroverse Positionen (vgl. Gunda Werner Institut 2015). Dabei sind Aspekte der Selbstbestimmung (▶ Kap. 9) auch bei diesem Thema für feministische Sichtweisen zentral. Insgesamt wird in diesem Kontext auch die Frage, »wer ist die Mutter eines Kindes?« berührt. Diese spielt zudem eine Rolle im Zuge der Auseinandersetzung um die vollständige Anerkennung gleichgeschlechtlicher Lebenspartnerschaften und um die rechtliche Anerkennung der Ehefrau einer Mutter.

Dass die Erziehung von Mädchen immer auch eine Erziehung zur Mutterschaft, neben der zur guten Haus- und Ehefrau, sein sollte, prägte den pädagogischen Diskurs der Moderne seit dem 17. und 18. Jahrhundert. Zwar lässt sich heute im pädagogischen Fachdiskurs keine explizite und programmatische Erziehung von Mädchen zur Mutterschaft identifizieren, aber – trotz aller Wahloptionen – ist das Ideal, dass Kinder Bestandteil eines irgendwie normalen weiblichen Lebensentwurfes seien, nicht verschwunden. So müssen sich Frauen, anders als Männer, auch auf ihre Kinderlosigkeit hin befragen lassen und diese begründen, so dass die Bewegung von der Normalisierung zur De-zentrierung weniger selbstverständlich ist als Beschreibungen von »Wahlfreiheit«, »Pluralisierung« und »Individualisierung« glauben machen. Dies hat die Feministin Rebecca Solnit in ihrem Buch »Die Mutter aller Fragen« (2017) umfassend beleuchtet. Auch die öffentliche Kontroverse um das Buch von Orna Donath »Regretting Motherhood« (2015), die sich unter anderem auf Simone de Beauvoir bezieht, zeigt, welches Tabuthema mit dem Bedauern einer Lebensform angesprochen ist, die nach wie vor stark mit »Erfüllung« verbunden wird.

Dass die hohen Anforderungen an »Mutterliebe« das Schuldthema stets mittransportiert, haben historische Studien zur Mutterliebe gezeigt. Mutterschaft ist immer weiter einer deutlich höheren Normierung ausgesetzt, während »engagierte Vaterschaft« hohe Anerkennung erfährt und somit die »patriarchale« Dividende« oft gleich mit kassiert. Den Paradoxien von Geschlechterungleichheiten und ihren langen Schatten ist bei der Frage nach den Müttern also auch heute nicht zu entkommen.

Literatur

Adorno, Theodor W. (1973): Studien zum autoritären Charakter. Frankfurt am Main: Suhrkamp.
Adorno, Theodor W. (1971): Erziehung zur Mündigkeit. Frankfurt am Main: Suhrkamp.
Allen, Ann T. (2006): Feminism and Eugenics in France and Germany, 1918–1940: A Comparative Perspective. In: Meike Sophia Baader/Helga Kelle/Elke Kleinau (Hrsg.), Bildungsgeschichten. Geschlecht, Religion und Pädagogik in der Moderne (S. 159–178). Köln: Böhlau.
Allen, Ann T. (2000a): Feminismus und Mütterlichkeit in Deutschland, 1800–1914. Weinheim: Beltz.
Allen, Ann T. (2000b): »Das Recht des Kindes, seine Eltern zu wählen«: Eugenik und Frauenbewegung in Deutschland und Großbritannien 1900–1933. In: Meike Sophia Baader/Juliane Jacobi/Sabine Andresen (Hrsg.), Ellen Keys reformpädagogische Vision. »Das Jahrhundert des Kindes« und seine Wirkung (S. 105–124). Weinheim: Beltz.
Baader, Meike Sophia (2020a): »Umerziehung«, »Genderideologie« und »Frühsexualisierung« – Kampfbegriffe in einem neuen Kulturkampf. Erziehungswissenschaftliche Themen im Fokus von Populismus und Neuer Rechter. In: Ulrich Binder/Jürgen Oelkers (Hrsg.), Das Ende der politischen Ordnungsvorstellungen des 20. Jahrhunderts (S. 129–154). Wiesbaden: Springer VS.
Baader, Meike Sophia (2020b): Von der Antiautorität zur Diversität. Soziale Differenzen in Kinderläden und Elterninitiativen in der Bundesrepublik von den 1970er Jahren bis heute. In: Kindheit und soziale Ungleichheit in den langen 1970er Jahren. In: Geschichte und Gesellschaft, 2020 (2), 200–230.
Baader, Meike Sophia (2018a): Von der Normalisierung zur De-Zentrierung. Mütterlichkeit, Weiblichkeit und Care in der Alten und in der Neuen Frauenbewegung. In: Antje Langer/Claudia Mahs/Barbara Rendtorff (Hrsg.), Jahrbuch Frauen- und Geschlechterforschung in der Erziehungswissenschaft 14: Weiblichkeit – Ansätze zu ihrer Theoretisierung (S. 15–38). Opladen: Barbara Budrich.
Baader, Meike Sophia (2018b): Autorität, antiautoritäre Kritik und Autorisierung im Spannungsfeld von Politik, Erziehung und Geschlecht im 20. und 21. Jahrhundert. In: Hilge Landweer/Catherine Newmark (Hrsg.), Wie männlich ist Autorität? Feministische Kritik und Aneignung (S. 87–124). Frankfurt am Main: Campus.

Baader, Meike Sophia (2017): Zwischen Politisierung, Pädosexualität und Befreiung aus dem »Getto der Kindheit«: Diskurse über die Entgrenzung von kindlicher und erwachsener Sexualität in den 1970er Jahren. In: Meike Sophia Baader et al. (Hrsg.), Tabubruch und Entgrenzung. Kindheit und Sexualität nach 1968 (S. 55–84). Köln: Böhlau.

Baader, Meike Sophia (2015): Modernizing Early Childhood Education: The Role of German Women's Movement after 1848 and 1968. In: Harry Willekens/Kirsten Scheiwe/Kristen Nawrotzki (Hrsg.), The Development of Early Childhood Education in Europe and North America. Historical and Comparative Perspectives (S. 217–234). Houndmills: Palgrave Macmillan.

Baader, Meike Sophia (2014a): Die Kindheit der sozialen Bewegungen (1890–1930). In: Dies./Florian Eßer/Wolfgang Schröer (Hrsg.), Kindheiten in der Moderne. Eine Geschichte der Sorge (S. 154–189). Frankfurt am Main: Campus.

Baader, Meike Sophia (2014b): Die reflexive Kindheit (1968–2000). In: Dies./Florian Eßer/Wolfgang Schröer (Hrsg.), Kindheiten in der Moderne. Eine Geschichte der Sorge (S. 414–455). Frankfurt am Main: Campus.

Baader, Meike Sophia (2012): »Wir streben Lebensverhältnisse an, die das Konkurrenzverhältnis von Männern und Frauen aufheben«. Zur Kritik von Frauen an Männlichkeitskonstruktionen im Kontext von 1968. In: Dies./Johannes Bilstein/Toni Tholen (Hrsg.), Erziehung, Bildung und Geschlecht. Männlichkeiten im Fokus der Gender-Studies (S. 103–116). Wiesbaden: Springer VS.

Baader, Meike Sophia (2011): ›68‹ als Kulturrevolution im Fokus erziehungswissenschaftlicher Geschlechterforschung. In: Elke Kleinau/Susanne Maurer/Astrid Messerschmidt (Hrsg.), Ambivalente Erfahrungen – (Re-)politisierung der Geschlechter (S. 73–89). Opladen: Barbara Budrich.

Baader, Meike Sophia (2008a): Geburtsratgeber zwischen Beruhigungs- und Risikorhetorik. In: Christoph Wulf/Anja Hänsch/Micha Brumlik (Hrsg.), Das Imaginäre der Geburt. Praktiken, Narrationen und Bilder (S. 122–135). München: Fink.

Baader, Meike Sophia (2008b): Das Private ist politisch. Der Alltag der Geschlechter, die Lebensformen und die Kinderfrage. In: Dies. (Hrsg.), Seid realistisch, verlangt das Unmögliche. Wie 68 die Pädagogik bewegte (S. 153–172). Weinheim: Beltz.

Baader, Meike Sophia (2005): Erziehung als Erlösung. Transformationen des Religiösen in der Reformpädagogik. Weinheim: Juventa.

Beauvoir, Simone de (1949/1992): Das andere Geschlecht. Sitte und Sexus der Frau. Reinbek: Rowohlt.

Bachofen, Johann Jakob Heinrich (1861/1975): Das Mutterrecht. Eine Untersuchung über die Gynaikokratie der alten Welt nach ihrer religiösen und rechtlichen Natur. Frankfurt am Main: Suhrkamp.

Badinter, Elisabeth (1981): Mutterliebe. Geschichte eines Gefühls vom 17. Jahrhundert bis heute. München: dtv.

Badinter, Elisabeth (2010): Der Konflikt. Die Frau und die Mutter. München: Beck.

Bartels, Paul (1912): Die Mutter in Brauch und Sitte der Völker. In: Adele Schreiber (Hrsg.), Mutterschaft. Ein Sammelwerk für die Probleme des Weibes als Mutter (S. 5–39). München: Albert Langen.

Behr, Sophie (1983): Alleinerziehende Mütter und Väter – Einelternfamilien. In: Johanna Beyer/Franziska Lamott/Birgit Meyer (Hrsg.), Frauenhandlexikon. Stichworte zur Selbstbestimmung (S. 13–16). München: C.H. Beck.

Beyer, Johanna/Lamott, Franziska/Meyer, Birgit (1983) (Hrsg.): Frauenhandlexikon. Stichworte zur Selbstbestimmung. München: C.H. Beck.

Bock, Gisela (2005): Frauen in der europäischen Geschichte. Vom Mittelalter bis zur Gegenwart. München: C.H. Beck.

Bott, Gerhard (Hrsg.) (1970): Erziehung zum Ungehorsam. Kinderläden berichten aus der Praxis der antiautoritären Erziehung. Frankfurt am Main: März bei Zweitausendeins.

Bovenschen, Silvia (1979): Die imaginierte Weiblichkeit. Exemplarische Untersuchungen zu kulturgeschichtlichen und literarischen Präsentationsformen des Weiblichen. Frankfurt am Main: Suhrkamp.

Bleuler-Waser, Hedwig (1912a): Erziehung zur Mütterlichkeit. In: Adele Schreiber (Hrsg.), Mutterschaft. Ein Sammelwerk für die Probleme des Weibes als Mutter (S. 56–67). München: Albert Langen.

Bleuler-Waser, Hedwig (1912b): Das Zwischenland. In: Adele Schreiber (Hrsg.), Mutterschaft. Ein Sammelwerk für die Probleme des Weibes als Mutter (S. 83–96). München: Albert Langen.

Braun, Lily (1912): Einleitung. In: Adele Schreiber (Hrsg.), Mutterschaft. Ein Sammelwerk für die Probleme des Weibes als Mutter (S. 1–5). München: Albert Langen.

Chamberlain, Sigrid (1997): Adolf Hitler, die deutsche Mutter und ihr erstes Kind. Über zwei NS-Erziehungsbücher. Gießen: Psychosozial-Verlag.

Chodorow, Nancy (1985): Das Erbe der Mütter. Psychoanalyse und Soziologie der Geschlechter. München: Frauenoffensive.

Deutsch, Regine (1912): Soziale Mutterschaft. In: Adele Schreiber (Hrsg.), Mutterschaft. Ein Sammelwerk für die Probleme des Weibes als Mutter (S. 56–67). München: Albert Langen.

Donath, Orna (2015): Regretting Motherhood: A Sociopolitical Analysis. In: SIGNS: Journal of Women in Culture and Society, 40 (2), 343–367. Online verfügbar unter: https://www.journals.uchicago.edu/doi/abs/10.1086/678145?journalCode=signs, Zugriff am 13.10.2020.

Erler, Gisela (1987): Leben mit Kindern – Frauen werden laut: Das Müttermanifest. Bonn: Selbstverlag.

Eßer, Florian (2013): Das Kind als Hybrid. Empirische Kinderforschung (1896–1914). Weinheim: Beltz Juventa.

Fegter, Susanne (2012): Die Krise der Jungen in Bildung und Erziehung. Diskursive Konstruktion von Geschlecht und Männlichkeit. Wiesbaden: Springer VS.

Fehlmann, Meret (2011): Die Rede vom Matriarchat. Zur Gebrauchsgeschichte eines Arguments. Zürich: Chronos.

Firestone, Shulamith (1970): The Dialectic of Sex. New York: Morrow.

Firestone, Shulamith (1973): Nieder mit der Kindheit! In: Kursbuch, 34, 1–24.

Frevert, Ute (2000): Umbruch der Geschlechterverhältnisse? Die 60er Jahre als geschlechterpolitischer Experimentierraum. In: Axel Schildt/Detlef Siegfried/Karl Christian Lammers (Hrsg.), Dynamische Zeiten. Die 60er Jahre in den beiden deutschen Gesellschaften (S. 642–660). Hamburg: Christians.

Friday, Nancy (1977): My Mother My Self. The Daugter's Search for Identity. New York: Delacorte Press.

Fröbel, Friedrich (1919): Mutter- und Koselieder. Dichtung und Bilder zur edlen Pflege des Kindheitslebens. Ein Familienbuch. Herausgegeben von Johannes Prüfer. Leipzig: Ernst Wiegandt Verlagsbuchhandlung.

Gunda Werner Institut (2015): Das Recht auf das eigene Kind. Online verfügbar unter: www.gwi-boell.de/de/2015/11/13/das-recht-auf-das-eigene-kind, Zugriff am 5.10.2020.

Haarer, Johanna (1934): Die deutsche Mutter und ihr erstes Kind. München: Lehmanns (Erstausgabe).

Hochschildt, Arlie (2001): Globale Betreuungsketten und emotionaler Mehrwert. In: Will Hutton/Anthony Giddens (Hrsg.), Die Zukunft des globalen Kapitalismus (S. 157–176). Frankfurt am Main: Campus.

Herwartz-Emden, Leonie (1995): Mutterschaft und weibliches Selbstkonzept. Eine interkulturell vergleichende Untersuchung. Weinheim: Juventa.

Heydorn, Heinz-Joachim (1980): Ungleichheit für alle. Zur Neufassung des Bildungsbegriffs. Bildungstheoretische Schriften, Bd. 3. Frankfurt am Main: Syndikat.

Jacobi, Juliane (2013): Mädchen- und Frauenbildung in Europa. Frankfurt am Main: Campus.

Jacobi, Juliane (2000): Mütterlichkeit als Beruf. In: Johannes Bilstein/Eckart Liebau (Hrsg.), Mutter Kind Vater – Bilder aus Kunst und Wissenschaft (S. 20–23). Köln: Oktagon.

Holland-Cunz, Barbara (2003): Die alte neue Frauenfrage. Frankfurt am Main: Suhrkamp.

Key, Ellen ([1902/1903] 1999): Das Jahrhundert des Kindes. Neu herausgegeben und mit einem Nachwort von Ulrich Herrmann. Weinheim: Beltz.

Key, Ellen (1905): Die Frauenbewegung. Frankfurt am Main: Rütten & Loening.
Kersting, Christa (2013): Frauenbewegung. In: Wolfgang Keim/Ulrich Schwerdt (Hrsg.), Handbuch der Reformpädagogik in Deutschland (1890–1933), Bd. 1 (S. 169–214). Frankfurt am Main: Peter Lang.
Kirkpatrick, Kate (2019): Simone de Beauvoir. Ein modernes Leben. München: Piper.
Koppetsch, Cornelia/Burkart, Günter (1999): Die Illusion der Emanzipation. Zur Wirksamkeit latenter Geschlechternormen im Milieuvergleich. Konstanz: UVK.
Lenz, Ilse (Hrsg.) (2008): Die Neue Frauenbewegung in Deutschland. Wiesbaden: Springer VS.
Lutz, Helma (2007): Vom Weltmarkt in den Privathaushalt. Die neuen Dienstmädchen im Zeitalter der Globalisierung. Opladen: Barbara Budrich.
Mollenhauer, Klaus (1970): Erziehung und Emanzipation: polemische Skizzen. München: Juventa.
Perkins Gilman, Sander (1911): Rezension über Ellen Keys »Love and Marriage«. In: The Forerunner, October 1911, 280–282.
Perkins Gilman, Sander (1915/1980): Herland. Reinbek: Rowohlt.
Prokop, Ulrike (1983): Weiblichkeit. In: Johanna Beyer/Franziska Lamott/Birgit Meyer (Hrsg.), Frauenhandlexikon. Stichworte zur Selbstbestimmung (S. 309–314). München: Beck.
Rabe-Kleberg (2009): Maternalism and Truncated Professionalism. In: Kirsten Scheiwe/Harry Willekens (Hrsg.): Child Care and Preschool Development in Europe. Institutional Perspectives (S. 210–221). Houndmills: Palgrave Macmillan.
Raphael, Lutz (1996): Die Verwissenschaftlichung des Sozialen als methodische und konzeptionelle Herausforderung für eine Sozialgeschichte des 20. Jahrhunderts. In: Geschichte und Gesellschaft, 22 (2), 165–193.
Ronneburger, Beate (2017): Der Geschlechteraspekt in der Kinderladenbewegung. Erziehungsvorstellungen und Erziehungspraxen von Westberliner KinderladenakteurInnen (1968–1977). Diss. Hildesheim: Stiftung Universität/Fakultät für Sozial- und Verhaltenswissenschaften.
Rousseau, Jean-Jacques (1762/1998): Emile oder Über die Erziehung. Stuttgart: Reclam.
Sachße, Christoph (1986): Mütterlichkeit als Beruf. Frankfurt am Main: Suhrkamp.
Sander, Helke (2004): Rede des »Aktionsrates zur Befreiung der Frauen« bei der 23. Delegiertenkonferenz des »Sozialistischen Deutschen Studentenbundes« (SDS) im September 1968 in Frankfurt. In: Rudolf Sievers (Hrsg.), 1968 – Eine Enzyklopädie (S. 372–378). Frankfurt am Main: Suhrkamp.
Sander, Helke (1978): Mütter sind politische Personen. Die Kinderfrage seit 1968. In: Courage, 3 (9), 38–42.
Sichtermann, Barbara (1983): Mutterschaft. In: Johanna Beyer/Franziska Lamott/Birgit Meyer (Hrsg.), Frauenhandlexikon. Stichworte zur Selbstbestimmung (S. 198–201). München: C.H. Beck.
Simmel, Georg (1911): Philosophische Kultur. Leipzig: Klinkhardt.
Schmid, Pia (2008): Wie die antiautoritäre Erziehung für einige Jahre in städtische Kindertagesstätten gelangte. Das Frankfurter Modellprojekt Kita 3000, 1972–1978. In: Meike Sophia Baader (Hrsg.), Seid realistisch, verlangt das Unmögliche. Wie 1968 die Pädagogik bewegte (S. 36–55). Weinheim: Beltz.
Schmincke, Imke (2019): Wie das »andere Geschlecht« zu einer »Bibel« des Feminismus wurde. Online verfügbar unter: https://www.bpb.de/apuz/302119/wie-das-andere-geschlecht-zu-einer-bibel-des-feminismus-wurde, Zugriff am 29.07.2020.
Schooß, Hildegard (1983): Mütterzentren. In: Johanna Beyer/Franziska Lamott/Birgit Meyer (Hrsg.), Frauenhandlexikon. Stichworte zur Selbstbestimmung (S. 196). München: C.H. Beck.
Schröder, Iris (2001): Arbeiten für eine bessere Welt. Frauenbewegung und Sozialreform 1890–1914. Frankfurt am Main: Campus.
Schütze, Yvonne (1986): Die gute Mutter. Zur Geschichte des normativen Musters »Mutterliebe«. Bielefeld: Kleine.

Schreiber, Adele (Hrsg.) (1912a): Mutterschaft. Ein Sammelwerk für die Probleme des Weibes als Mutter. München. Albert Langen.
Schreiber, Adele (1912b). Vorwort. In: Dies. (Hrsg.), Mutterschaft. Ein Sammelwerk für die Probleme des Weibes als Mutter (S. XII–X). München: Albert Langen.
Schreiber, Adele (1905): Ellen Keys Religion des Kindes. In: Frauen-Rundschau (S. 209–211). Berlin: Harald Fischer Verlag.
Schreiber, Adele (Hrsg.) (1907): Das Buch vom Kinde. Ein Sammelwerk für die wichtigsten Fragen der Kindheit unter Mitarbeit zahlreicher Fachleute. Leipzig: B.G. Teubner.
Sillies, Eva-Maria (2010): Liebe, Lust und Last. Die Pille als weibliche Generationserfahrung in der Bundesrepublik 1960–1980. Göttingen: Wallstein.
Solnit, Rebecca (2017): Die Mutter aller Fragen. Hamburg: Hoffmann und Campe.
Stoehr, Irene (2000): Zur Politik der Mütterlichkeit in der deutschen Frauenbewegung 1900–1950. In: Meike Sophia Baader/Juliane Jacobi/Sabine Andresen (Hrsg.), Ellen Keys reformpädagogische Vision. »Das Jahrhundert des Kindes« und seine Wirkung (S. 81–104). Weinheim: Beltz.
Stokowski, Margarete (2019): Das Ewigweibliche endlich fallen lassen. Was sagt uns das »andere Geschlecht« heute. Online verfügbar unter: https://www.bpb.de/apuz/302113/was-sagt-uns-das-andere-geschlecht-heute, Zugriff am 29.07.2020.
Tändler, Maik/Jensen, Uffa (2012): Das Selbst zwischen Anpassung und Befreiung. Psychowissen und Politik im 20. Jahrhundert. Göttingen: Wallstein.
Vinken, Barbara (2010): Die deutsche Mutter. Der lange Schatten des Mythos. Frankfurt am Main: Suhrkamp.
Weber, Marianne (1941): Die Frauen und die Liebe. Königstein und Leipzig: Langewiesche.
Wetterer, Angelika (2005): Rhetorische Modernisierung und institutionelle Reflexivität. Die Diskrepanz zwischen Alltagswissen und Alltagspraxis in arbeitsteiligen Geschlechterarrangements. In: Freiburger Zeitschrift für Geschlechterstudien, 16, 75–96.
Weygandt, Wilhelm (1912): Entartete, irre und verbrecherische Mütter. In: Schreiber, Adele (Hrsg.), Mutterschaft. Ein Sammelwerk für die Probleme des Weibes als Mutter (S. 453–465). München: Albert Langen.
Zahn, Friedrich (1907): Das Kind in der Statistik. In: Schreiber, Adele (Hrsg.), Das Buch vom Kinde. Ein Sammelwerk für die wichtigsten Fragen der Kindheit unter Mitarbeit zahlreicher Fachleute (S. 1–36). Leipzig: B.G. Teubner.

5 Mädchen und »Mädchenarbeit«

5	Mädchen und »Mädchenarbeit«	96
	»Mädchen« im Kontext der ersten Frauenbewegung	97
	Mädchenarbeit in der zweiten Frauenbewegung	101
	Wirkungen: Institutionalisierung	105
	Konzeptionelle Entwicklung und aktuelle Lage	106
	Literatur	107

Von »Mädchenarbeit« im Sinne einer durch die Frauenbewegung initiierten konzeptionellen politischen Arbeit mit der bzw. für die spezifische Gruppe von Mädchen im Jugendalter mit dem Ziel, diese in ihrer Eigenständigkeit zu stärken, wird erst im Kontext der zweiten Frauenbewegung gesprochen. Die erste Frauenbewegung hingegen machte im Rahmen der Sozialen Arbeit Angebote für Mädchen und junge Frauen, insbesondere für junge Arbeiterinnen, die an Hilfe, Unterstützung und besserer Bildung orientiert waren und bildete zugleich junge Frauen aus dem Bürgertum für eben diese sozialen Tätigkeiten aus. Damit zielte sie auf deren Professionalisierung und auf Berufe für bürgerliche Frauen im sozialen Bereich. Insofern waren die Aktivitäten der bürgerlichen Frauenbewegung, die sich an Mädchen und junge Frauen richteten, doppelt ausgerichtet und folgten einer starken Unterscheidung zwischen den Schichten und Klassen. Das Jugend-Moratorium, das sich gegen Ende des 20. Jahrhunderts herausbildete und heranwachsenden Jungen und jungen Männern eine gewisse Selbständigkeit und vor allem einen Experimentier- und Erprobungsraum zugestand, der auch mit der Entstehung eines Freizeitbereiches zu tun hatte, galt für Mädchen zunächst nicht. Die bürgerlichen Mädchen verblieben, so sah es zumindest das Ideal vor, zumeist im Haus in der Obhut ihrer Mütter und unter der Vormundschaft der Väter, Onkel oder Brüder, bis sie geheiratet wurden, während die Mädchen unterbürgerlicher Schichten »in Stellung« waren oder anderweitig arbeiten mussten. Frauen waren im 19. Jahrhundert und bis zum Ersten Weltkrieg vor allem im häuslichen Dienst und in der Landwirtschaft, den »großen Frauenberufen« beschäftigt (Bock 2005: 240). Ab dem Ersten Weltkrieg waren sie verstärkt in »industriellen Berufen«, das heißt in der Rüstungsindustrie, der chemischen, der Elektro- und der Schwerindustrie, tätig (ebd.). Ein Industriezweig, der bereits im 19. Jahrhundert über einen hohen Frauenanteil verfügte, war die Textilindustrie. Der Erste Weltkrieg hatte eine Expansion der Frauenerwerbstätigkeit mit sich gebracht, die nicht »mehr rückgängig zu machen war« (ebd.: 242). In

Deutschland waren im Jahr 1925 48 Prozent aller Frauen und 29 Prozent aller verheirateten Frauen als erwerbstätig registriert (ebd.). In den 1920er Jahren arbeiteten zunehmend Frauen in den neu entstandenen Büroberufen (ebd.: 247). In den Medien dieser Zeit nahm die berufstätige, studierende und studierte Frau einen immer größeren Raum ein. Diese wurde vor allem auch in der Literatur als »Neue Frau« beschrieben. Ihr Auftreten ging zugleich »mit einer Welle von Misogynie und einer politisch folgenreichen Krise des männlichen Selbstwertgefühls einher« (ebd.: 246).

Die Lage der arbeitenden jungen Frauen der unteren Schichten, insbesondere in den Großstädten um 1900, war ein zentrales Thema der bürgerlichen Frauenbewegung und mit dem Bestreben, bürgerliche junge Frauen für die Soziale Arbeit zu gewinnen und sie dafür auszubilden, wurde diesen zugleich eine Perspektive angeboten, die mit einer Befreiung aus dem Zustand des Wartens und der Nutzlosigkeit einherging. Bei den Angeboten für die erwerbstätigen jungen Frauen, zumeist Arbeiterinnen und kleine Angestellte, legten die erste Frauenbewegung und die Sozialreformerinnen einen besonderen Akzent darauf, die jungen Frauen über ihre Rechte zu informieren. Damit zeigen sich an diesen Aktivitäten alle drei Schwerpunkte, die im Kern der bürgerlichen Frauenbewegung standen. Diese konzentrierte sich, wie Gisela Bock zeigt, auf Fragen der Bildung, der Erwerbstätigkeit von Frauen sowie auf deren Rechte. Dies gelte übergreifend jenseits nationaler Unterschiede (ebd.: 169).

»Mädchen« im Kontext der ersten Frauenbewegung

Auch waren da, wo explizit von »Mädchen« die Rede ist, seltener Kinder gemeint (außer wenn es ausdrücklich um »Mädchenerziehung« geht oder etwa um die »Israelitische Mädchenwaisenanstalt« in Frankfurt), sondern eigentlich junge Frauen, die bereits an der Schwelle zum Erwachsenenleben oder schon im Erwerbsleben standen. Und so wurde auch eine ganze Berufsgruppe als Mädchen bezeichnet, unabhängig von ihrem Alter: die Dienstmädchen (vgl. Wierling 1987).

Der »Israelitische Mädchenclub« in Frankfurt beispielsweise, dessen Gründung Bertha Pappenheim (1859–1936) als Angliederung an den »Verein weiblicher Fürsorge« 1902 angeregt hatte (vgl. Hock 2014), bot jungen Frauen einen Ort, an dem sie sich nach der Arbeit zur Freizeitgestaltung treffen konnten (Brentzel 2014: 100), was gesellige und belehrende Veranstaltungen gleichermaßen umfasste. Sogar ein Abendessen, »zubereitet von den Schülerinnen der nahegelegenen Haushaltungsschule«, wurde angeboten (ebd.). Als »Mädchenheim« wurde auch eine weitere Einrichtung der jüdischen Wohlfahrt bezeichnet, in der sozial gefährdete sowie unverheiratet schwanger gewordene junge Frauen eine Bleibe finden konnten.

Der Ausdruck »Mädchen« taucht auch in einem um die Jahrhundertwende wichtigen sozialen Thema auf, für das sich Bertha Pappenheim zunehmend intensiv engagierte: dem Kampf gegen den »Mädchenhandel«, vor allem mit jungen Frauen aus Osteuropa. Mit drastischen Worten schilderte sie das durch die ökonomischen Umbrüche in Galizien verursachte Elend (Pappenheim 1901) und schrieb der Gesellschaft die eigentliche Schuld am »sittlichen Verfall« der verarmten und entwurzelten jungen Mädchen und Frauen zu, weil sie deren Not ausnutzte. Da Pappenheim Prävention für sinnvoller hielt als nachträgliche Rettungsversuche, konzentrierte sie sich auf Aufklärung, Information und Werbung für Schutzorte (wie das oben erwähnte Haus in Neu-Isenburg), was ihr innerhalb der jüdischen Gemeinde nicht nur Zustimmung eintrug (Kaplan 1981, Kapitel V) (▶ Kap. 7).

Bei diesen Aktivitäten waren Mädchen also Zielgruppe, Objekte der Unterstützung, denen die Interventionen der älteren, erwachsenen Frauen galt und auf deren spezifische Belange die frauenbewegten Frauen aufmerksam machen wollten. Eher als Subjekte wohlfahrtlicher Betätigung sind dagegen die »Mädchen- und Frauengruppen für soziale Hilfsarbeit« einzuschätzen, die auf die Initiative des Berliner Vereins »Frauenwohl« im Jahr 1892 zurückgingen (Schröder 2001: 83) und denen Alice Salomon (1872–1948) bald einen starken Auftrieb verschaffte. Salomon war, wie viele andere spätere Aktive, selbst durch eine in ihrem Wohnbezirk verteilte Einladung in Kontakt mit den »Gruppen« gekommen und erlebte die Möglichkeit außerhäuslicher sinnvoller Arbeit als eine enorme Befreiung: Das Warten darauf, geheiratet zu werden, gab dem Mädchendasein »etwas Provisorisches«, schreibt sie in ihren Erinnerungen. »Das Leben fing an, als ich einundzwanzig Jahre alt war. Ein Stück bedruckten Papiers hat ihm die entscheidende Richtung gegeben« (Berger 2005: 19). So setzte sie von nun an ihre ganze Energie darein, die soziale Arbeit als zukünftige Lebensmöglichkeit für junge Frauen zu gestalten und ihr folglich eine pädagogisch-professionelle Grundlage zu geben (Kuhlmann 2007: 19f.). Hier waren Mädchen also Handelnde, Helfende und bald auch Lernende in professionalisierender Ausbildung: denn es genüge nicht, helfen zu wollen, schreibt Alice Salomon, man müsse den dazu bereitwilligen ehrenamtlichen Kräften auch »Wissen und Können« an die Hand geben, damit sie ihre Arbeit sinnvoll und, wie wir heute sagen würden, nachhaltig gestalten können (Salomon 1908: 54). Die Mädchen sollten »zu ernster Pflichterfüllung im Dienste der Gesamtheit« herangezogen werden (ebd.: 84), was ein breites Spektrum sozialpflegerischer Bereiche umfasste – von der Armen- und Waisenpflege über Kinderfürsorge bis zur Blinden- und Krankenpflege. Die Begründung für den Einsatz der Mädchen und jungen Frauen war also zunächst und vorrangig die Idee der »Caritas«, die für viele Projekte der bürgerlichen Frauenbewegung im Kontext der Sozialen Arbeit leitend war. »Weibliche Liebestätigkeit, caritas, für die Armen, darunter vor allem die Frauen und Kinder, verlangte große persönliche Stärke, kollidierte mit der Vision weiblicher Schwäche und Zurückgezogenheit und wurde überall in Europa zu einem Ausgangspunkt der Frauenbewegung« (Bock 2005: 157). Bei Salomon war dies unmittelbar mit der Überzeugung von der Pflicht »zum Dienst an der Gemeinschaft« verbunden (Salomon 1905/1999: 256), so Salomons Kritik an der Forderung nach Selbstentfaltung der schwedischen Feministin Ellen Key (1849-1926). Hilfe für Schwächere, vor allem für Mädchen und Frauen anzubieten, weil sie selber nicht der Hilfe bedürftig waren, wurde somit als Aufgabe betrachtet. Ähnlich formulierten es auch die an den Mädchen- und Frauengruppen beteiligten, zum fortschrittlichen Flügel der Frauenbewegung bzw. des Bundes deutscher Frauenvereine gehörenden Frauen – wie Minna Cauer (1841–1922), Marie Stritt (1855–1928) und Jeanette Schwerin (1852–1899) (Schröder 2001: 102). Sie wählten zunächst also einen anderen Ansatz als die in der Lehrerinnen-Bewegung prominent bemühte Figur der »weiblichen Eigenart« als Basis für die Begründung weiblicher Eignung für Hilfs- und Lehrberufe (▶ Kap. 2), doch übernahmen die Mädchen- und Frauengruppen letztlich ebenfalls diesen Topos für die Soziale Arbeit.

Ein wichtiges Merkmal und eine spezifische Qualität der Mädchen- und Frauengruppen, die sie von anderen wohlfahrtlich engagierten Gruppen unterschied, war eben die systematische pädagogische Qualifizierung der Aktiven. Die Gruppen profitierten hier von der Kritik und den Veränderungsaktivitäten der Lehrerinnenbewegung und entwickelten als eigenständige spezifische Form die Verbindung praktischer Unterstützung mit der Weiterbildung und Qualifikation der Ehrenamtlichen. Es lässt sich also erkennen, dass die hier entstehende Soziale Arbeit nicht nur auf die unmittelbare Versorgung und Unterstützung anderer zielte, sondern, weil sie mit Bildungs- und Kulturangeboten verbunden war, auch zur sozialen Weiterentwicklung der beteiligten Aktiven beitragen konnte. Mädchen, »denen man eingeredet hatte, ihre Einflussmöglichkeiten würden ›an der Haustür‹ enden, die nur gelegentlich in Sonntagsschulen und Nähvereinen aushelfen durften, wurde ernsthafte und bedeutende Arbeit« zugetraut – so boten, schrieb Alice Salomon später, die Gruppen den Frauen, »die zu dieser Zeit noch von Wissenschaft und Politik ausgeschlossen waren«, auch die Möglichkeit, gesellschaftsbezogenes Wissen zu erlangen und dadurch nicht zuletzt auch eigene staatsbürgerliche Interessen und Aktivitäten zu entwickeln, die sie zur selbständigen Teilhabe am öffentlichen politischen Leben befähigten (Kuhlmann 2007: 24).

Etwas grundsätzlicher im Ansatz und auch eher auf »Mädchen« im Sinne noch junger Kinder zielten die Erziehungsschriften, die auch in der Zeit der Frauenbewegung verbreitet waren – teilweise in explizit kritischer Perspektive. Als Beispiel für solche fortschrittlichen frauenbewegten Erziehungsgedanken sei hier die Erziehungsschrift der Feministin und Sozialistin Hulda Maurenbrecher erwähnt, in der sie die bürgerliche Mädchenerziehung scharf kritisiert. Ein kleines Mädchen zeige noch »kräftige und beharrliche Willensregungen«, schreibt sie, »es ist mit ganzem Interesse bei einem Spiel oder einer Beobachtung oder einer Erklärung« (Maurenbrecher 1912: 9). Doch zehn Jahre später sei dasselbe Mädchen gelangweilt, ängstlich, unselbständig, eitel und oberflächlich geworden. Aus der Differenz zum »kleinen« Mädchen leitete sie ab, dass die allenthalben als »weibliche Eigenschaften« bezeichneten Züge nicht naturhaft angelegt oder angeboren seien, sondern erst im Lauf der Jahre erworben werden – und die Schuld für diese traurige Entwicklung gab sie offensiv der elterlichen Erziehung, die den allgemeinen gesellschaftlichen Erwartungen folge. Das Puppenspiel, der Kodex weiblicher Moral, die einschränkende Mädchenkleidung, die oberflächliche Mädchenschule und die Lebensumstände in den Jugendjahren, die das in der Häuslichkeit eingeschlossene Mädchen zwingen, sich zur Schau zu stellen und für eine gute Partie in Positur zu bringen, werden in scharfem Ton seziert und verworfen – die Rettung sah sie in koedukativer gemeinsamer Erziehung, ohne Unterschiede zwischen Jungen und Mädchen zu machen. Keine Gesellschaft, schrieb auch Amely Bölte 1876, würde ihre Töchter derart vernachlässigen und sie derart eng auf die Ehe fokussieren wie die deutsche (Bölte in Häntzschel 1986: 109). Nicht nur die Herausbildung von »Tüchtigkeit«, sondern auch das Gefühl, über Tüchtigkeit zu verfügen, würden den deutschen Mädchen versagt – während »der Franzose«, wie »leichtsinnig er auch immer sein mag«, dieses Bewusstsein bei seinen Töchtern zulasse und für ihre selbständige Zukunft ebenso sorge wie bei seinem Sohn. In anderen gesellschaftlichen Gruppen (wie bei Juden und Quäkern) übernehme die Gemeinde das Netzespinnen für Verheiratungen, so dass die Mädchen zumindest nicht in die Position geraten würden, sich selber anbieten zu müssen (ebd.: 110). Auch solche kritischen Schriften haben sich sicherlich auf die allgemeinen Einstellungen gegenüber Mädchen ausgewirkt, wenn auch nicht so direkt und deutlich erkennbar wie im Falle der Sozialen Arbeit.

Ebenfalls eher widersprüchlich ist der Einfluss der Frauenbewegung auf die Mädchen und jungen Frauen in der sogenannten »bürgerlichen Jugendbewegung« und den wiederum daraus erwachsenden pädagogisch-gesellschaftlichen Einflüssen. Da der 1901 für bürgerliche Schüler und Studenten gegründete »Wandervogel« keine Mädchen aufnahm, diese jedoch zunehmend offensiv ihren Wunsch nach Beteiligung artikulierten, gründeten sich 1905 die »Wanderschwestern«, tatsächlich aus Schwestern und weiblichen Angehörigen aktiver Wandervogel-Männer (Bruns 2008: 232; Andresen 1997: 119ff.). Sie waren sicherlich von dem allgemein wachsenden Selbstbewusstsein von Frauen beeinflusst und drückten dies auch explizit aus (Andresen 1997: 113) – nicht zuletzt spaltete sich ja der Wandervogel an Differenzen zur »Mädchenfrage« (vgl. ebd.: 121; Bruns 2008: 231ff.). In ihren expliziten Äußerungen grenzten sich die Mädchen und jungen Frauen in der Jugendbewegung aber eher von der Frauenbewegung und ihren politischen Ansinnen ab: »Die Mädchen und Frauen der Jugendbewegung sind für den Geschlechterkampf nicht zu gewinnen« (Klönne 1988: 254). Andresen sieht hier »die Diskrepanz zwischen dem Tatendrang als soziale Praxis der Frauenbewegung, von der Jugendbewegung als politisches Engagement interpretiert, und der nach Sinn suchenden, im romantischen Natur- und Gottbegriff fußenden Innerlichkeit der wandernden Jugend« (Andresen 1997: 113). Die Abgrenzung von der Frauenbewegung beruhte übrigens zumindest teilweise durchaus auf Gegenseitigkeit (vgl. Wolff 2010).

Aber es ist ja nicht das Wandern selbst, das einer »neuen« Vorstellung des sozialen Miteinanders in der Jugendbewegung zugrunde liegt, sondern es werden alte Vorstellungen von weiblich und männlich und vom Verhältnis der Geschlechter zueinander überdacht, teilweise reinstalliert (etwa als Resouveränisierung von Männlichkeit), aber auch neue Vorstellungen ausprobiert. Meike Baader bezeichnet mit Verweis auf die Historikerin und Chronistin der Jugendbewegung Elisabeth Busse-Wilson (1890–1974) als ein wesentliches Element in diesem Zusammenhang das Konzept der Kameradschaft, der Möglichkeit des desexualisierten, enterotisierten Miteinanders jugendbewegter Frauen und Männer: Diese habe die Mädchen aus der Zwangslage befreit, ohne Übergang von Kind- zum Erwachsensein als ständige Repräsentantinnen der Sittlichkeit und »Träger der Konvention« zu fungieren und ihnen damit den Raum für eine eigene Jugendphase eröffnet (Baader 2010: 84f.) – ein Moratorium allerdings, das die Möglichkeit erotischer »Abenteuer« und Erfahrungen explizit ausschloss (ebd.: 89).

Anders gelagert sind dagegen die um die Jahrhundertwende entstehenden, meist kirchlichen Gruppen und Angebote für Mädchen aus der Arbeiterklasse, die zu deren »Verbürgerlichung«, Versittlichung und letztlich auch ihrer disziplinierenden Anpassung an ihre Arbeits- und Lebenssituation dienten (vgl. z. B. Rahn 1996). In Berlin wurde 1890 vom evangelischen Pastor Burckhardt der »Verein zur Fürsorge für die weibliche Jugend« gegründet, der gleichermaßen der Pflege der Geselligkeit wie der Sittlichkeit, aber auch der Gesundheitserziehung und Erholung von jungen Frauen und Mädchen aus den unteren Schichten dienen sollte. Der Verein reagierte auf die Erwerbstätigkeit und die Lage von jungen Frauen in der Großstadt – er ging von eben diesen Lebenslagen aus und war damit weder rückwärtsgewandt noch predigte er das Ideal der Ehefrau, Hausfrau und Mutter. Der Verein wies eine ganze Reihe von Gemeinsamkeiten mit den sozialreformerischen Initiativen der Frauenbewegung auf, so boten beide etwa kleinere Wohngruppen für junge erwerbstätige Frauen sowie Arbeiterinnenklubs an (vgl. Brinkmaier 2003). Einen Unterschied bildete jedoch, wie Petra Brinkmaier gezeigt hat, dass die sozialreformerischen Vereine der Frauenbewegung rechtliche Fragen und Rechtsberatung eindeutig akzentuierten, während in der konfessionellen Jugendpflege die Kategorie Recht keine Rolle spielte (ebd.: 377f.)

Mädchenarbeit in der zweiten Frauenbewegung

Zwischen den beiden hier anvisierten Zeitpunkten liegen die Erfahrungen zweier Weltkriege, der Wirkungen der NS-Zeit (die im Übrigen das Konzept der Kameradschaft weiterführte) und die gesellschaftsverändernden Impulse der frühen Studentenbewegung. Und nicht zuletzt hatte sich ein völlig neues Konzept von Sozial- und Jugendarbeit entwickelt, das schon das, was heute »Empowerment« genannt wird, zum Ziel hatte und das Generationenverhältnis anders und vor allem weniger hierarchisch ausgestalten wollte.

Die besondere Benachteiligung von Mädchen im Bildungssystem geriet in den 1960er Jahren im Kontext der Diskussion über die »Bildungskatastrophe« von Wilhelm Picht (1964), über »Bildung als Bürgerrecht« (Dahrendorf 1965) und über Chancengleichheit in den Blick. Mit Dahrendorfs Kunstfigur vom »katholischen Arbeitermädchen vom Lande« wurde die Bildungsbenachteiligung von Mädchen zum öffentlichen Thema, und die »Bildungschancen von Mädchen in der Bundesrepublik« wurden 1969 von Helge Pross (1927–1984) thematisiert (▶ Kap. 2 und ▶ Kap. 10). Die besondere Lage, der Mädchen in Heimen in der Bundesrepublik ausgesetzt waren, in die Mädchen insbesondere auch aufgrund des schnellen Vorwurfes der »sexuellen Vewahrlosung« gerieten, hatte Ulrike Meinhof (1934–1976), später Mitglied der Roten Armee Fraktion (RAF), in den Blick genommen. Sie hatte die Situation von Mädchen in Heimen der Bundesrepublik der 1960er Jahre als eine der ersten öffentlich gemacht und das Drehbuch für den Film »Bambule – Fürsorge, Sorge für wen?« über Mädchen in Heimen geschrieben, der 1970 ausgestrahlt werden sollte, was dann, nachdem Meinhof in den Untergrund gegangen war, nicht mehr geschah; der Text zum Film wurde im Jahre 1971 veröffentlicht (Meinhof 1971). Meinhof hatte sich als Journalistin in den 1960er Jahren mit der Lage von Mädchen in Heimen und damit mit der Kinder- und Jugendarbeit befasst und dabei auch die Sehnsucht der Mädchen nach einem anderen Leben und nach Befreiung aus den Anstalten thematisiert. Diese unterstanden – genau wie Schulen, Psychiatrien, Gefängnisse und das Militär – in den 1960er Jahren noch einem besonderen Gewaltverhältnis, was bedeutete, dass Heimbewohner:innen, Schüler:innen, Insassen von Psychiatrien und Gefängnissen sowie Soldaten als »Gewaltunterworfene« nur über eingeschränkte Persönlichkeitsrechte verfügten, so dass die Grundrechte keine Schutzwirkungen entfalteten.

Und schließlich befasste sich die frühe feministische Sozialisationsforschung in den 1970er Jahren in besonderer Weise mit der Sozialisation von Mädchen (▶ Kap. 3), so dass eine Fokussierung auf die Stärkung von Mädchen in der praktischen pädagogischen Arbeit nahelag, die als »Mädchenarbeit« bezeichnet wurde. So nahm sich beispielsweise die 1967 neu gegründete pädagogische Zeitschrift »betrifft: erziehung«, die pädagogische Zeitschrift mit der höchsten Auflage, die im linksliberalen Milieu anzusiedeln ist und in der insbesondere auch jüngere Wissenschaftler aus dem Umfeld des Max-Planck-Institutes für Bildungsforschung publizierten und in der regelmäßig Artikel zur Kinderladenbewegung erschienen (vgl. Baader 2020, ▶ Kap. 4), im Jahre 1969 des Themas »Mädchenarbeit« an, im gleichen Heft, in dem auch über Kinderläden berichtet wurde. In die einschlägige Zeitschrift der Disziplin hingegen, die 1955 gegründete »Zeitschrift für Pädagogik«, schaffte es das Thema Mädchenarbeit in den 1970er Jahren, genau wie die Themen Frauen und Geschlecht nicht. Auch später wurden die Themen kaum bis gar nicht breiter aufgegriffen.

Die feministische Mädchenarbeit entstand aus zwei Quellen – der Modernisierung und Weiterentwicklung der Offenen Kinder- und Jugendarbeit in den 1970er Jahren (Schmidt 2002: 84) sowie dem Einfluss der Frauenbewegung und feministischer Impulse auf die Frauen, die in diesem Bereich arbeiteten. Mädchenarbeit ist insofern ein besonderes Feld der Frauenbewegung, als sie von Anfang an in einem professionellen Rahmen entwickelt wurde. Die Pädagoginnen wollten die Jugendarbeit theoretisch und praktisch für Mädchen, aber auch für sich selbst verändern. Sie wollten beispielsweise nicht länger die Beziehungsarbeit für Besucher und Kollegen übernehmen und für ein angenehmes Klima sorgen, während die männlichen Kollegen die Leitung und Außenvertretung der Einrichtungen übernahmen (vgl. Wallner 2010).

»Es sollten Freiräume für die Pädagoginnen geschaffen werden von der Bevormundung durch männliche Kollegen und von den jungenlastigen Jugendarbeitstheorien, damit die Sozialarbeiterinnen selbst zu Expertinnen der Jugendarbeit werden könnten« (Wallner 2010: 4).

Den Pädagoginnen wurde deutlich, dass Mädchen in der Jugendarbeit insgesamt wenig Raum einnahmen (»Jugendarbeit ist Jungenarbeit«: zit. bei Kauffenstein/Vollmer-Schubert 2014: 56) und vor allem dann thematisiert wurden, wenn sie »›aus der Rolle‹ fielen« (Bitzan/Daigler 2001: 47) – dem wollten sie ein positiv-unterstützendes Verhältnis zu Mädchen entgegensetzen und die Freiräume von Mädchen erweitern. Dazu gehörte auch, dass ausschließlich Frauen mit den Mädchen arbeiten sollten. In der Folge wurden zunächst unabhängige selbstorganisierte Mädchentreffs gegründet, um eigene, neue Formen des Miteinanders für und mit Mädchen zu entwickeln – unabhängig vom Vergleich mit Jungen und deren Dominanzansprüchen im Jugendhaus und auch unabhängig von existierenden Regelwerken und Regularien (später gab es dann auch »Mädchentage« in vielen Jugendhäusern usw.). Diese autonomen Mädcheneinrichtungen wendeten sich vor allem an das klassische Klientel von Jugendarbeit und Jugendhäusern, oftmals in sogenannten »benachteiligten« oder »Problem«-Vierteln, und sie boten etwa Berufsorientierungen und Beratungen für »arbeitslose Mädchen« (wie z. B. der seit 1978 vom IB, dem Internationalen Bund für Sozialarbeit, finanzierte »Mädchentreff« in Frankfurt a. M.), aber auch Unterstützung bei schulischen Problemen. Insgesamt ging es aber auch um die Unterstützung dabei, sich selbst, unabhängig von männlichen Bewertungen, als Mädchen zu entwerfen und auszuprobieren. Dem »Kölner Frauenkongress« von 1978 kommt dabei eine wichtige Rolle zu, denn hier wurden die ersten »Prinzipien einer feministischen Mädchenarbeit« vorgestellt: »Parteilichkeit für Mädchen, Neubewertung ›weiblicher‹ Verhaltensweisen – Anknüpfen an Stärken der Mädchen, Autonome Mädchengruppen als Voraussetzung effektiver Arbeit« (Mirsch/Boller 1996: 25). Ende 1980 gab es bereits vier autonome Mädchentreffs (in Berlin, Frankfurt, Kiel und Rüsselsheim; Sprenkmann/Hörmann 1996: 33).

Damit war die Selbstbezeichnung »autonome Mädchenarbeit« gewissermaßen »gesetzt«, um die Unabhängigkeit von staatlichen bzw. institutionellen Einflüssen anzuzeigen, und in diesem Kontext etablierte sich auch das – in vielen Schriften unklar formulierte oder als bekannt vorausgesetzte (vgl. Kavemann 1997) – Paradigma der »Parteilichkeit«. Parteilich sollte heißen, die Mädchen »in ihrem So-Sein« zu respektieren, ihre »verborgenen« Bedürfnisse mit ihnen gemeinsam herauszufinden, ihre Lösungsversuche zu achten und sie nicht den eigenen pädagogischen Vorstellungen und Weiblichkeitskonzepten zu unterstellen (Bitzan/Daigler 2001: 50). Zentral war ebenfalls, die Solidarität unter Mädchen zu stärken und Mädchen in ihrer Unabhängigkeit und Stärke zu fördern (vgl. Wallner 2010). Von Anfang an bewegte sich die Mädchenarbeit zwischen den widersprüchlichen Anforderungen und Zielen, einerseits Mädchen so zu akzeptieren, wie sie sind, was bedeutete, sie auch in möglicherweise traditionellen Weiblichkeitsentwürfen zu unterstützen, und andererseits Emanzipation und Solidarität unter Frauen fördern zu wollen. Der zeittypische Grundgedanke der »Hilfe zur Selbsthilfe« hat hier sicherlich Pate gestanden (▶ Kap. 10).

Das Konzept der Parteilichkeit war von Anfang an nicht unumstritten. Zwar wurde der Grundsatz allgemein geteilt, dass die Sozialarbeiterinnen die Belange, Perspektiven und Interessen von Mädchen schützen und bestärken und insofern auch »parteilich« sein sollten, aber die Kritikerinnen des Konzepts verwiesen darauf, dass dies zum einen leicht zu einem unkritischen Verhältnis zu den Mädchen führen könnte und dass sich in dem Gedanken von Schutz und Förderung leicht auch eine »Deklassierung«, ein Kleinhalten der Mädchen verstecken könnte sowie eine »einseitige, unprofessionelle und konzeptlose Arbeitsweise«, die aus falsch verstandener Gemeinsamkeit die professionelle Distanz aufgibt (so Barbara Kavemann 1995, zit. bei Schmidt 2002: 87).

Das klingt kritisch, aber es handelte sich ja um eine nachträgliche Reflexion aus dem Abstand von zehn oder fünfzehn Jahren. Wie komplex die Situation in den Mädchentreffs aufgrund der völligen Neuartigkeit der Ansätze war, lässt sich aus heutiger Sicht nur noch an den vorhandenen Dokumentationen und Interviewstudien ablesen (vgl. z. B. IB-Mädchentreff 1988). Dennoch zeigt sich in der Kritik von Barbara Kavemann beispielhaft ein grundsätzliches Problem jeder Bildungsarbeit, die sich innerhalb von politischen Interessengruppen oder Zusammenhängen etablieren will: Der Gedanke der Gleichbetroffenheit und des solidarischen Handelns verlangt die Betonung der *Ähnlichkeit* aller, in der die durch ungleiche Ausgangslagen, ungleich verteiltes Wissen usw. erzeugten Abstände und Differenzen schwer einzuordnen (und zu ertragen) sind. Besonders verschärft wird diese strukturelle Schwierigkeit aber dann, wenn in einem von scheinbarer Gleichbetroffenheit (»als Frauen«) getragenen Kontext doch ein mehr oder weniger heimliches Kalkül der politischen Einflussnahme verfolgt wird. »Damals wie heute«, heißt es in einer Selbstreflexion zur Mädchenarbeit, »waren es nicht die Mädchen selbst, die eine feministische Mädchenarbeit eingefordert haben und parteiliche geschlechtsbezogene Angebote [...] Es waren die feministischen Sozialarbeiterinnen, Lehrerinnen oder Mütter, die Mädchen mit ihren Angeboten angesprochen und motiviert haben – oder eben auch nicht« (Rauw 2001: 30).

Parteilichkeit zeigt sich so im Grunde als eine pädagogische und zugleich eine politische Haltung. Als pädagogische Haltung meint sie, die Adressatinnen sowohl in ihrer Individualität als auch in ihrem sozialen Kontext zu betrachten und sie dabei zu unterstützen, ihr Potential zu entfalten – und ein solcher Blick ist nicht an eine feministische Perspektive gebunden. Zur Parteilichkeit wird diese Haltung erst dann, wenn sowohl die Individualität als auch der soziale Kontext als beeinflusst oder dominiert durch eine patriarchale Geschlechterordnung angesehen werden. Ohne eine feministische Grundlage ist Parteilichkeit in der Mädchenarbeit nicht zu denken. Zu dieser feministischen Grundlage wiederum gehört die »Gemeinsamkeit der Frauen«, die Betroffenheit aller Frauen durch patriarchale Geschlechterverhältnisse. Für die pädagogische Arbeit liegt darin eine besondere Herausforderung und Schwierigkeit. Denn hier spielen nicht nur die sozialen Differenzen, sondern vor allem die Generationendifferenz eine Rolle. Dabei handelt es sich um ein strukturelles Problem, das sich vor allem in dieser feministisch-politisierten Zeit der 1970er und 1980er Jahre besonders deutlich zeigte.

Wirkungen: Institutionalisierung

Die Folgen dieser breiten und vielfältigen Aktivitäten waren groß und weitreichend. Denn im Unterschied zu anderen Themen der Frauenbewegung und im Gegensatz zur ersten Frauenbewegung hatte die öffentliche Debatte über die Belange und Benachteiligungen von Mädchen bereits früh auch eine übergreifende institutionelle Antwort erzwungen: Ein wichtiger Impuls waren der 6. Jugendbericht der Bundesregierung zur »Verbesserung der Chancengleichheit von Mädchen« (Bundestag 1984) und die in dessen Kontext entstandenen Expertisen (unter dem Titel »Alltag und Biografie von Mädchen« sind seinerzeit bis 1988 16 Bände erschienen; vgl. v .a. Hagemann-White 1984 als ersten Band; ▶ Kap. 3).

Ein wichtiger Faktor bei der Institutionalisierung der Mädchenarbeit (und Jungenarbeit) war die Einführung des Kinder- und Jugendhilfegesetzes (SGB VIII), das 1990 in den neuen und 1991 in den alten Bundesländern in Kraft trat und dort das Jugendwohlfahrtsgesetz von 1961 ablöste. Die Träger der Kinder- und Jugendarbeit werden hier (in § 9,3) verpflichtet, »die unterschiedlichen Lebenslagen von Mädchen und Jungen zu berücksichtigen, Benachteiligungen abzubauen und die Gleichberechtigung von Mädchen und Jungen zu fördern«.

Auch die Träger von Jugendhilfeeinrichtungen mussten nun reagieren. So veröffentlichte etwa die Stadt Frankfurt 1995 ihre »Frankfurter Leitlinien zur Förderung der Mädchenarbeit in der Kinder- und Jugendhilfe« (Leitlinien 1995), die wiederum als Impuls für politische Interventionen in anderen Städten wirkten. Diese konstatieren, dass bereits umfangreiche Aktivitäten meist ehrenamtlich arbeitender Frauen existieren, und die Stadt verpflichtet sich, in Zukunft »Mädchen die gleiche Aufmerksamkeit zukommen zu lassen und den gleichen Zugang zu Ressourcen zu eröffnen, wie Jungen«, die Mädchenarbeit aus der »additiven Ecke« zu befreien und durch festangestellte Fachkräfte zu gewährleisten (Leitlinien 1995: 6ff.).

Wie im Kontext politischer Bewegungen strukturell zu erwarten, sind also die Ansinnen der Frauenbewegung – mit der autonomen Mädchenarbeit Räume für Mädchen zu schaffen, in denen sie sich ein Stück weit von den an sie herangetragenen gesellschaftlichen Erwartungen freimachen, sich unter »Gleichen« mit sich selbst beschäftigen und eigene Zukunftsvorstellungen entwickeln könnten – nicht in vollem Umfang Realität geworden, aber vergleichsweise deutlich von staatlichen Stellen und öffentlichen Trägern aufgegriffen und in deren »normalen Alltag« aufgenommen worden. Von hier aus gingen wiederum Impulse in andere Richtungen aus, etwa auf die »Integration von Mädchenarbeit in Tageseinrichtungen für Vorschul- und Grundschulkinder« (vgl. Hofmann 1996), die ja ebenfalls Einrichtungen der Jugendhilfe sind.

Zuletzt sei noch, als spezifischen Zweig der autonomen Mädchenarbeit, auf die Anfänge der um das Thema Gewalt organisierten Gruppen verwiesen, die ebenfalls in dieser Zeit entstanden sind, auch wenn sie nicht eigentlich mehr zum Spektrum von Mädchenarbeit zu rechnen sind. Neben der Frauenhausbewegung entstanden in den späten 1970er Jahren Mädchenhäuser und Anlaufstellen für Mädchen, die sexuelle Gewalt erfahren hatten. »Wildwasser«, aus einer Selbsthilfegruppe in Berlin hervorgegangen, war 1983 der erste etablierte Verein, dem viele weitere Gruppen folgten, und auch dieses Themenfeld ist heute zum selbstverständlichen Bestandteil der sozialen Arbeit und der Gesetzgebung geworden (▶ Kap. 7).

Die autonomen Mädchenhäuser haben ihre Konzeption inzwischen über die Thematik Gewalt hinausgehend in vielfältige »Entwicklungs-, Schutz- und Erfahrungsräume« für Mädchen erweitert. In der »Bundesarbeitsgemeinschaft Autonome Mädchenhäuser – Orte für feministische Mädchenarbeit« sind derzeit vierzehn Häuser organisiert (vgl. Bundesarbeitsgemeinschaft Autonome Mädchenhäuser 2020).

Konzeptionelle Entwicklung und aktuelle Lage

Ab Mitte der 1980er Jahre entwickelte sich Jungenarbeit parallel und als Antwort auf Mädchenarbeit. Ein erstes Konzept von aufeinander bezogener Mädchen- und Jungenarbeit wurde, beginnend als Modellprojekt (1985), als »parteiliche Mädchenarbeit und antisexistische Jungenarbeit« innerhalb der Arbeit der Heimvolkshochschule »Alte Molkerei Frille« entwickelt (vgl. Glücks/Ottemeier-Glücks 1994). Standen zunächst eher die Defizite weiblicher und männlicher Sozialisation im Vordergrund, so betonten die folgenden Konzepte stärker die Differenzen zwischen den weiblichen und männlichen Jugendlichen und ihren Lebenszusammenhängen. Diese Konzepte erweiterten sich zu interkultureller und antirassistischer Mädchen- und Jungenarbeit (vgl. Arapi 2014/Yilligin 2010).

Im neuen Jahrtausend geriet die Mädchenarbeit von mehreren Seiten unter Legitimationsdruck. Die Kritik konzentrierte sich dabei im Wesentlichen auf drei Faktoren. Erstens schien die gesellschaftliche Benachteiligung von Mädchen aufgehoben zu sein – und feministische, parteiliche Mädchenarbeit bekam ein irgendwie altmodisches und vorgestriges Image. Jetzt wurden (und werden) die Jungen als »Bildungsverlierer« und Benachteiligte inszeniert. Insgesamt erhalten Jungen und Männlichkeit in den letzten Jahren deutlich mehr politische und wissenschaftliche Aufmerksamkeit als Mädchen und Weiblichkeit (▶ Kap. 3). Zweitens wurde die Betonung der Geschlechterdifferenz gegenüber anderen Differenzen wie z. B. der ethnischen und sozialen Zugehörigkeit kritisiert. In diesem Zusammenhang wurden die Unterschiede und Hierarchien *zwischen* Mädchen und *zwischen* Frauen betont (vgl. Arapi/Lück 2005). Der dritte Kritikpunkt, der vor dem Hintergrund (de)konstruktivischer und queertheoretischer Ansätze formuliert wurde, betraf grundsätzlich die Einteilung in zwei Geschlechter (vgl. Kuhlmann 2000/Voigt-Kehlenbeck 2001). Diese Einteilung wurde als diskriminierend gegenüber Menschen angesehen, die sich nicht eindeutig einem Geschlecht zuordnen möchten oder können. Vor allem jedoch, so die Kritik, werde die Geschlechterdifferenz essentialisiert und damit die heteronormative hierarchische Geschlechterordnung stabilisiert. Dennoch gibt es jenseits der Diskurse über benachteiligte Jungen und trotz der theoretischen Verflüssigung der Kategorie Geschlecht weiterhin Geschlechterhierarchien und Benachteiligungen von Mädchen und Frauen und damit eine Begründung für parteiliche Mädchenarbeit. Diese Widersprüche lassen sich nicht auflösen, aber formulieren und in das politische und praktische Handeln integrieren (vgl. Busche/Wesemüller 2010).

Insgesamt, so ist zu bilanzieren, fehlt es an Forschungen zur Geschichte der Mädchenarbeit seit den 1970er Jahren, die sich vertiefter mit den verschiedenen Konzepten, mit ihrem Wandel sowie den Kontinuitäten auseinandersetzt (vgl. Wallner 2006). Im Vergleich der mädchenbezogenen Aktivitäten der ersten und der zweiten Frauenbewegung ließe sich, sicher etwas verkürzt und zugespitzt, bilanzieren: die erste Frauenbewegung hatte bei der Mädchenarbeit die soziale Frage, insbesondere auch die Armut, im Blick, die zweite Frauenbewegung zielte hingegen eher auf die Stärkung des Selbstbewusstseins von Mädchen.

Literatur

Andresen, Sabine (1997): Mädchen und Frauen in der bürgerlichen Jugendbewegung. Neuwied: Luchterhand.

Arapi, Güler/Lück, Mitja Sabine (2005): Mädchenarbeit in der Migrationsgesellschaft. Eine Betrachtung aus antirassistischer Perspektive. Bielefeld: Mädchentreff Bielefeld e. V. Online verfügbar unter: http://www.maedchentreffbielefeld.de/download/girlsactbuchkomplett.pdf, Zugriff am 12.10.2020.

Arapi, Güler (2014): Empowerment in der pädagogischen Arbeit mit Mädchen of Color. In: Evelyn Kauffenstein/Brigitte Vollmer-Schubert (Hrsg.), Mädchenarbeit im Wandel. Bleibt alles anders? (S. 87–105). Weinheim: Beltz-Juventa.

Baader, Meike (2010): »Wie kam das Weib nun schließlich doch an die Lagerfeuer der Jugendbewegung?« Gesellungs-, Vergemeinschaftungs- und Beziehungsformen als Geschlechterkonstruktion um 1900. In: Jugendbewegte Geschlechterverhältnisse. Historische Jugendforschung – Jahrbuch des Archivs der deutschen Jugendbewegung, NF 7, 75–94.

Baader, Meike Sophia (2020b): Von der Antiautorität zur Diversität. Soziale Differenzen in Kinderläden und Elterninitiativen von den 1970er Jahren bis heute. In: Geschichte und Gesellschaft, 46 (20), 1–31 (im Erscheinen).

Berger, Manfred (2005): Alice Salomon. Pionierin der sozialen Arbeit und der Frauenbewegung. Frankfurt am Main: Brandes & Apsel.

Bitzan, Maria/Daigler, Claudia (2001): Eigensinn und Einmischung. Einführung in die Grundlagen und Perspektiven parteilicher Mädchenarbeit. Weinheim: Juventa.

Bock, Gisela (2005): Frauen in der europäischen Geschichte. Vom Mittelalter bis zur Gegenwart. München: C.H. Beck.

Bölte, Amely (1876): Wie erzieht man Mädchen? In: Neues Frauen-Brevier. Leipzig: Ernst Julius Günther. Abgedruckt in: Günter Häntzschel (Hrsg.), Bildung und Kultur bürgerlicher Frauen 1850–1918 (S. 107–111). Tübingen: Max Niemeyer.

Brentzel, Marianne (2002): Anna O. – Bertha Pappenheim: Biographie. Göttingen: Wallstein.

Brinkmaier, Petra (2003): Weibliche Jugendpflege zwischen Geselligkeit und Sittlichkeit. Zur Geschichte des Verbandes der Evangelischen Jungfrauenvereine (1890–1918). Potsdam: Univ.-Diss. Online verfügbar unter: https://publishup.uni-potsdam.de/opus4-ubp/frontdoor/deliver/index/docId/820/file/brinkmeier_diss.pdf, Zugriff am 30.09.2020.

Bruns, Claudia (2008): Politik des Eros: der Männerbund in Wissenschaft, Politik und Jugendkultur (1880–1934). Köln: Böhlau.
Bundesarbeitsgemeinschaft Autonome Mädchenhäuser: www.bag-autonome-maedchenhaeuser.de.
Busche, Mart/Wesemüller, Ellen (2010): Mit Widersprüchen für neue Wirklichkeiten. Ein Manifest für Mädchenarbeit. In: Mart Busche et al. (Hrsg.), Feministische Mädchenarbeit weiterdenken. Zur Aktualität einer bildungspolitischen Praxis (S. 309–324). Bielefeld: transcript.
Deutscher Bundestag (1984): Sechster Jugendbericht, Drucksache 10/1007 Online verfügbar unter: https://www.dji.de/fileadmin/user_upload/bibs/6_Jugendbericht.pdf, Zugriff am 30.09.2020.
Frankfurter Leitlinien zur Förderung der Mädchenarbeit in der Kinder- und Jugendhilfe (1995). Online verfügbar unter: https://www.frankfurt.de/sixcms/media.php/738/Frankfurter%20Mädchen%20Leitlinien.pdf, Zugriff am 30.09.2020.
Glücks, Elisabeth/Ottemeier-Glücks, Franz-Gerd (1994): Geschlechtsbezogene Pädagogik – Ein Bildungskonzept zur Qualifizierung koedukativer Praxis durch parteiliche Mädchenarbeit und antisexistische Jungenarbeit. Münster: Votum.
Hagemann-White, Carol (1984): Sozialisation: Weiblich – männlich? Opladen: Leske und Budrich.
Hock, Sabine (1996): Bertha Pappenheim. In: Frankfurter Personenlexikon (Onlineausgabe). Online verfügbar unter: https://frankfurter-personenlexikon.de/node/720.
Hofmann, Brigitte (1996): »Dornröschen war ein schönes Kind ...« – Überlegungen zur Integration von Mädchenarbeit in Tageseinrichtungen für Vorschul- und Grundschulkinder. In: Martina Hörmann/Brigitte Reinbold (Hrsg.), Die kleine Schwester der Frauenbewegung: Mädchenarbeit gestern, heute, morgen (S. 75–83). Frankfurt am Main: ISS.
IB-Mädchentreff Frankfurt (Hrsg.) (1988): Oh, island in the sun ... 10 Jahre Mädchentreff. Ein Stück Geschichte der Mädchenarbeit. Frankfurt am Main: Selbstverlag.
Kaplan, Marion A. (1981): Die jüdische Frauenbewegung in Deutschland. Hamburg: Hans Christians Verlag.
Kauffenstein, Evelyn/Vollmer-Schubert, Brigitte (Hrsg.) (2014): Mädchenarbeit im Wandel: bleibt alles anders? Weinheim: Beltz-Juventa.
Kavemann, Barbara (1997): Zwischen Politik und Professionalität: Das Konzept der Parteilichkeit. In: Carol Hagemann-White/Barbara Kavemann/Dagmar Ohl (Hrsg.), Parteilichkeit und Solidarität. Praxiserfahrungen und Streitfragen zur Gewalt im Geschlechterverhältnis (S. 179–235). Bielefeld: Kleine.
Klönne, Irmgard (1988): »Ich spring in diesem Ringe«. Mädchen und Frauen in der deutschen Jugendbewegung. Pfaffenweiler: Centaurus.
Kuhlmann, Carola (2000): »Doing Gender« – Konsequenzen der neueren Geschlechterforschung für die parteiliche Mädchenarbeit. In: Neue Praxis, 3, 226–239
Kuhlmann, Carola (2007): Alice Salomon und der Beginn sozialer Berufsausbildung. Stuttgart: ibidem.
Maurenbrecher, Hulda (1912): Das Allzuweibliche. Ein Buch von neuer Erziehung und Lebensgestaltung. Nachdruck 1998. Lage: BEAS-Edition.
Meinhof, Ulrike (1971): Bambule – Fürsorge, Sorge für wen? Berlin: Wagenbach.
Mirsch, Gabriele/Boller, Elke (1996): »Wie alles begann«. In: Martina Hörmann/Brigitte Reinbold (1996): Die kleine Schwester der Frauenbewegung: Mädchenarbeit gestern, heute, morgen (S. 25-32). Frankfurt am Main: ISS.
Pappenheim, Bertha: Sisyphus: Gegen den Mädchenhandel – Kapitel 3. Online verfügbar unter: https://gutenberg.spiegel.de/buch/sisyphus-gegen-den-madchenhandel-799/3, Zugriff am 30.09.2020.
Rahn, Sylvia (1996): Ziele, Inhalte, Methoden und Erfolge der Arbeit von evangelischen Mädchenvereinen in Barmen um 1900 – Ein Beitrag zur ›Annäherung der Gesellschaftsklassen‹? In: Burkhard Dietz/Uta Lange/Manfred Wahle (Hrsg.), Jugend zwischen Selbst- und Fremdbestimmung. Historische Jugendforschung zum rechtsrheinischen Industriegebiet im 19. und 20. Jahrhundert (S. 107–126). Bochum: Winkler.

Rauw, Regina (2001): »Was ich will!« Zur Weiterentwicklung von Mädchenarbeit. In: Dies./Ilka Reinert (Hrsg.), Perspektiven der Mädchenarbeit. Partizipation, Vielfalt, Feminismus (S. 29–48). Opladen: Leske und Budrich.

Rauw, Regina (2010): 20 Jahre, sechs Bausteine, mehr als zwei Geschlechter, und mindestens ein Paradox. Veränderung und Kontinuität in der geschlechterbezogenen Weiterbildungsreihe der »Alten Molkerei Frille«. In: Mart Busche et al. (Hrsg.), Feministische Mädchenarbeit weiterdenken. Zur Aktualität einer bildungspolitischen Praxis (S. 263–287). Bielefeld: transcript.

Salomon, Alice (1908): Die Ausbildung zur sozialen Hilfsarbeit. In: Elke Kleinau/Christine Mayer (Hrsg.) (1996), Erziehung und Bildung des weiblichen Geschlechts. Eine kommentierte Quellensammlung zur Bildungs- und Berufsbildungsgeschichte von Mädchen und Frauen, Bd. 2 (S. 54–58). Weinheim: Dt. Studienverlag.

Salomon, Alice (1905): Die Entfaltung der Persönlichkeit und die sozialen Pflichten der Frau. In: Dies. (1999), Frauenemanzipation und soziale Verantwortung. Ausgewählte Schriften, Bd. 1: 1896–1908 (S. 732–737). Erstabdruck in: Die Frau, 12 (1905).

Schmidt, Andrea (2002): Balanceakt Mädchenarbeit. Frankfurt am Main: IKO.

Schröder, Iris (2001): Arbeiten für eine bessere Welt. Frauenbewegung und Sozialreform 1890–1914. Frankfurt am Main: Campus.

Sprenkmann, Stephanie/Hörmann, Martina (1996): Mädchenarbeit als Entwicklungsprozess. In: Martina Hörmann/Brigitte Reinbold (Hrsg.), Die kleine Schwester der Frauenbewegung: Mädchenarbeit gestern, heute, morgen (S. 33–52). Frankfurt am Main: ISS.

Voigt-Kehlenbeck, Corinna (2001): ... und was heißt das für die Praxis? Über den Übergang von einer geschlechterdifferenzierenden zu einer geschlechterreflektierenden Pädagogik. In: Bettina Fritzsche et al. (Hrsg.), Dekonstruktive Pädagogik. Erziehungswissenschaftliche Debatten unter poststrukturalistischer Perspektive (S. 237–254). Opladen: Leske und Budrich.

Wallner, Claudia (2006): Feministische Mädchenarbeit. Vom Mythos der Selbstschöpfung und seinen Folgen. Münster: Klemm und Oelschläger.

Wallner, Claudia (2010): Vom Feminismus zum Genderkonzept: Mädchenarbeit im Wandel von Gesellschaft und Politik. In: Archiv für Wissenschaft und Praxis der Sozialen Arbeit, 2010 (2), 4–19.

Wolff, Kerstin (2010): Wie die bürgerliche Frauenbewegung über die Mädchen in der Jugendbewegung schreibt. Eine Zeitschriftenanalyse. In: Jugendbewegte Geschlechterverhältnisse. Historische Jugendforschung – Jahrbuch des Archivs der deutschen Jugendbewegung, NF 7, 156–165.

Wierling, Dorothee (1987): Mädchen für alles. Arbeitsalltag und Lebensgeschichte städtischer Dienstmädchen um die Jahrhundertwende. Berlin: J.H.W. Dietz.

Yilligin, Fidal (2010): Rassismuskritische Pädagogik am Beispiel der Mädchenarbeit in der »alten Molkerei Frille«. Eine programmatische Positionierung. In: Mart Busche et al. (Hrsg.), Feministische Mädchenarbeit weiterdenken. Zur Aktualität einer bildungspolitischen Praxis (S. 127–138). Bielefeld: transcript.

6 Alltagsarbeit – Hausarbeit – Sorge und sich sorgen

6	Alltagsarbeit – Hausarbeit – Sorge und sich sorgen	110
	Hausarbeit, Ehe und Familie – »die Katze, die dem Löwen auf den Rücken springt«	112
	Soziale Arbeit und Fürsorge	115
	Lohn für Hausarbeit, »Hausfrauensyndrom« und »Doppelte Vergesellschaftung«	117
	Sorge und sich sorgen	120
	Literatur	122

Die Zuständigkeit von Frauen für Alltagsarbeit und Kindersorge stand als solche für die erste Frauenbewegung nicht im Fokus – zu selbstverständlich war die geschlechtliche Arbeitsteilung und die zwischen den sozialen Schichten. Sie wurden überlagert durch die Kritik an den sozialen und rechtlichen Verhältnissen bzw. Bildungsbedingungen, die bürgerliche Frauen zwingend in die Abhängigkeit einer Ehe führten. Die zweite Frauenbewegung dagegen sah in der Alltagssorge vorrangig den Aspekt der gesellschaftlich von Frauen geforderten unentgeltlichen Arbeit, der unfreiwilligen Verpflichtung auf Haus- und Erziehungsarbeit (und ihre scheinbar freiwillige Übernahme) – wobei auch dies weniger unter dem pädagogischen Gesichtspunkt der Erziehung als sorgendem Generationenverhältnis (vgl. Baader/Eßer/Schröer 2014) diskutiert wurde. In der Perspektive der Frage nach (Un-)Gerechtigkeit im Geschlechterverhältnis ging es zunächst um Arbeit und deren Entlohnung.

Anders gelagert ist die Frage, inwieweit es Teil einer weiblichen Ausstattung und Gegebenheit sei, sich um Kinder zu kümmern und sich um deren Aufwachsen zu sorgen (▶ Kap. 4). Überlegungen zu dieser Frage begleiteten die Debatten um die Hausarbeit und das bürgerliche Familien-Erziehungs-Konzept (vgl. Honig/Ostner 2014) zwar mehr oder weniger explizit, wurden aber unter dem Paradigma von Gleichheit und Gleichberechtigung oftmals schon aus grundsätzlichen Erwägungen nicht weiter differenziert.

Hausarbeit als exklusiv auf den Haushalt bezogene und in Haus oder Wohnung verrichtete Arbeit entsteht erst ab dem späten 18. Jahrhundert in Verbindung mit einer neuen Auffassung von »Familie« und in der Folge von Industrialisierung, Mechanisierung, Veränderung von Herstellungsweisen und Konsum. »Noch in der ersten Hälfte des 18. Jahrhunderts war das Wort ›Familie‹ im deutschen Sprachgebrauch so gut wie unbekannt gewesen«, schreibt Ute Frevert, danach entwickelt sich der Haushalt im Zuge tiefgreifender Veränderungen in Ökonomie und Gesellschaft von der alten »familia«, einer patriarchalen Produktions- und Wirtschaftsgemeinschaft, zu der auch Knechte, Mägde und diverse Verwandte gehörten, zur (Klein-)Familie als »Raum sozialer Kommunikation und Reproduktion außerhalb der Erwerbssphäre, der ausschließlich den Ehegatten und ihren Kindern vorbehalten war« (Frevert 1986: 17f.). Diese Entwicklung brachte auch die für das Bürgertum spezifische Form geschlechtlicher Arbeitsteilung hervor, die den Frauen in der uns heute bekannten Form die häuslichen Arbeiten zuwies und die außerhäuslichen exklusiv den Männern vorbehielt. Mit Hinweis auf den Willen der Natur und die gesellschaftliche »Bestimmung« fanden sich die bürgerlichen Frauen auf häusliche Tätigkeiten beschränkt, die sie je nach Familieneinkommen teilweise alleine, teilweise mit Hilfe von Dienstboten und -botinnen bewältigten. Obgleich zunächst noch sehr sichtbar und als anstrengende Tätigkeit erkannt, erscheint die Hausarbeit gleichwohl nicht als »Arbeit« und wird in den volkswirtschaftlichen Gesamtrechnungen auch nicht als Arbeit aufgeführt – ihr Charakteristikum ist also eine spezifische Form der Unsichtbarkeit, sie »ist das Selbstverständliche« (Fürth 1914: 14). Mehr und mehr auch als Gegenbild zur anstrengenden und entfremdenden Berufsarbeit konzipiert (so etwa im »Väterlichen Rat« von Joachim Heinrich Campe; ▶ Kap. 2), durfte sie geradezu nicht als Arbeit erscheinen, um den Wirkungsbereich der Frau als gegensätzlich und »ganz anders« als den des Mannes zu kennzeichnen. Denn die Unterordnung der Frau unter den Ehemann (den »natürlichen Curator« der Frau, wie es bei Kant heißt) soll nicht als Unterjochung oder Unterworfensein erscheinen (das hätte viel eher und leichter auch Widerstand hervorgerufen), sondern »Sie ist unterworfen durch ihren eignen fortdauernden notwendigen und ihre Moralität bedingenden Wunsch, unterworfen zu sein«, weiß der Philosoph Johann Gottlieb Fichte – und Theodor W. Adorno skizziert die Frau in dieser Position als »gebrochene«, die »dem Sieger seinen Sieg« spiegelt: »Niederlage als Hingabe, Verzweiflung als schöne Seele, das geschändete Herz als den liebenden Busen« (Horkheimer/Adorno 1947: 299). Derart »freiwillige« Unterwerfung führt praktischerweise eher in Depression oder Hysterie (*die* Krankheit des 19. Jahrhunderts) als in offensive Widersetzlichkeit.

Das Fehlen bürgerlicher Rechte, die durch öffentliche Meinung und die Rechtslage abgesicherte Unmöglichkeit, als bürgerliche Frau ein eigenständiges, ökonomisch unabhängiges Leben zu führen, brachte für diese die strukturelle Abhängigkeit vom Ehemann mit sich, zwang sie dazu, eine (irgendeine, meist arrangierte) Ehe einzugehen. Verdeckt wurde diese strukturelle Unselbständigkeit durch einen gesellschaftlichen Diskurs, der erstens den Frauen die Fähigkeit für ein selbstbestimmtes Leben absprach, zweitens den Arbeitscharakter der Hausarbeit verschleierte und drittens ein Bild der treusorgend-liebevollen Mutter und Ehefrau entwarf, mit dem sich die bürgerlichen Frauen identifizieren konnten: »Was wissen wir von der Hausfrau früherer Zeiten? Dass sie spann und wob und allzeit treulich ihres Hauswerks wartete. Individuelle Züge werden uns in diesem Zusammenhang kaum mitgeteilt« (Fürth 1914: 13).

Das war die Situation, auf die ab der Mitte des 19. Jahrhunderts die erste Frauenbewegung reagieren musste, und die sich auch für die zweite Frauenbewegung teilweise fast unverändert stellte. Die mit »Alltagsarbeit und Sorge« überschriebene Problematik ist also sehr komplex und müsste auf sehr unterschiedlichen Ebenen analysiert und diskutiert werden: erstens mit der Frage, ob Hausarbeit »Arbeit« ist (das wird vor allem die Frauenbewegung der 1970er Jahre beschäftigen), und wenn sie das ist, warum sie nicht entlohnt wurde und von wem sie künftig entlohnt werden müsste; zweitens, wie Hausarbeit und die Arbeit der Mutterschaft und Erziehung bei einer Beteiligung von Frauen an der Erwerbsarbeit anders gestaltet werden könnte; und drittens, wie überhaupt die Verantwortung für Kinder, Bedürftige und die Reproduktion der Arbeitskraft anders verstanden und gestaltet werden könnte. Diese drei Ebenen sind aufs engste miteinander verknüpft und die vielzähligen Vorschläge für eine Verbesserung der Lage der Frauen, die im Kontext von beiden Frauenbewegungen formuliert wurden, betreffen teilweise Einzelaspekte, versuchen aber meistens, gerade die komplexen Zusammenhänge im Blick zu behalten. Wir beginnen mit der Debatte in der Ersten Frauenbewegung. Deren Aktivitäten führen dann zu grundlegenden Veränderungen der städtischen Hauswirtschaft, die »wesentlich von der neuen Ideologie der Frau bestimmt« sind und durch die wachsende Notwendigkeit der Erwerbsbeteiligung auch der bürgerlichen Frauen befördert wurde (Freudenberg 1934: 170f.).

Hausarbeit, Ehe und Familie – »die Katze, die dem Löwen auf den Rücken springt«

Dass der Arbeitscharakter der Hausarbeit und die Arbeit der bürgerlichen Hausfrau unsichtbar bleiben sollte, hat mit der Institution der bürgerlichen Ehe zu tun.

> »Solange es in der Ehe Herren und Untergebene gibt, wird der Herr die Untergebene geringschätzen, und die Untergebene wird sich, um ihre Zwecke zu erreichen, der Waffen der Unterdrückten bedienen: der List, der Lüge, der Heuchelei. Sie wird die Katze sein, die dem Löwen auf den Rücken springt« (Dohm 1911/1981: 173).

Deshalb, so Hedwig Dohm, gehörten »leichte oder freie Ehescheidungen« zu den »gebotenen Reformierungen des Geschlechtslebens« (ebd.), weil nur allzu oft der Zwang, eine lieblose Ehe einzugehen, die Frauen unglücklich macht: eine Ehe, die »von der Frau häufig nur deshalb geschlossen wird, weil sie alleinstehend nicht ihr Fortkommen findet und darauf angewiesen ist, von einem Manne erhalten zu werden« – ergänzt die sozialistische Aktivistin Adelheid Popp (1895/1981: 163f.). Während die proletarischen Ehen oftmals Zweckgemeinschaften zur Sicherung des Überlebens seien, müsse das bürgerliche Mädchen den für sie aus elterlichem Kalkül ausgewählten Mann heiraten und »hat nach der gegenwärtigen anerzogenen Anschauung das Gefühl, dass sie sich fügen muss, sie muss sich sagen: Ich kann nichts dagegen machen, denn wenn ich ihn verlasse, bin ich dem Elend preisgegeben, oder man zeigt mit Verachtung auf mich und sagt, das ist eine Frau, die ihrem Manne davongelaufen ist, gewiss nicht schuldlos« (ebd.: 164). Es ist »ein Zwang für die Frau, wenn sie weiß, dass sie sich vom Manne nicht trennen kann, will sie nicht die Achtung der ›Welt‹ verlieren« (ebd.: 169), und da die Mutterschaft nur »Saisoncharakter« habe, ergänzt Hedwig Dohm (1903/1981: 82), sei »Hausfrau« kein lebensfüllendes Modell – und »Wie kann jemand erziehen, der nichts erlebt?« (Fürth 1914: 21).

Der Schein, der die Ehe umgibt und die Ehefrau zu Verstellung und verbrämter Unterwerfung nötigt, scheint in dieser Perspektive also ein spezifisch bürgerliches Phänomen zu sein, während in den Ehen der Arbeiter und Arbeiterinnen die wirtschaftliche Not unübersehbar im Vordergrund stünde und gewissermaßen zu »klareren Verhältnissen« beitrüge. Damit ist allerdings nicht gesagt (auch wenn manche der sozialistischen Autorinnen diesen Schein erwecken), dass das Geschlechterverhältnis in den Ehen der Arbeiterklasse weniger hierarchisch und gewalthaltig gewesen sei – nur das Moment der Verstellung mag tatsächlich jeweils unterschiedlich gestaltet gewesen sein. Dieses bleibt auch durch alle gesellschaftlichen Umwälzungen hindurch virulent und wird die zweite Frauenbewegung noch ebenso beschäftigen – dort weitaus weniger höflich als »Prostitution der bürgerlichen Ehefrau« bezeichnet.

Gegen Ende des 19. Jahrhunderts konstatiert Henriette Fürth in ihrer Schrift »Die Hausfrau« gravierende gesellschaftliche Veränderungen, die sich auf die Lebensführung und Gestaltung des gesellschaftlichen Lebens auswirken: Die Menschen seien anspruchsvoller geworden, die Wohnungen größer und reichhaltiger ausgestattet, die Anforderungen an die Hausarbeit von Ernährung bis Säuglingspflege komplexer – was folglich mehr Arbeit mit sich bringe. Aber gleichzeitig sei die »Dienstbotenhaltung« ein »Luxusartikel« geworden (Fürth 1914: 15ff.). Dies sei eine Folge davon, dass sich das »Schwergewicht des Wirtschaftslebens in die außerhäusliche Erwerbsarbeit verlegt hat«, die ihrerseits zu einer »Abneigung gegen den Hausdienst« mit seiner Unfreiheit und Abhängigkeit geführt habe, als »Ausdruck eines verstärkten Persönlichkeitsgefühls und Unabhängigkeitswillens« der Frauen aller Schichten (ebd.: 17ff.).

Die unvergleichbaren Lebenssituationen von Arbeiterinnen, Frauen des Kleinbürgertums und den »Reichen« machen es den frauenbewegten Autorinnen schwer, allgemeine, für alle Frauen geltende Forderungen zu formulieren – und oftmals scheint in Nebensätzen durch, wie sehr die großbürgerlichen Frauen daran gewöhnt waren, über Hilfskräfte im Haushalt zu verfügen. Doch letztlich beschwören sie doch die gemeinsame Betroffenheit qua Frausein, denn einig seien sich alle Frauen in der »Grundüberzeugung, dass die Freiheit der Persönlichkeit, das Sichselbstgehören, die vornehmste und unumgänglichste Existenzforderung der Frau ist, diejenige Forderung, die sie von dem Fluch erlöst, als Mensch nur Dilettant oder ein von anderen bewegter Mechanismus zu sein« (Dohm 1903/1981: 181).

Zu diesem Problemkomplex werden in den Schriften im Umkreis der Frauenbewegung verschiedene Vorschläge vorgebracht und diskutiert. Einer besteht darin, die Arbeit im Haushalt zu professionalisieren: Es sollte eine der Lehre von Handwerkern wie Schuster oder Schneider vergleichbaren »Hausfrauenausbildung« etabliert werden, die die Arbeit von Hausangestellten, insbesondere auch die Unterstützung von Müttern kleiner Kinder, effektiver gestalten und diesen ein Auskommen, Krankenversicherung und geregelte Freizeit sichern würde. Auch hier, wie an vielen Punkten, wird der Unterschied in der Lebenslage zwischen den Schichten betrachtet und betont: so berechnet der Mediziner und sozialdemokratische Abgeordnete Alfred Grotjahn, dass der Beitrag der Arbeiterinnen zum Kinderreichtum der Gesellschaft erheblich höher lag als der der bürgerlichen Frauen (bei 5:2 Kindern pro Frau), dass von diesen aber die Hälfte das 15. Lebensjahr nicht erreichten – die Arbeiterfrauen also unverhältnismäßig höhere Verluste zu beklagen und Opfer zu bringen hatten (Grotjahn 1915: 213).

Weitaus breiter diskutiert wurden jedoch Vorschläge zur Erfindung neuer Wohnformen und der Verbesserung der Arbeits- und Wohnbedingungen. Insbesondere diejenigen Frauen, die im (partei-)politischen Zusammenhängen aktiv waren, sorgten dort dafür, dass die spezifische Situation von Frauen überhaupt zum Thema wurde. Teilweise unterstützten sie deren allgemeine Forderungen: Mit Blick auf die notwendigen Arbeiten zur Versorgung der Kinder seien die derzeitigen Arbeitsschutzgesetze unzureichend, schreibt etwa Lily Braun (1901: 19), und bestärkt damit die Forderung der Sozialdemokratie nach dem Achtstundentag. Doch dies alleine genüge für Frauen und Mütter eben nicht, sondern ergänzend müssten auch Kindergärten, Kinderhorte oder Erziehungsheime errichtet werden, so dass die Familie zu einer entlasteten »Feierabendgemeinschaft« werden könne.

Sogar die Idee, die Versorgung von Familien mit Säuglingen in die Verantwortung der Gesamtgesellschaft zu geben, durch eine allgemeine weibliche Dienstpflicht im Dienste der Mutterschaft, wurde vorgeschlagen: Wie das »Männerheer«, das Staat und Vaterland dient, sollte ein »Frauenheer« den »Friedensdienst der Mutter- und Kinderpflege tun« (v. Schmid 1907: 19f.) – wo das eine Leben vernichtet, solle das andere Leben hegen und pflegen. Marie v. Schmid hat diesen Gedanken bis ins Detail ausgeführt (einschließlich der Ausbildung in Hebammenschulen und einer dreijähren »Reserve«) und stellte sich vor, mit Erreichen des Frauenstimmrechts ein solches »Mutterdienstgesetz« herbeizuführen (ebd.: 22).

Breiten Raum nahmen die Vorschläge für Zentralhaushaltungen (Schapire-Neurath 1908: 13), Wohn- und Wirtschaftsgenossenschaften oder das von Lily Braun favorisierte »Einküchenhaus« ein, in denen die individuellen Hausarbeiten (wie Kochen und Waschen) zentral von angestellten Wirtschafterinnen erledigt werden sollten. Dieser Vorschlag wurde allerdings kontrovers aufgenommen: Hieß es von Seiten der sozialistischen Frauen »erst Revolution, dann Haushaltsreform!« (Schmidt-Waldherr 1999: 5), so war der Einwand der Bürgerlichen umgekehrt: Hausarbeit erhalten, als Berufsarbeit anerkennen und entlohnen (ebd.: 7).

Auch für andere moderne Wohnformen mit Kinder-Tagesheimen, Schulkinder-Küchen, Horten usw. wurde plädiert – die ohnehin gerade für Mädchen besser seien als die »Beeinflussungen durch die Mutter«, die oftmals am nachhaltigsten zu der für Mädchen ungünstigen Herausbildung falsch verstandener »weiblicher Eigenschaften« beitrage, heißt es bei Hulda Maurenbrecher (1912:

55). Dem hält sie eine »neue Mädchenerziehung« entgegen, deren Ausformulierung letztlich in die Erkenntnis mündet, dass die Kleinfamilie selbst mit ihrer geschlechtstypischen Arbeitsteilung und ihren Ungerechtigkeiten grundlegend verändert werden muss.

Es gelte also, »Ersatzorgane für all jene Funktionen« zu suchen, die »der Mutter und Hausfrau bisher im Haus oblagen«, schreibt Anna Schapire-Neurath (1908: 12) – das heißt, die Lösung wurde in der Kommodifizierung (dem Zur-Ware-Werden) der Haushaltstätigkeiten gesucht, in der Verlagerung der Verantwortung an den Staat, in gemeinschaftlich-genossenschaftlichen Selbsthilfeprojekten. Der Blick bleibt also auf die materiell-instrumentelle Dimension der Hausarbeit begrenzt, während die Dimension von Zuwendung, Hilfe und Sorge, die zweifellos dazugehören, unter dem Stichwort »Mütterlichkeit« separiert wurden (▶ Kap. 4). Deshalb konnte die eine gewisse Distanz erfordernde Frage, welche Art von Arbeit Hausarbeit überhaupt darstellt, in dieser Zeit noch nicht zum Gegenstand der Analyse werden – wie auch in keinem Fall der Gedanke auftaucht, dass die Hausarbeit anders zwischen Frauen und Männern aufgeteilt werden könnte. Allenfalls indirekt wird dies mittransportiert, wenn neue Erziehungskonzepte als selbstverständlich koedukativ vorgestellt werden und die Unterschiede zwischen Jungen und Mädchen abschwächen oder aufheben sollen. Und auch nachdem ab den 1970er Jahren die schulorganisatorische Unterscheidung zwischen »Handarbeit« (für Mädchen) und »Werken« (für Jungen) tendenziell aufgehoben wurde, blieb die Zuordnung der Haushaltstätigkeiten an Mädchen als symbolisches Muster auch in Schule und Berufswahl bestehen.

Soziale Arbeit und Fürsorge

Zu der engen Verbindung der Frauenbewegung mit der entstehenden Sozialen Arbeit haben mehrere Faktoren zusammengewirkt: die elenden Lebensumstände in verarmten Familien des Proletariats und des Subproletariats, die religiös unterfütterte soziale Orientierung bestimmter Bevölkerungsgruppen und auch die erzwungene Untätigkeit junger Frauen in bürgerlichen Familien, die durch die Veränderungen familialer Haushalte von Produktions- zu Konsumstätten erst richtig unerträglich geworden war. Und für die jüdischen Frauen, deren Anteil an den führenden Aktivistinnen der ersten Frauenbewegung im Vergleich zu ihrem Anteil an der Bevölkerung sehr hoch war (etwa ein Drittel: 1 %; Krohn 1998: 37), kam noch hinzu, dass ihnen das wohl populärste Ziel der frauenbewegten Frauen, durch Bildung und Studium den Beruf einer Lehrerin ausüben zu können, nur sehr eingeschränkt offenstand: Antisemitische Stimmungen und Rechtsvorschriften schlossen sie vom Lehrberuf praktisch aus. Dennoch war die Kooperation mit den nichtjüdischen Mehrheitsgruppen der Frauenbewegung nicht unproblematisch und die Vorstellung, unter Frauen als gleichberechtigt angesehen zu werden, erwies sich als Illusion (vgl. Bereswill/Wagner 1998). Die

Idee eines gleichberechtigten Miteinanders von Frauen (und Kindern) verschiedener Konfessionen blieb in der ersten (und teilweise auch der zweiten) Frauenbewegung unerreicht. Dabei ist sie schon früh ausformuliert worden: So veröffentlichte Johanna Goldschmidt im Jahre 1847 anonym die Schrift »Rebekka und Amalia – Briefwechsel zwischen einer Israelitin und einer Adeligen über Zeit- und Lebensfragen« und entwickelt dort, im fünften Brief, die Idee eines Frauenvereins, in dem sich Frauen aller Stände und Religionen zusammenfinden:

> »Wenn nun die gebildeten Frauen sich schwesterlich beriethen und abwechselnd Sonn- und Feiertage dazu benutzten, in einem passenden Locale Zerstreuungen zu veranstalten, die auf Geist und Herz ihrer ungebildeten Mitschwestern veredelnd wirkten, welch‹ ein weites Feld erhöhter Thätigkeit eröffnete sich da unseren Blicken. Theils dürften es kleine Vorlesungen sein, theils Unterhaltungen über wichtige Lebensfragen, theils selbst mehrstimmige Gesänge, und dies Alles nur von rein menschlichem, und gerade deshalb ächt religiösem Standpunkte aus. O Amalia! Das wäre ein würdiger Schritt zur Emancipation« (Goldschmidt 1847: 42f.).

Dies ist im Grunde die Idee der »Frauenzentren«, die in der zweiten Frauenbewegung erneut »erfunden« werden wird. Dem Plan der Rebekka folgen die Gründung eines »Frauenvereins zur Bekämpfung und Ausgleichung religiöser Vorurteile« (Krohn 1989: 28). Auch zu ihren Lebzeiten hat Johanna Goldschmidt daran gearbeitet, diese Ideen pädagogische Wirklichkeit werden zu lassen – sie engagierte sich in der überkonfessionell orientierten Fröbel-Pädagogik und der Hochschule für das weibliche Geschlecht in Hamburg.

Einige der israelitischen frauenbezogenen Wohlfahrtsvereine, wie der »Verein weibliche Fürsorge«, den Henriette Fürth und Bertha Pappenheim 1901 in Frankfurt a. M. gegründet hatten, schlossen sich dem Allgemeinen Deutschen Frauenverein ADF an, obgleich auch dieser teilweise antisemitische Züge aufwies (vgl. Bereswill/Wagner 1998). Diese Vereine, die sich zunehmend weg von der Wohlfahrtspflege hin zu »Hilfe zur Selbsthilfe« orientierten, hatten ein enorm breites Betätigungsfeld – so gehörten etwa zu dem Frankfurter Verein ein Kinderhaus, die israelitische Mädchenwaisenanstalt, ein Verein für unentgeltliche Flickschulen, dazu kamen Stellenvermittlung und Wohnungsfürsorge, Bahnhofs-, Gefängnis- und Krankenhaushilfe sowie der 1902 gegründete Israelitische Mädchenclub. Auch werden Prostitution, uneheliche Mutterschaft und Mädchenhandel zu wichtigen Themen: Gegen diese, von ihr als »weiße Sklaverei« bezeichnete Zwangs-Prostitution engagierte sich besonders Bertha Pappenheim, reiste sogar in die betreffenden osteuropäischen Gegenden und »verhehlte auch nie die große Rolle, die jüdische Mädchenhändler bei dem Verbrechen spielen«, obgleich ihr aus Kreisen der jüdischen Gemeinde entgegengehalten wurde, dass dies von der antisemitischen Propaganda gegen die jüdische Bevölkerung verwendet werden würde (FMT Pappenheim). Die gut etablierten Fürsorgeprojekte gingen nach und nach in städtische Verwaltung über und wurden als Teil der öffentlichen Fürsorge übernommen.

Als fruchtbar für die in der Fürsorge engagierten Frauen erwiesen sich die Lehren von Friedrich Fröbel, der seiner überkonfessionellen »Kindergarten-Pädagogik« (vgl. Baader 1998) die Idee der Vermittlung der Widersprüche bzw. Gegensätze (Subjekt und Objekt, Leib und Geist) zugrunde gelegt hatte. Das von Henriette Schrader-Breymann (auch sie sympathisierte mit der Frauenbewegung), der Nichte Fröbels, 1842 gegründete Pestalozzi-Fröbel-Haus hat Generationen von jungen Frauen zu einer staatlich anerkannten Ausbildung und damit zu einer gesellschaftlich anerkannten selbständigen Existenz verholfen – es besteht als Freier Träger bis heute.

Ebenfalls in Berlin haben die mit dem Namen Alice Salomon verbundenen Aktivitäten vieler Frauen und Frauengruppen zur Institutionalisierung der Sozialen Arbeit maßgeblich beigetragen: Neben die praktisch orientierte pädagogische Erzieherinnen-Ausbildung in den »Sozialen Frauenschulen« (die 1908 von Alice Salomon gegründete besteht unter ihrem Namen noch heute als Hochschule für Sozialarbeit und Sozialpädagogik) traten jetzt auch rege Forschungsaktivitäten – nachzulesen etwa in der Schriftenreihe »Bestand und Erschütterung der Familie in der Gegenwart«, die von Alice Salomon (bzw. der von ihr mit großer öffentlicher Unterstützung gegründeten Deutschen Akademie für soziale und pädagogische Frauenarbeit) herausgegeben wurde (vgl. auch Berger 2005). Damit wurde ein akademisches Niveau angestrebt, das anderen akademischen Einrichtungen ebenbürtig war.

Es lässt sich hier also bereits zweierlei erkennen: Die von den Frauen in oder im Umfeld der Frauenbewegung und dem »Geist« dieser Bewegung entwickelten Aktivitäten sind von langer Dauer und Reichweite gewesen. Sie haben nach und nach in die öffentliche (städtische oder gesamtgesellschaftliche) Verantwortung hineingewirkt, haben Generationen von Frauen eigenständige Lebensentwürfe ermöglicht und haben nicht zuletzt die erziehungswissenschaftliche Theoriebildung nachhaltig beeinflusst.

Lohn für Hausarbeit, »Hausfrauensyndrom« und »Doppelte Vergesellschaftung«

Die zweite Frauenbewegung hatte praktisch keine Kenntnis von der ersten und fing dementsprechend an, dieselben Fragen zu stellen, Einwände vorzubringen und Utopien zu entwickeln. Das Desinteresse des historischen Gedächtnisses der Gesellschaft in Bezug auf Frauen- und Geschlechterperspektiven hatte dazu geführt, dass die um die Jahrhundertwende stattgehabten Ideen und Ansätze verloren gegangen waren – nicht zuletzt deshalb war die historische Forschung ein erstes wichtiges Aktivitätsfeld der zweiten Frauenbewegung (etwa mit dem Aufsatz von Gisela Bock und Barbara Duden »Arbeit aus Liebe – Liebe als Arbeit. Zur Entstehung der Hausarbeit im Kapitalismus«; vgl. Bock/Duden 1977).

Aber gerade *weil* die Frauenbewegung keine Kenntnis von den früheren Debatten hatte, ist es interessant zu sehen, wie viel und was sich nun wiederholt – wenn auch auf zeitgemäß veränderte Weise.

Angesichts der weiterhin steigenden Anzahl erwerbstätiger Frauen und Mütter wurde von historischen Studien herausgestellt, dass Individualisierungs- und Modernisierungsschübe und auch die gesellschaftlichen Neuordnungen in der Zeit des Wiederaufbaus der Bundesrepublik letztlich stets auf Kosten der Frauen gegangen waren, ohne dass die Arbeit für Haus und Familie weniger wurde – hier kam der Ausdruck »Doppelrolle« bzw. »Doppelbelastung« auf, der mit der Ausdifferenzierung von feministischer Theorie und Geschlechterforschung später zu dem Topos »doppelte Vergesellschaftung« weiterentwickelt wurde (vgl. Becker-Schmidt 2004).

Auch in dieser historischen Phase finden sich mindestens zwei sehr unterschiedliche Perspektiven auf die Thematik: die sozialistisch-marxistische Perspektive analysiert die Spezifika der »Reproduktions«-Arbeit‹ als »unproduktive«, d. h. nicht wertschöpfende Arbeit und fragt nach deren »Wert« im Zusammenhang kapitalistischer Produktionsweise. Auch hier dominiert die Auffassung von »Haupt- und Nebenwiderspruch«: Da der Hauptwiderspruch der zwischen Kapital und Arbeit, zwischen Kapitalbesitzern und Lohnarbeiter:innen besteht, und da die Aufgabe der Hausarbeit (ob haupt- oder nebenberuflich verrichtet) darin besteht, die Arbeitskraft wieder herzustellen und die Arbeitenden fit zu machen für den nächsten Tag (an dem sie wieder ausgebeutet werden), muss der Widerspruch zwischen Männern und Frauen als Nebenprodukt der kapitalistischen Produktionsweise angesehen werden, der seinerseits zur Ausbeutung beiträgt. In dieser Perspektive würde also die Benachteiligung der Frauen mit der Überwindung des Kapitalismus verschwinden, umgekehrt würde die Entlohnung der Hausarbeit die Frauen weiterhin auf ihre in der Kleinfamilie zementierte eingeschränkte Position festlegen.

Eine zweite Perspektive bemühte sich ganz im Gegenteil zu beweisen, dass Hausarbeit auch »produktive« Arbeit sei und deshalb gleich gewertet und folglich auch entlohnt werden müsse (vgl. z. B. Frauen in der Offensive 1974). Die Formulierung »Lohn für Hausarbeit« war übrigens vor allem eine Parole und nie nur ganz wörtlich gemeint, weil die Debatte vor allem die geschlechtstypische Arbeitsteilung skandalisieren wollte, die Festlegung von Frauen auf Hausarbeiten und auf alles »Private«, und die Selbstverständlichkeit, mit der die unter »Hausarbeit« subsumierten instrumentellen Arbeiten und Zuwendungen von ihnen erwartet und gefordert wurden. Doch wurden durchaus auch praktisch-monetäre Überlegungen angestellt – etwa dass die Steuerfreibeträge der Ehemänner oder das Kindergeld den Frauen ausbezahlt und dadurch aus der Bindung an die Männereinkommen herausgelöst werden könnten. Seinerzeit besonders einflussreich waren die Thesen von Mariarosa Dalla Costa und Selma James, in deren Buch »Die Macht der Frauen und der Umsturz der Gesellschaft« die Hausarbeit als spezifische, sogar besonders intensive Ausbeutung der Frauen, als die verborgene Quelle zusätzlichen kapitalistischen Mehrwerts dargestellt wird, zu dessen Werkzeug der Mann geworden sei: »Der Mann als Lohnarbeiter und als Oberhaupt der Familie ist so zum spezifischen Instrument der spezifischen Ausbeutung, die die Ausbeutung der Frau darstellt, geworden« (zit. bei Wolf-Graaf 1981: 198).

Nachdem die Diskussionen in feministischen Kreisen auch das öffentliche Interesse auf sich gezogen hatten, entwickelten sich intensive Forschungstätigkeiten, es wurden Sonderforschungsbereiche an Universitäten und Forschungsschwerpunkte an Forschungsinstituten etabliert, so dass aus dieser Zeit eine Menge sehr differenzierter Arbeiten vorliegen. Auch die 2. Berliner Sommeruniversität von 1977 machte die »bezahlte und unbezahlte« Arbeit von Frauen zu ihrem zentralen Thema (Dokumentationsgruppe 1978). Hier wurden von der Forderung nach »Lohn für Hausarbeit« über »Frauendiskriminierung im öffentlichen Dienst« bis zur »Sozialgeschichte der Nähmaschine« eine Fülle von Impulsen für weitere Forschungen und für die politischen Auseinandersetzungen um die Hausarbeit zusammengetragen. Ein wenig deprimierend ist es, zu sehen, dass hier teilweise dieselben Themen und Forderungen auftauchen, wie sie mehr als hundert Jahre zuvor erhoben worden waren – etwa das »Recht auf einen Arbeitsplatz außerhalb des Hauses« (ebd.: 6), das schon bei der Gründung des Allgemeinen Deutschen Frauenvereins als erster Paragraph die zentrale Forderung gebildet hatte. Wenn wir die heutige Situation betrachten, so ist allerdings das Ergebnis gemessen an den dort gezeichneten Idealen mehr als ernüchternd, denn die sehr einseitige Verteilung der Hausarbeit und haushaltsnahen Tätigkeiten wird allenfalls durch deren insgesamte Abnahme (aufgrund von Mechanisierung und Herausverlagerung) und die ökonomisierte Verschiebung auf andere Frauen bewältigt, die diese oftmals unter prekären Umständen verrichten.

Eine wiederum andere Perspektive, mit einem ganz anders gelagerten Schwerpunkt, konzentrierte sich auf die Komplexität der Hausarbeit als materielle und nicht materiell zu bemessende Tätigkeiten, die sich auf die anderen Familienmitglieder richten (Hilfe, Sorge, Zuwendung, Pflege). Ein wichtiger – kontrovers aufgenommener – Impuls kam mit dem Ausdruck »Weibliches Arbeitsvermögen« in die Debatte (vgl. Beck-Gernsheim 1976) und etwas später mit der Arbeit »Weil nur zählt was Geld einbringt« von Silvia Kontos und Karin Walser (1979). Diese Autorinnen wollten die Ambivalenzen in der Hausarbeit untersuchen, die dazu geführt hatten, dass ein »Aufstand« der Hausfrauen ausgeblieben war und sie eben nicht massenhaft die Arbeit verweigerten. Sie stellen dementsprechend den Aspekt familialer Beziehungen ins Zentrum bzw. die »*Verschränkung*« der materiellen Arbeiten mit der »Schaffung von Beziehungsqualitäten in der Familie« (Kontos/Walser 1979: 192). Auch diese Position ist deutlich kritisiert worden (vgl. die verschiedenen Beiträge in: Der ›andere‹ Blick 1978). Aus allen diesen Arbeiten haben wiederum andere Wissenschaftlerinnen neue Forschungsprojekte entwickelt, um der Frage, worin denn die Hausarbeit eigentlich besteht, was an ihr besonders ist und was sie mit den Hausfrauen macht, auf den Grund zu gehen, meistens mit Interviews (wie auch Kontos/Walser oder Oakley 1974/1978) oder auf der Basis von Zeitprotokollen (vgl. Projekt 1977).

Alle diese Diskussionen, die in ihrer Breite und Komplexität hier nur ansatzweise angedeutet werden können, beeinflussten ebenfalls – wie bereits die Impulse der ersten Frauenbewegung – die gesamtgesellschaftlichen Debatten bis hin zu ihrem gesetzförmigen Niederschlag, etwa in der Abschaffung von Leichtlohngruppen. Auch wurden viele Aspekte, wenn auch in entpolitisierter oder abgeschwächter Form, von den öffentlichen Debatten aufgegriffen – so auch die mit dem Stichwort »Hausfrauensyndrom« umschriebene Problematik von »Nur-Hausfrauen«, die trotz weiterhin bestehender Arbeitszwänge nach dem Auszug der Kinder Depressionen entwickelten (»empty nest«), was den Blick auf deren an andere verausgabte Beziehungsarbeit richtete.

Zwar versandete die Diskussion um »Lohn für Hausarbeit« schließlich, weil sich eben diese Komplexität zu schwer in politische Forderungen überführen ließ, aber ohne diese Impulse hätten die Geschlechterstrukturen in der Gesellschaft der frühen Bundesrepublik sicherlich weiter in konventionellen Formen stagniert. Auch auf das pädagogische Feld haben sich diese vielfältigen Impulse ausgewirkt: Auf die Aufhebung der geschlechtstypischen Aufteilung von Handarbeits- und Werkunterricht und nicht zuletzt auf eine sich zaghaft entwickelnde neue Perspektive auf die alten »Frauenberufe«, die soziale Berufe nun auch für Männer in Frage kommen ließen.

Sorge und sich sorgen

»Häusliche Arbeit« ist eben mehr als »Hausarbeit«, sie umfasst das »Prinzip der Glücksuche im Privaten« (Negt/Kluge 1981: 322) ebenso wie spezifische Produktions- und Arbeitsformen, die auf die nicht nur materielle Bedürftigkeit der Familienmitglieder antwortet.

> »Beobachtet man eine Situation der Hausarbeit, die gerade einmal nicht gestört oder von außen entfremdet erscheint, so unterscheidet sie sich deutlich von jedem anderen Arbeitsprozeß draußen. Den Kern bilden weder die Resultate noch auch nur der Prozeß, sondern die Situation selber, also ein Zustand. Z. B. wird ein Kind mit Essen versorgt. Das Ergebnis, daß es satt wird, ist keine zureichende Beschreibung. Es ist eine libidinöse Berührung, eine Fülle von Mitteilungen damit verbunden« (ebd.: 324).

Die Schwierigkeit, diese Art von Arbeit begrifflich zu fassen und zum Gegenstand öffentlicher sowie wissenschaftlicher Analysen zu machen, liegt vor allem daran, schreibt Ilona Ostner (1988), dass sie als »Sorge für die eigene und die Notdurft anderer«, als »Sorge des Leibes für den Leib« kaum Bleibendes schafft – »kaum produziert, ist ihr Resultat bereits verbraucht« (ebd.: 62f.). Die Bedürfnisse des Leibes und die leiblichen Verrichtungen unterliegen, so Ostner weiter, einem Tabu, und die Abwertung der häuslichen Arbeit solle unsere Konfrontation mit der eigenen Hilflosigkeit, dem Angewiesensein auf andere verdecken – deshalb verwendet sie den Ausdruck »Tabuisierung der Hausarbeit« – eine Tabuisierung der menschlichen Hilflosigkeit, »der man nicht Herr wird«, was insbesondere für Männer eine »narzißtische Kränkung« darstelle (ebd.: 58, 64). Vielleicht ist das der Grund, warum die Philosophen und Staatstheoretiker des ausgehenden 18. Jahrhunderts so sehr die »sittliche« Seite der Ehe und der Weiblichkeit betont haben – die (naturbedingte) sittliche Pflicht der Frauen, die, wenn sie ausbleibt oder versagt, das ganze Gemeinwesen gefährdet (vgl. Pateman 1996)? Oder, noch genauer – vielleicht ist der Versuch, die Hinweise auf diese »menschliche Notdurft« in der Mütterlichkeit der Frauen unterzubringen und diese als naturhaft darzustellen (denn »Frauen sind, was sie von Natur aus sind«, befand

Hegel (zit. ebd.: 202)), selbst ein Verdeckungszusammenhang, an den eigentlich niemand glaubt, ein »Trick« von Kapitalismus und Androzentrismus, um »Notdurft«, Hilflosigkeit und Angewiesensein auf andere bei den Frauen/Müttern zu verstecken und die Männer davon zu entlasten.

Ein Bestandteil dieses »Tricks« war die massenhafte Gewöhnung von Frauen an Teilzeitarbeit, in Form der »modernisierten Versorgerehe«, wobei die brüchigen Berufsbiographien von Frauen und ihre oft ungünstigen Ausbildungswege dazu führen, dass die Teilzeittätigkeit oftmals unfreiwillig erfolgt. Auch wenn Teilzeitarbeit dem subjektiven Wunsch von Müttern entspricht, Zeit für ihre Kinder zu haben, lässt sie doch die Logik der Aufteilung zwischen Eltern unangetastet (mit allen bekannten Nachteilen wie der weiblichen Altersarmut) und enthält den Vätern nach wie vor die Möglichkeit vor, auch ihrerseits Zeit für ihre Kinder zu haben. Insofern ist es an Zynismus kaum zu überbieten, wenn die FAS 2019 (!) einen Beitrag titelt »Frauen, lasst die Teilzeitarbeit bleiben!« (Kloepfer 2019: 19) und diese auffordert, sich endlich von der Teilzeitarbeit »zu verabschieden«, so als würden die Frauen diese nur zum eigenen Vergnügen oder aus Faulheit wählen.

Als Bestandteil häuslicher Arbeit heißt »Sorge« sowohl *sorgen für* (leibliche Bedürfnisse, Versorgung von Kranken, Kindern, alten Eltern) als auch sich *sorgen um* – sich um Kinder sorgen, auch: sich Sorgen machen, und diese Sorge als Basis der familialen Gemeinschaft zu verstehen – ob diese nun aus leiblichen, Pflege-, »Stief«- oder Adoptiv-Eltern, leiblichen oder angenommenen Kindern besteht, ist dabei unerheblich: In dem Moment, wo Kinder im Spiel sind, fallen Elternabende und Kindergeburtstage an, müssen Kleider gekauft, Kranke versorgt und Spielzeug aufgeräumt werden. Dass diese Sorge nicht als gemeinsame, als gemeinschaftliche, von der gesellschaftlichen Gemeinschaft unterstützte und getragene erscheint, für die gemeinsame Formen gefunden werden müssen, sondern als Sorge von Frauen für andere ausgegeben wird, begründet in Mutterschaft oder »Geistiger Mütterlichkeit« (▶ Kap. 4) – das hat beide Frauenbewegungen stark beschäftigt. Produktiv war vor allem ihre ständige Uneinigkeit – Uneinigkeit in Bezug auf die Analyse (sind Frauen vielleicht doch von Natur aus zur Sorge begabt? Oder hat man ihnen dies nur eingeredet und zugleich die Männer von dieser Form zwischenmenschlicher Sorge ausgesperrt?) als auch in Bezug auf daraus zu ziehende Konsequenzen. Dass »Lohn für Hausarbeit« schon siebzig Jahre früher ein Thema gewesen war, wussten die Aktivistinnen der zweiten Frauenbewegung anfangs zwar nicht – es zeigt sich aber, dass die zweifellos stattgehabten gesellschaftlichen Verbesserungen und Veränderungen im Geschlechterverhältnis doch an diesem zentralen Punkt nicht viel bewegt hatten. Insofern war der erneute Schub, der von der zweiten Frauenbewegung ausging, äußerst notwendig und produktiv, auch oder gerade weil darin keine »klare Linie« verfolgt wurde. So gab sie das Problem an die Gesamtgesellschaft zurück, die allerdings noch heute damit beschäftigt ist.

Zusammenfassend zeigt sich aber auch, dass beide Frauenbewegungen trotz aller Unterschiedlichkeit ähnliche Zyklen in Gang gesetzt haben: Sie haben aus ihrer spezifischen Position als Frauen heraus Probleme erkannt, sie in Diskussionen bearbeitet, Pläne zur Verbesserung entworfen und in eigenen Projekten umgesetzt. Dann sind diese (zumindest teilweise) allgemein als sinnvoll anerkannt und in die städtische oder staatliche Sozial- und Bildungspolitik aufgenommen worden, und haben dort, wo sie gewissermaßen »bürokratisiert« wurden, wiederum Arbeitsplätze für Frauen geschaffen. Dass damit allerdings die Frauen selbst ihre Zuordnung zum sozialen Feld plausibilisiert und verfestigt haben, ist ein sicherlich so nicht intendierter paradoxer Nebeneffekt.

Literatur

Baader, Meike Sophia/Eßer, Florian/Schröer, Wolfgang (Hrsg.) (2014): Kindheiten in der Moderne. Eine Geschichte der Sorge. Frankfurt am Main: Campus.
Baader, Meike Sophia (2015): »Alle wahren Demokraten tun es.« Die Fröbelschen Kindergärten und der Zusammenhang von Erziehung, Revolution und Religion. In: Christian Jansen/Thomas Mergel (Hrsg.): Die Revolutionen von 1848/49 (S. 206–224). Göttingen: Vandenhoeck & Ruprecht.
Beck-Gernsheim, Elisabeth (1976): Der geschlechtsspezifische Arbeitsmarkt. Frankfurt am Main: aspekte.
Becker-Schmidt, Regina (2004): Doppelte Vergesellschaftung von Frauen: Divergenzen und Brückenschläge zwischen Privat- und Erwerbsleben. In: Ruth Becker/Beate Kortendiek (Hrsg.), Handbuch Frauen- und Geschlechterforschung (S. 62–71). Wiesbaden: VS.
Bereswill, Mechthild/Wagner, Leonie (1998): ›Eine rein persönliche Angelegenheit‹. Antisemitismus und politische Öffentlichkeit als Konfliktfeld im ›Bund Deutscher Frauenvereine‹. In: Dies. (Hrsg.), Bürgerliche Frauenbewegung und Antisemitismus (S. 45–63). Tübingen: edition diskord.
Berger, Manfred (2005): Alice Salomon. Pionierin der sozialen Arbeit und der Frauenbewegung. Frankfurt am Main: Brandes & Apsel.
Bock, Gisela/Duden, Barbara (1977): Arbeit aus Liebe – Liebe als Arbeit. Zur Entstehung der Hausarbeit im Kapitalismus. In: Gruppe Berliner Dozentinnen (Hrsg.), Frauen und Wissenschaft. Beiträge zur Berliner Sommeruniversität für Frauen, Juli 1976 (S. 118–199). Berlin: Courage-Verlag.
Braun, Lily (1901): Frauenarbeit und Hauswirthschaft. Berlin: Expedition der Buchhandlung Vorwärts.
Braun, Lily (1902): Was wir wollen. Berlin: Verlag des Vereins für Hauswirtschafts-Genossenschaften.
Der ›andere Blick‹ – feministische Wissenschaft? alternative 120/121, 1978.
Dohm, Hedwig (1903): Sind Mutterschaft und Hausfrauentum vereinbar mit Berufstätigkeit? In: Elke Frederiksen (Hrsg.) (1981), Die Frauenfrage in Deutschland 1865–1915. Texte und Dokumente (S. 180–182). Stuttgart: Reclam.
Dohm, Hedwig (1911): Das männliche Geschlecht muss die Gleichwertigkeit der Frau *erfahren*. In: Elke Frederiksen (Hrsg.) (1981), Die Frauenfrage in Deutschland 1865–1915. Texte und Dokumente (S. 170–173). Stuttgart: Reclam.
Dokumentationsgruppe der Sommeruniversität e. V. (1978): Frauen als bezahlte und unbezahlte Arbeitskräfte. Beiträge zur 2. Berliner Sommeruniversität für Frauen, Oktober 1977. Berlin: Selbstverlag.
FMT FrauenMediaTurm (Archiv): Bertha Pappenheim. Online verfügbar unter: https://frauenmediaturm.de/historische-frauenbewegung/bertha-pappenheim-1859-1936/, Zugriff am 01.10.2020.
Frauen in der Offensive (1974): Lohn für Hausarbeit oder: Auch Berufstätigkeit macht nicht frei. München: Trikont.

Freudenthal, Margarete (1934/1986): Gestaltwandel der städtischen, bürgerlichen und proletarischen Hauswirtschaft, hrsg. von Katharina Rutschky. Frankfurt am Main: Ullstein.
Frevert, Ute (1986): Frauen-Geschichte zwischen Bürgerlicher Verbesserung und Neuer Weiblichkeit. Frankfurt am Main: Suhrkamp.
Fürth, Henriette (1914): Die Hausfrau. Eine Monographie (Kleine Monographien zur Frauenfrage, Bd. 1). München: Albert Langen Verlag.
Goldschmidt, Johanna (1847): Rebekka und Amalia. Briefwechsel zwischen einer Israelitin und einer Adeligen über Zeit- und Lebensfragen. Leipzig: F.A. Brockhaus. Online verfügbar unter: https://books.google.de/books?id=kJFCAAAAcAAJ&pg=PR1&lpg=PR1&dq=rebekka+amalia&source=bl&ots=hGnDN5zP6y&sig=ACfU3U15LeRFv7mn4ay7C5mFkhGhDgyZZQ&hl=de&sa=X&ved=2ahUKEwihmMymuaTqAhVyMOwKHW99CnEQ6AEwBXoECAoQAQ#v=onepage&q=rebekka%20amalia&f=false, Zugriff am 01.10.2020.
Grotjahn, Alfred (1915): Soziale Pathologie. Versuch einer Lehre von den sozialen Beziehungen der menschlichen Krankheiten als Grundlage der sozialen Medizin und der sozialen Hygiene. Berlin: Springer.
Honig, Michael Sebastian/Ostner, Ilona (2014): Die »familiarisierte« Kindheit. In: Meike Sophia Baader/Florian Eßer/Wolfgang Schöer (Hrsg.), Kindheiten in der Moderne. Eine Geschichte der Sorge (S. 360–390). Frankfurt am Main: Campus.
Horkheimer, Max/Adorno, Theodor W. (1947): Dialektik der Aufklärung. Nachdruck: Amsterdam: Verlag de Munter.
Kloepfer, Inge (2019): Frauen, lasst die Teilzeitarbeit bleiben! In: Frankfurter Allgemeine Sonntagszeitung 07.01., 19.
Kontos, Silvia/Walser, Karin (1979): Weil nur zählt was Geld einbringt: Probleme der Hausfrauenarbeit. Gelnhausen: Burckhardthaus-Laetare.
Krohn, Helga (1998): Aufbruch in eine neue Gesellschaft? Erwartungen jüdischer Frauen an die deutsche Frauenbewegung und die Grenzen der Zusammenarbeit. In: Mechthild Bereswill/Leonie Wagner (Hrsg.), Bürgerliche Frauenbewegung und Antisemitismus (S. 13–43). Tübingen: edition diskord.
Maurenbrecher, Hulda (1912/1998): Das Allzuweibliche. Ein Buch von neuer Erziehung und Lebensgestaltung. Nachdruck: Lage: BEAS Edition.
Negt, Oskar/Kluge, Alexander (1981): Geschichte und Eigensinn. Frankfurt am Main: Zweitausendeins.
Oakley, Ann (1974/1978): Soziologie der Hausarbeit. Frankfurt am Main: Verlag Roter Stern.
Ostner, Ilona (1988): Die Tabuisierung der Hausarbeit. In: Hildegard Rapin (Hrsg.), Frauenforschung und Hausarbeit (S. 55–72). Frankfurt am Main: Campus.
Pateman, Carole (1996): Feminismus und Ehevertrag. In: Herta Nagl-Docekal/Herlinde Pauer-Studer (Hrsg.), Politische Theorie. Differenz und Lebensqualität (S. 174–219). Frankfurt am Main: Suhrkamp.
Popp, Adelheid (1895): Freie Liebe und bürgerliche Ehe. In: Elke Frederiksen (Hrsg.) (1981), Die Frauenfrage in Deutschland 1865–1915. Texte und Dokumente (S. 162–169). Stuttgart: Reclam.
Projekt: Zur Situation der Hausarbeit heute (1977). In: Gruppe Berliner Dozentinnen (Hrsg.), Frauen und Wissenschaft. Beiträge zur Berliner Sommeruniversität für Frauen. Juli 1976 (S. 200–219). Berlin: Courage-Verlag.
Schapire-Neurath, Anna (1908): Die Frau und die Sozialpolitik. Gautzsch b. Leipzig: Felix Dietrich.
Schmid, Marie v. (1907): Mutterdienst. Leipzig: Dietrich.
Schmidt-Waldherr, Hiltraud (1999): Emanzipation durch Küchenreform? Einküchenhaus versus Küchenlabor. In: L'Homme. Zeitschrift für feministische Geschichtswissenschaft, 1/1999, 57–76. Online verfügbar unter: http://www.demokratiezentrum.org/fileadmin/media/pdf/einkuechenhaus.pdf, Zugriff am 01.10.2020.
Schröder, Iris (2002): Grenzgängerinnen: Jüdische Sozialreformerinnen in der Frankfurter Frauenbewegung um 1900. In: Andreas Gotzmann et al. (Hrsg.), Juden, Bürger, Deutsche. Zur Geschichte von Vielfalt und Differenz 1800–1933 (S. 341–368). Tübingen: Mohr.

7 Machtverhältnisse, Gewalt, sexuelle Gewalt

7	Machtverhältnisse, Gewalt, sexuelle Gewalt	124
	Ausgangslage	124
	Thematisierung von Machtstrukturen und Gewalt in der ersten Frauenbewegung	126
	Zweite Frauenbewegung: »Frauen helfen Frauen« – Thematisierung der Geschlechterverhältnisse als Gewaltverhältnisse und Professionalisierung der Frauenhausarbeit	128
	Sexuelle Gewalt gegen Kinder und Jugendliche – »Missbrauch«: Debatten, Institutionalisierungen und öffentliche Rezeption	134
	Literatur	144

Ausgangslage

Dass gesellschaftliche Verhältnisse Machtverhältnisse sind, sofern einige (bzw. der Staat) über andere auch ohne oder gegen deren Willen bestimmen können, ist seit der Antike selbstverständlicher Aspekt aller staats- und gesellschaftsbezogenen Theorien. In Beziehungen zwischen einzelnen Menschen sind Machtverhältnisse schwieriger zu fassen, weil sie, begrifflich unscharf, Besitzverhältnisse (wie Sklaverei oder Leibeigenschaft), Verfügungsverhältnisse (wie patriarchale Familienstrukturen), aber auch explizite Gewaltverhältnisse bezeichnen können. Werden sie von ihrer Gegenseite, der Abhängigkeit her betrachtet, zeigen sich die strukturellen Unterschiede – etwa ob die Abhängigkeit durch Angewiesenheit begründet wird (wie bei dem sorgebedürftigen Kind), oder rechtlich, oder durch direkte Gewalt.

Während in der ersten Frauenbewegung das Geschlechterverhältnis überwiegend als strukturelles gesellschaftliches Machtverhältnis diskutiert wurde (wenn auch nicht mit diesen Begriffen), verschob sich die Diskussion in den 1970er Jahren erheblich – nicht zuletzt wegen der insgesamt breiten Diskussion um Gewalt in den sozialen Bewegungen der 1970er Jahre in der Bundesrepublik. Diese waren geprägt durch Auseinandersetzungen um Staatsgewalt, die unter anderem durch das Attentat auf Benno Ohnesorg 1967 in Berlin ausgelöst wurden und Fragen nach gewaltsamen oder gewaltfreien Formen des Widerstandes nach sich zogen. Die Strafrechtsreform von 1972 führte zur Abschaffung der Prügelstrafe in pädagogischen Institutionen (und damit des Rechts auf körperliche Gewaltausübung von Pädagog:innen) sowie des Rechtsstatus' des »besonderen Gewaltverhältnisses«, wonach Insassen von Schulen, Heimen, Psychiatrie, Gefängnis und Militär nur eingeschränkte Grundrechte ohne Schutzwirkung besaßen. In diesem Zusammenhang wurde in Anlehnung an Johan Galtung eine Auffassung prominent, dass alle von Herrschaftsverhältnissen, Hierarchisierungen, sozialer Marginalisierung und ungleichen Verteilungen von Ressourcen ausgehenden Zwänge Formen von »struktureller Gewalt« darstellten. Wenngleich vor unterschiedlichen Seiten kritisiert, wurde dieser Topos für die sozialen Bewegungen und auch für die Frauenbewegung bedeutsam (vgl. Baader 2018b: 35f.). Diese Erweiterung des Gewaltbegriffes in der zweiten Frauenbewegung sei das »Neue« gegenüber der ersten, schreibt Carol Hagemann-White, zumal er die fordernde Opposition gegenüber dem Staat, seinen Organen und öffentlichen Institutionen, etwa bei der Aneignung von Räumen, und insgesamt das Recht auf Selbstbestimmung einschloss. Im »Widerstand gegen Gewalt« liege der »Nerv der neuen Frauenbewegung« (Hagemann-White 1983: 114). Die Verleiblichung von Herrschaft, so die zeitgenössische Einordnung, bringe eine strukturelle Gewaltförmigkeit des Geschlechterverhältnisses hervor und führe dazu, dass sich eher Männer als Frauen anmaßen, andere körperlich zu misshandeln, sexuell zu bedrängen, Willfährigkeit zu fordern oder sexuelle Gewalt benutzen, um andere zu erniedrigen. Diese Perspektive differenzierte sich im Lauf der Jahre weiter aus in einen Schwerpunkt auf »strukturelle Gewaltverhältnisse« (womit angesprochen wurde, was zuvor quasi-neutraler unter dem Stichwort »Machtverhältnisse« gefasst worden war, Verfügungsgewalt und Definitionsmacht), direkte Gewalt (in Form von häuslicher Gewalt und allgemeiner »Gewalt gegen Frauen«) und sexuelle Gewalt (wozu sowohl Vergewaltigungen als auch vor allem die mit »Missbrauch« bezeichnete Gewalt gegen Kinder, zunächst mit dem Fokus auf Mädchen, gerechnet wurden). Begriffe und Perspektiven blieben zunächst für Jahre in Bewegung, teilweise verloren sie auch an Prägnanz, wenn sie alle möglichen Formen von Gewalt umfassen sollten. Hinsichtlich des Zusammenhanges von Gewalt und Sexualität hat die neue Frauenbewegung in den 1970er und 1980er Jahren die Begriffe »sexuelle Gewalt«, »sexuelle Übergriffe« und »sexuelle Belästigung« verwendet und dabei auch immer wieder versucht, das »Geschlechtsspezifische an Gewalt gegen Frauen« gegen andere Formen der Gewalt abzugrenzen, da jene auf eine »Bestätigung der Rangordnung« zielen (ebd.). Seit den 2010 er Jahren hat sich im Fachdiskurs verstärkt der Begriff der »sexualisierten Gewalt« durchgesetzt. Damit wird »jeder Zusammenhang von Sexualität, Macht und Gewalt bezeichnet, der die Integrität des Menschen verletzt oder beeinträchtigt«. Er betont, »dass nicht die Sexualität an sich das Problem ist, sondern gewaltvolle Machtausübung, die sich des Mediums der Sexualität in unterschiedlichen Formen bedient« (Reh et al. 2012: 15). Aber auch dieser Begriff ist nicht ganz unproblematisch. Zwar soll er unter anderem die Tatsache fassen, dass auch solche Formen von Machtausübung, die nicht als explizit sexuell erscheinen, Ausdruck von sexuell motivierter Erniedrigung sein können, doch kann er andererseits auch semantisch verharmlosend wirken und den Aspekt des Sexuellen ignorieren. Die Verwendung der unterschiedlichen Begriffe und Perspektiven auf Macht und Gewalt wird in den nachfolgenden Abschnitten erörtert. Dort, wo wir über die Zeit vor 2010 schreiben, verwenden wir den zeitgenössisch geläufigen Begriff der sexuellen Gewalt.

Thematisierung von Machtstrukturen und Gewalt in der ersten Frauenbewegung

Die Aktivistinnen der ersten Frauenbewegung thematisierten geschlechterbezogene Machtverhältnisse und Gewalt gegen Frauen vor allem im Kontext von Arbeitsschutz und Mutterschutz, insbesondere auch dem Kinderschutz – überhaupt stand der Begriff des »Schutzes« stark im Vordergrund der Aktivitäten der bürgerlichen Frauenbewegung. »Arbeitsschutz«, »Mutterschutz und Mutterschaftsversicherung«, »Der Schutz der Frau und des Hauses«, »Der Schutz der Kinder vor Mißhandlung«, so lauteten etwa bei der Vorsitzenden des BDF und Begründerin der Sozialen Frauenschule Alice Salomon (1872-1948) die Themen, die sie verhandelte (Salomon 1896-1908/1997). Die intensive Auseinandersetzung mit Fragen des Kinderschutzes hatte wesentlich dazu beigetragen, dass ab Ende des 19. Jahrhunderts in den meisten europäischen Staaten Kinderschutzbestimmungen, die sich insbesondere auf das Verbot von Kinderarbeit bezogen, etabliert waren. Deren Durchsetzung basierte auf einer Allianz von Organisationen der Frauen- und Arbeiterbewegung sowie der christlichen Wohltätigkeitsorganisationen. Ab 1900 war dann im Bürgerlichen Gesetzbuch die Kategorie des Kindeswohls und damit auch der Kindeswohlgefährdung eingeführt, die zugleich das Staatliche Wächteramt verankerte. Den Begriff der Gewalt gegen Frauen verwendeten die Aktivistinnen selten explizit. So sprach zum Beispiel die Frauenrechtlerin Berta Pappenheim (1859–1936), ab 1914 Präsidentin des »Weltbundes jüdischer Frauen«, die sich der Bekämpfung des Mädchenhandels gewidmet hat, von »Hörigkeit«, »Zwang«, Schmach«, »Rohheit« und »Verbrechen« (▶ Kap. 5). Auch bei ihr steht der Begriff des Schutzes im Vordergrund, mit Titeln wie »Schutz der Frauen und Mädchen. Das Problem in allen Zeiten und Ländern« (Pappenheim 1923/1992) wird auf die internationale Dimension und auf Forderungen nach sozialpolitischen und rechtlichen Schutzmaßnahmen verwiesen. Um das inhärente Gewaltverhältnis zu beschreiben, wird der Begriff der »geschlechtlichen Ausbeutung« verwendet (ebd.: 258) sowie der Begriff der »Geschlechtssklaverei«, so Pappenheim in einem internationalen Flugblatt (Pappenheim 1913/1192: 251). Pappenheim diskutiert Mädchenhandel, Bordellwesen und Alkoholismus gemeinsam und bringt sie mit Sittenfragen, Verrohung und Schande sowie der »Vergeudung der besten Volkskräfte« in Verbindung (ebd.: 251).

Überhaupt konzentrierte sich die erste Frauenbewegung zunächst auf die mit der Prostitution verbundene Doppelmoral – einerseits mit dem Schwerpunkt der Abschaffung der Prostitution (»Abolitionismus«) und andererseits mit Bemühungen um die »Hebung der Sittlichkeit« der gefährdeten Frauen sowie der rücksichtslosen Männer: »Die Aufgabe der Mutter in der Erziehung der Jugend zur Sittlichkeit« titelte ein Heft des Züricher Frauenbundes 1904 (Historisches Lexikon 2013). Auch bei diesem Thema zeigten sich – wie in den meisten inhaltlichen Fragen – von Anfang an kontroverse Positionen zwischen denen, die das Verbot der Prostitution mit der Kontrolle und Bestrafung der Prostituierten verbinden wollten, und anderen, denen aus der Einsicht des Zusammenhangs von Prostitution und mangelnden Lebenschancen eher an Schutz und Resozialisierung der Prostituierten gelegen war. Der »extreme Männlichkeitswahn« (Gerhard 1990: 248) der Gesellschaft am Ende des 19. Jahrhunderts und die allgemeine wirtschaftliche Lage hatte die Zahl der Prostituierten in Berlin auf fünfzigtausend anwachsen lassen[8], was die willkürliche Kontrolle und Inhaftierung von Frauen durch Polizisten völlig ausufern ließ (ebd.: 258).

Der »Bund für Mutterschutz« dagegen (gegründet 1905, später »Deutscher Bund für Mutterschutz«) hatte eher diejenigen im Sinn, die durch die Doppelmoral ins Elend und unter gesellschaftliche Verachtung geraten waren, nicht verheiratete bzw. »ledige« Mütter, und befasste sich auch allgemeiner mit Fragen der »sexuellen Ethik«. Namentlich Helene Stöcker (1869–1943) trat ein für eine gleichberechtigte und freie Sexualität, Straffreiheit der Homosexualität (von Männern, denn bei Frauen war sie nicht unter Strafe gestellt) und das Recht auf Abtreibung (vgl. Sigusch 2008, Kap. 3: 11). Und sie plädierte schon damals explizit dafür, dass »Mann und Frau sich nicht mehr als Feinde gegenüber stehen, sondern daß sie anfangen zu begreifen, daß der eine Teil sich nicht wahrhaft entwickeln kann auf Kosten des andern« (Stöcker 1906: 177f.; ▶ Kap. 4). Gewalt war in der ersten Frauenbewegung zudem im Fokus, wenn es um den Kampf gegen Alkoholismus ging. Dies war neben dem Abolitionismus und den Themen Frauenarbeit, Rechtsschutz, Familienrecht, Frauenstimmrecht, Fürsorge und internationale Friedensbewegung eines ihrer wichtigen Themen jenseits der zentralen Bildungsfragen (Handbuch der Frauenbewegung, 2. Teil, 1901/1980) (▶ Kap. 10). Zum einen ging es den Aktivistinnen der Frauenbewegung um den Kampf gegen Alkoholmissbrauch von Schwangeren und Müttern (Salomon 1903/1997: 187), zum anderen thematisierten sie die »Trunksucht« der Arbeiter. Im Zusammenhang mit dem Kampf gegen den Alkoholismus von Männern nahmen Vertreterinnen insbesondere der radikalen Frauenbewegung auch eugenische Positionen ein, also solche, die sich mit der sogenannten »Erbgesundheitslehre«, das heißt mit Fragen der Vererbung und – für die neue Wissenschaft der Eugenik eng damit zusammenhängend – der Bevölkerungspolitik befassten. Diesbezügliche Positionen finden wir in der ersten Frauenbewegung etwa bei Helene Stöcker, der Sozialdemokratin Adele Schreiber (1872–1957), aber auch bei der schwedischen Sozialdemokratin und international bekannten Frauenrechtlerin Ellen Key (1849–1926) (vgl. Baader 2018a). Sie forderte Gesundheitszeugnisse für die Eheschließung und ein Eheverbot für Menschen »mit schlechten Anlagen« (Key 1926/1992: 46). Und auch sie bekämpfte neben den sogenannten »Geisteskrankheiten« insbesondere den Alkoholismus und wollte, wie sie 1900 schrieb, Frauen und Kinder davor schützen, »dass ein Kind von einem berauschten Vater gezeugt wurde«, was wiederum Alkoholismus in der nächsten Generation erzeuge (ebd.: 39). Ann Taylor Allen hat gezeigt, dass die eugenischen Positionen, die die Vertreterinnen der alten Frauenbewegung hervorbrachten, auf explizit feministisch begründete Motive zurückgingen (Allen 2000: 105; ▶ Kap. 4).

---

8 Zum Vergleich: 2018 belief sich die Anzahl »gültig angemeldeter« Prostituierter in Berlin auf 750 (Statistisches Bundesamt)

Zweite Frauenbewegung: »Frauen helfen Frauen« – Thematisierung der Geschlechterverhältnisse als Gewaltverhältnisse und Professionalisierung der Frauenhausarbeit

Als hätte es die Diskussionen und das Engagement der Aktivistinnen der ersten Frauenbewegung nicht gegeben, war zu Beginn der 1970er Jahre weder das Thema der Gewalt von Männern gegen Frauen im sozialen Nahraum noch die Einsicht in strukturelle geschlechtliche Gewaltverhältnisse gesellschaftlich präsent: Opfer von Misshandlung zu sein, galt als privates Unglück bzw. als Randphänomen in spezifischen sozialen Gruppen, nicht als gesellschaftliches Problem (so trat beispielsweise das Gewaltschutzgesetz erst 2001 in Kraft). Institutionalisierte Hilfen gab es nicht. Die Probleme betroffener Kinder als Opfer oder Zeug:innen von Gewalt wurden nicht wahrgenommen.

Auch für Frauen, die vergewaltigt worden waren, gab es keine institutionellen Hilfen. Opfer von Vergewaltigung wurden sowohl in ihrem privaten Umfeld als auch in der öffentlichen Wahrnehmung häufig stigmatisiert und mussten bei der Polizei und vor Gericht mit Diskriminierung rechnen (Weis 1982). Vergewaltigung in der Ehe war kein Straftatbestand (das ist erst seit 1997 der Fall). Sexuelle Gewalt gegen Kinder in der Familie und in Institutionen war fast gänzlich tabuisiert und kam erst Ende der 1980er Jahre durch die Frauenbewegung stärker ins Bewusstsein. Auch Forschung über die Prävalenz von Gewalt im sozialen Nahraum war nicht vorhanden. Die (wenigen) theoretischen Publikationen standen in der Tradition der Stigmatisierung der Opfer (vgl. dazu z. B. Breitenbach 1992; Weis 1982).

Mit dem Anwachsen der Aufmerksamkeit für die Lebensumstände von Frauen, vor allem für deren schwierige Seiten, und einer durch Politisierung und zunehmende Kenntnisse über gesellschaftliche Strukturen getragenen Aktionsbereitschaft der Frauen wurde »Gewalt gegen Frauen« auf unterschiedliche Weise zu einem zentralen Thema der Frauenbewegung. »Der Kampf gegen Gewalt zieht sich wie ein roter Faden durch die siebziger und achtziger Jahre der Frauenbewegung« (Knafla/Kulke 1987: 106). Wissen über Gewaltverhältnisse zusammenzutragen und zu verbreiten, schien der erste wichtige Schritt zu sein – so gab es am 30.4.1977 die erste bundesweite Frauendemonstration unter dem Motto »Wir erobern uns die Nacht zurück«, der viele weitere folgten. Wichtig für das Selbstbewusstsein der Bewegung wurde das internationale Tribunal über Verbrechen gegen Frauen 1976 in Brüssel (vgl. Hagemann-White 1988).

Eines der zentralen Leitmotive der Frauenbewegung, die Parole »Das Private ist politisch«, sollte signalisieren, dass die Frauen der Bewegung für sich und andere einen Raum öffnen wollten, um über ihre Erfahrungen zu sprechen, auch über Erfahrungen von Sexismus und (sexueller) Gewalt. Die ersten Initiativen gegen Gewalt waren Selbsthilfegruppen zum Thema Vergewaltigung. Aber es suchten zunehmend auch misshandelte Frauen die Frauenzentren und Frauenberatungsstellen auf und machten dadurch die Gewalttätigkeit von Männern gegenüber Frauen und Kindern sichtbar und öffentlich. Als Antwort darauf wurde 1977 die erste Notruf-Beratungsstelle gegründet, Initiativen gegen sexuellen Missbrauch folgten in den achtziger Jahren. Im Gegensatz zu den Initiativen gegen Misshandlung, die den Weg der Institutionalisierung und Professionalisierung gingen, wurden die Notrufgruppen nie zu einem Teil des professionellen sozialen Hilfesystems (vgl. Hagemann-White 2014).

Aus den Erfahrungen der Notrufgruppen mit der Spirale aus Gewalt, Drohungen und Abhängigkeiten und als Antwort auf die fast vollständige öffentliche Ausblendung der Problematik entstand die Idee, geschützte Räume für Frauen in gewalthaltigen Notlagen einzurichten, in denen sie Zuflucht finden und sich vor den sie bedrohenden Männern bzw. Partnern auch verstecken konnten – dass hieraus eine große Bewegung mit Einflüssen auf Politik, Gesellschaft und Erziehung entstehen würde, war damals noch nicht abzusehen.

Dabei war die Frauenhausbewegung – wie die Problematik von Gewalt gegen Frauen selbst – ein internationales Phänomen, sie entwickelte sich nahezu gleichzeitig in vielen Großstädten der westlichen Welt. Das erste Frauenhaus entstand 1971 aus einem Stadtteilzentrum in London. 1974 veröffentlichte Erin Pizzey die erste Publikation über häusliche Gewalt gegen Frauen, 1976 erschien die deutsche Ausgabe unter dem Titel »Schrei leise« (Pizzey 1976).

Die ersten deutschen Frauenhäuser wurden 1976 in Berlin und in Köln eröffnet. Das Berliner Frauenhaus wurde als »Modellversuch Hilfen für misshandelte Frauen«, finanziert durch das Bundesministerium für Jugend, Frauen und Gesundheit und den Berliner Senat, auch wissenschaftlich begleitet. Im ersten Jahr seines Bestehens nahmen 615 Frauen und 730 Kinder das Haus in Anspruch (Frauen gegen Männergewalt 1978: 77). 1979 gab es bereits 84 Frauenhäuser und Frauenhausinitiativen in Deutschland (Ohl/Rösener 1979: 203). 1980 gründete sich die zentrale Informationsstelle autonomer Frauenhäuser (ZIF), die bis heute besteht und inzwischen dem europäischen WAVE-Netzwerk (Women against Violence in Europe, o. J.) angehört. Bedrückend ist allerdings die Tatsache, dass trotz des nicht nachlassenden Engagements vieler Frauen der Bedarf an Schutzräumen nicht zurückgegangen ist. Der aktuelle Bericht der Bundesregierung zählt bundesweit über 350 Frauenhäuser, in denen jährlich etwa 16.000 Frauen mit fast ebenso vielen Kindern Zuflucht suchen, wobei fast ebenso viele Frauen keinen Zugang zu Schutz und Hilfe finden, weil die Plätze nicht ausreichen (Deutscher Bundestag 2019: 4). Nach wie vor ist die Finanzierung vieler Häuser nicht gesichert.

Die Frauenhausbewegung hat sich früh formal organisiert in Vereinen »Frauen helfen Frauen« (vgl. Breitenbach 2018), die sich auf das grundlegende Selbstverständnis der Frauenbewegung stützten: die Einschätzung einer gemeinsamen Lebenslage von Frauen als Benachteiligte und Unterdrückte und die gleichzeitige optimistische Überzeugung, die Lage der Frauen gemeinsam verändern zu können. Dies verhinderte – jedenfalls zunächst – eine Trennung in Hilfesuchende und Helfende, das »feministische Postulat der Gemeinsamkeit der Frauen« diente als »Interpretationsrahmen« (Hagemann-White 1988: 292) für weibliche Lebensverhältnisse in ihren erträglichen und unerträglichen Formen.

»Gemeinsamkeit« meinte gleichzeitig »Autonomie der Frauen« und damit eine Abgrenzung von allen Formen weiblicher Abhängigkeit im privaten Leben wie auch von staatlichen patriarchalen Institutionen. Dies führte sowohl zur Ablehnung von männlichen Mitarbeitern im Frauenhaus als auch oftmals zur Ablehnung einer formalen Qualifikation als Bedingung von Frauenhausarbeit: Frauen helfen Frauen. Auch die Diskussionen um die Finanzierung der Frauenhäuser kreisten um die drohende Abhängigkeit und damit drohenden Kontrollmöglichkeiten staatlicher Institutionen.

Das Paradigma von der Gemeinsamkeit der Frauen schloss die gemeinsame Betroffenheit von Gewalt bzw. der Angst vor Gewalt ein. Dies hatte nicht nur Konsequenzen für die praktische Arbeit, sondern auch für die theoretische Analyse der Geschlechterverhältnisse, die in den ersten Jahren eng mit der praktischen Arbeit verbunden war. Die Veränderungen und Entwicklungen der Analysen lassen sich mit der Veränderung der Begriffe illustrieren. Der erste Erfahrungsbericht aus dem Berliner Frauenhaus hieß »Frauen gegen Männergewalt«. Dieser Terminus bezeichnete klar Täter und Opfer und verwies auf die gesellschaftliche Dimension des Problems: »Frauenmisshandlung hat System, ist Teil und Resultat der gesamtgesellschaftlichen Verachtung der Frauen« (Frauen gegen Männergewalt 1978: 9). Auch im Abschlussbericht der wissenschaftlichen Begleitung des Modellprojekts Frauenhaus Berlin wurde Misshandlung von Frauen als Ausdruck eines Machtverhältnisses zwischen Frauen und Männern analysiert.

> »Bevor der einzelne Mann oder die einzelne Frau überhaupt in Beziehung zueinander treten, ist ihr Verhältnis zueinander schon als ein Machtverhältnis definiert, in dem die Frau in einem Unterordnungszusammenhang steht, der sie potentiell der Gewalt aussetzt« (Hagemann-White et al. 1981: 9).

Drei Argumentationslinien begründeten in diesen ersten Schriften die Analyse der Geschlechterverhältnisse als hierarchische Verhältnisse, die Gewalt einschließen: Zum einen die Häufigkeit der körperlichen und sexuellen Gewalt gegen Frauen, abzulesen an der Inanspruchnahme der Frauenhäuser. Die zweite Begründungsfigur verwies darauf, dass die Institutionen (Polizei, Beratungsstellen etc.) das Problem, obgleich es offensichtlich war, nicht ernst nahmen: Viele Frauen, die ins Frauenhaus kamen, berichteten von zahlreichen vergeblichen Versuchen, Hilfe zu finden. Mehr noch, sie machten die Erfahrung, dass der Täter geschützt wurde – Gewalt gegen Frauen war gleichzeitig selbstverständlich und tabuisiert. Die dritte Begründung lag in der gesellschaftlichen Benachteiligung von Frauen:

> »Kaum eine der Schriften aus den ersten zehn Jahren, die körperliche und sexuelle Verletzungen beschreiben, versäumt eine Kritik an der wirtschaftlichen und sozialen Abhängigkeit von Frauen in der Ehe und an normativen Bildern von Weiblichkeit und Liebe, die Frauen der Misshandlung aussetzen« (Hagemann-White 2014: 49).

Nachdem im Rahmen einer Bestandsaufnahme des Hilfesystems in den frühen 1990er Jahren zu Gewalt gegen Frauen und Mädchen für die niedersächsische Landesregierung im Hinblick auf sexuellen Missbrauch deutlich wurde, dass auch Jungen Opfer und Frauen Täterinnen waren, musste der Begriff »Gewalt gegen Frauen« erweitert werden:

> »Unter Gewalt verstehen wir die Verletzung der körperlichen oder seelischen Integrität eines Menschen durch einen anderen. Unsere Aufmerksamkeit richtet sich noch genauer

auf diejenige Gewalt, die mit der Geschlechtlichkeit des Opfers wie des Täters zusammenhängt. Hierfür prägten wir den Begriff: Gewalt im Geschlechterverhältnis« (Hagemann-White 1992: 22).

Dieser Begriff betonte die strukturelle und gesellschaftliche Seite der Problematik und bot sich dann auch als theoretisierbare wissenschaftliche Kategorie an. Während einerseits die übliche Figur der Schuldzuweisung an Frauen vermieden wird, kann andererseits betont werden, dass Männer und Frauen als Täterinnen und Opfer grundlegend unterschiedlich von Gewalt betroffen sind. Während Frauen vor allem im sozialen Nahraum Opfer körperlicher und sexueller Gewalt werden, gilt dies für Männer (und hier vor allem junge Männer) vor allem im öffentlichen Raum: »Das Erleiden von Gewalt ist bei Frauen und Männern nicht spiegelbildlich gleich, sondern mit dem Geschlecht verbunden unterschiedlich« (Hagemann-White 2016: 17). Im Fortgang der Diskussion wurden die Perspektiven weiter differenziert – etwa mit Blick auf das weite Spektrum psychischer Gewalt und das erhöhte Gewaltrisiko bestimmter Gruppen, wie z. B. männlicher Strafgefangener.

In der öffentlichen Thematisierung von Gewalthandlungen und -strukturen von Männern gegenüber Frauen im Kontext von Familie oder Partnerschaft hat sich der Begriff der »häuslichen Gewalt« durchgesetzt, auch in internationalen Kontexten. Dies ist einmal darin begründet, dass dieser Begriff nicht im Verdacht steht, feministisch zu sein. Er wird aber auch dann verwendet, wenn mit der Situation der betroffenen Frauen gleichzeitig die Situation der betroffenen Kinder in den Blick genommen wird, wie es in den letzten Jahren vermehrt der Fall ist. Allerdings geht damit auch eine Verkürzung einher, sofern der Eindruck entsteht, Gewalt sei auf Binnenverhältnisse und den Privatraum beschränkt. Die strukturellen Dimensionen und die alltägliche Gewalt, auch im öffentlichen Raum, wie sie in den letzten Jahren durch die #MeToo-Debatte angeprangert wurde, sind bei dieser Begrifflichkeit ausgeblendet. Der Wechsel von den Personen zu den Kategorien, von der »Männergewalt gegen Frauen« zur »Gewalt im Geschlechterverhältnis« und zur »häuslichen Gewalt«, vom Faktum der Gewalt mit einer klaren Benennung von Opfern und Tätern zur »Verwobenheit« (Stövesand 2010: 83) aller Beteiligten in ein unterschiedlich deutbares Geschehen, signalisiert nicht nur einen Prozess der Abstraktion, der Erweiterung und Verwissenschaftlichung der Paradigmen sowie anderer theoretischer Zugänge, sondern auch der emotionalen Distanzierung vom Geschehen und den beteiligten Akteur:innen.

Eine entscheidende Veränderung erfuhr die Arbeit gegen Gewalt durch die Interventions- und Kooperationsprojekte, die sich seit Mitte der neunziger Jahre gründeten. Sie symbolisieren eine Entwicklung, Gewalt gegen Frauen zunehmend als Rechtsverletzung zu sehen: »Wenn die Gewalt gegen Frauen als Rechtsverletzung anerkannt werden soll, wird das Gewaltmonopol des Staates auch für Gewalt gegen Frauen und Kinder eingeklagt. Dann ist staatliche Intervention gefordert« (Kavemann 2004 in Lenz 2010: 1106). Jetzt sollen alle Institutionen an einem »Runden Tisch« zusammenarbeiten, die mit der Problematik befasst sind. Die Kooperationsprojekte schließen polizeiliche Intervention, Strafverfolgung und Täterarbeit ausdrücklich ein. Das bekannteste Beispiel ist das Modellprojekt

»BIG« (Berliner Interventionsprojekt gegen häusliche Gewalt), das 1995 gegründet und mehrere Jahre lang wissenschaftlich begleitet wurde (Kavemann et al. 2001).

Inzwischen hat sich in Deutschland ein Hilfesystem aus Frauenhäusern, Frauenberatungsstellen, therapeutischen Einrichtungen, Präventions- und Interventionsprojekten für von Gewalt betroffene Frauen und ihre Kinder sowie für vergewaltigte Frauen etabliert. Soziale Arbeit und Therapie in diesem Fachgebiet verfügen über ausdifferenziertes Fachwissen (vgl. Lenz/Weiss 2018). Der Frauenbewegung und der Frauenhausbewegung ist es gelungen, die Soziale Arbeit in Praxis und Theorie um ein bedeutsames Thema und ein Fachgebiet zu erweitern, das sich dynamisch entwickelt hat und weiterentwickelt, und das auch in den Lehrkanon der Sozialen Arbeit eingegangen ist. Eine Weiterentwicklung bestand darin, die Kinder als Gewaltopfer und als (oft traumatisierte) Zeug:innen von Gewalt in den Blick zu nehmen (vgl. Bell 2016; Henschel 2019; Kavemann/Kreyssig 2006/2013). Nach wie vor weniger beachtet sind die besonderen Probleme älterer Frauen (vgl. Dackweiler/Schäfer 2020).

In den achtziger und neunziger Jahren erschienen wenige empirische Studien zum Thema, vor allem wurde die Forschung aus dem angloamerikanischen Raum rezipiert (vgl. Godenzi 1994). Die erste und bisher einzige repräsentative Untersuchung zu Gewalt gegen Frauen in Deutschland erschien 2004 (Müller et al. 2004), gefolgt von Sekundär- und Metaanalysen (Gig-net 2008) und kleineren Studien, u. a. zu »Gewaltwiderfahrnissen von Männern« (Jungnitz et al. 2007) sowie zur Beratung von gewaltausübenden Männern (Schröder 2015). In der erziehungswissenschaftlichen und soziologischen Geschlechterforschung bildet Gewalt im Geschlechterverhältnis kein Schwerpunktthema, was bis heute gilt.

> »Es hat sich in Deutschland zwar durchaus eine Tradition der geschlechterkritischen Gewaltforschung als ein spezialisierter Zweig entwickelt. Die Expertise wird hier aber von – im Verhältnis zu der Bedeutung des Themas – wenigen Wissenschaftlerinnen getragen« (Glammeier 2015: 63, vgl. Nef 2020).

UNO, WHO und EU setzen sich mit dem Thema als Menschenrechtsverletzung auseinander und unterstützen Forschungen, Projekte und Kampagnen zum Thema bzw. führen sie selbst durch, ebenfalls das BMFSFJ. »Spätestens seit Mitte der 1990er Jahre ist das Thema Gewalt gegen Frauen (›violence against women‹) zu einem Welterfolg der internationalen Frauenbewegung geworden mit Häuslicher Gewalt (›domestic violence‹) als einem der zentralen Aspekte«, resümiert Margrit Brückner (2014: 63). Allerdings wird auch gefragt, ob nicht mit der Professionalisierung und Institutionalisierung die Arbeitsprinzipien der feministischen Projekte und die kritischen Analysen der Geschlechterverhältnisse tendenziell verschwinden, ob sich im Gefolge der Etablierung als Teil der Sozialen Arbeit das gesellschaftskritische Potential zersetzt hat und ob beispielsweise die Frauenhäuser inzwischen als »gesellschaftliches Feigenblatt« fungieren (Kavemann 2004: 1106; Brückner 2014, 2018; Henschel 2016).

Die Geschichte der Professionalisierung im Kontext von Gewalt gegen Frauen bzw. Gewalt im Geschlechterverhältnis verweist also auf eine immer bestehende Spannung zwischen kritischer Analyse der Geschlechterverhältnisse als Gewaltverhältnisse und dem Kampf um Autonomie als Anliegen der Frauenbewegung einerseits, und Gewalt gegen Frauen als Gegenstand von Sozialpolitik und Sozialer Arbeit andererseits. Diese wird im Folgenden noch einmal aus der Perspektive von »Frauen als Opfern« beleuchtet. In der Debatte um Gewalt im Geschlechterverhältnis hat der Begriff »Betroffene« den Opferbegriff teilweise abgelöst, er findet sich jedoch neben dem Begriff der »Betroffenheit«.

Frauen als Opfer von Männergewalt zu bezeichnen, war in den Anfängen der Bewegung selbstverständlicher und akzeptierter Teil der Analyse patriarchaler Geschlechterverhältnisse. Zum einen bedeutete es, eine bisher tabuisierte Wirklichkeit zu benennen, eine verborgene Wahrheit über die Geschlechterverhältnisse auszusprechen und sich damit geschlechterpolitisch eindeutig zu positionieren. Das wirkte befreiend und war zugleich Ausdruck von Freiheit. Zum zweiten war das Bewusstsein, Opfer von Unterdrückung und Gewalt zu sein, gemeinschaftsstiftend, es war ein bedeutsamer Teil und eine wichtige Begründung der »Gemeinsamkeit der Frauen« als einem Motor der Bewegung. In diesem Zusammenhang, und das scheint zentral zu sein, war die Selbstdefinition als »Opfer« gleichzeitig und vor allem eine Aufforderung, sich gemeinsam zu befreien. Allerdings ist das auch nicht ganz unproblematisch, denn es verlagerte die Erwartung, sich zu wehren, tendenziell auf das Opfer selbst – möglicherweise weil es, nicht zuletzt aus der Geschichte der Auseinandersetzung mit den Verfolgungen in der NS-Zeit, schwer erträglich schien, dass die Verantwortung für das Opfer-Sein eben gänzlich bei den anderen liegt, den Täter:innen und denen, die nicht helfend eingreifen. Opfer zu sein schien also nur legitim mit der gleichzeitigen Bereitschaft, Möglichkeit und Fähigkeit, den Opferstatus zu verlassen. Zugleich barg der Begriff des Opfers die Problematik einer »Opferkonkurrenz« in sich, die im öffentlichen Diskurs der Bundesrepublik immer auch das Thema des Nationalsozialismus und seiner Opfergruppen berührt.

Mit der Professionalisierung der Arbeit veränderte sich diese Konstellation entscheidend. Der Blick richtet sich jetzt auf Frauen mit entsprechenden Menschenrechten als Opfer einer Straftat, und auf Männer als Straftäter. Jetzt sind Frauen, die Opfer von Gewalt geworden sind, Klientinnen eines Hilfesystems, das sich aus ganz unterschiedlichen Institutionen und Professionen zusammensetzt (Polizei, Justiz, Soziale Arbeit etc.) – zu der ohnehin vorhandenen Hierarchie zwischen Hilfesuchenden und Helfer:innen kommt die Hierarchie zwischen Frauen, die Opfer geworden sind, und Frauen und Männern, die, zumindest in ihrer Berufsrolle, keine Opfer sind, hinzu. (Immerhin ist der feministische Impuls, die eigenen Erfahrungen mit der Geschlechtszugehörigkeit zu reflektieren, inzwischen Bestandteil der Professionalität in der Sozialen Arbeit.)

Für Frauen, die in feministischen Projekten arbeiten, stellt sich die Situation etwas anders dar. Von Anfang an war das Konzept, in feministischen Projekten Frauen lediglich die notwendigen Rahmenbedingungen für ihre Trennung aus gewalttätigen Beziehungen zur Verfügung zu stellen, nicht ohne Probleme umzusetzen. Eine Schwierigkeit war und ist dabei, dass die Bewohnerinnen der Häuser mit den feministischen Ideen der Projektmitarbeiterinnen oft nichts anfangen konnten und können. Noch irritierender war und ist aber die Tatsache, dass viele Frauen einmal oder auch mehrmals zu ihren Partnern zurückkehren und damit sich und ihre Kinder erneuter Gewalt aussetzen. Begründungen für dieses paradox scheinende Verhalten wurden zum einen in ökonomischen und sozialen Abhängigkeiten gesehen, zum anderen in der geschlechtstypischen Sozialisation und Persönlichkeit der Frauen, die geformt ist von patriarchalen Bildern von Weiblichkeit, Männlichkeit, Beziehung und Familie (vgl. Brückner 1983, 1987). Der Ton der Analysen schwankte zwischen Verständnis und Kritik.

Weniger gesehen wurden die Folgen von Gewalterfahrungen selbst. Diese kommen erst in den Blick, seit sich das Wissen um Traumatisierung, Folgen von Traumatisierung und um Traumatherapie verbreitet hat. Dabei ist es einerseits fraglos ein Fortschritt, dass misshandelte Frauen und ihre Kinder als eine Gruppe anerkannt werden, die unter Bedingungen chronischer Traumatisierung lebt – die Anerkennung als Opfer oder Betroffene von chronischer Traumatisierung kann aber auch zur Individualisierung des Problems und zur Pathologisierung der betroffenen Personen beitragen. Sie kann jedoch auch kritisches Potential beinhalten, indem der private Raum der Familie als ein Raum beschrieben wird, der chronische Traumatisierung von Menschen möglich macht bzw. erleichtert. Die Anerkennung der Folgen von Gewalt als Traumatisierung schließt eine kritische feministische Analyse der Geschlechterverhältnisse nicht aus, im Gegenteil, sie kann zur Klarheit und Genauigkeit beitragen. Diese Betrachtungsweise trägt dazu bei, die Situation zu betrachten, nicht die Person – d. h. dass die Tatsache, Opfer geworden zu sein, ihre Ursache nicht in der Person selbst hat, sondern in der Situation, in der sie lebt. Und das ist wiederum ganz im Sinne der alten feministischen Analyse (vgl. Herman 1994).

Sexuelle Gewalt gegen Kinder und Jugendliche – »Missbrauch«: Debatten, Institutionalisierungen und öffentliche Rezeption

Auch im Zusammenhang mit sexueller Gewalt gegen Kinder und Jugendliche ist die Begriffsverwendung unscharf. Zwar hat sich im öffentlichen und auch dem pädagogischen Kontext für sexuelle Übergriffe oder Handlungen an Kindern der Ausdruck »sexueller Missbrauch« durchgesetzt, da dieser rechtlich kodifiziert ist, doch war dieser früh umstritten, weil er einen nicht-missbräuchlichen »Gebrauch« an Kindern suggeriere und die Gewalthaltigkeit des Missbrauchserlebens verschleiern würde. Allerdings zeigt die historische Genese des Begriffs, dass er sich vom »Missbrauch von Autorität« bei Abhängigen herleitet. Je nach Kontext, Fokus und Position wird in der Literatur von »sexueller Misshandlung«, »sexueller Ausbeutung« oder seit 2010 verstärkt von »sexualisierter Gewalt« gesprochen (siehe oben).

Im Rahmen ihrer Aktivitäten zum Kinderschutz wurde sexuelle Gewalt gegen junge Mädchen bereits von Frauenrechtlerinnen und Sozialreformerinnen der ersten Frauenbewegung skandalisiert. Dies äußerte sich etwa im »Kampf gegen die Animierkneipe«, in dessen Rahmen Alice Salomon 1908 forderte, dass junge Frauen unter 21 Jahren nicht Kellnerinnen werden sollten, und eine veränderte Erziehung der männlichen Jugend forderte, »damit die Männer nicht in jeder Kellnerin ein ‹käufliches Wesen› sehen« (Salomon 1908/1997: 461). Anfang des 20. Jahrhunderts wurden in Berlin unter Beteiligung der Sozialreformerin und radikalen Sozialdemokratin Adele Schreiber Organisationen gegründet, die sich mit dem Thema »Kindermißhandlung« befassten, in diesem Zusammenhang wurde auch die sexuelle Gewalt gegen Mädchen thematisiert. Schreiber führte aus, dass man zunächst davon ausgegangen sei, dass »Mißhandlung« insbesondere ein Thema der unteren Schichten sei, dass die Erfahrung jedoch gelehrt habe, dass sie in allen Schichten vorkäme (vgl. Baader 2016). Auch bei der »Kindeswohlgefährdung« wurde in der Praxis der Sozialen Arbeit sowie in der Rechtsprechung zunächst angenommen, dass diese auf die unteren Schichten der Gesellschaft zu beschränken sei (vgl. Zitelmann 2000). Insgesamt kann für die erste Frauenbewegung bilanziert werden, dass sexuelle Gewalt vor allem im Kontext des Kampfes gegen Kindesmisshandlung und Kindeswohlgefährdung in den Blick geriet. Gesetzlich als Straftatbestand kodifiziert und verboten sind sexuelle Handlungen an Personen unter 14 Jahren seit dem ersten Reichsstrafgesetzbuch vom 1. Januar 1872. Zwar wurde 1969 das seit 1871 geltende Verbot von mann-männlicher Homosexualität aufgehoben, aber die Schutzaltersgrenze für mann-männliche Sexualität wurde auf 21 Jahre festgelegt. Sie wurde bei der Strafrechtsreform von 1973 auf 18 Jahre abgesenkt, aber eine Angleichung der Schutzaltersgrenzen für heterosexuelle und schwule sexuelle Kontakte erfolgte erst 1994 (vgl. Willekens 2017).

In den 1970er Jahren war die sexuelle Gewalt an Kindern und Jugendlichen kein nennenswertes Thema, weder im öffentlichen Diskurs noch innerhalb der Erziehungswissenschaft oder der Sozialen Arbeit – bei Fragen von Kindesmisshandlung stand die körperliche Gewalt und Tötung von Kindern im Vordergrund. Große Resonanz in den pädagogischen Debatten erfuhr etwa das einschlägige Buch »The battered child«, das 1968 in den USA erschien und zehn Jahre später mit einem Vorwort der Rechtswissenschaftlerin und Psychoanalytikerin Gisela Zenz prominent im Suhrkamp Verlag auf Deutsch veröffentlicht wurde. Dort wurden zwar ein verstärkter Kinderschutz und Kinderschutzzentren eingefordert, aber sexueller Kindesmissbrauch war in diesem Kontext erstaunlicherweise kein Thema (vgl. Zenz 1978). Die Fokussierung auf körperliche Gewalt in den 1970er Jahren im erziehungs- und fachwissenschaftlichen Diskurs der BRD folgte einem verengten Gewaltbegriff, wie er sich ebenfalls in der Diskussion der 1970er und 1980er Jahre um die Legitimation von Pädophilie zeigte. Dies gründete auch in Sichtweisen, die durch die sogenannte sexuelle Revolution mit ihrer Befreiungslogik hervorgebracht wurden, wonach Sexualität stets als etwas Positives betrachtet und deshalb der Gewaltaspekt ignoriert wurde (vgl. Baader 2017). In diesem Kontext gab es in der Bundesrepublik in den 1970er Jahren Positionen der Legitimation von Pädophilie, die sich auch in der einschlägigen erziehungswissenschaftlichen Zeitschrift mit der höchsten Auflagenzahl fanden, und die mit der Unschädlichkeit von sexuellen Beziehungen zwischen Erwachsenen und Kindern argumentierten, wenn diese einvernehmlich seien. Dabei wurde durchaus mit empirischen Befunden zu Missbrauch an Mädchen argumentiert, dieser wurde aber normalisiert und als Beleg dafür gesehen, dass Missbrauch ohne psychische Folgen sei. So argumentiert beispielsweise der Sexualwissenschaftler Eberhard Schorsch 1973 in der auflagenstärksten erziehungswissenschaftlichen Zeitschrift »betrifft: erziehung« (4/1973), dass »ein gesundes Kind in einer intakten Umgebung nichtgewalttätige sexuelle Erlebnisse mit Erwachsenen ohne Folgen« verarbeite. Er bezieht sich dabei auf die Studien von Kinsey et al. von 1953, die eine Missbrauchsrate von 24 % bei Mädchen attestieren. Schorsch nimmt die Häufigkeit als Argument dafür, dass Missbrauch nicht schädlich sein könne (Baader 2017: 62ff.). Damit zeichneten sich diese Debatten vor allem durch eine Ignoranz gegenüber den Opfern und durch eine Normalisierung und Verharmlosung von Missbrauch an Mädchen durch männliche Täter aus (ebd.).

Nicht zuletzt durch diese Sicht war eine kritische Perspektive auf den Gegenstand nahezu gänzlich tabuisiert. Ein wesentliches Element der Tabuisierung bestand darin, sexuelle Gewalt gegen Kinder schlicht nicht wahrzunehmen – dies betraf anfangs auch die Mitarbeiterinnen in Frauenprojekten und Frauenhäusern, die ebenfalls erst lernen mussten, das teilweise Offenkundige zu sehen.

Verknüpft mit der Verleugnung sexuellen Missbrauchs gab es auch hier wie bei Vergewaltigung und häuslicher Gewalt eine Tradition der Stigmatisierung der Opfer. Viele Erfahrungsberichte zeigen, dass Betroffene, selbst wenn sie versuchten, Hilfe zu finden, nicht gehört, abgewiesen oder ihrerseits beschuldigt wurden. Die Angst und der Abscheu vor der Realität von Missbrauch trafen diejenigen, die versuchten, die verleugnete Realität öffentlich zu machen. Sexuelle Übergriffe ließen sich außerdem auf der Folie der traditionellen Geschlechterordnung als eine mögliche Spielart männlicher Sexualität auffassen. So wurde sexuelle Gewalt gegen Kinder einerseits mit Bezugnahme auf Häufigkeit oder Unschädlichkeit normalisiert, wie bei dem Sexualwissenschaftler Schorsch, oder aber zu einem Sonderfall erklärt, vermeintlich angesiedelt in bildungsfernen Gesellschaftsgruppen, unter Mitbeteiligung oder doch Duldung der Mütter (vgl. Breitenbach 1992). Nicht zuletzt deshalb »musste« sich auch der Mainstream der Erziehungswissenschaft mit diesem Thema nicht befassen, lokalisierte es, wenn überhaupt, bei devianten Randgruppen und schob es an die speziell mit diesen arbeitenden Fachkräfte ab. Dass sexuelle Gewalt gegen Kinder auf ein strukturelles Gewaltproblem in Erziehungsprozessen hindeutet, die mit Generationen- und Geschlechterbeziehungen zu tun haben, blieb ebenso außerhalb ihres Interesses wie die Tatsache, dass diese Gewalt unmittelbar damit zusammenhängt, dass (und wie weitgehend) Gewalt und eine gewaltförmige Sexualität in heterosexuellen Ehe- und Paarbeziehungen gewissermaßen als zum Spektrum des »Üblichen« gehörend toleriert wurde. Leider kommen viele Autor:innen bei dieser Thematik bis heute ohne jeden Bezug auf Geschlechter- und Machtverhältnisse aus.

In den 1980er Jahren kam es zu Gründungen von ersten Selbsthilfegruppen, Projekten und Fachtagungen. »Wildwasser Berlin«, die erste dieser Gründungen, begann 1982 als feministische Selbsthilfe- und Beratungsinitiative von Frauen für Frauen, die als Kinder sexuell missbraucht worden waren. Die Gründerinnen konnten (und mussten) dabei auf internationale Ansätze und Forschungen, vor allem aus den USA und England zurückgreifen. Es folgte die Gründung von Berufsgruppen von Frauen, die beruflich mit der Thematik zu tun hatten (Lenz 2010: 786).

»Im Unterschied zum Frauenhaus, wo der Schutz und die Unterstützung von Frauen im Vordergrund stehen, steht bei ›Wildwasser‹ der Schutz der Tochter im Mittelpunkt. ›Wildwasser‹ entstammt der Selbsthilfe von in der Kindheit sexuell missbrauchten Frauen und ist somit im Vergleich zum Frauenhaus eher ein ›Töchterprojekt‹, unabhängig davon, ob die einzelnen Mitarbeiterinnen Kinder haben oder nicht« (Thürmer-Rohr et al. 1993: 18).

Ab 1987 wurde »Wildwasser Berlin« als Modellprojekt anerkannt und finanziert und konnte eine Beratungsstelle einrichten, 1988 folgte eine Zufluchtswohnung für Mädchen. Ab 1988 wurde das Projekt wissenschaftlich begleitet (vgl. Thürmer-Rohr et al. 1993). Ausgangspunkt und Grundlage der Arbeit bildete die »Parteilichkeit« für Mädchen und Frauen als »grundsätzliche Haltung gegenüber den vorfindbaren gesellschaftlichen Strukturen und der eigenen Standortbestimmung in dieser ›Männergesellschaft‹« (ebd.: 14). Gleichzeitig wurden Frauen hier als »Mitagierende in Gewaltverhältnissen« (Thürmer-Rohr; ▶ Kap. 11) betrachtet und ihre Funktion bei der Aufrechterhaltung der gewaltförmigen Geschlechterverhältnisse analysiert. »Zartbitter Köln«, das zweite in den achtziger Jahren bekannte Projekt, wurde 1987 gegründet, und zwar nicht als Selbsthilfeprojekt, sondern von beruflich am Thema interessierten Frauen und Männern. Hier wurden von Anfang an Mädchen und Jungen als Betroffene adressiert (Enders 1990).

Beide Projekte gibt es nach wie vor, und sie stehen auch gegenwärtig für unterschiedliche Arbeitsprinzipien. Die Mitarbeiterinnen von »Wildwasser e. V. Berlin«, »Arbeitsgemeinschaft gegen sexuellen Missbrauch an Mädchen und Frauen«, haben selbst in ihrer Kindheit sexuelle Gewalt erlebt, sie arbeiten mit und für Mädchen, Frauen und Trans*, und sie stellen nach wie vor einen Selbsthilfeansatz in den Mittelpunkt. »Zartbitter e. V. Köln«, »Kontakt- und Informationsstelle gegen sexuellen Missbrauch an Mädchen und Jungen«, setzt Schwerpunkte u. a. bei Prävention und Intervention, bei sexuellen Übergriffen unter Kindern und Jugendlichen, bei der Erarbeitung von Materialien.

Fast zeitgleich mit der Frauenbewegung nahm sich die Kinderschutzbewegung des Themas ›Gewalt‹ an. Das erste Frauenhaus und das erste Kinderschutzzentrum entstanden im selben Jahr, nämlich 1976 in Berlin. Die neue Kinderschutzbewegung setzte sich zunächst vor allem mit körperlicher Misshandlung auseinander (vgl. Honig 1986).

Mit Blick auf die erziehungswissenschaftliche Einordnung und pädagogische Praxis lassen sich also von Anfang an zwei kontroverse Linien in der theoretischen Analyse und in der praktischen Arbeit ausmachen. Diejenigen, in der Regel waren es Frauen, die aus der Frauenbewegung, feministischen Projekten und der Geschlechterforschung kamen, analysierten sexuelle Gewalt als Ausdruck und Element eines patriarchalen Systems, das sich durch Unterdrückung von Frauen, Geschlechterhierarchie und eine Inferiorisierung und Abwertung des Weiblichen auszeichnete. Gewalt sahen sie als eines der Instrumente, männliche Herrschaft zu etablieren und aufrechtzuerhalten. Dementsprechend verstand sich die Arbeit als parteilich, feministisch und emanzipatorisch.

Die andere Linie, die sich stark an der systemischen Familientheorie und -therapie orientierte, betrachtete das Thema eher im Zusammenhang mit Familie und Generation, weniger mit Geschlecht. Sexuelle Gewalt in der Familie wurde hier als Symptom eines dysfunktionalen Familiensystems angesehen, als »Inzestfamilie« gekennzeichnet, in der jeder der Beteiligten einen bestimmten Part zu spielen hatte. Solche »Inzestfamilien« wurden charakterisiert durch »eine unbefriedigende eheliche Sexualität, eine einseitige Machtverteilung in der Familie und ›Rollenkonfusion‹ zwischen den Generationen« (Breitenbach 1992: 25). Inzestfamilien wurde eine »Grenzproblematik« bescheinigt: diffuse Grenzen nach innen korrespondieren mit starren Grenzen bis hin zur Isolation nach außen, und sie wurden als Familien angesehen, in denen Inzest von Generation zu Generation weitergegeben wird. Dementsprechend wurde beispielsweise bei Missbrauch in der Familie mit Settings gearbeitet, die alle Familienmitglieder einschlossen, auch den Täter, was die Mitarbeiterinnen in feministischen Projekten strikt ablehnten.

Innerhalb weniger Jahre war sexueller Missbrauch im sozialen Nahraum als Thema der Sozialen Arbeit anerkannt. Diese Anerkennung war vermutlich auch ein Resultat der Veröffentlichung und Skandalisierung des Themas in den Medien. Auf diese Weise hat der Zugriff der Medien dem Thema möglicherweise genutzt (vgl. Brückner 2002), aber durch die Skandalisierung, Emotionalisierung, stereotype Kinder- und Geschlechterbilder und eine teilweise großzügige Auslegung der empirischen Ergebnisse sicherlich auch geschadet.

Denn unter anderem wegen der Medienpräsenz setzte ein »Backlash« (Steinhage 2004: 42) ein, mit der Debatte um den »Missbrauch des Missbrauchs«, die Anfang der 1990er Jahre in Deutschland begann und zu einem heftig umkämpften Thema wurde. Ein in der deutschen Diskussion bekanntes Beispiel, das die wesentlichen Argumentationen enthält, ist die Schrift von Katharina Rutschky (Rutschky 1992), die den feministischen Institutionen und den Beraterinnen einen medial unterstützten, aber nur quasi-aufklärerischen Gestus unterstellt: Sie würden Einzelfälle dramatisieren, gar erfinden, um sich interessant zu machen und »die Frauenfrage mit der Methode der Sexualisierung in der öffentlichen Auseinandersetzung präsent zu halten« (ebd.: 20). Rutschky unterstellt, bei der gesamten Arbeit mit den Betroffenen gehe es vor allem um Arbeitsplätze für Pädagoginnen und Sozialarbeiterinnen und um Geld oder um eigene Interessen (etwa im Streit um Sorgerechte – dieses Argument findet sich häufig in der Auseinandersetzung). Im Zuge dieses Backlash kam es zu einer folgenreichen Vermischung von Missbrauch und Sexualität – den feministischen Akteurinnen wurde eine männer- und sexualfeindliche Haltung unterstellt: Sie wollten »alle Sexualität vor ihr Inquisitionsgericht zerren« und jede »positive Vorstellung von Sexualität« verhindern[9] (ebd.: 131). Auch kehrt hier die vom Anfang des Jahrhunderts bekannte Tendenz wieder, kindliche Sexualität und Sexualität insgesamt zu dämonisieren und zu kontrollieren und liberale Konzepte im Umgang mit kindlicher Sexualität zu untergraben (Baader 2016: 29). Auch die im Kontext dieser ersten Missbrauchs-Debatte entwickelten Therapieformen, in denen Menschen

---

9 Es ist sicherlich nicht abwegig, sich hier an gewisse Mechanismen in der MeToo-Debatte erinnert zu fühlen.

verdrängte sexuelle Erfahrungen erinnerten (vgl. z. B. Bass/Davis 1988/1990), gerieten in die Kritik, weil unterstellt wurde, dass die Therapeut:innen ihren Klientinnen erlittene Übergriffe einredeten, um Männer und Väter zu denunzieren.

Der in den feministischen Analysen bereits erkannte und langsam auch von staatlichen Stellen anerkannte Zusammenhang von Gewalt mit spezifischen Aspekten kultureller Männlichkeit und mit Machtdimensionen im Geschlechterverhältnis wurde hier rundweg geleugnet – so dass auch die Erkenntnis, dass sexuelle Gewalt in der Familie nicht ohne eine Analyse der Geschlechterverhältnisse als hierarchische Verhältnisse verstanden werden kann, zunächst wieder verlorenging.

Insgesamt lassen sich hier bereits einige wesentliche Aspekte erkennen, die bis heute die Probleme im öffentlichen und pädagogischen Umgang mit der Missbrauchsthematik beeinflussen. Zum einen ist dies die Vernachlässigung struktureller, mit dem Geschlechterverhältnis zusammenhängender Perspektiven. So bewegte sich im erziehungswissenschaftlichen wie auch im rechtlichen Diskurs die Vermischung und Verwechslung von Missbrauch und Sexualität – worauf der Begriff der sexualisierten Gewalt zu reagieren versucht – in einem schlichten heteronormativen Muster. Das hatte zum einen zur Folge, dass Jungen als Betroffene und Frauen als Täterinnen erst spät, in den 1990er Jahren, in den Blick kamen. Zum anderen wurden Mädchen tendenziell in einer heteronormativen Perspektive als »vielleicht etwas zu junge, aber verständlicherweise doch attraktive« potentielle Partnerinnen erwachsener Männer wahrgenommen, und weniger als Kinder. Diese Perspektive betraf teilweise auch die Mütter missbrauchter Mädchen, die ihren Töchtern dann Hilfe zukommen lassen konnten, wenn es ihnen gelang, diese als Kinder zu sehen und nicht als Mädchen bzw. Frauen (vgl. Breitenbach 1992). Zudem vergiftete die Debatte um den Missbrauch des Missbrauchs, die mit starken Deutungskämpfen bezüglich der Thematik auch in der Fachwelt bzw. im Fachdiskurs verbunden war, die bis dahin bereits geleistete feministische Forschung und Praxiserfahrung – mit der Folge, dass heute die aktuellen Veröffentlichungen diese Vorarbeiten ignorieren und den Eindruck erwecken, das Thema würde nun gerade heute zum ersten Mal beforscht, und zweitens, schwerwiegender, mit der Folge, dass gerade die Erkenntnis des strukturellen Zusammenhangs von Erziehung, Gewalt und Geschlechterverhältnissen aus dem Blick gerät. Damit ist eine wesentliche Möglichkeit zur Theoretisierung der Bedingungen von Missbrauch verloren gegangen.

Die ersten Veröffentlichungen zu sexueller Gewalt gegen Mädchen – seinerzeit unter dem Stichwort »sexueller Missbrauch« – wurden rasch populär, vor allem »Väter als Täter« (Kavemann/Lohstöter 1984) erreichte eine hohe Verbreitung.

> »Das Buch war parteilich in dem feministischen Sinne, die Perspektive der Opfer ernst zu nehmen, aber sie weder einfach zu übernehmen noch auf eine Analyse zu verzichten. Es wurde zu einer Grundlage der Bewegung gegen sexuellen Missbrauch an Mädchen« (Lenz 2010: 778).

Es folgten weitere Publikationen zum sexuellen Missbrauch von Mädchen durch Väter und andere männliche Angehörige: Der Vater-(bzw. Stiefvater-)-Tochter-Inzest war diejenige Form von sexuellem Missbrauch, mit der sich sowohl die Frauenbewegung als auch die Kinderschutzbewegung zunächst vor allem beschäftigten. Er bildete in den ersten Jahren quasi das Paradigma für sexuellen Missbrauch und den Schwerpunkt der theoretischen Auseinandersetzung und der praktischen Arbeit. Jungen als Opfer sexueller Gewalt kamen erst in den 1990er Jahren in den Blick (vgl. z. B. Glöer/Schmiedeskamp-Böhler 1990). Zunehmend wichtig wurden in der Folge Handbücher zur praktischen Arbeit und zu Beratung und Therapie (vgl. z. B. Bass/Davis 1988/1990; Enders 1990; Rennefeld 1993).

Ein zentrales Anliegen war die Veröffentlichung und das Bewusstmachen der Existenz sexueller Gewalt in der Familie und im sozialen Nahraum. Was bisher tabuisiert war, sollte ausgesprochen und der praktischen Hilfe und theoretischen Analyse zugänglich gemacht werden. Zum einen ging es um die Anerkennung der Realität und Perspektive der Opfer als Element einer parteilichen Haltung. Die Erlaubnis und Gelegenheit, über die erfahrene Gewalt zu sprechen, galt – zu Recht – als ein zentrales Element der Hilfe. »So erkannten wir, welche Macht darin liegt, das Unsagbare zu benennen, und wir begriffen, welche kreativen Fähigkeiten freigesetzt werden, wenn die Mauer aus Verleugnung und Verdrängung fällt« (Herman 1994: 11). Zum anderen ging es darum, sexuelle Gewalt gegen Kinder als gesellschaftliches Thema zu etablieren und den herrschenden gesellschaftlichen Definitionen die eigenen entgegenzusetzen.

In der Perspektive der Frauenbewegung wurde die »individuelle Katastrophe des Inzest« als »Teil der gesellschaftlichen Katastrophe des Geschlechterverhältnisses« angesehen. Dementsprechend richtet sich der Blick nicht auf individuelle oder familiäre Pathologie, sondern auf soziale Normalität (die allerdings durchaus pathologische Züge aufweist). Zentrale Analysekategorien sind Macht und Geschlecht (Breitenbach 1992: 30). Da aber der Schwerpunkt in der Auseinandersetzung mit sexueller Gewalt bei der praktischen Hilfe lag, bei Selbsthilfe, Beratung und Therapie, Prävention und Intervention, trat die theoretische Analyse dahinter zurück bzw. es wurde ihr praktischer Anwendungsbezug betont.

Zweifellos ist es ein Verdienst der Bewegung gegen sexuelle Gewalt an Mädchen und Jungen, die Auseinandersetzung mit den körperlichen, psychischen und sozialen Folgen für die Betroffenen angestoßen zu haben. Insgesamt hat sich ein soziales und gesellschaftliches Bewusstsein dafür verbreitet, dass Kinder nach wie vor Opfer von Gewalt sind und dass dies destruktive Folgen für sie hat. Die Hilfsangebote für Kinder haben zugenommen und sich ausdifferenziert. Nicht zuletzt hat das 2000 in Kraft getretene Gesetz, das Kindern ein Recht auf eine gewaltfreie Erziehung zuspricht, zur Ächtung von Gewalt in der Erziehung beigetragen. Die bald einsetzende mediale öffentliche Okkupierung des Themas, und auch der Versuch, es pragmatisch durch schnelle und effiziente Hilfsprogramme als individuelles und soziales Problem zu kennzeichnen und zu bewältigen, zeigte jedoch, wie schnell »man den soliden feministischen Grundgedanken: ›Das Persönliche ist politisch‹ alchimistisch transformieren kann in ›Das Persönliche ist – das Öffentliche‹« (Armstrong 1996: 11). Vergleichbares lässt sich derzeit erneut beobachten, wenn etwa in den öffentlichen, von institutionalisierten Prozessen getragenen Verlautbarungen die Betroffenenperspektive, statt sie in einen theoriebildenden Gesamtzusammenhang zu integrieren, den Blick auf strukturelle Machtproblematiken nahezu ersetzt. Auch wenn der Faktor prekärer Lebensumstände in einer soziologischen Perspektive auftaucht, so unterbleibt doch der

Blick auf Geschlechterverhältnisse, auf Probleme im gesellschaftlichen Umgang mit vermeintlich »richtiger« Männlichkeit und Weiblichkeit oder im Umgang mit familialen und erziehungsbezogenen normativen Strukturen in vielen Fällen völlig.

Eine letzte Streitfrage war und ist, ob sexuelle Gewalt in erster Linie als Gewalt oder in erster Linie als Aspekt von Sexualität angesehen werden soll. In den Anfängen tendierten die Analysen dazu, sexuelle Gewalt auf Gewalt zu reduzieren und damit auch das Verständnis von Sexualität geschlechtstypisch vereindeutigend zu verkürzen, auf eine aktive und aggressive männliche und passive und sanfte weibliche Sexualität. Je differenzierter allerdings feministische Theorie und Psychologie in ihren Erkenntnissen und Perspektiven wurden, desto deutlicher wurde auch, dass diese Gegenüberstellung zu einfach und in ihrer scheinbaren Eindeutigkeit falsch war. Gleichwohl kehrt das Problem derzeit im teilweise problematischen Umgang mit dem Begriff »sexualisierte Gewalt« wieder, mit der Folge, dass entweder die Beteiligung sexueller Komponenten nicht gesehen wird oder aber der Gewaltaspekt verharmlost wird. Ausgehend von den Folgen sexueller Gewalterfahrungen für die Opfer macht es Sinn, nicht auf Sexualität abzuheben, sondern auf Gewalt.

Im Jahre 2010 gelangten Berichte über Vorfälle von sexualisierter Gewalt in pädagogischen Kontexten und Eliteeinrichtungen verstärkt an die Öffentlichkeit und in die Medien. Ausgangspunkt waren zunächst Vorkommnisse am Berliner Canisius-Kolleg, im Kloster Ettal und in der für die Geschichtsschreibung und das Selbstverständnis der Erziehungswissenschaft wichtigen reformpädagogischen Odenwaldschule. Dabei handelte es sich primär um betroffene männliche Jugendliche. Seit dieser Zeit hat das Thema Einzug in die öffentliche Wahrnehmung, die Bildungspolitik und die Erziehungswissenschaft gehalten, was sich auch in der Einrichtung der Stelle einer/s Beauftragten für Fragen des sexuellen Kindesmissbrauchs bei der Bundesregierung seit 2010 zeigte. Seitdem steht sexualisierte Gewalt in Institutionen im Mittelpunkt der Prävalenzforschung, immer mehr Organisationen, wie z. B. die Kirchen, werden untersucht. Auch Einrichtungen der Kinder- und Jugendhilfe und die Involviertheit der Erziehungswissenschaft, der Sozialpädagogik und der Sexualpädagogik sind in den Fokus geraten (vgl. Baader et al. 2020). Dennoch sind wir weit von Generationen- oder Geschlechterverhältnissen entfernt, in denen Gewalt nicht vorkommt und nicht legitimiert werden kann. Abgesehen von Publikationen aus der Geschlechterforschung (vgl. Breitenbach/Hoff/Toppe 2020; Mahs/Rendtorff/Rieske 2016; Retkowski/Treible/Tuider 2018) sind aktuell Kategorien wie Geschlecht und Geschlechterverhältnisse aus der theoretischen Analyse von Kindesmissbrauch und den praktischen Angeboten weitgehend verschwunden. So kommen Geschlechterverhältnisse und Machtaspekte beispielsweise in dem Curriculumsvorschlag für die universitäre Lehre »Sexuelle Gewalt in pädagogischen Institutionen« von Retkowski et al. (2019) kaum vor.

Dies zeigt sich auch beispielhaft am Bericht der vom Bundesministerium eigesetzten unabhängigen Kommission zur Aufarbeitung sexuellen Kindesmissbrauchs (2019). Beim Lesen des Berichts erlebt man eine Art Déjà-vu, eine Wiederholung der Veröffentlichungen aus der Zeit vor den hier beschriebenen vielfältigen Aktivitäten seit den 1980er Jahren. Frauenbewegung und Selbsthilfebewegung werden zwar erwähnt, es gibt aber keinerlei inhaltliche Bezugnahme auf deren Praxiserkenntnisse und Theoriebeiträge. Der Bericht besteht zu einem großen Teil aus Erfahrungsberichten Betroffener und setzt insgesamt auf Emotionalisierung und Skandalisierung. Der Schwerpunkt liegt bei der Veröffentlichung und der Forderung nach Anerkennung der Realität und Perspektive der Betroffenen, als sei es das erste Mal, dass diese Perspektive eingenommen wird. Was die Dynamik und die Folgen von Missbrauch angeht, bietet der Bericht nichts Neues. Im Gegenteil, er verzichtet darauf, auf die bisherigen Erkenntnisse gerade auch für Beratung und Therapie zu verweisen und sie zu integrieren. Der Bericht, der den Terminus der sexuellen Gewalt verwendet, verortet die Problematik im Generationenverhältnis als Machtverhältnis und fordert die Einhaltung bzw. Ausweitung von Kinderrechten. Umso unverständlicher ist es, dass er bei den Empfehlungen zur praktischen Arbeit ausschließlich auf sexuelle Gewalt abhebt und körperliche und psychische Gewalt bzw. die Interdependenzen ignoriert. Das Geschlecht ist keine auch nur erwähnte Kategorie (außer hinsichtlich des empirischen Ergebnisses, dass die Mehrzahl der Opfer weiblich und die Mehrzahl der Täter männlich sind), das Geschlechterverhältnis ist kein Gegenstand der Analyse. Eine theoretische (auch eine erziehungswissenschaftliche) Reflexion und eine damit verbundene Auseinandersetzung mit den Prinzipien praktischer Arbeit erfolgt nicht, mehr noch, sie scheint nicht relevant zu sein. Insofern ist der Bericht in vieler Hinsicht ein Rückschritt. Möglicherweise ist der Verlust, oder: die Verleugnung der Geschlechterperspektive der Preis für die Institutionalisierung des Themas.

Die oben skizzierten Verkürzungen haben auch dazu geführt, dass derzeit kindliche Sexualität hauptsächlich unter dem Stichwort »Kinderschutz« beziehungsweise Prävention thematisiert wird und dabei mit dem Kinderschutzgesetz von 2012 in Verbindung gebracht wird. Gerade im frühpädagogischen Feld führt die breite Thematisierung von sexualisierter Gewalt gegen Kinder und von sexuellen Übergriffen unter Kindern zu der Tendenz, kindliche Sexualität primär als schlecht, als gefährlich und bedrohlich und folglich als Gegenstand des Kinderschutzes zu begreifen – womit alle Errungenschaften erziehungswissenschaftlicher Erkenntnisse, angefangen von der Psychoanalyse über die antiautoritäre Erziehung, einschließlich der Reflektion ihrer problematischen Entgrenzungen (vgl. Baader et al. 2017), bis zu aktuellen Einsichten in kindliche Entwicklungsprozesse, verworfen werden. Hier wird die Bedrohung unbemerkt als Mittel verwendet, das Beunruhigende an (kindlicher) Sexualität durch eine moderne Form der Prüderie und der Retabuisierung zu bannen. Diese stellt letztlich auch den Resonanzboden für antifeministisch und antigenderistisch gespeiste Kampagnen gegen »Frühsexualisierung« und »Gendersexualkunde«, wie sie seit 2014 von den »Besorgten Eltern« und Gruppen der »Neuen Rechten« skandalisiert wird, dar. Ein Beispiel für die moderne Prüderie ist die Empfehlung oder Anweisung, Kinder im Sommer nicht nackt auf dem Außengelände von Kitas sich aufhalten zu lassen.

»Der Diskurs über sexualisierte Gewalt scheint den Diskurs um die kindliche Sexualität zunehmend zu überdecken und damit nicht nur emanzipatorische Momente auf neue Art und Weise in Frage zu stellen, sondern auch (neue?) Tabuisierungen hervorzubringen« (Sager 2015: 286).

So ließe sich ergänzen, dass auch hier ein »Preis« für die Sichtbarwerdung der Problematik liegt: dass die Tabuisierung des Sexuellen, die zu kritisieren ein wichtiges Thema der Frauenbewegungen gewesen war, zu einer erneuten Rigidität und Kontrolle des Sexuellen führt – weit entfernt von einer körperfreundlichen Erziehung oder gar von einem Konzept sexueller Bildung. Doch die angemessene Berücksichtigung des Sexuellen in der Dynamik des Missbrauchsgeschehens ist für ein theoriegeleitetes Verstehen unerlässlich (vgl. Rendtorff 2012, 2016).

Zusammenfassend zeigt sich also ein durchaus ambivalentes Bild. Die zahlreichen Aktivitäten, die von der Frauenbewegung seit den 1980er Jahren ausgegangen sind, haben dazu geführt, dass die Problematik des sexuellen Missbrauchs im öffentlichen Diskurs wahrgenommen wurde, von vielen staatlichen und städtischen Einrichtungen aufgegriffen und in Projekte der Sozialen Arbeit und Fürsorge eingegangen sind – von Frauenhäusern über Notrufeinrichtungen bis zu Mädchenhäusern und anderen Anlaufstellen. Dabei bilden die von der Frauenbewegung seit den 1980er Jahren eingerichteten Beratungsstellen nach wie vor die wichtigsten Säulen für die Etablierung einer Beratungslandschaft. Wie eng diese mit der Geschichte der Frauenbewegung zusammenhängt, zeigt ein Blick in die neuen Bundesländer, die eine wesentlich geringere Dichte von Beratungsstellen aufweist. In der DDR wurde das Thema sexualisierte Gewalt nicht öffentlich thematisiert. Nach der Wende wurden auch dort Beratungsstellen gegründet (Gebrande 2017: 305). Gleichzeitig ist jedoch auch ein Verlust festzustellen, weil die Übernahme des Themas in Institutionen, die für Hilfe und Betreuung von Betroffenen sorgen, mit einer Verengung der Perspektive, einen Verlust an Wissen und damit einer Vernachlässigung der komplexen Ursachen einhergegangen ist (vgl. Baader 2012). Nicht zuletzt die Tendenz zur Individualisierung von Missbrauchsgeschehen hat dazu geführt, dass die strukturellen Zusammenhänge nach wie vor unterbelichtet geblieben sind. Und schließlich sind es immer noch einige wenige Personen, die sich des Themas annehmen, das nicht in der Breite in der Erziehungswissenschaft angekommen ist. Wichtige Impulse der Frauen- und Geschlechterforschung wurden nicht aufgenommen. Dies gilt auch über die Erziehungswissenschaft hinaus: so schreibt die Romanistin Lieselotte Steinbrügge im September 2020, dass ihre Kritik an Sexismus und Missbrauchsdarstellungen in literarischen Texten vor 40 Jahren zu Karrierenachteilen in der Wissenschaft geführt habe und die Potentiale der Kritik nicht aufgenommen wurden. »Was vor 40 Jahren eine interessante Debatte hätte werden können, wurde einfach zu einer schnöden Demonstration von Machtdiskursen« (Kroymann/Steinbrügge 2020: 12). Dies wirft auch ein Licht darauf, welche biographischen Konsequenzen es haben konnte und kann, sich mit sexualisierter Gewalt, Missbrauch und Geschlecht wissenschaftlich zu befassen.

Literatur

Allen, Ann Taylor (2000): »Das Recht des Kindes, seine Eltern zu wählen«: Eugenik und Frauenbewegung in Deutschland und Großbritannien. In: Meike Sophia Baader/Juliane Jacobi/Sabine Andresen (Hrsg.), Ellen Keys reformpädagogische Vision. »Das Jahrhundert des Kindes« und seine Wirkung (S. 105–124). Weinheim: Beltz.

Arbeitsstab des Unabhängigen Beauftragten (Hrsg.) (2018): Betrifft alle: Die Arbeit des Betroffenenrates. Berlin. Online verfügbar unter: file:///C:/Users/Vh/AppData/Local/Temp/Magazin_Betrifft_alle_Betroffenenrat.pdf, Zugriff am 14.10.2020.

Armstrong, Louise (1978/1985): Kiss Daddy Goodnight. Aussprache über Inzest. Frankfurt am Main: Suhrkamp.

Armstrong, Louise (1994/1996): Der doppelte Missbrauch. Sexuelle Gewalt: Wie Opfer verhöhnt und Täter geschützt werden. Reinbek bei Hamburg: Rowohlt

Baader, Meike Sophia (2012): Blinde Flecken in der Debatte über sexualisierte Gewalt. In: Werner Thole et al. (Hrsg.), Sexualisierte Gewalt, Macht und Pädagogik (S. 84–99). Opladen: Barbara Budrich.

Baader, Meike Sophia (2016): History and gender matters. Erziehung – Gewalt – Sexualität in der Moderne in geschlechtlicher Perspektive. In: Claudia Mahs/Barbara Rendtorff/Thomas Viola Rieske (Hrsg.), Erziehung, Gewalt, Sexualität. Zum Verhältnis von Geschlecht und Gewalt in Erziehung und Bildung (S. 13–36). Opladen: Barbara Budrich.

Baader, Meike Sophia (2018a): Von der Normierung zur De-Zentrierung nach 1968. Mütterlichkeit, Weiblichkeit und Care in der Alten und Neuen Frauenbewegung. In: Antje Langer/Claudia Mahs/Barbara Rendtorff (Hrsg.), Jahrbuch Frauen- und Geschlechterforschung in der Erziehungswissenschaft 14: Weiblichkeit – Ansätze und Theoretisierung (S. 15–38). Opladen: Barbara Budrich.

Baader, Meike Sophia (2018b): Tabubruch und Entgrenzung. Pädosexualität und Wissenschaft in den 1960er bis 1990er Jahren. In: Zeitschrift für Pädagogik, 64. Beiheft, 28–39.

Baader, Meike Sophia (2017): Zwischen Politisierung, Pädosexualität und Befreiung aus dem »Getto der Kindheit«. Diskurse über die Entgrenzung von kindlicher und erwachsener Sexualität in den 1970er Jahren. In: Dies. et al. (Hrsg.), Tabubruch und Entgrenzung. Kindheit und Sexualität nach 1968 (S. 55–84). Köln: Böhlau.

Baader, Meike Sophia et al. (Hrsg.) (2020): »Ergebnisbericht Helmut Kentlers Wirken in der Berliner Kinder- und Jugendhilfe«. Hildesheim: Universitätsverlag.

Bass, Ellen/Davis, Laura (1990): Trotz allem – Wege zur Selbstheilung für sexuell missbrauchte Frauen. Berlin: Orlanda.

Bell, Patricia (2016): Sexualisierte Gewalt gegen Kinder und Partnergewalt. Zusammenhänge und Interventionsmöglichkeiten bei häuslicher Gewalt. Opladen: Barbara Budrich.

Bereswill, Mechthild/Stecklina, Gerd (Hrsg.) (2010): Geschlechterperspektiven für die Soziale Arbeit. Zum Spannungsverhältnis von Frauenbewegungen und Professionalisierungsprozessen. Weinheim: Juventa.

Breitenbach, Eva (1992): Mütter missbrauchter Mädchen. Eine Studie über sexuelle Verletzung und weibliche Identität (3. Aufl. 1998). Pfaffenweiler: Centaurus.

Breitenbach, Eva (2002): Mütter und sexueller Missbrauch. In: Dirk Bange/Wilhelm Körner (Hrsg.), Handwörterbuch »Sexueller Mißbrauch« (S. 367–372). Göttingen: Hogrefe.

Breitenbach, Eva (2018): Von Frauen, für Frauen. Frauenhausbewegung und Frauenhausarbeit. In: Diana Franke-Meyer/Carola Kuhlmann (Hrsg.), Soziale Bewegungen und Soziale Arbeit. Von der Kindergartenbewegung zur Homosexuellenbewegung (S. 211–223). Wiesbaden: VS.

Breitenbach, Eva/Hoff, Walburga/Toppe, Sabine (Hrsg.) (2020): Geschlecht und Gewalt. Diskurse, Befunde und Perspektiven der erziehungswissenschaftlichen Geschlechterforschung. Opladen: Barbara Budrich.

Brückner, Margrit (1983): Die Liebe der Frauen. Über Weiblichkeit und Misshandlung. Frankfurt am Main: Neue Kritik.

Brückner, Margrit (1987): Die janusköpfige Frau. Lebensstärken und Beziehungsschwächen. Frankfurt am Main: Neue Kritik.
Brückner, Margrit (2014): Transformationen im Umgang mit Gewalt im Geschlechterverhältnis: Prozesse der Öffnung und Schließung. In: Barbara Rendtorff/Birgit Riegraf/Claudia Mahs (Hrsg.), 40 Jahre feministische Debatten. Resümee und Ausblick (S. 59–73). Weinheim: Beltz Juventa.
Brückner, Margrit: Wege aus der Gewalt gegen Frauen und Mädchen. Eine Einführung. Frankfurt am Main: Fachhochschulverlag.
Connell, Robert W. (1999): Der gemachte Mann. Konstruktion und Krise von Männlichkeiten. Opladen: Leske und Budrich.
Dackweiler, Regina-Maria/Schäfer, Reinhild (2020): Ehrenamtliche als Lots*innen zum Hilfesystem bei Gewalt in Paarbeziehungen älterer Frauen und Männer: Innovativer Neben- oder irreführender Abweg? In: Eva Breitenbach/Walburga Hoff/Sabine Toppe (Hrsg.): Geschlecht und Gewalt. Diskurse, Befunde und Perspektiven der erziehungswissenschaftlichen Geschlechterforschung (S. 117–132). Opladen: Barbara Budrich.
Deutscher Bundestag (2019): Frauenhäuser in Deutschland. WD 9 – 3000 – 030/19. Online verfügbar unter: https://www.bundestag.de/resource/blob/648894/7fe59f890d4a9e8ba366 7fb202a15477/WD-9-030-19-pdf-data.pdf, Zugriff am 14.10.2020.
Enders, Ursula (Hrsg.) (1990): Zart war ich, bitter war's. Sexueller Missbrauch an Mädchen und Jungen. Erkennen – Schützen – Beraten. Köln: Volksblatt.
Frauen gegen Männergewalt (1978): Berliner Frauenhaus für misshandelte Frauen. Erster Erfahrungsbericht. Berlin: Frauenselbstverlag Berlin West.
Gebrande, Julia (2017): Die Entstehung der Beratungsstellen gegen sexualisierte Gewalt und der Forschung über Kinder mit sexuellen Missbrauchserfahrungen. In: Meike Sophia Baader et al. (Hrsg.), Tabubruch und Entgrenzung. Kindheit und Sexualität nach 1968 (S. 300–312). Köln: Böhlau.
GiG-net (Hrsg.) (2008): Gewalt im Geschlechterverhältnis. Erkenntnisse und Konsequenzen für Politik, Wissenschaft und soziale Praxis. Opladen: Barbara Budrich.
Glammeier, Sandra (2015): (De-)Thematisierung von Geschlecht im erziehungswissenschaftlichen Diskurs zu sexueller Gewalt gegen Kinder und Jugendliche. In: Barbara Rendtorff et al. (Hrsg.), Erkenntnis, Wissen, Intervention. Geschlechterwissenschaftliche Perspektiven (S. 63–76). Weinheim: Beltz Juventa.
Glöer, Nele/Schmiedeskamp-Böhler, Irmgard (1990): Verlorene Kindheit. Jungen als Opfer sexueller Gewalt. München: Weismann.
Godenzi, Alberto (1994): Gewalt im sozialen Nahraum. Frankfurt am Main: Helbing und Lichtenhahn.
Hagemann-White, Carol et al. (1981): Hilfen für misshandelte Frauen. Abschlussbericht der wissenschaftlichen Begleitung des Modellprojekts. Stuttgart: Kohlhammer.
Hagemann-White, Carol (1983): Gewalt. In: Johanna Beyer/Franziska Lamott/Birgit Meyer (Hrsg.), Frauenhandlexikon. Stichworte zur Selbstbestimmung (S. 114–118). München: C.H. Beck.
Hagemann-White, Carol (1988): Die Frauenhausbewegung. In: Ilse Lenz (Hrsg.) (2010), Die Neue Frauenbewegung in Deutschland. Abschied vom kleinen Unterschied. Eine Quellensammlung (S. 291–295). Wiesbaden: VS.
Hagemann-White, Carol (1992): Strategien gegen Gewalt im Geschlechterverhältnis. Bestandsaufnahme und Perspektiven. Pfaffenweiler: Centaurus.
Hagemann-White, Carol (2014): Gewalt gegen Frauen als Schlüsselthema der neuen Frauenbewegung – Wirkungen und Wandel einer machttheoretischen Patriarchatskritik im Zeitalter der Veränderungen staatlichen Regierens. In: Barbara Rendtorff/Birgit Riegraf/ Claudia Mahs (Hrsg.), 40 Jahre feministische Debatten. Resümee und Ausblick (S. 46–58). Weinheim: Beltz Juventa.
Hagemann-White, Carol (2016): Grundbegriffe und Fragen der Ethik bei der Forschung über Gewalt im Geschlechterverhältnis. In: Cornelia Helfferich/Barbara Kavemann/ Heinz Kindler (Hrsg.), Forschungsmanual Gewalt. Grundlagen der empirischen Erhebung von Gewalt in Paarbeziehungen und sexualisierter Gewalt (S. 13–31). Wiesbaden: Springer VS.

Henschel, Angelika (2016): Stachel im Fleisch: Frauenhäuser zwischen Professionalisierung und kritischem Einspruch. In: Rita Braches-Chyrek/Heinz Sünker (Hrsg.), Soziale Arbeit in gesellschaftlichen Konflikten und Kämpfen (S. 209–229). Wiesbaden: VS.

Henschel, Angelika (2019): Frauenhauskinder und ihr Weg ins Leben. Das Frauenhaus als entwicklungsunterstützende Sozialisationsinstanz. Opladen: Barbara Budrich.

Herman, Judith (1994): Die Narben der Gewalt. Traumatische Erfahrungen verstehen und überwinden. München: Kindler.

Historisches Lexikon der Schweiz (2013): Sittlichkeitsbewegung. Online verfügbar unter: https://hls-dhs-dss.ch/de/articles/016444/2013-01-24/, Zugriff am 15.06.2020.

Honig, Michael-Sebastian (1986): Verhäuslichte Gewalt. Sozialer Konflikt, wissenschaftliche Konstrukte, Alltagswissen, Handlungssituationen. Eine Explorativstudie über Gewalthandeln in Familien. Frankfurt am Main: Suhrkamp.

Jungnitz, Ludger et al. (Hrsg.) (2007): Gewalt gegen Männer. Personale Gewaltwiderfahrnisse von Männern in Deutschland. Opladen: Barbara Budrich.

Kavemann, Barbara (2004): Kooperation zum Schutz vor Gewalt in Ehe und Beziehungen. In: Ilse Lenz (Hrsg.) (2008), Die Neue Frauenbewegung in Deutschland. Abschied vom kleinen Unterschied. Eine Quellensammlung (S. 1105–1117). Wiesbaden: VS.

Kavemann, Barbara/Kreyssig, Ulrike (Hrsg.) (2006/2013): Handbuch Kinder und häusliche Gewalt. Wiesbaden: Springer.

Kavemann, Barbara et al. (2001): Modelle der Kooperation gegen häusliche Gewalt. »Wir sind ein Kooperationsmodell, kein Konfrontationsmodell«. Ergebnisse der wissenschaftlichen Begleitforschung des Berliner Interventionsprojekts gegen häusliche Gewalt (BIG), hrsg. v. Bundesministerium für Familie, Frauen, Senioren und Jugend. Stuttgart: Kohlhammer.

Kavemann, Barbara/Lohstöter, Ingrid (1984): Väter als Täter. Sexuelle Gewalt gegen Mädchen. »Erinnerungen sind wie eine Zeitbombe«. Reinbek bei Hamburg: Rowohlt.

Kazis, Cornelia (Hrsg.) (1988): Dem Schweigen ein Ende. Sexuelle Ausbeutung von Kindern in der Familie. Basel: Lenos.

Key, Ellen (1926/1992): Das Jahrhundert des Kindes. Studien. Weinheim: Beltz.

Knafla, Leonore/Kulke, Christine (1987): 15 Jahre neue Frauenbewegung. Und sie bewegt sich noch! – Ein Rückblick nach vorn. In: Roland Roth/Dieter Rucht (Hrsg.), Neue soziale Bewegungen in der Bundesrepublik Deutschland (S. 89–108). Frankfurt am Main: Campus.

Kroymann, Maren/Steinbrügge, Lieselotte (2020): Hat keine was gesagt? In: Süddeutsche Zeitung 17.09.2020, S. 12.

Lenz, Gaby/Weiss, Anne (Hrsg.) (2018): Professionalität in der Frauenhausarbeit. Aktuelle Entwicklungen und Diskurse. Wiesbaden: Springer VS.

Mahs, Claudia/Rendtorff, Barbara/Rieske, Thomas Viola (Hrsg.) (2016): Erziehung, Gewalt, Sexualität. Zum Verhältnis von Geschlecht und Gewalt in Erziehung und Bildung. Opladen: Barbara Budrich.

Müller, Ursula/Schröttle, Monika/Glammeier, Sandra (2004): Lebenssituation, Sicherheit und Gesundheit von Frauen in Deutschland. Eine repräsentative Untersuchung zu Gewalt gegen Frauen in Deutschland im Auftrag des BMSFJ. Stuttgart: Kohlhammer.

Nef, Susanne (2020): Ringen um Bedeutung. Die Deutung häuslicher Gewalt als sozialer Prozess. Weinheim: Beltz Juventa.

Ohl, Dagmar/Rösener, Ursula (1979): Und bist du nicht willig ... Ausmaß und Ursachen von Frauenmisshandlung in der Familie. Frankfurt am Main: Ullstein.

Pappenheim, Berta (1992): Sisyphus. Gegen den Mädchenhandel – Galizien. Freiburg: Kore.

Pizzey, Erin (1976). Schrei leise. Misshandlungen in der Familie. Frankfurt am Main: Fischer Taschenbuch Verlag.

Reh, Sabine et al. (2012): Sexualisierte Gewalt in pädagogischen Institutionen – Eine Einleitung. Sondierungen und Verständigungen zu einem bislang vernachlässigten Thema. In: Werner Thole et al. (Hrsg.), Sexualisierte Gewalt, Macht und Pädagogik (S. 13–23). Opladen: Barbara Budrich.

Rendtorff, Barbara (2012): Überlegungen zu Sexualität, Macht und Geschlecht. In: Werner Thole et al. (Hrsg.): Sexualisierte Gewalt, Macht und Pädagogik (S. 138–150). Opladen: Barbara Budrich.
Rendtorff, Barbara/Glammeier, Sandra/Vogelsang, Verena (2016): Bildung – Gewalt – Geschlecht. In: Johannes Bilstein et al. (Hrsg.), Bildung und Gewalt (S. 129–143). Wiesbaden: Springer VS.
Rennefeld, Birgitta (1993): Institutionelle Hilfen für Opfer von sexuellem Missbrauch. Ansätze und Arbeitsformen in den USA. Bielefeld: KT.
Retkowski, Alexandra et al. (2019): Basis-Curriculum zur Verankerung des Themas »Sexuelle Gewalt in Institutionen« in universitärer und hochschulischer Lehre. In: Martin Wazlawik et al. (Hrsg.), Sexuelle Gewalt in pädagogischen Kontexten. Aktuelle Forschungen und Reflexionen (S. 261–289). Wiesbaden: Springer VS.
Retkowski, Alexandra/Treibel, Angelika/Tuider, Elisabeth (Hrsg.) (2018): Handbuch sexualisierte Gewalt und pädagogische Kontexte. Weinheim: Beltz Juventa.
Rijnaarts, Josephine (1988): Lots Töchter. Über den Vater-Tochter-Inzest. Düsseldorf: claasen.
Rush, Florence (1982): Das bestgehütete Geheimnis: Sexueller Kindesmissbrauch. Berlin: sub rosa Frauenverlag.
Rutschky, Katharina (1992): Erregte Aufklärung. Kindesmissbrauch: Fakten und Fiktionen. Hamburg: Klein.
Sager, Christin (2015): Das aufgeklärte Kind. Zur Geschichte der bundesrepublikanischen Sexualaufklärung (1950–2010). Bielefeld: transcript.
Salomon, Alice (1997): Frauenemanzipation und Verantwortung. Ausgewählte Schriften, Bd. 1: 1896–1908. Neuwied: Luchterhand.
Schröder, Julia (2015): »Ich könnt ihr eine donnern« – Metaphern in der Beratung von Männern mit Gewalterfahrungen. Weinheim: Beltz Juventa.
Sigusch, Volkmar (2008): Geschichte der Sexualwissenschaft. Frankfurt am Main: Campus.
Statistisches Bundesamt Destatis: Gültig angemeldete Prostituierte in Deutschland. Online verfügbar unter: https://www.destatis.de/DE/Themen/Gesellschaft-Umwelt/Soziales/Prostituiertenschutz/Tabellen/prostitutionstaetigkeit2018.html, Zugriff am 15.06.2020.
Steinhage, Rosemarie (2004): Parteiliche Beratungsansätze. In: Wilhelm Körner/Albert Lenz (Hrsg.), Sexueller Missbrauch, Bd. 1: Grundlagen und Konzepte (S. 38–48). Göttingen: Hogrefe.
Stöcker, Helene (1906): Die Liebe und die Frauen. Online verfügbar unter: http://www.helene-stoecker-gesellschaft.de/StoeckerZiele.htm, Zugriff am 14.10.2020.
Stövesand, Sabine (2010): Gewalt im Geschlechterverhältnis. Wieso, weshalb, was tun? In: Mechthild Bereswill/Gerd Stecklina (Hrsg.), Geschlechterperspektiven für die Soziale Arbeit. Zum Spannungsverhältnis von Frauenbewegungen und Professionalisierungsprozessen (S. 81–102). Weinheim: Juventa.
Unabhängige Kommission zur Aufarbeitung sexuellen Kindesmissbrauchs (Hrsg.) (2019): Sexueller Kindesmissbrauch. Bilanzbericht 2019. Bonn: Bundeszentrale für politische Bildung.
Weis, Kurt (1982): Die Vergewaltigung und ihre Opfer. Eine viktimologische Untersuchung zur gesellschaftlichen Bewertung und individuellen Betroffenheit. Stuttgart: Ferdinand Enke.
Willekes, Harry (2017): Der rechtliche Umgang mit der Sexualität von Jugendlichen. In: Meike Sophia Baader et al. (Hrsg.), Tabubruch und Entgrenzung. Kindheit und Sexualität nach 1968 (S. 123–136). Köln: Böhlau.
Wirtz, Ursula (1989): Seelenmord. Inzest und Therapie. Zürich: Kreuz.
Women against Violence in Europe: https://www.wave-network.org, Zugriff am 28.09.2019.
Zenz, Gisela (1978): Einleitung zur deutschen Ausgabe. In: Ray Helfer/Henry Kempe (Hrsg.), Das geschlagene Kind (S. 17–34). Frankfurt am Main: Suhrkamp.
ZIF/Zentrale Informationsstelle autonomer Frauenhäuser (2019): https://www.autonome-frauenhaeuser-zif.de/de/content/autonome-frauenhaeuser, Zugriff am 14.10.2020.
Zitelman, Maud: Das »Wohl des Kindes« – Zur Entwicklung des Kindschaftsrechts im 20. Jahrhundert. In: Meike Sophia Baader/Juliane Jacobi/Sabine Andresen (Hrsg.), Ellen

Keys reformpädagogische Vision. »Das Jahrhundert des Kindes« und seine Wirkung (S. 234–250). Weinheim: Beltz.

8 Sexualität

8	Sexualität	149
	Vorgeschichte: Sittlichkeit und Scham, Ehre und Schande	150
	Situation und Diskurse im Kontext der ersten Frauenbewegung	152
	Situation und Diskurse im Kontext der zweiten Frauenbewegung	156
	Der Mythos von der sexuellen Befreiung	161
	Literatur	162

Das Sexuelle lässt sich vom Sozialen nicht trennen – und zwar in mehrfacher Hinsicht. Zum einen ist das Sexuelle – also die Sexualität im engeren Sinne sowie ihre Darstellung, die Rede über sie und die daran geknüpften Phantasien – immer Gegenstand und Ergebnis von variierenden Regulierungspraxen, mit deren Hilfe Gesellschaften die Formen ihres Miteinanders ausgestalten und nicht zuletzt auch ihre Reproduktivität organisieren. Zum zweiten beeinflusst die öffentliche Rede über Sexuelles auch die subjektive Selbstwahrnehmung des Körpers und seiner Empfindungen. Tendierte (und diente) die erstgenannte Sicht auf Sexuelles in der seit dem 18. Jahrhundert entstehenden bürgerlichen Gesellschaft vor allem dazu, die Sexualität der Frauen zu kontrollieren (nicht zuletzt indem sie die Sexualität der Männer auf die Ehe verpflichtete), so verwendete die zweite Ebene Naturalisierungs- und normierende Diskurse, die weibliche Sexualität – und damit das Weibliche insgesamt – in das Gefüge der gesellschaftlichen und symbolischen Ordnung einbetten und dadurch »definieren« sollten.

Diskurse über (weibliche) Sexualität sind also nicht von ihrem jeweiligen historischen Kontext zu trennen, auch nicht von den gesetzlichen Bedingungen oder dem jeweiligen Stand medizinischen Wissens – so ist weibliche Sexualität vor dem Erlangen einer selbständigen bürgerlichen Position als Frau oder vor der Erfindung der Pille buchstäblich nicht »dasselbe« wie danach. Aber die Rede über das Sexuelle, die Wahrnehmung und die politische Bewertung der Sexualität sind eben auch nicht ohne diese jeweiligen Vorgeschichten zu verstehen. Sehr eindeutig lässt sich jedoch festhalten, dass zumindest in den letzten Jahrhunderten, die wir anhand ihrer Schriftzeugnisse überblicken, die »Ehre der Frau sehr eng an ihren Körper gebunden ist, die Ehre des Mannes hingegen ist Sache des Handelns« (Roper 1992: 154).

Vorgeschichte: Sittlichkeit und Scham, Ehre und Schande

Im Diskurs der Aufklärung spielen Sexualität und die Formen ihrer Regulierung eine sehr wichtige Rolle. Die weibliche Sexualität wird dabei mit einer gewissen Gefährlichkeit ausgestattet, die ihre Beherrschung notwendig macht und die im ungünstigen Fall, wenn ihre Beherrschung misslingt, die Familie, den Mann und den Staat in den Abgrund stürzen kann. Recht deutlich lässt sich dies am Beispiel von Jean-Jacques Rousseaus (1712–1778) Konzept der Geschlechter zeigen, in dem – anders als in späteren Konzepten weiblicher Sexualität – die weibliche Position ambivalent, weil aktiv ist.

Rousseaus Unterscheidung zwischen »Art« und »Geschlecht« – als »Art« sind Männer und Frauen gleich, als »Geschlecht« sind sie grundverschieden – hat zur Konsequenz, dass das Weibliche (eben: *das* Geschlecht) die »gesamte Existenz der Frau« determiniert (Heinz 2012: 168), führt aber auch dazu, dass die Sexualität der Frau von großem öffentlichem Belang ist. Eine untreue Frau, heißt es in Rousseaus Émile, »löst die Familie auf und bricht alle Bande der Natur« (Rousseau 1762/1998: 390), deshalb sei ihr Benehmen der Beobachtung und Bewertung durch die Gesellschaft und der öffentlichen Meinung unterworfen (ebd.: 409). Die sexuelle Treue der Frauen ist hier der notwendige Garant für das Glück der Familie und des Gemeinwesens (vgl. Rendtorff 2014).

Sittsamkeit und Ehre werden so zum Kapital wie auch zum Schicksal der Frauen – und die Scham soll das Mittel sein, ihre (von Rousseau als angeboren aufgefassten) sexuellen Begierden zu zügeln:

> »Schon von Natur aus hängen sie und ihre Kinder vom Urteil der Männer ab: es genügt nicht, schön zu sein, sie müssen auch gefallen; es genügt nicht, sittsam zu sein, sie müssen auch dafür gehalten werden. Ihre Ehre liegt nicht nur in ihrem Betragen, sondern auch in ihrem Ruf […]. Ein rechtschaffener Mann hängt nur von sich selbst ab und kann der öffentlichen Meinung trotzen. Eine rechtschaffene Frau hat damit nur die Hälfte ihrer Aufgabe gelöst: das, was man über sie denkt, ist nicht weniger wichtig als das, was sie wirklich ist. Daraus folgt, dass ihre Erziehung in dieser Hinsicht das Gegenteil von unserer sein muss. Die öffentliche Meinung ist für die Männer das Grab ihrer Tugend, für die Frauen aber deren Thron« (Rousseau 1762/1998: 394).

Mit dieser Aussicht müssen Frauen also das Sexuelle auf eine doppelte und widersprüchliche Weise zum Einsatz bringen: die Sexualisierung ihres Körpers und ihrer Position betreiben und zielstrebig einsetzen sowie zugleich diese Zielstrebigkeit verdecken durch die Inszenierung des Widerstands: »Der Mund sagt immer Nein, und muss es sagen. Aber der Akzent, mit dem sie es sagt, ist nicht immer derselbe«, heißt es bei Rousseau (ebd.: 418). Verstellung, Verstecken, das Zugleich von eigentlich und uneigentlich werden so zum zentralen Bestandteil, ja sogar zur scheinbaren Natur weiblicher Sexualität (Widmer 2000: 39). Das »Bewusstsein, nichts Böses getan zu haben«, schreibt Rousseaus Zeitgenosse und Pädagoge Joachim Heinrich Campe (1746-1818), »würde dich zwar vor deinem eigenen Gewissen, aber nicht vor der Verurtheilung der Menschen sichern. Der Menschenkenner schließt: ein Frauenzimmer, welches unvorsichtig genug war,

Verdacht zu erwecken, verdient Verdacht, wenigstens in gewissem Maße; und tausend Erfahrungen berechtigen ihn, so zu schließen« (Campe 1796/1997: 166). So zeigt sich hier noch einmal die Funktion der Scham:

> »Gott wollte das Menschengeschlecht in allen Dingen ehren: gab er dem Mann Neigungen ohne Maß, gibt er ihm zur gleichen Zeit das Gesetz, das sie zügelt, damit er frei sei und sich beherrsche! Liefert er ihn maßlosen Leidenschaften aus, so verbindet er sie mit der Vernunft, um sie zu beherrschen. Lieferte er die Frau unbegrenzten Begierden aus, so verbindet er sie mit der Scham, um sie zu beherrschen« (Rousseau 1762/1998: 387).

Wo auf der einen Seite Vernunft und Gesetz dafür sorgen, dass der Mann seinen Leidenschaften nicht schutzlos ausgeliefert ist, so hat auf der anderen Seite die Frau nur ihre Scham, die sie zurückhält, und die »Belohnung«, die das »Glück« des ehrbaren Verhaltens verspricht (ebd.). Die Scham dient also zum Schutz und zur Rettung der Männer vor der Unersättlichkeit der Begierden der Frauen, sowohl physisch als auch politisch, denn sie garantiert deren Überlegenheit, die auf der Ebene des Sexuellen von der Natur nicht geregelt worden ist. Die weibliche Ehre kennt »als Alternative nur die Schande. Sie blüht, wenn die Ehre verloren ist, egal ob durch eigene oder fremde Schuld. Auch darauf ist Scham die einzig legitime Reaktion« (Frevert 2020: 183). Es sei nämlich eine »Folge des Unterschiedes der Geschlechter«, schreibt Rousseau, »dass der Stärkere nur scheinbar der Herr ist und in Wirklichkeit vom Schwächeren abhängt; [...] aus einem unabänderlichen Naturgesetz, das es der Frau leichter macht, Begierden zu erregen, als dem Mann, sie zu befriedigen, und ihn so, ob er will oder nicht, vom Gutdünken des anderen abhängig macht und ihn zwingt, seinerseits danach zu trachten, ihr zu gefallen, damit sie ihn den Stärkeren sein lässt« (Rousseau 1762/ 1998: 388). Die Scham verlagert also das Sexuelle (wieder) in das gesellschaftliche Feld (zurück), um es dort zu disziplinieren.

So ist eine Frau bei Rousseau gewissermaßen doppelt gestraft, denn sie muss die Begierden der Männer erregen (wollen) und wird anschließend verantwortlich gemacht, wenn diese ihr tatsächlich »nachgeben«. Das Mittel, mit dem sie das gesamte Geschehen dominiert, ist die Verlockung, die durch die Scham »in Schranken gehalten« wird:

> »Wenn die Frau dazu geschaffen ist, zu gefallen und sich zu unterwerfen, dann muss sie sich dem Mann liebenswert zeigen, statt ihn herauszufordern. Ihre Macht liegt in ihren Reizen; mit ihnen muss sie ihn zwingen, seine Kraft zu entdecken und zu gebrauchen. Die sicherste Art, diese Kraft zu beleben, ist, ihre Anwendung durch Widerstand notwendig zu machen. [... Daraus entstehen] die Zurückhaltung und die Scham, mit denen die Natur das schwache Geschlecht ausrüstete, um sich das starke untertan zu machen« (ebd.: 386).

Ob diese Scham durch »moralstaatliche« Gesetze eingefordert werden oder ob sie als moralische Selbstentwicklung im Erziehungsprozess hervorgebracht werden sollte – das war Gegenstand intensiver Debatten über die Wirksamkeit staatlicher Moralpolitik Ende des 18. und Anfang des 19. Jahrhunderts, wie sie etwa im Kontext der Reform des Sexualstrafrechts geführt wurden (vgl. Hull 2000). Doch dass die weibliche Sexualität keine »Privatsache« war, das stand außer Diskussion.

Auch in den ländlichen Dorfgemeinschaften der »alten Gesellschaft« des 18. Jahrhunderts hatten sich differenzierte Regeln etabliert, in denen Schutz und Kontrolle der Sexualität und der Ehre, dem Kapital der Frauen, eng miteinander verwoben waren (vgl. Benker 1986). Auch hier lässt sich nachzeichnen, welche Fallstricke die doppelte – komplexe und ambivalente – Aufgabe der Balance zwischen selbstbestimmter Sexualität und Bewahrung der Ehre für die Frauen barg. Doch war die Dorfgemeinschaft hier nicht nur disziplinierendes Kontrollorgan, sondern bot den jungen Mädchen zugleich Schutz und Unterstützung, wenn ihre Ehre verletzt worden war und der Liebhaber versuchte, sich im Falle einer Schwangerschaft seinen Verpflichtungen zu entziehen (ebd.: 16) – vorausgesetzt, dass sie sich nicht in den Augen der Dorfgemeinschaft selbst »ungebührlich«, d. h. offen promisk, verhalten hatten. Die der Frau »gestattete« Sexualität hatte also ihren Preis, und es lag in der Hand der dörflichen Gemeinschaft, vor allem der Gruppe der Frauen selbst, dieses Tauschverhältnis zu überwachen und gegebenenfalls den Preis einzuklagen (ebd.: 25).

Zum Themenfeld »Scham« gehört auch die Onanie, die deutlich geschlechtstypisch unterschiedlich wahrgenommen und bewertet wurde. Einerseits wurde sie bei Frauen pathologisiert und ihre Ursache im Zuge der allgemeinen »lokalisationistischen« Entwicklung der Medizin im 19. Jahrhundert an der Klitoris verortet – die dann verätzt oder herausoperiert wurde (vgl. Hulverscheidt 2002), andererseits mit voyeuristischem Schaudern zum Gegenstand moralischer Schriften (vgl. Lipping 1986).

Von hier aus wird deutlich, dass sich den Frauenbewegungen für ihre Thematisierung des Sexuellen mehrere verschiedene Ebenen und Ansatzpunkte boten, die ganz unterschiedliche Argumentationsstrategien erforderlich machten. Die allgemeine politische Ausrichtung der unterschiedlichen Fraktionen und Gruppen wirkte dabei entscheidend auf die Wahl der Argumentationsrichtung ein.

Situation und Diskurse im Kontext der ersten Frauenbewegung

Maya Widmer zeigt am Gegenstück von Schuld und Scham, nämlich der »Unschuld«, wie dieser Begriff im Zuge der intensiven Debatten über das Geschlechterverhältnis um die Wende zum 19. Jahrhundert innerhalb weniger Jahrzehnte sexualisiert und prominent den Frauen zugeordnet wurde. War Unschuld in den Konversationslexika noch Mitte des 18. Jahrhunderts allgemein durch die Abwesenheit von Schuld markiert, so finden sich in Joachim Heinrich Campes Wörterbuch der deutschen Sprache von 1811 bereits eindeutige geschlechtsbezogene Konnotationen (Widmer 2000: 34f.). Diese Auf- und Zuteilung dehnte sich dann auf die bekannte und in den voranstehenden Kapiteln schon mehrfach skizzierte Weise auf die gesamte Körpergestik und die geschlechtsbezogene Wahrnehmung von Frauen und Männern aus. »Der aufgeklärte Bürger beansprucht für sich den sprachlichen Teil der Umgangsformen und delegiert die körperliche Selbstdarstellung an die Bürgerin« (ebd.: 37). Damit rückte das Institut der Ehe ins Zentrum der kritischen Betrachtung.

Die Ehre bzw. »Geschlechtsehre« einer Frau war in der Zeit der ersten Frauenbewegung im 19. und frühen 20. Jahrhundert zwar grundsätzlich ein geschütztes Gut und deren Verletzung außerhalb der Ehe ein Rechtstatbestand (nicht jedoch innerhalb ehelicher Beziehungen), doch führte zugleich die hysterisierte Fixierung auf Prostitution allermeist dazu, die »Schuld« für einen Übergriff bei der Frau zu suchen – eine Praxis, die erst in den letzten Jahrzehnten brüchig geworden ist. »Doppelmoral« und »Herrenmoral« waren folglich die verschiedenen Fraktionen der Frauenbewegung einende Begriffe: die Doppelzüngigkeit der herrschenden Sexualmoral mit ihren Ungleichbewertungen, die nicht zuletzt die Rechtlosigkeit der verheirateten Frauen und Zwänge innerhalb der Ehen und auf der anderen Seite die ausufernde Prostitution hervorgebracht hatte, gehörte abgeschafft – aber zugunsten wovon?

In einem ausführlichen Beitrag zur »Stellung der Frauenbewegung zu Ehe und Familie« diskutiert die der Gruppe der »Gemäßigten« angehörende Helene Lange (1848–1930) die unterschiedlichen Positionen und Argumente zu Sexualität und Ehe, die von den verschiedenen Strömungen innerhalb der Frauenbewegung vertreten wurden, in denen sich, wie sie schreibt, Naturalismus und Neuromantik auf verwirrende Weise mit der Frauenbewegung und ihren Forderungen verquickt hätten (Lange 1908/1994: 132). So würde in der Frauenbewegung gefordert, sich nicht nur auf das »Recht auf männliche Berufsleistung« zu konzentrieren, sondern Frauen eine dem »Weibsein« entsprechende Lebensleistung zu ermöglichen – und dazu zähle auch die Befriedigung ihrer sexuellen Bedürfnisse als »Lebensrecht«.

> »Die Ehe in ihrer heutigen legitimen Gestalt, sagt man, zwingt nur einen Teil des Geschlechtsverkehrs in soziale Formen – sie hat die Prostitution neben sich, die der Zügellosigkeit um so viel mehr Raum gibt, je strenger die Ehe sich als einzig einwandfreie Geschlechtsverbindung zu behaupten trachtet. Wäre es nicht besser – so fragt man – für unser moralisches Urteil und unsere rechtlichen Institutionen, von dieser Tatsache zu lernen und Beziehungen zu sanktionieren, die, ohne die Rechtsform der Ehe annehmen zu können, doch himmelhoch über der Prostitution stehen? Denn die auf Lebenszeit geschlossene Ehe sei auch in psychologischer Hinsicht ein schwer erträglicher Zwang« (ebd.: 133).

Ihr Urteil über jenes »so sagt man« ist gemischt. Die subjektiv-romantische Strömung, die das »Recht auf Lebenserfüllung« zentral setzt, sei bereits »durch die Geschichte gerichtet« (ebd.: 136), weil sie sich als zu konflikthaltig und ungeeignet erwiesen habe, um die Strukturen des Gemeinwesens zu stabilisieren. Für Einzelfälle, in denen ein unlöslicher Konflikt zwischen Leidenschaft und gesellschaftlicher Moral entstanden sei, sei es wohl gestattet, die Grenzen zu sprengen – »aber für solche Einzelfälle wurden keine sozialen Programme gemacht«. Auch die These, dass freie Sexualbeziehungen die Prostitution eindämmen könnten, weist sie zurück, denn dass das nicht der Fall sein würde, zeige die Erfahrung und eine einfache materielle Rechnung: Wer sich keine Maitresse leisten könne, würde wohl nach wie vor zu Prostituierten gehen (ebd.: 138). Vor allem aber sei es das »Schicksal des Kindes«, das von der Bewegung der freien Beziehungen außer Acht gelassen würde. Solange die Familie »Träger der höchsten moralischen und wirtschaftlichen Verantwortung für die junge Generation« sei, müsse die Frauenbewegung als »Anwalt der Frau und des Kindes« Familie und Ehe erhalten und festigen. Das Ziel könne folglich nur sein, das Eherecht zu reformieren, die Position der Frau innerhalb der Ehe zu stärken und ihr insgesamt mehr Freiräume zu erobern.

Das Eherecht zu ändern – auch in diesem Punkt waren sich alle Fraktionen einig. Doch wo die einen die eheliche Lage von Frauen verbessern wollten, propagierten die anderen die »freie Ehe« und die Liberalisierung sexueller Beziehungen. Hier ist Helene Stöcker (1869–1943) eine zentrale Protagonistin, die 1904 im Verband der Fortschrittlichen Frauenvereine eine Kommission für Fragen der Liebe, Ehe und Mutterschaft einrichten wollte. Ihr ging es um eine »neue Ethik« gleichberechtigter sexueller (und Freundschafts-)Beziehungen. Ein »heißes Sehnen« gehe durch die ganze junge Frauengeneration, schreibt sie, »dass sie Mensch sein will, ganzer, vollkommener Mensch im Erkennen, Genießen, Handeln« (Stöcker 1897/2008: 236). Um »seelisch vertieftes Weib« zu werden, bedürfe es (hier in Anlehnung an Nietzsche) einer »Umwertung der Werte« (ebd.: 239, 243), damit das Sexuelle nicht von patriarchalen Zwängen gebunden bleibe. Auch ihr ging es dabei aber letztlich nicht um eine Abschaffung der Ehe, sondern ihr zentrales ehekritisches Argument war, dass die Ehe unter den gegebenen Umständen, der Rechtlosigkeit der Frau und ihrer materiellen Abhängigkeit, nicht geeignet sei, ein Ort der »Liebe« und der innigen Verbindung zu werden, der zu guten gleichberechtigten sexuellen Beziehungen führen könne – eben weil jene an der Eheschließung beteiligten »niederen Motive« alles überlagerten (Stoehr 1986: 163, 177). Die Liebe sei »als Ergänzung ebenbürtiger Persönlichkeiten die Krone des Lebens geworden«, schreibt Stöcker. Auch die »modernen Sexualreformer« würden zwar an die »ewige Fortdauer der Ehe« glauben, sofern sie aus den Bedürfnissen der Individuen wie auch der Gemeinschaft hervorgegangen sei – aber sie müsse doch der historischen Entwicklung Rechnung tragen, vor allem der gewachsenen Selbständigkeit der Frauen. »Auch der Gesellschaft dämmert die Erkenntnis, dass sie als solche das Recht und die Pflicht hat, für das Aufblühen der neuen Generation zu sorgen« (Stöcker 1916/1994: 152). Dass sie den Frauen eine natürliche »Freude am Sex« (Stoehr 1986: 174) attestierte und dennoch an der Institution der Ehe reformerisch festhalten wollte, brachte Helene Stöcker in Dissens zu Aktivistinnen mit radikaleren Positionen – doch sie gab zurück, es sei »für jeden historisch und psychologisch halbwegs gebildeten Menschen ein wenig hart, sich gegen eine solche Torheit [die Abschaffung der Ehe] erst noch verteidigen zu sollen« (Stöcker 1916/1994: 159).

Die Sexualität selbstbestimmter zu machen, den Zwang zur Eheschließung zurückzuweisen (ohne sie grundsätzlich in Frage zu stellen) und innerhalb der Ehe gleichberechtigte Verhältnisse zu schaffen – das waren also zentrale Anliegen der ersten Frauenbewegung in Bezug auf das Sexuelle –, und die Entwicklungen in der Weimarer Zeit zeigen ja, dass sie damit durchaus erfolgreich war. Die Einstellung zu außer- und vorehelicher Sexualität änderte sich gravierend, gerade für

Frauen. Die »neue Sexualmoral«, in deren Kontext sich Frauen erstmals – zumindest ansatzweise – als sexuelle Subjekte empfinden und darstellen konnten (Soden 1986: 243), wurde auch im öffentlichen Raum sichtbar – institutionell in Form von Sexualberatungsstellen (die teilweise kostenlos Verhütungsmittel an arme Frauen ausgaben) und im gelebten Alltag durch eine Abmilderung der starren Eheformen.

Dies betraf auch die Liberalisierung im Umgang mit homosexueller Liebe und Sexualität. Die in Berlin ohnehin schon verbreiteten Clubs, Bars und Tanzlokale für Männer bzw. für Frauen breiteten sich weiter aus, zahlreiche Zeitschriften erschienen – wie »Gay Berlin« oder »Die Freundin« – und das, obgleich mann-männliche Sexualität nach wie vor strafbewehrt war. Sexuelle Handlungen zwischen Frauen dagegen waren auch in der Sexualstrafrechtsreform straffrei geblieben (Hull 2000: 61). Unter Strafe stand jedoch nach wie vor die Abtreibung. Zwar bemühten sich verschiedene Gruppen um die Reform des § 218 – darunter vor allem die jungen Ärztinnen, die nun zunehmend in eigenen oder gemeinschaftlichen Praxen anzutreffen waren. Diese Gruppen waren zwar ebenso in politische Lager zerstritten wie die Frauenbewegung insgesamt, doch war der Ruf nach Reformen nicht mehr so einfach zu überhören. Zum allgemein verbindenden Thema wurde der § 218 jedoch erst in der zweiten Frauenbewegung.

In der Diskussion von Ehe und Sexualität gab es aber neben dieser noch eine andere politische Ebene, die ebenfalls an den Topos der »Doppelmoral« anknüpfte die das Sexuelle mit der Sittlichkeit und – in der Diskussion – mit Arbeit, Wert und Lohn und speziell mit der Lage der Frauen unterbürgerlicher Schichten verknüpfte. Es stand hier zwar das Thema Prostitution im Fokus, doch verweist die Argumentationslinie – im Unterschied zum öffentlichen Sittlichkeitsdiskurs, dem die proletarisch-lockeren Sitten ein Dorn im Auge waren – eher darauf, dass Frauen zur Prostitution verführt, genötigt oder verdammt seien, weil sie auf vielerlei Weise männlicher Macht ausgeliefert seien. Schon vor der Gründung der ersten abolitionistischen Vereine 1899 nahm die Sittlichkeitsproblematik im öffentlichen Raum – etwa anhand der Problematik der Kellnerinnen, die ständig den Übergriffen männlicher Gäste ausgesetzt waren (Wischermann 2003: 66) – einen sehr großen Raum in den öffentlichen Debatten und auch in den Frauenzeitschriften ein (ebd.: 63ff.).

Dabei rückten viele Aktivistinnen der Frauenbewegung in ihren ehekritischen Einlassungen den Aspekt in den Vordergrund, dass eine freiere, selbstbestimmte Sexualität für die prekär beschäftigten Arbeiterinnen schon deshalb nicht in Frage kam, weil wegen der niedrigen Frauenlöhne, die ihr Überleben nicht sichern konnten, eine Ehe für sie existenznotwendig war. Es handele sich bei der Ehe deshalb mit den Worten von John Stuart Mill um »die einzige noch zu Recht bestehende Form der Sklaverei« (Popp 1895/1994: 167). Und wenn es den Arbeiterinnen nicht gelänge, trotz härtester Arbeit unter unmenschlichen Bedingungen selbständig auf eigenen Füßen zu stehen – ein Skandal, der in vielen Schriften der Frauenbewegung angeprangert wird –, dann würden sie allzu oft, von Versprechungen verführt, sich einem ungeliebten Mann »hingeben« oder »dem scheußlichsten Gewerbe in die Arme« geworfen, weil es »das einzige war, was ihnen offenstand« (Otto-Peters 1866/1994: 3.3; vgl. Pappenheim 1901/1992: 25ff.,

107ff.). Die Schuld an dieser »Sittenlosigkeit«, schreibt Louise Otto-Peters (1819–1895) trifft alle diejenigen, die Frauen als den Männern untergeordnet auffassen und darstellen (ebd.) – das seien die Kapitalisten, die trotz der harten Arbeit die Frauen mit geringfügigen Löhnen abspeisten, der Staat, der sie weniger schützt als Männer, und die Gesellschaft, die ihre »Fehltritte« gnadenlos verurteilt.

So rückte die Prostitution ins Blickfeld – als freie Straßenprostitution (wie in Berlin) oder als »kasernierte« Bordellwirtschaft wie in Hamburg –, was in Bezug auf die sexuelle Ausbeutung der Prostituierten keinen Unterschied mache, schrieb Lida Gustava Heymann (1868–1943) (Heymann 1903/2008: 284). Auch die sozialistischen Frauengruppen, die ihrer politischen Position gemäß grundsätzlich kapitalismuskritisch eingestellt waren, protestierten gegen Prostitution und Mädchenhandel (▶ Kap. 5, ▶ Kap. 7) – wobei die kapitalismuskritischen Begründungsfiguren deutlich mit (anti)jüdischen Stereotypen durchsetzt waren, wie Stephanie Braukmann herausgearbeitet hat (Braukmann 2007: 139ff.).

In der Verbindung von Ehe- und Kapitalismuskritik wird die Sexualität also gewissermaßen vom Körper der Frau abgelöst, sie wird zu einem geschäftlichen Gegenstand, der sich veräußern lässt, über den verfügt werden kann und der aber zugleich so eng zur körperlichen weiblichen Existenz gehört, dass sein Einsatz die Lebenslage verbessern oder aber die Frau gänzlich ins Elend stürzen kann.

Bei aller Unterschiedlichkeit der Ausschnitte und Gewichtungen erscheint zudem auch hier die Sittlichkeit bzw. die »Sittenlosigkeit« *der Frauen* als ein gesamtgesellschaftliches Problem – selbst wenn das Handeln der Frauen als von Zwängen und Existenznot geleitetes erscheint. Die Konsequenz, im Erziehungsprozess darauf abzuheben, Mädchen vom Sexuellen insgesamt fernzuhalten, hat hier eine Wurzel.

Situation und Diskurse im Kontext der zweiten Frauenbewegung

Die Ausgangslage für die zweite Frauenbewegung war eine völlig andere, denn Selbständigkeit und Selbstbewusstsein von Frauen hatten sich – neben dem weiterhin dominierenden patriarchalen und prüden Denken – bereits einen Raum geschaffen. Die »erste Sexualrevolution« (1830–1930) habe bereits so tiefgreifende Veränderungen hervorgebracht, schreibt Kate Millet (1934–2017) in »Sexus und Herrschaft« (1969), dass selbst die Rückschläge, die sie durch die »Gegenrevolution« (1930–1960) erfuhr, sie »nicht mehr ungeschehen machen« konnten (Millet 1974: 163). Dazu hatten die Weimarer Jahre beigetragen, auch die freiere Sexualität in den Kriegs- und Nachkriegsjahren und die Einführung der Pille 1961, zunächst nur für verheiratete Frauen mit mehreren Kindern verfügbar – wobei diese als ein Verhütungsmittel, das Frauen die alleinige Verantwortung für Verhütung übertrug und dessen medizinische Folgen für die Frauen, die es einnahmen, noch nicht abzuschätzen waren, später von Feministinnen sehr kritisch eingeschätzt wurde. Eine Rolle spielte auch die neue Weise, Sexualität zur Sprache zu bringen, die von den ersten großen wissenschaftlich-empirischen sexualaufklärerischen Studien ausging: den Kinsey-Reporten über die Sexualität von Männern und Frauen (Kinsey 1954, 1955), den Studien »Die sexuelle Reaktion« von Masters und Johnson (1967) und den Aufklärungsfilmen von Oswalt Kolle von 1968. Nicht nur die amerikanische Bevölkerung war von den ersten empirischen Befunden geschockt – dass ein großer Prozentsatz von Frauen und ein noch größerer von Männern homosexuelle Erfahrungen gemacht hatte, dass nicht nur die Männer, sondern auch die Frauen masturbierten und fremdgingen –, und all das trug dazu bei, sich Sexualität nicht mehr ausschließlich als eheliche »unter der Bettdecke« und tabuisierte außereheliche »im Geheimen« vorzustellen. Es dauerte zwar noch etwas, bis es in »Sex and the City« 1998 hieß »this is the first time in the history of Manhattan that women have had as much money and power as men plus the equal luxury of treating men like sex objects« (Lenz/Funk 2005: 8) – aber die späten 1960er Jahre hatten Entwicklungen in Gang gesetzt, die zu diesen neuen Möglichkeiten hinführten.

Die eigentlich schon recht angestaubte Schrift »Die sexuelle Revolution« von Wilhelm Reich (1930/1966) trug – in der spezifischen (teilweise verkürzten und auch missverstandenen) Rezeption in der Studentenbewegung – noch eine besondere Facette zu dieser Entwicklung bei, nämlich die Vorstellung, dass eine »befreite« Sexualität zu »befreiten« Menschen führen würde und diese dann mit der neu gewonnenen Energie als revolutionäre Subjekte die Gesellschaft verändern würden (worauf auch Reichs ursprünglicher Titel »Die Sexualität im Kulturkampf« hingewiesen hatte). Autoritarismus und sogar faschistische Strukturen im Denken ließen sich so scheinbar direkt auf die Erfahrung von unterdrückter Sexualität und fehlender Befriedigung, auf »ungesunde« Scham und Verklemmtheit zurückführen, die von der positiven Kraft befreiter Sexualität gebannt und neutralisiert werden könnten. Auch für die französische Studentenbewegung war diese These eine wichtige Initialzündung (Schulz 2002: 68).

In der explizit politischen Thematisierung der Sexualität in der Frauenbewegung führte dies zu der Konkretisierung, dass die Analyse der Strukturen sexueller Deformation auch zur Erkenntnis (und Veränderung) der patriarchalen Strukturen der Gesellschaft und damit letztlich zu einer »Befreiung der Frauen« führen würde (Bührmann 1995: 133). Die schon in der ersten Frauenbewegung prominente Figur der Frau als »Sklavin« des Mannes (siehe vorne) wurde nun expliziter sexualisiert, die These von der Sexualität als Dienstleistung in heterosexuellen Kontexten (nicht nur der Ehe) richtete sich zugleich gegen die Positionierung von Frauen als »Frau eines Mannes« wie auch gegen (Zwangs-)Heterosexualität als normative Erwartung und Forderung.

Die Deutungsgeschichte in Bezug auf das Sexuelle als Aspekt der linken bzw. der Studentenbewegung ist recht widersprüchlich. So wird von der einen Seite aus erzählt, dass die patriarchalen Strukturen nicht verschwanden, sondern in neuem Gewande wiederkehrten: dass die aus männlicher Perspektive formulierte Parole »Wer zweimal mit derselben pennt, gehört schon zum Establishment« auf einen »sozialistischen Bumszwang« (Flugblatt des Frankfurter Weiberrat 1968) hinweise, der sich in der studentischen Szene breitgemacht habe. So sah es auch Robin Morgan 1970 in einer flammenden Rede an die linken Männer »Good bye to all that«: »Power to all the people or to none« (Morgan 1970). Doch aus einer anderen Perspektive wird auch betont, dass die Darstellung, die linken Macho-Männer hätten die feministischen Frauen lediglich sexuell ausnutzen wollen, auch um eine von bestimmten Interessengruppen betriebene zuspitzende Umschrift handele, mit einem nachträglichen diskriminierenden Zungenschlag. Und dass die »Befreiung« des Sexuellen aus der Verklemmtheit und der Kontrolle durch (ebenso verklemmte) Eltern viel eher ein nie dagewesenes Selbstbewusstsein für Frauen mit sich brachte (Heider 1988), das den Anspruch, sich als Gleiche zu begegnen, in den Horizont von Frauen wie von Männern rückte. Eine empirische Studie über Erinnerungen von 68er:innen zum Thema Sexualität zeigt als »Erinnerungsmuster«, dass sie glauben, »wie keine andere Generation den Wegfall der Verbotsmoral« erlebt zu haben (Verlinden 2018: 150). Unzählige Bücher, die in diesen Jahren erschienen, handelten davon, wie eine freiere Sexualität Frauen zu freieren Menschen machen könnte – und auch hier setzte ein schneller Diversifizierungsprozess ein: Zu einem prominenten Thema wurden erneut, wie in der ersten Frauenbewegung, die Kämpfe um die Abschaffung des Abtreibungsverbots im § 218, die über die studentische Szene hinaus Frauen unterschiedlicher gesellschaftlicher Gruppen zusammenbrachten – in dem gemeinsamen Interesse, die Zusammenhänge von Heterosexualität und männlicher Herrschaft zu begreifen (▶ Kap. 9, ▶ Kap. 10). Ein anderer Teil der Frauen konzentrierte sich auf subkulturelle Ausdrucksformen und wieder eine andere Gruppe in eher selbstbezüglicher Weise auf das Frau-Sein selbst. Sowohl der Diskurs um männliche Herrschaft und Sexualität als auch die Konzentration auf die Ausgestaltungen und Bedeutungen des Frau-Seins mündeten in das Thema der Sexualität unter Frauen – als Begehren und teilweise auch als eine Art feministisches Statement.

Kate Millet begann ihr damals sehr viel gelesenes Buch »Sexus und Herrschaft. Die Tyrannei des Mannes in unserer Gesellschaft« mit der These, »dass Sex einen häufig vernachlässigten politischen Aspekt besitzt«, und sie »erhärtet« die These, indem sie unter anderem in der Literatur die Bedeutungen untersucht, »die Machtbegriffe und Herrschaftsansprüche im Geschlechtsverkehr spielen« (Millett 1974: 7). Die These (und das Buch) illustrieren einen breiten Diskurs in der zweiten Frauenbewegung, der männliche Herrschaft und Dominanz als eng verknüpft mit Sexualität ansah. In dieser Perspektive erschien die verbreitete heterosexuelle Praxis, die sich um die »Penetration« zentriert, als ein bedeutungsvolles oder sogar *das* zentrale Instrument zur Unterdrückung von Frauen. »Die Penetration stand für Herrschaft des Mannes und Passivität der Frau, die Klitoris für ihre Autonomie« (Lenz 2010: 100, vgl. Schwarzer 1975). Einer der verbreiteten Texte in diesem Zusammenhang war »Der Mythos des vaginalen Orgasmus« der us-amerikanischen Feministin Anne Koedt (1968 bei der ersten nationalen Frauenbefreiungskonferenz in Chicago als Papier verbreitet und 1970 gedruckt), der in Deutschland als Raubdruck erschien (vermutlich 1973) und der inzwischen in einigen Textsammlungen zur neuen Frauenbewegung abgedruckt ist.

Koedt argumentiert – mit deutlicher Betonung der biologischen Unterschiede – folgendermaßen: Frauen würden als frigide angesehen, wenn sie keinen vaginalen Orgasmus erleben; der klitorale Orgasmus gelte als Zeichen psychischer Unreife von Frauen; diese Sichtweise werde entwickelt/unterstützt von der Psychoanalyse Freuds, sie diene dazu, Frauen sexuell auszubeuten, zu unterdrücken und Männer in ihrer Männlichkeit und Sexualität zu bestätigen. Die Vagina sei jedoch sexuell eher unempfindlich. »Die Etablierung des clitoralen Orgasmus als Tatsache würde die heterosexuelle *Institution* (Ehe) bedrohen. Denn es würde bedeuten, dass sexuelle Befriedigung sowohl von Männern als auch von Frauen gegeben werden kann« (ebd.: 88). Koedt schlussfolgert, dass es folglich keinen Grund für Frauen gäbe, sich Männern sexuell zuzuwenden (»der sexuell überflüssige Mann«, ebd.: 87,) aber umso mehr Gründe, Beziehungen zu Frauen zu leben.

Es gab in dieser Zeit überall in Europa Frauen- und Lesbencamps, Sommertreffen, Reisen, Frauenferienhäuser, oft in expliziter Abwendung von politischer Arbeit im »herkömmlichen« Sinne (denn die intendierte Selbstbefreiung, Ichstärkung von Frauen und das Einüben von »Sisterhood is powerful« hat natürlich auch eine politische Dimension): »Neue Weiblichkeit« war hier das Stichwort – und um diese neue Weiblichkeit zum Ausdruck zu bringen, sie erfahrbar und sprechbar zu machen, schien auch eine neue Sprache erforderlich, ein neues Sprechen:

»Es ist nicht so einfach, über Sex zu reden. Das kommt zum Teil dadurch, dass Frauen sich bis vor kurzem nicht für Sex zu interessieren hatten [...] Es gibt keinen sexuellen Sprachgebrauch, in dem wir uns wirklich wohl fühlen. Das sagt doch einiges darüber aus, inwieweit uns unsere Sexualität fremd ist und inwieweit unsere Erlebnisse diktiert werden. Solange unsere Sexualität nicht wirklich uns gehört, werden wir auch keine Sprache haben, in der wir uns alle gleichermaßen zu Hause fühlen« (Meulenbelt 1981: 12f.).

Eines der ersten Kultbücher, die die Sexualität unter Frauen als Suchbewegung einzelner Protagonistinnen beschrieben, war »Häutungen« (1975) von Verena Stefan (1947–2017). Stefan gehörte seit deren Entstehung 1972 zur Frauengruppe »Brot und Rosen« in Berlin. Diese Gruppe kämpfte für die ersatzlose Streichung des § 218 und veröffentlichte in diesem Zusammenhang das »Frauenhandbuch Nr. 1« über Abtreibung und Verhütung.

»Häutungen« wurde rund 500.000 mal verkauft und in acht Sprachen übersetzt. Das Buch war einerseits sehr erfolgreich, wurde aber gleichzeitig von Anfang an heftig kritisiert. Das Thema des Buches sei, so schreibt es die Autorin selbst, Sexualität, und auch sie sucht nach einer neuen Sprache, um über Sexualität schreiben zu können, denn beim Schreiben »bin ich wort um wort und begriff um begriff an der vorhandenen Sprache angeeckt« (Stefan 1981: 3). Stefan schildert die Belästigungen, denen sie als Frau im öffentlichen Raum ausgesetzt ist, und sie thematisiert die Angst vor und die Gefahr von sexueller Gewalt. Ausführlich schildert sie ihre Erfahrungen in Beziehungen zu Männern, einschließlich der sexuellen Erfahrungen – ihre Bilanz ist niederschmetternd. Ihre Konsequenz ist es, sich von Männern und von der Erwartung, Teil eines Paares zu sein, zu lösen. Das erweist sich als mühsam.

»Das paargerüst erwies sich als ungeheuer, als stabiles widerstandsfähiges ungetüm. ... Die prägung scheint unverwischbar. Den kampf dagegen aufzunehmen bedeutet, die gehirnwäsche rückgängig zu machen. Einen entzug auf sich nehmen« (ebd.: 74).

Die Geschlechtszugehörigkeit ist für die Autorin die zentrale Kategorie ihrer politischen Arbeit: »Sexismus geht tiefer als rassismus als klassenkampf« (ebd.: 34). Ganz selbstverständlich hält sie ihre Erfahrungen im öffentlichen Raum und ihre Erfahrungen in sexuellen Beziehungen mit Männern für verallgemeinerbar: eine (weltweite, historische wie aktuelle) Gemeinsamkeit der Frauen ist die nicht hinterfragte Grundlage ihrer Argumentation. Ausführlich thematisiert sie ihre Arbeit in der Frauenbewegung, die nicht entfremdete Arbeit in Frauenprojekten im Unterschied zur entfremdeten beruflichen Arbeit als Krankengymnastin.

Das Buch ist eine Art von Entwicklungsroman oder eine Art von Erweckungsgeschichte. Einerseits über längere Zeiten zurückgezogen lebend – »die Einsiedelei ist wohltuend« (ebd.: 59) –, sodass der Bezug zur gemeinsam geteilten Realität teilweise sehr fragil wirkt, andererseits begleitet von der Arbeit und dem Leben mit Frauen, verändert die Autorin ihre Weltsicht, ihre berufliche Arbeit und ihr persönliches Leben. Die Erzählung mündet in die aufmerksame Beschäftigung mit dem eigenen Körper und der eigenen Person – »der mensch meines lebens bin ich« (ebd.: 124) – und in die Hinwendung zur Beziehung zu einer Frau. Die Beschreibung der Sexualität zwischen den beiden Frauen nimmt im gesamten Buch nicht sonderlich viel Raum ein, aber darauf bezog sich hauptsächlich die Kritik.

Am Beispiel der Besprechung des Buches in der Zeitschrift *Courage* lässt sich zeigen, welche Konfliktlinien es zwischen den auf (ihre) Weiblichkeit blickenden und den auf politische Veränderung zielenden Gruppen gab. Es kehren hier auch Figuren wieder, die bereits in früheren Kapiteln im Zusammenhang mit der ersten Frauenbewegung thematisiert wurden: vor allem der Vorwurf der Essentialisierung des Weiblichen. Protagonistinnen und Autorinnen ließen, so die Kritik, die Vorstellung erkennen, es gäbe, verborgen unter patriarchalischen Deformationen und den vorne von Rousseau zitierten »Verstellungen«, etwas wie eine »authentische Weiblichkeit«, und unter dem vom heteronormativen Blick entstellten Körper würde ein verschütteter, eigentlicher und deshalb »neuer« Körper hervorkommen. Eine solche Vorstellung von authentischer (genau genommen ja nicht »neuer«, sondern alter, vormaliger) Weiblichkeit binde diese notwendig an das Körpergeschlecht und setze sie ahistorisch als gegeben. Abgesehen davon, dass – wie schon aus »Brehms Tierleben« ersichtlich – »bei dem Prozess der Häutung zwar eine neuere und bessere, doch bis ins Detail gleiche Haut nachwächst« (Classen/Goettle 1976/1979: 55), kritisieren die Rezensentinnen in der *Courage* aber vor allem die Konventionalität der Bilder und charakterlichen Zeichnung der Protagonistinnen. Frauen und Frauenkörper würden ubiquitär in Naturbezügen geschildert – »Tiere, Blumen, Rettiche«, Anemonen, Ozeane und Fische, »Rundungen und Mulden«, die Brüste »warme sonnengefüllte Kürbisse«, zitieren sie – all das sei aber doch »sattsam bekannt als triviales Repertoire billiger Pornoautoren«, »Blumen, Obst und Gemüse« hätten schon ganzen Generationen von Malern dazu gedient, »Frauen ›natürlich‹ darzustellen« (ebd.). Wenn »statt der Dinge das Bild von den Dingen untersucht wird«, kommentierte Gabriele Goettle in der Zeitschrift *Die Schwarze Botin*, »steht es schlimm genug, wenn aber diese Bilder dann eine Gebrauchsfähigkeit bekommen, die es unmöglich macht, die Dinge überhaupt noch wahrzunehmen, dann ist schon der erste Schritt zur erneuten Unmündigkeit freiwillig getan« (Goettle 1976/1979, S. 51). Neben dem letztlich konventionellen Blick auf Frauen und Frauenkörper sei das Problem vor allem die Verwechslung von Worten und Begriffen, die sich als neue Erfahrung und neue, weibliche Sprache ausgeben: »Romantik statt Revolution, Anemone statt Amazone« (Classen/Goettle 1976/1979: 59).

Diese Kritik sollte uns nicht zuletzt auch vorsichtig machen gegenüber Diskursfiguren, wie sie heute in der Gesellschaft und im pädagogischen Feld verbreitet sind: sei es, dass »Vorlieben« oder »Interessen« von Mädchen oder Jungen als unmittelbarer authentischer Ausdruck aufgefasst werden – so dass es als pädagogisch angemessen oder sogar geboten erscheint, diesem Ausdruck Raum zu geben, um sich zu zeigen und zu entfalten; oder sei es, dass pädagogische Fachkräfte zu wissen meinen, worin die jeweilige geschlechterspezifische Authentizität bestünde, und sich beeilen, dieser gewissermaßen das passende Futter, die passende Unterstützung zu geben.

Der Mythos von der sexuellen Befreiung

Das Sexuelle sei vom Sozialen nicht zu trennen – damit hatte das Kapitel begonnen, und diese These bestätigt sich nun: eine These, die nicht zuletzt auch für erziehungswissenschaftliche und pädagogische Diskurse relevant ist. Es lässt sich nämlich deutlich erkennen, wie wenig die verschiedenen (und typischen) historischen Verkürzungen dazu taugen, die Sexualität mit ihren vielfältigen Facetten und Bedeutungen zu begreifen und zu »befreien«. Auf der einen Seite zeigt sich, wie die Verkürzung der Wahrnehmung der weiblichen Sexualität auf die Dimension der Unterdrückung die Funktion von Sexualität im Gefüge gesellschaftlicher Arrangements und Strukturen verkennt – weshalb selbst das Erreichen von Gleichberechtigung und gleichen Möglichkeiten für sexuelle Betätigung, Lust und Genießen, für Äußerungen und Beziehungen von Frauen alleine noch nicht in der Lage sein kann, auch die geschlechtsbezogenen Vorbehalte, Ängstlichkeiten oder Bahnungen sexueller Äußerungsformen zu verändern. Zugleich aber, und aus demselben Grunde, wird der Auf- und Ausbau einer weiblichen Gegenkultur und »eigenen« Ausdrucksformen oder Beziehungsstrukturen, wenn sie den Aspekt der sexuellen Befreiung von der Berücksichtigung von Machtverhältnissen und symbolischen Ordnungen loslöst, immer den Pferdefuß mitschleppen, dass sie als Ausdruck essentieller, authentisch und spezifisch weiblicher Gegebenheiten missverstanden werden kann – und zwar von Seiten der Beobachter:innen wie auch der Aktivistinnen selbst. Sexualität ist ein so komplexes Themenfeld, für die Individuen wie für gesellschaftliche Strukturen, dass monokausale Erklärungen und Strategien hilflos bleiben müssen.

Die heutigen Debatten kreisen eher um geschlechtliche »Orientierung« und die Anerkennung von selbstzugeschriebenen geschlechtlichen Identitäten als um Praxen, doch sie verbleiben vielleicht noch eindeutiger in diesem Muster einer komplexitätsreduzierenden Perspektive – deshalb gilt die Warnung auch für diese. Die Anerkennung und respektvolle Unterstützung geschlechtlicher Identitäten und Begehrensformen allein wird nicht ausreichen, um Denkstrukturen und in der symbolischen Ordnung verankerte (Schein-)Selbstverständlichkeiten in Bewegung zu bringen – dies gilt auch für pädagogische Illusionen. Und in pädagogischer Hinsicht gilt darüber hinaus, dass sich Erziehungs- und Kommunikationsformen ja erst anders ausdrücken können, wenn die Erwachsenen sie selber für sich neu erworben haben.

Literatur

Benker, Gitta (1986): »Ehre und Schande« – Voreheliche Sexualität auf dem Lande im ausgehenden 18. Jahrhundert. In: Johanna Geyer-Kordesch/Annette Kuhn (Hrsg.), Frauenkörper, Medizin, Sexualität (S. 10–27). Düsseldorf: Schwann.

Braukmann, Stephanie (2007): Die ›jüdische Frage‹ in der sozialistischen Frauenbewegung 1890–1914. Frankfurt am Main: Campus.

Bührmann, Andrea (1995): Das authentische Geschlecht. Die Sexualitätsdebatte in der Neuen Frauenbewegung und die Foucaultsche Machtanalyse. Münster: Westfälisches Dampfboot.

Campe, Joachim Heinrich (1796/1997): Väterlicher Rath für meine Tochter. Lage: BEAS-Edition.

Classen, Brigitte/Goettle, Gabriele (1976/1979): »Häutungen«, eine Verwechslung von Anemone und Amazone. In: Courage 1/1976; abgedruckt in: Gabriele Dietze (Hrsg.), Die Überwindung der Sprachlosigkeit. Texte aus der neuen Frauenbewegung (S. 55–59). Darmstadt: Luchterhand.

Frevert, Ute (2020): Die Macht der Scham. In: Barbara Rendtorff/Claudia Mahs/Anne-Dorothee Warmuth (Hrsg.), Geschlechterverwirrungen. Was wir wissen, was wir glauben und was nicht stimmt (S. 179–186). Frankfurt am Main: Campus.

Goettle, Gabriele (1976/1979): Schleim oder Nichtschleim, das ist hier die Frage. Editorial in der Zeitschrift »Die Schwarze Botin« 1/1969; abgedruckt in: Gabriele Dietze (Hrsg.), Die Überwindung der Sprachlosigkeit. Texte aus der neuen Frauenbewegung (S. 51–54). Darmstadt: Luchterhand.

Heider, Ulrike (1988): Protestbewegung und Sexrevolte. In: taz vom 13.8.1988, 17–20.

Heinz, Marion (2012): Zur Konstitution vergeschlechtlichter Subjekte bei Rousseau. In: Marion Heinz/Sabine Doyé/Friederike Kuster (Hrsg.), Geschlechterordnung und Staat. Legitimationsfiguren der politischen Philosophie (1600–1850) (S. 163–180). Berlin: Akademie Verlag.

Heymann, Lida Gustava (1903): Die rechtlichen Grundlagen und die moralischen Wirkungen der Prostitution. In: Ute Gerhard/Petra Pommerenke/Ulla Wischermann (Hrsg.) (2008), Klassikerinnen feministischer Theorie, Bd. 1 (S. 281–288). Königstein im Taunus: Ulrike Helmer.

Hull, Isabel V. (2000): Das Sexuelle wird privat. Zum Verhältnis von bürgerlicher Gesellschaft und Staat in Feuerbachs Sexualstrafrechtsreform. In: Claudia Opitz/Ulrike Weckel/Elke Kleinau (Hrsg.), Tugend, Vernunft und Gefühl. Geschlechterdiskurse der Aufklärung und weibliche Lebenswelten (S. 45–61). Münster: Waxmann.

Hulverscheidt, Marion (2002): Weibliche Genitalverstümmelung. Diskussion und Praxis in der Medizin während des 19. Jahrhunderts im deutschsprachigen Raum. Frankfurt am Main: Mabuse-Verlag.
Kinsey, Alfred C. (1954): Das sexuelle Verhalten der Frau. Frankfurt am Main: G.B. Fischer.
Kinsey, Alfred C./Pomeroy, Wardell B./Martin, Clyde E. (1955): Das sexuelle Verhalten des Mannes. Frankfurt am Main: G.B. Fischer.
Koedt, Anne (1988): Der Mythos des vaginalen Orgasmus. In: Ann Anders (Hrsg.), Autonome Frauen. Schlüsseltexte der Neuen Frauenbewegung seit 1968. Frankfurt am Main: Athenäum.
Lange, Helene (1908): Die Stellung der Frauenbewegung zu Ehe und Familie. In: Elke Frederiksen (Hrsg.) (1994), Die Frauenfrage in Deutschland 1865–1915. Texte und Dokumente (S. 127–148). Stuttgart: Reclam.
Lenz, Ilse (2010): Raus aus dem kleinen Unterschied? Sexuelle und körperliche Selbstbestimmung und Gesundheit. In: Dies. (Hrsg.), Die Neue Frauenbewegung in Deutschland. Abschied vom kleinen Unterschied. Eine Quellensammlung (S. 97–105). Wiesbaden: VS.
Lenz, Karl/Funk, Heide (2005): Sexualitäten: Entgrenzung und soziale Problemfelder. In: Heide Funk/Karl Lenz (Hrsg.), Sexualitäten. Diskurse und Handlungsmuster im Wandel (S. 7–52). Weinheim: Juventa.
Lipping, Margita (1986): Bürgerliche Konzepte zur weiblichen Sexualität in der zweiten Hälfte des 18. Jahrhunderts. In: Johanna Geyer-Kordesch/Annette Kuhn (Hrsg.), Frauenkörper, Medizin, Sexualität (S. 28–42). Düsseldorf: Schwann.
Masters, William H./Johnson, Virginia E. (1967): Die sexuelle Reaktion. Frankfurt am Main: Akademische Verlagsgesellschaft.
Meulenbelt, Anja (1981): Für uns selbst. Körper und Sexualität aus der Sicht von Frauen. München: Frauenoffensive.
Millett, Kate (1969/1974): Sexus und Herrschaft. Die Tyrannei des Mannes in unserer Gesellschaft. Köln: Kiepenheuer & Witsch.
Morgan, Robin (1970): Goodbye to all that. Online verfügbar unter: https://faculty.atu.edu/cbrucker/Amst2003/Texts/Goodbye.pdf, Zugriff am 11.10.2020.
Otto-Peters, Louise (1866): Das Recht der Frauen auf Erwerb. In: Elke Frederiksen (Hrsg.) (1994), Die Frauenfrage in Deutschland 1865–1915. Texte und Dokumente (S. 297–304). Stuttgart: Reclam.
Pappenheim, Bertha (1923 u. a./1992): Sisyphus: Gegen den Mädchenhandel – Galizien. Freiburg: Kore.
Popp, Adelheid (1895): Freie Liebe und bürgerliche Ehe. In: Elke Frederiksen (Hrsg.) (1994), Die Frauenfrage in Deutschland 1865–1915. Texte und Dokumente (S. 162–169). Stuttgart: Reclam.
Reich, Wilhelm (1936/1966): Die sexuelle Revolution. Zur charakterlichen Selbststeuerung des Menschen. Frankfurt am Main: Europäische Verlags-Anstalt.
Rendtorff, Barbara (2014): Rousseaus Sophie. In: Simon Bunke et al. (Hrsg.), Rousseaus Welten (S. 171–183). Würzburg: Königshausen & Neumann.
Roper, Lyndal (1992): Männlichkeit und männliche Ehre. In: Karin Hausen/Heide Wunder (Hrsg.), Frauengeschichte – Geschlechtergeschichte (S. 154–172). Frankfurt am Main: Campus.
Rousseau, Jean-Jacques (1762/1998): Emil oder Über die Erziehung. Paderborn: Schöningh.
Schulz, Kristina (2002): Der lange Atem der Provokation. Die Frauenbewegung in der Bundesrepublik und in Frankreich 1968–1976. Frankfurt am Main: Campus.
Schwarzer, Alice (1975): Der »kleine Unterschied« und seine großen Folgen. Frauen über sich. Beginn einer Befreiung. Frankfurt am Main: S. Fischer.
Soden, Kristine von (1986): Auf dem Weg zur »neuen Sexualmoral« – die Sexualberatungsstellen der Weimarer Republik. In: Johanna Geyer-Kordesch/Annette Kuhn (Hrsg.), Frauenkörper, Medizin, Sexualität (S. 237–262). Düsseldorf: Schwann.
Stefan, Verena (1981): Häutungen. Autobiographische Aufzeichnungen Gedichte Träume Analysen. München: Frauenoffensive.

Stöcker, Helene (1897): Unsere Umwertung der Werte. In: Ute Gerhard/Petra Pommerenke/Ulla Wischermann (Hrsg.) (2008): Klassikerinnen feministischer Theorie, Bd. 1 (S. 236–244). Königstein im Taunus: Ulrike Helmer.

Stöcker, Helene (1916): Ehe und Sexualreform. In: Elke Frederiksen (Hrsg.) (1994), Die Frauenfrage in Deutschland 1865–1915. Texte und Dokumente (S. 148–153). Stuttgart: Reclam.

Stoehr, Irene (1986): Fraueneinfluss oder Geschlechterversöhnung? Zur »Sexualitätsdebatte« in der deutschen Frauenbewegung um 1900. In: Johanna Geyer-Kordesch/Annette Kuhn (Hrsg.), Frauenkörper, Medizin, Sexualität (S. 159–190). Düsseldorf: Schwann.

Widmer, Maya (2000): Die ›Unschuld‹ im Geschlechterdiskurs der Aufklärung. In: Claudia Opitz/Ulrike Weckel/Elke Kleinau (Hrsg.), Tugend, Vernunft und Gefühl. Geschlechterdiskurse der Aufklärung und weibliche Lebenswelten (S. 33–44). Münster: Waxmann.

Wischermann, Ulla (2003): Frauenbewegungen und Öffentlichkeiten um 1900. Netzwerke, Gegenöffentlichkeiten, Protestinszenierungen. Königstein im Taunus: Ulrike Helmer.

Verlinden, Karla (2018): »Lebt sexuell frei, probiert Euch aus. Botschaften der ›68er_ innen‹ an die jüngere Generation. Ergebnisse einer narrativen Interviewstudie zum Themenkomplex Sexualität und deren Politisierung. In: Meike Sophia Baader/Rita Casale (Hrsg.), Generationen- und Geschlechterverhältnisse in der Kritik: 1968 Revisited. Jahrbuch für Historische Bildungsforschung, 24 (S. 143–163). Bad Heilbrunn: Klinkhardt.

Politisch-pädagogische Praxen und Theoriebildung

9 Selbstbestimmung, Selbstermächtigung, Emanzipation und Bildung

9	Selbstbestimmung, Selbstermächtigung, Emanzipation und Bildung	167
	Selbstermächtigung als Bedingung für gesellschaftliche Veränderung	167
	Freiheit, Gleichheit und Bildung	169
	Emanzipation	173
	Selbstbestimmung	174
	Selbstbestimmung und Bildung	178
	Literatur	179

Selbstermächtigung als Bedingung für gesellschaftliche Veränderung

Im pädagogischen Kontext ist »Selbstermächtigung«, wenn sie nicht voluntaristisch missverstanden wird, ein zentraler Aspekt von »Bildung«, denn das »Sapere aude!« appelliert ja an den Einzelnen, sich seines Verstandes zu bedienen und nicht nur im vorgegebenen Muster zu verbleiben. Doch ist Kants präzisierende Formulierung, Aufklärung heiße, sich seines Verstandes »ohne Hilfe eines anderen« zu bedienen, für solche Menschen schwer zu realisieren, die durch ihre soziale Lage, ihre Erziehung und Vorgeschichte eben das bereits *ver*lernt und – nicht nur »nicht gelernt« haben, sondern denen das selbständige Denken aberzogen und versagt worden ist. Deshalb ist Selbstermächtigung für die Protagonistinnen der Frauenbewegungen (und für Frauen überhaupt) doch nicht so leicht ganz »ohne Hilfe eines anderen« zu erlangen. Und eben diesen »Anderen« stellten jeweils die Mitglieder der Bewegungen selbst dar – deshalb gab es in beiden Frauenbewegungen, wie es schon in den vorherigen Kapiteln deutlich wurde, ein »Wir Frauen«, die Idee von Ähnlichkeit und Zusammengehörigkeit aufgrund gleicher Bedingungen, von gegenseitiger Unterstützung und der Legitimation, die bereits auferlegten Einschränkungen abzuwerfen und aus dem vorgegebenen Muster herauszutreten. Aus diesem Grunde hängen Selbstermächtigung und Selbstbestimmung eng mit Selbsthilfe, die wir im nächsten Kapitel ▶ Kap. 10) diskutieren, zusammen. Selbstbestimmung und Selbstermächtigung zielen stärker auf das einzelne Subjekt bzw. die subjektive Seite, Selbsthilfe akzentuiert darüberhinausgehend die Hilfe, Vergewisserung und Solidarität anderer und somit eher die kollektive, gruppenbezogene und organisatorische Seite der Unterstützung in diesem Prozess und wird deshalb in zeitgenössischen feministischen Texten der 1980er Jahre auch als politische Strategie bezeichnet, die auf Organisationsformen und Netzwerke ziele (vgl. Kickbusch 1983).

Es wäre ein Missverständnis, wollte man den Frauen(bewegungen) unterstellen, es sei ihnen nur um ihre Besserstellung, das Gleichziehen mit den Männern gegangen. Was sich hinter so unterschiedlichen und kontroversen Begriffen wie Gleichheit, Gleichberechtigung oder Gleichstellung auch immer an unterschiedlichen Zielvorstellungen verbarg – die tiefgreifende Veränderung der sozialen und politischen Verhältnisse gehörte immer dazu, war allermeist sogar das eigentliche Ziel. Die für die erste Frauenbewegung »typisch deutsche« Verbindung von Pflicht und Recht wurde dabei von Anfang an als Begründungsfigur angeführt – so erklärten die frühen Protagonistinnen anlässlich der Gründung des Allgemeinen Deutschen Frauenvereins (ADF) 1865:

> »Wir erklären ... die Arbeit, welche die Grundlage der ganzen neuen Gesellschaft sein soll, für eine Pflicht und Ehre des weiblichen Geschlechts und nehmen das Recht in Anspruch und halten es für notwendig, daß alle der weiblichen Arbeit im Wege stehenden Hindernisse entfernt werden« (ADF 1865).

Ähnlich Helene Lange (1848–1930):

> »Das menschliche Geschlecht ist auf Selbstveredelung angelegt; die Frauen davon auszuschließen, heißt ihnen ihre Menschenwürde zu rauben, ihnen zu versagen, was dem Menschen seine Ausnahmestellung in der Schöpfung gibt: Entwicklung durch eigene Kraft und unter eigener Kontrolle« (Lange 1890/1964: 46).

Diese Äußerung macht den engen Zusammenhang zwischen individueller Weiterentwicklung und »Selbstveredelung« der Menschheit deutlich, der den zutiefst pädagogischen Gedanken der Perfektibilität des Subjekts wie der Gesellschaft einschließt und durchaus charakteristisch für pädagogische Reformintentionen um 1900 ist.

Für die meisten Frauen der ersten Frauenbewegung war es selbstverständlich und deshalb kein Problem, von einer essentiellen Verschiedenheit der Geschlechter, einer Geschlechterpolarität, auszugehen – sie verbanden mit Weiblichkeit und Mütterlichkeit nicht in erster Linie eine (erneute oder persistierende) Festlegung (vgl. Stoehr 1983), sondern vorrangig stellte »das Weibliche« den Hoffnungsträger für die angestrebten Veränderungen dar.

> »Ja, wir sind anders als der Mann – und wollen es auch in Ewigkeit bleiben! Alles rein Analytische ist uns größte Beleidigung und ein leidenschaftlicher Schmerz. Den Intellekt von Empfindungsleben oder Trieb abzusondern – wäre uns niedrig, verächtlich, unmoralisch ... eine Analyse ohne nachfolgende Synthese ist uns das Feindliche, Widerwärtige an sich, das tödlich Verletzende« (Helene Stöcker 1897; zit. bei Greven-Aschoff 1981: 41).

Deshalb war es aber für den gemäßigten bürgerlichen Teil der ersten Frauenbewegung auch keine Option, sich eine Besserstellung »gewähren« oder schenken zu lassen, weil die Aktivistinnen darin (zu Recht) die Gefahr sahen, dieses zentralen gesellschaftskritischen Veränderungswillens beraubt zu werden, ihre Ziele verwässert oder enteignet oder letztendlich wieder in den Dienst männlicher Suprematie gestellt zu sehen.

Von einem solchen feministischen gesellschafts- und wissenschaftskritischen Zugang würde allerdings auch die bereits etablierte Unterscheidung von Erziehung und Bildung tangiert – d.h. die Trennung eines als Hilfe zur Personwerdung, aber auch Einübung und Einfügung in das Gegebene konzipierten Bereichs der Erziehung von einer als hochkulturell, geistig-intellektuell und dem Alltagsleben ferne Form der Persönlichkeitsentwicklung gedachten Bereichs der Bildung. Denn eine nicht-einschränkende, nicht zurichtende Erziehung wäre ja, indem sie das »Sapere aude« in sich aufnimmt, selbst schon Bildung. Mit der Idee selbstmächtiger Entscheidungen über das eigene Leben gerieten und geraten also pädagogische Theorien und Konzepte unmittelbar in den Blick derjenigen, denen an Emanzipation gelegen war oder ist.

Eine Schwierigkeit, die sich an dieser Stelle ergibt, liegt in der Frage, worauf sich die sich gegenseitig ermächtigenden Frauen stützen könnten, da es für beide Frauenbewegungen keinerlei historisches Vorbild für ein zeitgemäßes anderes Geschlechterverhältnis gab. Es bietet sich hier an, aus dem »Frau-Sein« selbst eine politische Qualität abzuleiten – solche Strömungen gab es in beiden Frauenbewegungen, und sie hatten durchaus ähnliche Züge. In der ersten hieß das Stichwort »Kulturaufgabe der Frau«: Dass die Frauenbewegung eine umfassende, die Gesellschaft verändernde »Kulturbewegung« sei, war allgemeiner Konsens (Greven-Aschoff 1981: 95), und dass den Frauen eine spezifische, besondere Kulturaufgabe zukam – deshalb »bot sich das Feld der Sozialen Arbeit dafür als Musterbeispiel an« (Stoehr 2006: 197). Auch in der zweiten Frauenbewegung wurde über »weibliche Kultur«, »Gegenkultur« oder qualifizierende Beschreibungen speziell weiblicher Umgangsweisen nachgedacht, die ebenfalls um dieselbe Grundfigur organisiert waren: einer Geringschätzung von Leiblichkeit, Mitgefühl und Sozialität entgegenzuwirken und sie von einer weiblichen zu einer gesellschaftlichen Qualität zu erheben, weil die Arbeit an einer neuen Kultur und Gesellschaft eine gemeinsame sein müsse. Das Projekt der Selbstermächtigung der Frauen war immer auch ein Projekt der Verbesserung und Humanisierung der Gesellschaft insgesamt. Was heute auch in pädagogischen Kontexten »Empowerment« genannt wird, hat also hier eine seiner Wurzeln.

Freiheit, Gleichheit und Bildung

Auch die anderen im Titel genannten Begriffe teilen diese doppelte Richtung. Sie gehören zwar aufs Engste zusammen, sofern sie einen Prozess von Freiheitsbestrebungen (und seinen glücklichen Ausgang) umschreiben, betonen dabei aber je unterschiedliche Dimensionen solcher Freiheitsansinnen und werden deshalb trotz ihrer Überschneidungen auch unterschiedlich verwendet.

Im Kontext der Diskussion über Freiheit wird üblicherweise unterschieden zwischen »Freiheit von« und »Freiheit zu«. Im ersten Fall geht es um Freiheit als Abwesenheit von Zwängen oder Verboten, die das eigene Handeln einschränken, oder von Konventionen und Strukturen, die den Einzelnen Denkverbote auferlegen. Im zweiten Fall ist die Perspektive umgekehrt: es geht um die Fähigkeit und Möglichkeit, den eigenen Willen zu formulieren oder eigene Entscheidungen zu treffen und umzusetzen. Ist man im ersten Fall vor allem auf der Ebene politischer und gesellschaftlicher Strukturen und Realitäten, so wird im zweiten Fall außerdem noch nach dem subjektiven Potential für eigenes Wollen und Handeln gefragt, was auch emphatisch als »innere« Freiheit oder Autonomie bezeichnet wird und deshalb eng an Fragen von Erziehung und Pädagogik geknüpft ist.

Freiheit als »Freiheit von« geht historisch-politisch vor allem mit den Gleichheitsforderungen der von gesellschaftlicher Macht ausgeschlossenen oder in ihrem Freiheitswillen eingeschränkten Gruppen einher – etwa vom Dritten Stand in der Zeit der Französischen Revolution. Hier, nach der Revolution, hätte es erstmals in der Geschichte die Gelegenheit gegeben, auch den Frauen Freiheiten einzuräumen – aber der Blick auf die Geschichte zeigt das Gegenteil. Obgleich die Frauen mit ihrem Marsch auf Versailles (5. Oktober 1789) und der »Geiselnahme« des Königs (Ludwig XVI) einen sehr wichtigen Beitrag zur Revolution geleistet hatten, wurden alle ihre Versuche, politische und gesellschaftliche Freiheiten zu erreichen, im Laufe weniger Jahre wieder verhindert, die revolutionären republikanischen Frauengruppen wurden aufgelöst und ihre Protagonistinnen verfolgt oder – wie Olympe de Gouges (1748–1793) – guillotiniert. Frauen durften noch nicht einmal mehr als Zuhörerinnen die Debatten im Konvent verfolgen. Damit war eine historische Chance auf lange Sicht vertan, und die deutschen Philosophen bauten ihre Gesellschaftsentwürfe auf Begründungen für eine Ungleichheit der Geschlechter auf. Diese sind durchaus als Reaktion auf die Frage, ob die Gleichheitsforderungen der Französischen Revolution auch für Frauen gelten, zu werten, wird doch ein immenser Überbau an Argumenten und Metaphysik aufgebracht, um die Frauen aus den Räumen und Institutionen der bürgerlichen Öffentlichkeit auszuschließen und ihnen damit den Status als *citoyenne* zu verwehren. Vor diesem Hintergrund wird das 19. Jahrhundert und frühe 20. Jahrhundert dann auch als eines der »Maskulinisierung« der Politik und der politischen Partizipation bezeichnet. Dies war mit der theoretischen Ineinssetzung des Staates als »männlich« in der politischen Theorie verbunden (Bock 2005: 185) – Konstellationen, mit denen die erste Frauenbewegung konfrontiert war (ebd.: 183). In der Auseinandersetzung um das Wahlrecht für Frauen spielte seitens der Gegner das Argument ihrer ökonomischen Abhängigkeit und der Übertragung des Wahlrechts an den Mann dann auch eine wichtige Rolle, so dass Hedwig Dohm (1831–1919) im Jahre 1876 kritisch fragte, wann eigentlich die Frau dem Manne das Mandat übertragen habe (ebd.: 193).

Das entscheidende Merkmal, das den neuzeitlichen und vor allem den modernen Staat von allen seinen Vorläufern unterscheidet, ist ja die im Zuge der Aufklärung in den Menschenrechtserklärungen vereinbarte grundsätzliche Anerkennung jedes Menschen als Individuum, unabhängig von Stand und Herkunft. Dies auch auf die Geschlechterdifferenzierung anzuwenden wäre eigentlich logisch gewesen und wurde auch durchaus von Zeitgenossen angemahnt. So sah der preußische Jurist Theodor Gottlieb Hippel (1741–1796) hier eine Unlogik walten, denn »sind die Menschen von Natur aus gleich, so kann das weibliche Geschlecht nicht ausgeschlossen werden; muss es in der Gesellschaft eine politische Ungleichheit geben, so ist nicht zu begreifen, dass ein ganzes Geschlecht ... für unmündig erklärt wird« (Hippel, zit. bei Schmid 1989: 553f.). Der Bezug auf die Menschenrechte delegitimierte also jede Form von Leibeigenschaft und zwang die Staatstheoretiker und Philosophen dazu, ungleiche Verhältnisse zwischen Menschen, und eben auch zwischen Männern und Frauen, überzeugend zu begründen. Deshalb wurde das Verhältnis von Staat, Gesellschaft und Familie zur entscheidenden Grundfigur aller zeitgenössischen Staatsphilosophien, und es gibt keinen Philosophen dieser Zeit, der nicht ausführlich das Verhältnis der Geschlechter diskutiert hätte (vgl. Heinz/Doyé/Kuster 2012).

Im Zuge dessen wurden einige entscheidende Relativierungen vorgenommen, die die gesellschaftliche Lage von Frauen existenziell betreffen. Zu einem wichtigen Stichwort wird etwa bei Kant die ökonomische Selbständigkeit, die für die Teilhabe als Staatsbürger an den Belangen des Staates und des bürgerlichen öffentlichen Lebens die Voraussetzung bildete (Rauschenbach 2004: 16). Dies schloss die im rechtlichen Sinne völlig unselbständigen Frauen, die ja immer dem Vater oder dem Ehemann als Vormund unterstellt waren, sofort aus, weil sie zu Freiheit nicht befähigt seien und stellte die Frauen auf eine Stufe mit Kindern, denn, so Kant in der »Metaphysik der Sitten« (1797), beide seien ökonomisch unselbständig und abhängig. Citoyen kann bei Kant nur sein, wer »kein Kind, kein Weib« ist. Damit wird der Status von Frauen und Kindern ökonomisch begründet und juristisch gleichgesetzt (Baader 1996: 15). Aus diesem gemeinsamen Status wird dann im 19. Jahrhundert in pädagogischen Argumentationsfiguren mit Bezug auf die sogenannten »Geschlechtscharaktere« darüber hinaus eine Wesensähnlichkeit von Frauen und Kindern abgeleitet. Diese wurde von Friedrich Fröbel ausbuchstabiert und begründet, von Philosophen, Schriftstellern und Pädagog:innen der Romantik aufgenommen und floss auch in Konzepte der »geistigen« bzw. »sozialen Mutterschaft« ein (ebd.: 243) (▶ Kap. 4). Unterstützt wurde diese Argumentation durch die zeitgenössische Vorstellung, dass das geistige Potential eines Menschen mit seiner körperlichen Verfasstheit zusammenhinge (»mens sana in corpore sano«). Auch hieraus folgte scheinbar logisch, dass Frauen wegen ihrer vermeintlich schwächeren Konstitution und ihrer Leibgebundenheit auch schwächere Geisteskräfte hätten, oder besser umgekehrt: Um die unfreie Position von Frauen zu legitimieren, musste Weiblichkeit naturalisiert werden und die (vermeintlich) größere Schwäche von Frauen als natürliche Gegebenheit erscheinen – nur das konnte ihre Sonderbehandlung und -bewertung »legitim« erscheinen lassen. Auch dies wurde seinerzeit mit spitzer Zunge kritisiert, etwa von Amalia Holst (1758–1829) in ihrer Schrift »Über die Bestimmung des Weibes zur höheren Geistesbildung«: Wenn es um körperliche Stärke ginge, dann »hätte Friedrich II. ja hinter jedem beliebigen Lastträger zurückstehen müssen« (Holst, zit. bei Schmid 1989: 552). Doch in der Perspektive der politischen Philosophien des 19. Jahrhunderts konnte sich die Freiheit des Willens und des Denkens bei den Frauen nicht entwickeln.

Die Beschneidung der Freiheiten von Frauen wurde also auf doppelte Weise begründet und abgesichert. Im gesamten 19. Jahrhundert, in dem die Grundideen der bürgerlichen Gesellschaft und Familie und letztlich auch unserer heutigen Konventionen und Vorstellungen formuliert wurden, hatten Frauen weder bürgerliche Freiheiten (Wahlrecht, Versammlungsrecht, Recht der Zugehörigkeit zu Parteien, Recht auf Grundbesitz, Erbrecht usw.) noch das Recht auf höhere Bildung, das doch die Grundlage darstellt für die Möglichkeit, in Kenntnis und aus dem Verständnis der Welt, in der man lebt, einen freien Willen zur aktiven Teilhabe an ihr, zur Einmischung und zu ihrer Veränderung auszubilden – es wäre wohl nicht verfehlt, hierin einen Grund für die Einschränkung der Bildung von Mädchen und Frauen zu sehen. Es konnte sich deshalb allenfalls so etwas wie Aufbegehren entwickeln (auch die Jahrhundertkrankheit Hysterie wird so erklärt), was aber überwiegend an der mangelnden Fähigkeit der Frauen scheiterte, sich in den bereits gefestigten gesellschaftlichen Machtstrukturen Gehör zu verschaffen. Dies wiederum ist nicht zuletzt eine Folge der Isolation der Frauen in den jeweiligen privaten Räumen, die Kollektivität, Zusammenschluss oder überhaupt Austausch über die eigene Lage unmöglich machte. Diese spezifische Form der Einsamkeit ist nach Prokop auch einer der Gründe dafür, dass die bürgerlichen Frauen für die Idealisierung von Weiblichkeit etwa als »Wächterinnen der Sitten im Staat« bei Rousseau und ihrer neuen dreifachen Bestimmung als gute »Ehefrau, Hausfrau und Mutter« so empfänglich waren (vgl. Prokop 1983; Baader 1996: 16). Lange Schatten dieser Festlegungen und Einschränkungen bis heute zeitigen sich beispielsweise in dem Umstand, dass auch heute ein Viertel der Väter nicht bereit ist, bei den Kindern zu bleiben, damit die Frau abends ausgehen kann (Vorwerk Familienstudie 2013: 17).

Dass das Denken durch die Denkgewohnheiten der sozialen Gruppe, in der sich die Einzelnen bewegen, eingefärbt und auch begrenzt ist, ist bekannt und problematisch genug. Was die Frauen aber historisch (und insbesondere im 19. Jahrhundert) gelernt haben, ist die Botschaft, dass sie in ihrem Denken weder frei sein können, noch aber sollen oder dürfen. Wenn aber ein ungebundenes Denken als sowohl unmöglich wie auch unpassend und verboten empfunden wird, dann schläft auch die Fähigkeit dazu ein und verkümmert.

Diese doppelte Wirkung ist auch die Erklärung dafür, warum auch heute noch, nachdem die Frauen nun hundert Jahre Wahlrecht und einige Jahrzehnte schrittweise zugestandene Gleichberechtigung hinter sich haben und auf der objektiv messbaren materiellen und rechtlichen Ebene keinen Freiheitsbeschränkungen mehr unterliegen, sie dennoch auf der Ebene der symbolischen Geschlechterordnung eben weder »frei von« Begrenzungen sind, noch »frei zu« einem unabhängigen freien Denken und eigener Willensbildung. Die lange gewachsene Gewohnheit, sich stets in Beziehung zu anderen und in der Verantwortung für deren Wohlergehen zu sehen, und die daraus folgende ungebrochen fraglose Verpflichtung für soziale Sorge und Verantwortung binden sie auf andere Weise, als dies bei Männern der Fall ist. Vor diesem Hintergrund ist es umso bewunderungswürdiger, wie es die Frauen der ersten Frauenbewegung geschafft haben, sich zu einer derart starken und historisch wirkmächtigen Bewegung zu verbinden.

Emanzipation

Vielleicht auch deshalb hatte die zweite Frauenbewegung in der Bundesrepublik (wenngleich wohl eher intuitiv) nicht die Freiheit zu ihrem Leitbegriff gemacht (wie etwa »Women's Liberation Movement« und »Mouvement de Libération des Femmes«) – obwohl auch in ihren Parolen die »Befreiung von Ketten« als Bild auftaucht: So etwa in einem in den 1970er Jahren sehr populären Lied »Frauen zerreißt Eure Ketten, Schluss mit Objektsein in Betten – Frauen gemeinsam sind stark«. Ein im (west)deutschen Kontext zentraler Begriff war dagegen »Emanzipation« – ein Begriff, der seit dem Römischen Recht den Akt der Freilassung der Sklaven aus der Unfreiheit bedeutet und seit der Aufklärung mit der humanistischen Auffassung der ursprünglich gleichen Rechte der Menschen in Verbindung gebracht wurde: eben jenem »Ausgang aus der Unmündigkeit« (s. oben). Dass es dabei nicht nur, wie bei Kant, um Fragen der Bildung und des Denkens, sondern auch um ökonomische und materielle Bedingungen gehen müsse, hat Karl Marx in seiner politischen Philosophie unterstrichen. Er hatte unter anderem – in Auseinandersetzung mit Hegel – die Philosophie als den Kopf der Emanzipation bezeichnet und das Proletariat als das Herz (Marx 1973: 85). Feministinnen, so Vertreterinnen der neuen Frauenbewegung, würden die ökonomische Eigenständigkeit als wichtige Voraussetzung betrachten, sie sei aber nicht »hinreichend für weibliche Emanzipation«. Entscheidend sei für sie vor allem »die psychische Ablösung der Frau von den männlichen Idealbildern des Weiblichen«, so heißt es in einem Frauenhandbuchbeitrag zum Lemma »Emanzipation« (Schenk 1983: 64). Die zweite Frauenbewegung betonte damit und insgesamt das Frei-werden-Wollen »von« etwas, das die Voraussetzung für ein »Freisein zu« etwas bedeutet und den ersten Schritt in diese Richtung anzeigt. Was sie aber vielleicht unterschätzt hatte, ist eben jene weiterwirkende symbolische Zuordnung, die dazu führt, dass der Wunsch nach individueller freier Entscheidung über die Gestaltung des eigenen Lebens selbst gar nicht erst oder nur verkümmert aufkommen kann.

Während also »emancipare« als Entlassung aus der Leibeigenschaft (in den deutschen Ländern im ersten Drittel des 19. Jahrhunderts flächendeckend umgesetzt) die Aktivität bei einem *anderen* sieht (dem Gesetzgeber oder dem Herrn), so drehte die Frauenbewegung den Begriff um und verwendete ihn reflexiv: die Aktivität liegt bei den Frauen, die »sich emanzipieren« wollen. Damit verschob sich auch die Betonung von der objektiv-materiellen Unfreiheit auf die Befähigung, sich auf Grundlage eigener Urteilsbildung kritisch zu gesellschaftlichen Konventionen und Erwartungen positionieren sowie eigenverantwortlich und selbständig einen Platz in der Gesellschaft einnehmen zu können. Die Frage, was zu einer solchen Befähigung beitragen könnte, ließ die Lebensumstände von Kindern und ihre Erziehung zu einem wichtigen Fokus werden und begründete den großen Bildungsoptimismus der Frauen, der sich nicht zuletzt in ihren vielfältigen Bildungseinrichtungen ausdrückt (▶ Kap. 2, ▶ Kap. 3, ▶ Kap. 4).

In der ersten Frauenbewegung war der Begriff Emanzipation allerdings noch nicht zentral und sogar eher negativ besetzt. Wenn Louise Otto nicht zu den

»Emancipirten« gerechnet werden will (▶ Kap. 2), die »das Weib zur Caricatur des Mannes herabwürdigen«, so schwingt in dieser Formulierung neben der Abwehr einer Gleichheitsvorstellung wohl auch ein heteronormatives Moment mit – die Zeit des selbstbewussten Auftretens von Homosexuellen, mit ihren Klubs und Zeitschriften, wird erst Anfang des 20. Jahrhunderts anbrechen.

Emanzipation ist also ein eher allgemeiner Ausdruck, auslegungsfähig sowohl hinsichtlich der einengenden Ursachen, gegen die sie gerichtet ist, als auch hinsichtlich der Bedingungen, die eine Emanzipation ermöglichen. Er spielte auch in der Theoriediskussion der Neuen Linken in der Bundesrepublik eine zentrale Rolle, so sprach etwa einer der Anführer der studentischen Protestbewegung in der Bundesrepublik, Rudi Dutschke, vom »internationalen Emanzipationskampf« (Dutschke 1968: 85). Auch für die pädagogischen Aufbrüche der 1970er Jahre, einschließlich der Kinderladenbewegung, war der Begriff der Emanzipation zentral, der die Befreiung von repressiven Strukturen akzentuierte. Dabei implizierte er vor allem auch, eine kritische Perspektive auf bestehende Verhältnisse einnehmen zu können (vgl. Baader 2020). In der Pädagogik lieferte der Emanzipationsbegriff einer ganzen neuen kritischen Richtung das Stichwort, exemplarisch dafür war unter anderem die Schrift »Erziehung und Emanzipation« (Mollenhauer 1973). Dagegen scheint das »Recht auf Selbstbestimmung« deutlich konkreter und ist auch deshalb wohl derjenige Begriff, der die Selbstbeschreibungen und Forderungen der (bundes)deutschen Frauenbewegungen am deutlichsten kennzeichnet – und auch er ist zugleich mit Erziehungswissenschaft und Pädagogik besonders spezifisch verbunden.

Selbstbestimmung

Selbstbestimmung ist zunächst und vor allem ein Begriff der Philosophie, der im Zusammenhang mit Autonomie und Vernunftbegabung des Individuums steht. Dessen Fähigkeit – und im Weiteren die Fähigkeit von Staaten oder Gesellschaften –, dem eigenen Willen gemäß frei zu handeln, ist einerseits Grundlage und Bedingung für Autonomie des Subjekts, zugleich aber das Einfallstor für seine Selbsttäuschung. Dies können sich politische Propaganda, religiöse Botschaften oder eben die Pädagogik zunutze machen, wenn es ihnen gelingt, auf dem Wege von Selbsttäuschung die Individuen dazu zu bringen, das, was andere von ihnen wollen, für ihren eigenen Willen zu halten: Weil das Kind groß und stark werden will, muss es den Spinat essen *wollen*. Dem versuchte die erziehungswissenschaftliche Theoriebildung mit dem Begriff »Bildung« zu begegnen, der der individuellen intellektuellen Selbstentfaltung auch die Fähigkeit zu Selbstreflexion beigesellt, die ihrerseits aus Wissen und der Arbeit an diesem Wissen besteht. Diese Art von pädagogischem Angebot war aber den Knaben des Bürgertums und deren »höherer« Bildung vorbehalten gewesen. Es musste also darum gehen, Wege zu entwerfen, die kleine Kinder gar nicht erst in die Falle der Selbsttäuschung führen und größeren (resp. Erwachsenen) Wege zu einem »Freiwerden-zu« aufzuzeigen – so dass, um im Bilde zu bleiben, das Kind zwar groß und stark werden will, aber dennoch den Spinat nicht essen *will*, sondern vielleicht lieber einen Apfel. Und wenn es den Spinat, sich fügend, doch isst, so soll es wissen können, dass dies nicht sein eigener Wunsch gewesen war.

Die Einsicht, dass Selbstbestimmung Wissen und die Fähigkeit, die Welt zu verstehen, voraussetzt, gehörte auch zum Kernbestand der Arbeiterbewegung – so heißt es bei Bertolt Brecht im »Lob des Lernens« von 1931: »Hungriger, greif nach dem Buch: es ist eine Waffe« – denn: »Was Du nicht selber weißt, weißt Du nicht« (Brecht 1931/1967: 857). Diese Zeilen waren – wie viele von Brechts Gedichten – in der Zeit von Studentenbewegung und zweiter Frauenbewegung außerordentlich populär, was nicht zuletzt deren großen Bildungsoptimismus widerspiegelt.

Aber so wie es keine vollständige Autonomie gibt, so kann es auch keine uneingeschränkte Selbstbestimmung (der Frauen) geben – erstens, weil Menschen Sozialwesen sind, die in Kooperation und Beziehung zu anderen leben; zweitens weil sie strukturell abhängig voneinander sind – wenn auch in verschiedenen Lebensphasen in unterschiedlichem Maße; und drittens weil Selbstbestimmung eben nicht (nur) die Fähigkeit und Möglichkeit meint, selbstbestimmt eine Handlung auszuführen oder zu verweigern, sondern in erster Linie die Möglichkeit und Fähigkeit, die eigene Lage, die Strukturen des eigenen Denkens und das Zusammenwirken von das eigene Leben mit-bestimmenden Faktoren zu erkennen – und *dann*, erst dann, eigene Entscheidungen zu treffen.

Was meinten also die Frauenbewegungen mit dem Begriff »Selbstbestimmung«? Zunächst richtet er sich natürlich gegen Fremdbestimmung, was schon sprachlich ersichtlich wird. Hier zielt der Ausdruck vor allem auf deren Abwehr, auf die Verhinderung des Einflusses anderer auf die Entscheidungen über das eigene Leben, was in der ersten Frauenbewegung oft mit Begriffen wie »Mündigkeit« und »Selbständigkeit« umschrieben wurde (Otto 1848/2008: 74). In der zweiten Frauenbewegung bezog sich die Fremdbestimmung zunächst und vorrangig auf die Festlegung auf die Rolle der Hausfrau, Ehefrau und Mutter, auf den weiblichen Körper und die Sexualität, und der Widerstand dagegen verfolgte das Ziel der Ermöglichung selbstbestimmter Lebensformen. Die Rede von der Selbstbestimmung wies insbesondere auch den Objektstatus zurück und zielte auf Subjektpositionen und darauf, Akteurin und Gestalterin des eigenen Lebensentwurfs zu sein.

Dabei nahm die Sexualität und das Recht, über Empfängnis und Abtreibung selbst zu entscheiden, für die zweite Frauenbewegung eine besondere Rolle ein, handelte es sich dabei doch auch um internationale Kampagnen. Hieß es also in der zweiten Frauenbewegung schlicht »Mein Bauch gehört mir« oder »Lust ohne Last – Abtreibung ohne Knast«, so hatten die Frauen früherer Zeiten noch mehr Aufwand gegen die »Herren-« oder »Doppelmoral« betreiben und begründen müssen, dass erst »die Freiheit der Persönlichkeit, das Sichselbstgehören« die Frauen von dem Fluch erlösen wird, »ein von anderen bewegter Mechanismus zu sein« (Dohm 1903/1981: 181).

In den 1970er Jahren entwickelte sich aus der Diskussion um sexuelle Selbstbestimmung dann die große Debatte um den § 218, die das Thema der Selbstbestimmung von Frauen in praktisch alle Kreise der Bevölkerung hineintrug. Prominent für diese Breitenwirkung waren etwa Broschüren wie »Wir wollen nicht mehr nach Holland fahren« (1978), herausgegeben von der Beratungseinrichtung Pro familia, und mit der Geschichte des § 218 befasste sich eine Studie der Publizistin Ingrid Zwerenz (1980).

Übrigens bildeten die Schwangerschafts- und Abtreibungsberatungen in den Frauenzentren selbst auch eine spezifische Form eines »pädagogischen Bezugs« unter Frauen: Die beratenden Frauen hatten außer der Kenntnis von Abtreibungsadressen im europäischen Ausland (v. a. in den Niederlanden und England) und in manchen Städten auch von Namen und Einschätzungen von Gynäkolog:innen meist keinen Wissensvorsprung, sondern das gemeinsame Miteinander-Beraten im Gespräch stand im Vordergrund, wobei die gesellschaftliche Position als Frau (die ja jede spezifische individuelle Lage prägt) immer einen wichtigen gemeinsamen Boden bildete. Erst später haben sich mit der Gründung von Frauen-Gesundheits-Zentren auch diese Beratungen in professionalisierte Kontexte verlagert (▶ Kap. 8, ▶ Kap. 10).

Dabei bedurfte es anfangs durchaus einer großen Portion »Selbstermächtigung«, um eigene Wünsche und Vorstellungen überhaupt entstehen und hervortreten zu lassen oder selbständig potentiell sexuelle Kontakte zu anderen aufzunehmen. Aber ob dabei die Abtreibung im Zentrum stand (»Ob Kinder oder keine – entscheiden wir alleine«), die Berechtigung für selbstbestimmte Formen von Zuneigungsäußerungen und Sexualität, oder die selbständige Bestimmung über die eigenen Lebens- und Beziehungsformen, ist in dieser Hinsicht eigentlich sekundär – denn zentral war immer die Abwehr aller Versuche, die Selbstbestimmung zu beschneiden, die Frauen zu gängeln oder in konventionelle Formen der Fremdbestimmtheit zurückzudrängen. Dass heute die sexuelle Selbstbestimmung nicht nur als Wert (weitgehend) anerkannt, sondern auch in der Gesetzgebung verteidigt wird (so im Gesetz zur Verbesserung des Schutzes der sexuellen Selbstbestimmung von 2016), war dabei zwar das politische Ziel gewesen, aber doch seinerzeit nicht absehbar. Damit wurde die politische Aktivität, die von unten (von den Frauen als politisch Aufbegehrenden) nach oben (auf die staatliche Macht) gezielt hatte, gewissermaßen von oben aufgegriffen und beantwortet.

Darüber hinaus aber dehnte sich der Begriff »Selbstbestimmung« auf letztlich alle die eigene Lebensweise betreffenden Bereiche aus und schloss insbesondere Lebensformen, aber auch Bildungsräume (▶ Kap. 10) ein. Selbstbestimmung ist der übergreifende Begriff für die neue Frauenbewegung in der Bundesrepublik, dies zeigt sich etwa daran, dass ein »Frauenhandlexikon« aus dem Jahre 1983 den Titel »Stichworte zur Selbstbestimmung« führte. Damit wurden alle Themen der neuen Frauenbewegung von »Abtreibung« und »Arbeit« über »Medien« bis zu »Wohnen« (so das letzte Lemma) der Perspektive und dem Ziel der Selbstbestimmung unterstellt, mit dem Verweis, sich »weder durch die Macht der anderen, noch durch die eigene Ohnmacht lähmen zu lassen« (Beyer/Lamott/Mayer 1983: 8). Dieses Motto, dem die Orientierung an Selbstbestimmung hier unterstellt wird, nahm ein viel zitiertes Diktum von Theodor W. Adorno aus seiner Aphorismensammlung »Minima Moralia« auf: »Die fast unlösbare Aufgabe besteht darin, sich weder von der Macht der anderen noch von der eigenen Ohnmacht dumm machen zu lassen« (Adorno 1976: 67). Selbstbestimmung im Kontext des Feminismus wird damit in einer Dialektik des Erkennens von Macht und Ohnmacht verortet. Der Begriff der Selbstbestimmung ist »der zentrale Schlüsselbegriff« des Feminismus der 1970er und 1980er Jahre (Baader 2018: 33).

Genau wie der Begriff der »Emanzipation« nahm der Begriff der »Selbstbestimmung« nicht nur in der zweiten Frauenbewegung der 1970er und 1980er Jahre einen wichtigen Stellenwert ein, sondern in der Neuen Linken und dem Alternativen Milieu insgesamt. Eine Rolle spielte er etwa in der Jugendzentrumsbewegung, zentral war er aber darüber hinaus für die pädagogischen Aufbrüche insgesamt, dort insbesondere auch für die Kinderladenbewegung, die die Fähigkeit zur »Selbstbestimmung« oder zur »Selbstregulierung« der Kinder zum wichtigen Erziehungsziel in Abgrenzung zu Gehorsam, Folgsamkeit und Unterordnung erklärte (vgl. Baader 2020, ▶ Kap. 4). Auch in diesem Zusammenhang wird der Subjektstatus betont, in diesem Falle der von Kindern. Den theoretischen Hintergrund dafür bildeten unter anderem Bezugnahmen auf die Kritische Theorie und Adornos Akzentuierung einer »Erziehung zur Mündigkeit« und der »Wendung auf das Subjekt« als Antwort auf den »autoritären Charakter« und dessen Affinitäten zum Nationalsozialismus (ebd.).

Selbstbestimmung war zudem ein zentraler Begriff in der kritischen politischen Theorie, so etwa bei Herbert Marcuse, ebenfalls ein Vertreter der Kritischen Theorie, der sich insbesondere mit nicht-repressiven Formen von Beziehungen und Sexualität befasst hatte (vgl. Marcuse 1957). Die utopische Perspektive der »wahrhaften Selbstbestimmung der Individuen« (Marcuse 1967: 262) bei Marcuse setzte sich sowohl kritisch mit dem Kapitalismus als auch mit dem Kommunismus sowjetischer Prägung auseinander. Das Insistieren der neuen Frauenbewegung auf »Selbstbestimmung« als politische Praxis erfolgte stets in einer doppelten Akzentuierung, gegen den männlich dominierten Staat und seine Institutionen einerseits, aber auch gegen die männlich dominierten Gruppen der Neuen Linken. Ging es beispielsweise bei »Frauenzentren« um die Forderung nach selbstbestimmten Räumen, so wollten sich die Frauen auch die linken Männer und deren Diskussions- und Dominanzkultur vom Leibe halten.

Im Zusammenhang mit der Selbstbestimmung taucht zudem der Begriff »Selbstbehauptung« auf (gelegentlich auch »Selbstermächtigung«, was heute »Empowerment« genannt würde), der seinerzeit noch nicht so eng an Selbstverteidigung geknüpft war, wie seine heutige Verwendung, und auch der Begriff der »Selbstverwirklichung« spielte eine Rolle, der wiederum stärker (sozial)psychologisch konnotiert war. Diese Begriffe wollten in umfassender Weise Handlungen und vor allem eine Haltung beschreiben, die sich der habitualisierten, gewissermaßen ›eingefleischten‹ Tendenz von Frauen widersetzte, sich vorauseilend zurückzunehmen, sich nichts zuzutrauen und Männer per se für überlegen zu halten.

Die Beschäftigung mit Selbstbestimmung scheint den Blick dann logischerweise auf Gleichheit zu leiten: Dass Frauen selbstbestimmt in Gesellschaft handeln können, setzt voraus, dass konkrete patriarchale Bestimmungen und Entscheidungen *über* Frauen (etwa im Eherecht) ebenso verschwunden sein müssen wie strukturelle Festlegungen auf bestimmte Geschlechterpositionen oder auffassungen. Nur wenn sie »als Gleiche« gleichberechtigt den anderen (hier vor allem: den Männern) gegenübertreten würden, könnten sie selbstbestimmte Entscheidungen treffen.

Andererseits aber ruft der Ausdruck Selbstbestimmung auch die Vorstellung auf, dass Frauen *gerade nicht* dasselbe tun, wollen oder können sollten, wie sie es bei den Männern finden – und in dieser Logik geht es dann eher darum, eigene Entwürfe von Politik, Leben und Gesellschaft entwickeln zu können. Der hierfür notwendige Modus wäre also gerade nicht der Vergleich, sondern die Fähigkeit, etwas »mit eigener Stimme« festsetzen zu können (Annecke 1989: 92) – was voraussetzt, dass Frauen diese ›eigene Stimme‹ zuvor entwickelt haben, so dass sie auch Gehör finden können.

Dies erklärt, warum sich die Auslegung des Begriffs Selbstbestimmung und seine Verwendung zwischen den beiden Frauenbewegungen und ebenfalls zwischen verschiedenen politischen Gruppierungen innerhalb der Frauenbewegungen unterscheidet.

Diese Unterschiede waren teilweise gradueller, teilweise struktureller Art. Strukturell waren sie da, wo andere politische Aspekte und Positionen die politischen Einschätzungen der Frauen in Bezug auf ihre eigene Lage dominierten – etwa wenn in kommunistischen oder sozialistischen Frauengruppen die Geschlechterfrage zum »Nebenwiderspruch« neben dem »Hauptwiderspruch« zwischen Kapital und Arbeit erklärt wurde. Graduell waren sie vor allem, weil die Einschränkungen, denen Frauen ausgesetzt waren, in den 1970er Jahren – also in der zweiten gegenüber der ersten Frauenbewegung – bereits stark abgemildert waren. Gegen Ende des 19. Jahrhunderts waren die expliziten Begrenzungen für Frauen noch so durchgängig offensichtlich und selbstverständlich gewesen, dass die Frauen sich über winzige Geländegewinne freuen mussten, obgleich die Proklamationen eines Rechts der Frauen, »über sich selbst zu verfügen« (Beuys 2015: 110), schon so lange andauerten. Neben den Aktivistinnen der Frauenbewegung hatten viele einzelne Frauen dieses Recht auf Selbstbestimmung auf unterschiedliche Weise thematisiert: nicht zuletzt die Schriftstellerinnen, die – wie etwa Gabriele Reuter (1859–1941) mit ihrem Roman »Aus guter Familie« (Reuter 1895), der das Zerbrechen einer jungen Frau an den Weiblichkeitsforderungen ihrer Zeit und Umgebung beschreibt und gleich nach seinem Erscheinen die Öffentlichkeit erschütterte – die gesellschaftliche Lage von Frauen zum öffentlichen Thema machten.

Selbstbestimmung und Bildung

Während die »Befreiung aus Ketten« wesentlich das Ergebnis politischer Kämpfe und Bewegungen ist, werden Selbstbestimmung und Selbstermächtigung in entscheidendem Maße aus Erziehungs- und Sozialisationsprozessen gespeist, sind also nahe am Feld des Pädagogischen. Und entsprechend dem Zeitgeist der 1970er Jahre war in beiden Bereichen das Bewusstsein entstanden, dass Erziehung auf die Herausbildung der vorne erwähnten »inneren Freiheit« zielen solle, die ihrerseits eine wichtige, wenn auch nicht hinreichende Voraussetzung für jenes befreiende »Zerreißen von Ketten« sein könnte. Die breite Thematisierung von Selbstbestimmung und Selbstbehauptung in den 1970er Jahren stand deshalb auch in Wechselwirkung mit disziplininternen Debatten und einer Veränderung von Erziehungs- und Bildungsvorstellungen, so dass die Dynamiken in beiden Bereichen auf einander antworten konnten (auch wenn dies eher unbemerkt und indirekt geschah, und die Herkunft aus der Gesellschaftskritik der Frauenbewegungen weitgehend aus dem Blick von Erziehungswissenschaft und Pädagogik verschwanden). Konzepte wie Freie Arbeit oder Wochenplanarbeit, die zuvor schon von Fröbel oder von Vertreter:innen der Reformpädagogik wie Freinet, Petersen oder Montessori in die Diskussion gebracht worden waren, rückten nun auch in den Regelschulen in den Blick und wurden in Modellprojekten erprobt. Auch hier ging es darum, die Schüler:innen zu selbständigem Denken und Arbeiten zu »ermächtigen« – dies wurde etwa mit dem sprichwörtlich gewordenen Topos vom »Lehrer als Lernhelfer« diskutiert. Wie unterschiedlich die Haltung einer Lehrkraft also sein kann, wenn sie vor die Klasse tritt, und wie wichtig dieser Unterschied werden kann, wurde erst durch diese Debatten wirklich deutlich – und die Diskussion über diese Grundfragen pädagogisch-professionellen Handelns belebt die bildungs- und schulpädagogische Diskussion bis heute. Der Begriff der Selbstbestimmung ist heute in der Pädagogik am stärksten im Bereich der Frühen Bildung, Betreuung und Erziehung präsent, etwa da, wo es um die *Agency* und Handlungsmächtigkeit von Kindern geht, aber auch im Kontext von Elterninitiativen, die in der Tradition der Kinderläden stehen, ist er zentral (vgl. Baader 2020). Allerdings kommt der Begriff in diesen heutigen Zusammenhängen weitestgehend ohne Geschlechterperspektive aus.

Literatur

Adorno, Theodor W. (1976): Minima Moralia. Reflexionen aus dem beschädigten Leben. Frankfurt am Main: Suhrkamp.
Annecke, Ute (1989): Selbstbestimmung: ein Bumerang für Frauen? Überlegungen zur aktuellen Debatte um Selbstbestimmung. In: Der Kaiserinnen neue Kleider. Feministische Denkbewegungen. Beiträge zur feministischen theorie und praxis, 12 (24), 89–103.
Baader, Meike Sophia (1996): Die romantische Idee des Kindes und der Kindheit. Auf der Suche nach der verlorenen Unschuld. Neuwied: Luchterhand.
Baader, Meike Sophia (2018): Kinder als Akteure oder wie ist das Kind als Subjekt zu denken? Historische Kontexte, relationale Verhältnisse, pädagogische Traditionen, neue Perspektiven. In: Bianca Bloch et al. (Hrsg.), Kinder und Kindheiten. Frühpädagogische Perspektiven (S. 22–39). Weinheim: Beltz Juventa.

Baader, Meike Sophia (2020): Von der Antiautorität zur Diversität. Soziale Differenzen in Kinderläden und Elterninitiativen von den 1970er Jahren bis heute. In: Geschichte und Gesellschaft, 46 (20), 1–31 (im Erscheinen).
Bock, Gisela (2005): Frauen in der europäischen Geschichte. Vom Mittelalter bis zur Gegenwart. München: Beck.
Beuys, Barbara (2015): Die neuen Frauen – Revolution im Kaiserreich 1900–1914. Berlin: Insel Verlag.
Brecht, Bertolt (1931/1967): Die Mutter. Gesammelte Werke, Bd. 2. Frankfurt am Main: Suhrkamp.
Dohm, Hedwig (1903): Sind Mutterschaft und Hausfrauentum vereinbar mit der Berufstätigkeit? In: Elke Frederiksen (Hrsg.) (1981), Die Frauenfrage in Deutschland 1865–1915 (S. 180–182). Stuttgart: Reclam.
Dutschke, Rudi (1968): Die geschichtlichen Bedingungen für den internationalen Emanzipationskampf. In: Uwe Bergmann et al. (Hrsg.), Rebellion der Studenten oder die Neue Opposition. Reinbek bei Hamburg: Rowohlt.
Greven-Aschoff, Barbara (1981): Die bürgerliche Frauenbewegung in Deutschland 1894–1933. Göttingen: Vandenhoeck und Ruprecht.
Heinz, Marion/Doyé, Sabine unter Mitwirkung von Kuster, Friederike (2012): Geschlechterordnung und Staat. Legitimationsfiguren der politischen Philosophie (1600–1850). Berlin: Akademie Verlag.
Helene-Lange-Archiv: ADF (1865). Online verfügbar unter: https://www.meta-katalog.eu/Search/Results?lookfor=ADF+-+Allgemeiner+Deutscher+Frauenverein&type=AllFields, Zugriff am 01.10.2020.
Kickbusch, Ilona (1993): Selbsthilfe. In: Johanna Beyer/Franziska Lamott/Birgit Meyer (Hrsg.), Frauenhandlexikon. Stichworte zur Selbstbestimmung (S. 257–260). München: Beck.
Lange, Helene (1890): Unsere Bestrebungen. In: Erich Dauzenroth (Hrsg.) (1964), Frauenbewegung und Frauenbildung. Aus den Schriften von Helene Lange, Gertrud Bäumer, Elisabeth Gnauck-Kühne. Bad Heilbrunn: Klinkhardt.
Marcuse, Herbert (1957): Eros und Kultur. Frankfurt am Main: Suhrkamp.
Marcuse, Herbert (1967): Der eindimensionale Mensch. Neuwied: Luchterhand.
Marx, Karl (1843/44): Zur Kritik der Hegel'schen Rechtsphilosophie. In: Arnold Ruge/Karl Marx (Hrsg.) (Nachdruck 1973), Deutsch-Französische Jahrbücher. Darmstadt: Wissenschaftliche Buchgesellschaft.
Mollenhauer, Klaus (1973): Erziehung und Emanzipation. München: Juventa.
Otto, Louise (1849): Programm der Frauen-Zeitung. In: Ute Gerhard/Petra Pommerenke/Ulla Wischermann (Hrsg.) (2008), Klassikerinnen feministischer Theorie. Grundlagentexte, Bd. 1 (S. 74–75). Königstein im Taunus: Ulrike Helmer.
Pro Familia Bremen (Hrsg.) (1978): Wir wollen nicht mehr nach Holland fahren. Reinbek bei Hamburg: Rowohlt.
Prokop, Ulrike (1983): Die Melancholie der Cornelia Goethe. In: Feministische Studien 2, 46–77.
Rauschenbach, Brigitte (2004): Politische Philosophie und Geschlechterordnung – Ideengeschichte neu besehen. Hrsg. von FU Berlin: Gender Politik Online. Online verfügbar unter: https://www.fu-berlin.de/sites/gpo/pol_theorie/Ideengeschichte/Politische_Philosophie_und_Geschlechterordnung____Ideengeschichte_neu_besehen/brigitte_rauschenbach_.pdf, Zugriff am 08.10.2020.
Reuter, Gabriele (1895): Aus guter Familie. Leidensgeschichte eines Mädchens. Berlin: Fischer.
Schenk, Herrad (1983): Emanzipation. In: Johanna Beyer/Franziska Lamott/Birgit Meyer (Hrsg.), Frauenhandlexikon. Stichworte zur Selbstbestimmung (S. 63–64). München: Beck.
Schmid, Pia (1989): Bürgerliche Theorien zur weiblichen Bildung. Klassiker und Gegenstimmen um 1800. In: Otto Hansmann/Winfried Marotzki (Hrsg.), Diskurs Bildungstheorie II: Problemgeschichtliche Orientierungen (S. 537–559). Weinheim: Dt. Studien Verlag.

Stoehr, Irene (1983): »Organisierte Mütterlichkeit«. Zur Politik der deutschen Frauenbewegung um 1900. In: Karin Hausen (Hrsg.), Frauen suchen ihre Geschichte (S. 221–249). München: C.H. Beck.

Stoehr, Irene (2006): Professionalität, weibliche Kultur und »pädagogischer Eros«. Gertrud Bäumer als Sozialpädagogin. In: Meike Baader/Helga Kelle/Elke Kleinau (Hrsg.), Bildungsgeschichten. Geschlecht, Religion und Pädagogik in der Moderne (S. 195–215). Köln: Böhlau.

Vorwerk Familienstudie 2013. Ergebnisse einer repräsentativen Bevölkerungsumfrage zur Familienarbeit in Deutschland. Institut für Demoskopie Allensbach. Online verfügbar unter: https://corporate.vorwerk.de/fileadmin/data/master_corporate/04_Presse/Publikationen/Vorwerk-Familienstudie-2013.pdf, Zugriff am 01.10.2020.

Zwerenz, Ingrid: Frauen. Die Geschichte des § 218. Frankfurt am Main: Fischer.

10 Selbsthilfe, Selbstorganisation, Solidarität

10	Selbsthilfe, Selbstorganisation, Solidarität	182
	Selbsthilfe und Solidarität	182
	Selbsthilfegruppen von Frauen in der zweiten Frauenbewegung	185
	Consciousness raising	187
	Selbstorganisation und Bildungsräume: Frauenbuchläden	189
	Frauen-Bildungsprojekte	194
	Frauengruppen in der Frauenbewegung und in der Pädagogik	196
	…und Bildung	198
	Literatur	199

Selbsthilfe und Solidarität

Am Beginn von sozialen Bewegungen steht immer die Idee der Selbsthilfe. Es finden sich Menschen zusammen, die von denselben Lebensbedingungen bedrückt sind oder sich in derselben Weise an der Entwicklung von Möglichkeiten und Wünschen gehindert sehen, um sich gegenseitig Mut zu machen, aus der Erfahrung gleicher Betroffenheit Kraft zu schöpfen und sich untereinander zu helfen. So enthielten etwa die vorne zitierten »Mädchengruppen« von Alice Salomon (1872–1948) (▶ Kap. 2, 5) neben ihrer Aufgabe, Bedürftigen zu helfen, zugleich ein Element der Selbsthilfe – weil sie den jungen Frauen dazu verhalfen, einander zu finden und damit zumindest potentiell die Möglichkeit eröffneten, aus der Erkenntnis einer Gleichbetroffenheit etwas für sich selbst zu entwickeln. Insofern hat Selbsthilfe eigentlich im Kern immer ein politisches Potential, das Potential der Veränderung – auch wenn es vorkommen kann, dass dieses zu schwach ist oder nicht gesehen werden kann.

Als Gedanke gegenseitiger Hilfe in Not oder Unterstützung bei bestimmten Arbeiten gehört das Konzept der Selbsthilfe zum Kernbestand aller sozialen Gruppen, es setzt eine solidarische Haltung zu den anderen Gruppenmitgliedern voraus und bringt sie zugleich selbst hervor, sofern die eigene Aktivität nicht (nur) auf Berechnung beruht. Solidarität allerdings ist ein politischer Begriff, der sich gerade nicht über die Ähnlichkeit der Beteiligten bestimmt, oder ihr Gefühl füreinander, sondern über ihre gemeinsamen Absichten und ihre wie auch immer motivierte gegenseitige Unterstützung gegenüber einem Dritten/etwas Drittem außerhalb ihrer selbst. Und der Begriff schließt, so wie er in politischen Kontexten verwendet wird, ein, dass das als solidarisch definierte Handeln nicht einem Eigeninteresse folgt – im Gegenteil: dass es einen Verzicht auf einen (möglichen) eigenen Vorteil grundsätzlich einschließt. Es ist also ein instrumenteller Begriff, der seine Bedeutung aus dem ethischen Wert desjenigen Zwecks bezieht, dem das Handeln dienen soll. Um solidarisch zu sein, muss man weder einander zugeneigt sein noch überhaupt ein Interesse aneinander haben – das wird oft verwechselt. Man kann sich deshalb streng genommen auch nicht mit Menschen in einer bestimmten Lebenslage solidarisieren, sondern nur mit ihren Absichten oder ihrem Handeln. Als Zentralbegriff der sozialistischen Parteien und der Arbeiterbewegung hatte der Begriff Solidarität auch noch seine ursprüngliche Bedeutung der normativ begründeten gegenseitigen Gesamtschuldnerschaft: dass alle für einen und jeder für alle einzustehen hat und dies auch über nationale Grenzen hinweg. Die Spätmoderne hat diese Verhältnisse zueinander unwiederbringlich verändert und an die Stelle vereindeutigbarer Gruppenzuordnungen sind eher Diversifizierung, Individualisierung und Kontingenz getreten – das ›Einer für alle‹ kann deshalb so nicht mehr funktionieren (weil es kein ›alle‹ mehr gibt), und es müssen andere Definitionen gefunden werden. Der Soziologe und Philosoph Zygmunt Bauman (1925–2017), der sich intensiv mit Holocaust und Verfolgung beschäftigt hat, fokussiert deshalb als zentrale Bestimmung von Solidarität ihre Unterscheidung von Toleranz, und zwar am Beispiel des Übergangs von Schicksal zu Geschick, das er von der Philosophin Agnes Heller (1929–2019) entlehnt (Bauman 1995: 284f.). Zur Solidarität gelangen wir nicht, indem wir zu anderen »freundlich« sind, sondern erst, wenn das Vermeiden der Demütigung anderer in Respekt übergeht – und zwar Respekt gerade vor ihrer Andersheit, den »Wahlen, die sie getroffen haben«, ihren Entscheidungen, auch und gerade, wenn sie mit den meinen nicht harmonieren. Für Bauman folgt die Solidarität also aus der Verantwortung, aber sie ist keine freiwillige Gabe, sondern erwächst aus der Erkenntnis, »dass ich meine eigene Differenz nur dadurch respektieren kann, dass ich die Differenz der anderen respektiere« und die Formulierung »ich bin verantwortlich für den anderen« gleichbedeutend ist mit »ich bin verantwortlich für mich selbst« (ebd.: 287). Erst wenn die Toleranz in Solidarität übergeht, wird Schicksal zu Geschick. So ließe sich mit Bauman immerhin der Falle entkommen, selber definieren zu wollen, wer meine Solidarität ›verdient‹ oder ihrer würdig sei. Solidarität ist hier allein die Konsequenz aus meinem Verhältnis zu den immer als kontingent erkannten (Lebens)umständen und meiner Bereitschaft, die Verantwortung für sie zu übernehmen und sie zu verändern. Der Kerngedanke gegenseitiger Unterstützung spielte auch eine wesentliche Rolle etwa bei der Gründung von Gewerkschaften oder Genossenschaften. Insbesondere in Situationen großer äußerer Bedrohung erstarken Selbsthilfe-Einrichtungen – wie etwa der jüdische Frauenbund, der 25 Jahre lang Teil des »Bund deutscher Frauenvereine« gewesen war und sich 1933, nach dem erzwungenen Austritt, als Teil der allgemeinen jüdischen Selbsthilfe verstand (Maierhof 2002).

Selbsthilfe als politische Handlungsform kann sich einerseits auf die gegenseitige Unterstützung beschränken – etwa wenn einzelne Arbeiten die Beteiligung Vieler verlangen und alle sich darauf verlassen können, dass auch sie gegebenenfalls die Hilfe der anderen bekommen werden. Auch therapeutische Selbsthilfegruppen zählen dazu, oder solche von Menschen, die ein ähnliches Schicksal teilen, an ähnlichen Krankheiten leiden – solche Gruppen sind seit den 1970er Jahren überall zu tausenden gegründet worden, sind bundesweit gut vernetzt (die Kontaktstelle NAKOS schätzt ihre Anzahl auf rund hunderttausend) und werden mittlerweile auch staatlich gefördert. Der Selbsthilfe-Gedanke kann allerdings, je nach den gesellschaftlichen Umständen, auch pervertiert werden, etwa wenn sich die Gesellschaft die Unterstützungswilligkeit von Frauen zunutze macht, sie in Richtung auf preiswerte ›Arbeit für andere‹ verformt und der Selbsthilfe-Gedanke dann zum Ehrenamt als »Kompromiss weiblicher Vergesellschaftung« wird (Backes 1987: 191ff.).

Aus der Grundidee gegenseitiger Unterstützung kann sich aber auch ein Ansatz für »Selbstermächtigung« entwickeln (▶ Kap. 9), wenn sich die Beteiligten etwa zusammentun, um gemeinsam bei übergeordneten Instanzen etwas zu erwirken, um sich gegenseitig zu ermutigen, neue Schritte zu unternehmen. Solche Gruppen nehmen sich teilweise aus politischen Gründen die Unterstützung anderer vor, etwa um Projekte zu unterstützen, die als politisch sinnvoll angesehen werden (wie das »Netzwerk Selbsthilfe«, das 1978 gegründet wurde), bilden sich aber vor allem oft gegen einen ›äußeren Feind‹, einen gesellschaftlichen und/oder politischen Gegner – etwa die »Aktionsgemeinschaft Westend«, eine Verbindung von Bewohner:innen eines Frankfurter Stadtteils, die sich 1970 gegen Spekulation und Abriss von Häusern zusammengetan hatten und ihren Stadtteil sehr erfolgreich gegen den »Ausverkauf« verteidigten (AGW o. J.). Auch zeigt dieses Beispiel, dass solche Gruppen enorm an der Unterstützung durch andere wachsen, durch politische Gruppierungen oder die Öffentlichkeit – wie etwa die Bewegung der Kernkraft-Gegner:innen und Bauplatzbesetzer:innen im baden-württembergischen Wyhl, die das Kernkraftwerk vor ihrer Haustür verhindern wollen und deren Protest sich zu einer der größten Bewegungen der 1970er Jahre auswuchs (vgl. Sternstein 1993).

In Wyhl wurden, wie in vielen Bürgerinitiativen der 1970er Jahre, auch die betroffenen Frauen aktiv – und deren Berichte über ihre damit verbundenen Erfahrungen unterscheiden sich kaum von denen der jungen Alice Salomon mehr als ein halbes Jahrhundert zuvor – das Verlassen des vorgesehenen Platzes im Haus, das oftmals mit den Interessen der Männer kollidierte, ließ sie Erfahrungen machen, an denen sie in jeder Hinsicht wachsen konnten. So berichteten auch die Frauen der Zementwerks-Streikenden in Erwitte 1975, die sich mit großem Erfolg zur Unterstützung ihrer Männer organisiert hatten, dass sie zum ersten Mal in ihrem Leben die Erfahrung gemacht hatten, mit anderen Frauen aus einem übergeordneten (das heißt: nicht privaten) Grund zusammenzutreffen, etwas Eigenständiges außerhalb des Hauses zu tun – und was diese Erfahrung bei ihnen ausgelöst hat: »Wenn ich früher mal weggehen wollte, habe ich immer meinen Mann gefragt, ob ich darf. Heute sag ich ihm: Hör mal, heut ist Montag. Ich gehe jetzt zum Frauenabend« (Kuhlmey 1993, 93). Und aus Wyhl berichten die Beteiligten:

> »Der Raum, in dem sich Frauen bewegen, hat sich gewandelt. Bei ihrem Auftreten in der Öffentlichkeit werden die Frauen selbstbewusster. Früher hat man versucht, so etwas auf Volkshochschulen zu lernen, heute können Frauen das im Widerstand lernen, wür-

de ich sagen. Einfach die Tatsache, dass wir etwas in der Öffentlichkeit aussprechen müssen, dass wir mit der Männerwelt konfrontiert werden, wovor wir vorher Angst hatten, lässt uns manches lernen« (Marianne Fitzen, Vorsitzende der Bürgerinitiative, zit. bei Quistorp 1981/2009: 245).

Selbsthilfegruppen von Frauen in der zweiten Frauenbewegung

Die beiden hier zitierten Beispiele betreffen Aktivitäten von Frauen, in die sie gewissermaßen »hineingeraten« sind und an denen sie gewachsen sind. Aber wie steht es mit Selbsthilfegruppen, die Frauen aus eigenem Antrieb und für ihre eigenen Interessen gegründet haben? Während sich in der ersten Frauenbewegung die selbstgewählten und selbstorganisierten Aktivitäten von Frauen und Frauengruppen zunächst wesentlich auf die Unterstützung Anderer (v. a. anderer Frauen) bezog, führte der Gedanke der Selbstermächtigung in der zweiten Frauenbewegung zunächst eher zu einer Beschäftigung mit den Problemen und Bedürfnissen der eigenen Gruppe. Der Fokus richtete sich also nicht mehr, wie in der ersten Phase, vor allem auf die Soziale Arbeit als das »Amerika der Frauen« (Alice Salomon, zit. bei Kortendiek/Cottmann 2000: 139), als ein unbesiedeltes Land, das von Frauen zu entdecken und zu gestalten war, aber sehr wohl auf die Themenbereiche Körper und Sexualität. (▶ Kap. 8). Zwar waren diese auch für die erste Frauenbewegung relevant gewesen – etwa mit der Diskussion um ›Herrenmoral‹, Schwangerschaft und dem Bund für Mutterschutz (▶ Kap. 4, 9) – aber die zweite Frauenbewegung konzentrierte sich mehr auf diejenigen Bereiche, in denen der Zuwachs an eigenen (Selbst-)Erfahrungen und das eigene politische Engagement für die Aktivistinnen selber aktiv hilfreich sein und sie so zu gesellschaftlicher Veränderung befähigen könnte. Sie folgte einem Verständnis von Gesellschaftsveränderung, das auch den antiautoritären Flügel der 68er Bewegung charakterisierte und eine doppelte Perspektive auf das Subjekt wie auf die Gesellschaft einnahm. Selbstveränderung sollte zu Gesellschaftsveränderung und Gesellschaftsveränderung zu Selbstveränderung führen. Wenn Helke Sander in ihrer berühmten Rede, die den Tomatenwurf auf die SDS-Männer 1968 begleitete, diese auffordert, erst über ihren autoritären Habitus und ihre Orgasmusschwierigkeiten nachzudenken, bevor sie die Arbeiter agitieren und die Revolution ausrufen würden, dann zeigt sich darin genau jene doppelte Sichtweise (Sander 1968/2004). Die Frauenbewegung entwickelte aus dieser doppelten Perspektive das Motto vom Politischen des Privaten und kritisierte damit auch die Hierarchisierung von Produktion und Reproduktion, die Trennung von Öffentlichkeit und Privatheit, die entsprechende Zuordnung der Geschlechter zu den Sphären, vor allem aber das Politikverständnis.

Ein klassisches Beispiel für die Selbsthilfe mit politischem Anspruch sind die Schwangerschaftsberatungen in den Frauenzentren. Bevor ab Mitte der 1970er

Jahre im Zuge der Ausdifferenzierung der Frauenbewegung eine Professionalisierungswelle einsetzte, die überall zur Gründung von Frauen-Gesundheitszentren führte, waren die Frauenzentren der Ort, an den sich schwangere Frauen wandten, die Rat suchten – nicht unbedingt nur konkrete Hilfestellungen wie die Vermittlung von Abtreibungskliniken in den Niederlanden oder England, sondern auch die Hilfe eines vertraulichen Gesprächs, das nicht von Scham und Schuld begleitet (Abtreibung war ja mit Zuchthausstrafe bewehrt) oder von politischen Eigen-Interessen beeinflusst wäre (wie etwa bei den Kirchen). Die meisten jungen Aktivistinnen in den Frauenzentren hatten keine Erfahrung mit Schwangerschaft oder Abtreibung – aber alle kannten die ständige Furcht davor, die Unruhe, die entsteht, wenn die Periode ausbleibt und die Gedankenspirale, die dann in Gang gesetzt wird, oder umgekehrt die Freude auf und über ein Neugeborenes. Diese »Gleichbetroffenheit« bildete die Basis für den gleichberechtigten Austausch. Denn das eigene politische Selbstverständnis (keine »Stellvertreterpolitik« zu machen) verbot es den Frauen der Frauenzentren, im engeren Sinne einen »Rat« zu geben – meist war ihre Funktion eher die eines hilfreichen, weil zum Mitdenken bereiten Gegenübers. Dies verdeutlicht den Kern des Selbsthilfe-Gedankens in der zweiten Frauenbewegung: Es ist nicht so, dass eine(r) weiß, »wie es geht«, nicht um die (ohnehin immer illusionäre) Vorstellung, selbst zu wissen, was das »Richtige« sei, sondern das gemeinsame Beratschlagen und Abwägen führt zu einem gemeinsamen Prozess, der für alle Beteiligten zu etwas Neuem führt (▶ Kap. 9).

Vielleicht war es diese Erfahrung, selber zu wenig zu wissen, oder es war der Einfluss der frühen Schriften zur ›écriture féminine‹[10] oder das Bedürfnis, die eigene Lage überhaupt erst einmal zu verstehen – jedenfalls entstanden in den frühen 1970er Jahren überall »Selbstuntersuchungsgruppen«, die auf eine bessere Kenntnis des eigenen Körpers ausgerichtet waren. 1973 hatten Frauen von »Feminist Women's Health Center« und der feministischen »Self-Help-Clinic« Los Angeles die ersten öffentlichen Selbstuntersuchungen in Frauenzentren durchgeführt. »Mir stockte der Atem bei dieser Szene«, berichtet eine Anwesende im Nachhinein, »aber Gaby durchbrach unser Schamgefühl mit einer solchen Selbstverständlichkeit – beflügelt vom Willen zur Befreiung. Fortan sollte alles, was unser ›Schamdreieck‹ (neuerdings ›Venushügel‹) verbarg, für uns untersuch- und besprechbar sein. Nach dieser Vorführung bildeten sich ungefähr 20 Gruppen, die sich auf diese Weise selbst untersuchten« (feministberlin: o. S.). Die Unkenntnis, die den weiblichen Körper wie ein unsichtbar-machender Schleier überzog, war für die Frauen jener Jahre vor allem deshalb so auffallend, weil sie diese als den Ausdruck eines Machtverhältnisses erkennen konnten – die Verfügung über den weiblichen Körper lag in den Händen von Männern (so waren beispielsweise

---

10 »Ecriture feminine« ist die in den 1970er Jahren entwickelte, wesentlich mit Hélène Cixous, Luce Irigaray und Julia Kristeva in Zusammenhang stehende Vorstellung, dass das Weibliche im patriarchalen Diskurs von männerdominierten Denk- und Sichtweisen bis zur Unkenntlichkeit überdeckt sei und sich deshalb nur unter Verzicht auf konventionelle Formen des Schreibens und gegen diese als authentisches ausdrücken könne.

im Frankfurt der 1970er Jahre bis auf eine Ärztin alle Gynäkologen männlich) und der Zugang zum eigenen Körper war von Tabuisierungen geprägt: Die meisten Frauen dieser Generation hatten nie ein Wort für ihr Genitale gehört – allenfalls hieß es ›wasch dich auch untenrum‹. »Jede von uns«, heißt es im Frauen-Jahrbuch 1976, »hatte das Bedürfnis, mehr von den Vorgängen in ihrem Körper zu erfahren, und endlich einmal die Dunkelheit, in der wir uns bis jetzt mit unserem weiblichen Körper bewegt hatten, zu durchbrechen« (Jahrbuchgruppe 1976: 136). In den Folgejahren erschienen regelrechte Aufklärungs-Bücher zu »Körper und Sexualität aus der Sicht von Frauen« (Meulenbelt 1981). Doch dass die jungen Frauen auch heute nicht so weit von diesen Befunden des Nichtwissens, der Tabuisierung und der Sprachlosigkeit entfernt sind, wie es sich vermuten ließe, zeigt beispielsweise der Erfolg der Bücher von Liv Strömquist (2017) oder Mithu Sanyal (2009).

Nicht nur in Bezug auf den Körper offenbarte sich Unkenntnis über die eigene Lage – auch Sozialformen und Beziehungsstrukturen wurden nun stärker gemeinsam analysiert. Inspiriert durch das ebenfalls zum Bestseller avancierte Buch der us-amerikanischen Familientherapeutin Robin Norwood »Wenn Frauen zu sehr lieben« (Norwood 1985; dt. 1987) gründeten sich hunderte Selbsthilfe-Gesprächsgruppen, die sich mit ihren als »Frauen-typisch« eingestuften Formen von Beziehungen und Abhängigkeiten beschäftigten, für die das Gebrauchtwerden die (vermeintliche) Voraussetzung für das Geliebtwerden bildete. Allein in Berlin wurden 1988 schon 60 solcher Gruppen gezählt (Der Spiegel 13/1988: 227).

Auch an dieser Stelle verband sich übrigens der eigene Kenntnisgewinn wieder mit dem Impuls, das neu erworbene Wissen an andere weiterzugeben, und der Selbsthilfe-Gedanke hat von da an in verschiedene Richtungen weitergewirkt und sich ausdifferenziert. Beispielsweise entstand ein ganz eigener Bereich von »Selbsthilfe-Therapie« (z. B. Ernst/Goodison 1982, mit dem ursprünglichen Titel »In Our Own Hands«). Diese Beschäftigung mit dem Selbst, der eigenen Psyche und dem eigenen Körper fügte sich auch insgesamt in einen Trend der 1970er und 1980er Jahre, der als »Psychokultur« und »Psychowissen« (vgl. Tändler/Jensen 2012) beschrieben wurde. Mit der Fokussierung auf die Hervorbringung von Wissen um den eigenen Körper und das Sprechen darüber sowie auf neue Formen weiblicher Subjektivität (vgl. Baader 2014) setzte die Frauenbewegung jedoch innerhalb dieser Strömungen starke eigene Akzente.

Consciousness raising

Ein wichtiger Bereich und ein Übungsfeld für Selbsthilfe, Selbstbestimmung und Solidarität waren die sogenannten »Consciousness-raising«- oder CR-Gruppen (vgl. Dackweiler 1995: 204ff.), anfangs schlicht »kleine Gruppen« genannt (Allen 1970/1972). »Consciousness-raising« hatte sich als Methode der politischen Arbeit an sich selbst und zur Beförderung eines neuen Denkens über sich selbst in der frühen us-amerikanischen Frauenbewegung entwickelt. Es verfügte über eine Strategie bzw. Struktur, nach der jeweils, unabhängig vom Thema der Gruppensitzung, vier Schritte aufeinander folgen sollten: Sich selbst darstellen, Erfahrungen teilen, Analysieren, Abstrahieren (ebd.: 64ff.); und sie hatte ein festes Regelwerk, das wesentlich darauf beruhte, stets »Ich« zu sagen, einander nicht zu unterbrechen, die Rededauer der Einzelnen in der Runde nicht zu reglementieren – und vor allem war es strikt untersagt, das, was andere erzählt hatten, zu kommentieren oder zu bewerten, um den Prozess der Freilegung von Erfahrungen und das Heraufkommen von Erkenntnis nicht zu beeinflussen (vgl. Wagner 2001).

Consciousness-raising »was seen as both a method for arriving at the truth and a means for action and organizing« (Sarachild 1978: o. S.) und sollte vor allem dazu verhelfen, neue Erfahrungen, ein ›neues Wissen‹ darüber hervorzubringen, wie Frauen, beeinflusst von gesellschaftlichen Strukturen, sich selbst und einander wahrnehmen und bewerten, ihre analytischen Fähigkeiten zu stärken und aus der Erfahrung ›gemeinsamer Betroffenheit‹ Erkenntnisse zu gewinnen und Kraft für politische Veränderungen zu schöpfen. Dies würde, so die Erwartung, zu einem wachsenden selbstkritischen Selbstvertrauen führen, neue Theorien für das Verständnis der gesellschaftlichen Lage von Frauen, eine solidarischere und respektvollere politische Kultur des Diskutierens und der Auseinandersetzung hervorbringen. CR war also ein sehr spezielles politisches *und* pädagogisches Projekt, dem es um die Frage nach den Bedingungen für politische Veränderungen und um die Bestimmung des ›Politischen‹ ging. Bedauerlicherweise gab es von Seiten der Erziehungswissenschaft keine explizite Auseinandersetzung mit der pädagogischen Dimension des Konzepts (Rendtorff 2020b: 26f.) – vermutlich weil es vorschnell und herablassend als ›Nabelschau‹ abgestempelt wurde – obwohl zeitgleich ähnliche aus der Reformpädagogik stammende Konzepte auftauchten (wie der Morgenkreis), die einen produktiven Austausch über das Potential von Methoden zum Entstehenlassen von Erkenntnis interessant gemacht hätten.

Ab etwa 1967 wurde consciousness-raising in den USA »one of the prime educational, organizing programs of the women's liberation movement« (Sarachild: ebd.). Mit ihrer extremen Ausbreitung (Wagner schätzt die damalige Anzahl von CR-Gruppen in Westdeutschland auf über zehntausend) und der Einführung engerer (psychologisierender) Regelwerke hat allerdings die Idee der Erweiterung von Bewusstsein und Selbstbewusstsein später oftmals eine depolitisierende, teilweise ins Therapeutische gehende Auslegung erfahren, so dass es zuletzt in manchen Gruppen weniger um »new knowledge« als um eigene Befindlichkeiten ging.

In eine andere Richtung trug der Gedanke der Selbsthilfe auch dazu bei, Beziehungsformen und pädagogisch-professionelle Begriffe und Kontexte zu überdenken und teilweise neu zu fassen. Die Devise ›Fang‹ bei Dir selber an‹ zog ja als pädagogische Haltung nach sich, andere zu ermutigen, selbstständig und aktiv zu werden. Dies verbindet sich mit einer grundsätzlich veränderten Art von Respekt und Anerkennung – die allerdings ihrerseits unweigerlich zu Differenzen und Gruppenbildungen innerhalb der Frauenbewegung führen mussten. Denn wo die einen das Aussprechen-Können vormals tabuisierter Themen und die Erkenntnis, dass diese Tabuisierungen alle Frauen ›als Frauen‹, d.h. als Genusgruppe[11] gleichermaßen betrafen, selbst schon für den entscheidenden Schritt hielten, der Respekt sich also über die Gleichbetroffenheit bestimmte, da fing für andere die Arbeit erst an. So hieß es etwa im ersten Heft der feministischen Zeitschrift »Die Schwarze Botin« von 1976 mit scharfen Worten:

> »So macht das Verlangen nach Selbsterfahrung und Selbstbestätigung das Selbst immer unsichtbarer, frau lässt sich getrost Gedanken kommen, ohne sich selbst welche zu machen: die neu entdeckten Sinne (Neue Zärtlichkeit, Eigenkörperlichkeit usw.) sollen für das Denken sorgen, sorgen aber nur für sich selbst. Damit ist garantiert, dass die ›Neuen Erfahrungen‹ gar nicht erst gemacht werden können, oder immer wieder nur die ›alten‹ gemacht werden« (Goettle 1979: 52).

Unsere Absicht, schreiben die Herausgeberinnen, beginnt »da, wo der klebrige Schleim weiblicher Zusammengehörigkeit sein Ende hat« (ebd.: 51).

Respekt und Anerkennung definieren sich hier eher darüber, dass die anderen als ernstzunehmend und kritikfähig adressiert werden. Und hier zeigt sich auch wiederum eine deutliche Verbindung zum pädagogischen Feld im engeren Sinne: Dass Kinder einander im Unterricht helfen sollen, wäre in der Schule der sechziger Jahre unmöglich gewesen, und dass es auch eine Art Selbsthilfe ist, anderen bei etwas zu helfen oder gemeinsam etwas zu entwickeln und Lösungswege zu finden, ist eine späte Erkenntnis der (Schul-)Pädagogik. Sie stammt natürlich nicht direkt aus der Frauenbewegung, sondern aus dem Reformschub, der auf die Ansätze und Forderungen nach einer »antiautoritären Erziehung« antwortete. Diese jedoch steht in direktem Entwicklungszusammenhang mit der Frauenbewegung (▶ Kap. 4), so dass sich auch hier viele direkte und indirekte Einflüsse erkennen lassen.

Selbstorganisation und Bildungsräume: Frauenbuchläden

Frauenbuchläden entstanden in der Bundesrepublik Mitte der 1970er Jahre. Sie wurden an verschiedenen Orten gegründet, zumeist in Groß- und in Universitätsstädten, zunächst in München, Berlin und Heidelberg, dort entstand 1976 der dritte Frauenbuchladen in der Bundesrepublik. Im Laufe der Zeit vernetzten sich die Frauenbuchläden der verschiedenen Städte und tauschten sich auf Frauenbuchladentreffen aus. Anfang der 1980er Jahre gab es über 40 Frauenbuchläden in der BRD und 12 in der Schweiz (vgl. Schulz 2021). Frauenbuchläden wurden auch in anderen Ländern gegründet, in Paris, London oder in Mailand. Der immer noch existierende Frauenbuchladen Mailand veröffentlicht

---

11 Der Ausdruck »Genusgruppe« bezeichnet eine durch Kultur und Gesellschaftsstruktur erzeugte »Genusgruppe«, die unterschiedslos alle als weiblich klassifizierten Menschen einbezieht und demselben »Genus«, also Geschlecht zuordnet (siehe auch Kapitel 11).

unter dem Titel »Via Dogana«, so die Adresse des Buchladens bis vor kurzem, bis heute eigene Texte und Positionen und stellt diese zur Diskussion. 2020 erschien dort etwa ein Text zu den Erfahrungen mit digitaler Lehre, also ein Beitrag zu Fragen der Bildung unter Bedingungen von Distanz (Sattler 2020). Die Frauenbuchläden verfolgten das Ziel, Literatur und Zeitschriften von Frauen und aus der Frauenbewegung sichtbar zu machen, das alte und neue Wissen der Frauenbewegungen zu verbreiten und zur Diskussion zu stellen und damit zugleich Orte und Stätten des Austausches zu bieten.

Am Anfang der Frauenbuchläden Mitte der 1970er Jahre gab es vergleichsweise wenig Literatur von Frauen, die in den offiziellen großen Verlagen veröffentlicht war. Die Frauenbuchläden konnten in der Phase ihrer Gründung die Literatur in ihren Regalen quer stellen, so gering war die Anzahl der von Frauen verfassten Bücher, die sich mit dem Leben von Frauen befassten. Zu den raren Titeln, die sich mit der Lage von Frauen in der Bundesrepublik befassten, gehörten etwa die Studien der Soziologin Helge Pross (1927–1984) über die »Bildungschancen von Mädchen« (1969) sowie »Die Wirklichkeit der Hausfrau« aus dem Jahre 1975 oder zwei Titel von Erika Runge »Bottroper Protokolle« (1968) und »Frauen« (1969) über Lebensläufe von Frauen am Anfang der Frauenbewegung, die einen aufschlussreichen Einblick darüber gaben, wie stark die Norm der Ehefrau, Hausfrau und Mutter Ende der 1960er Jahre war und welche Anstrengungen, Zweifel und Hindernisse es gab, sich daraus zu befreien (vgl. Baader 2008). Mit der Existenzweise von Hausfrauen hatte sich auch das international stark rezipierte Buch von Betty Friedan mit dem Titel »Der Weiblichkeitswahn« befasst (engl. 1963, dt. 1966). Als internationaler Bestseller lag Mitte der 1970er Jahre zudem Simone de Beauvoirs »Das andere Geschlecht« vor, das 1951 ins Deutsche übersetzt wurde. Bereits veröffentlicht waren auch die Romane und Erzählungen von Beauvoir. Aber noch nicht ins Deutsche übersetzt war beispielsweise Virginia Woolfs Erzählung »Ein Zimmer für sich allein« aus dem Jahre 1929, die zu einem wichtigen literarischen Text für das Selbstverständnis, die Diskussionen und Forderungen der Frauenbewegung wurde, beschrieb er doch die Bedeutung, die eigenen Räumen für das Schreiben und die Produktivität von Frauen zukam und machte damit ein Thema zum Gegenstand, das den Aktivistinnen der neuen Frauenbewegung wichtig war: die Organisation und Gestaltung eigener Räume, wie es die Frauenbuchläden verfolgten. Auch Woolfs Text »Drei Guineen« aus dem Jahre 1938, in dem sie ein »Müttergehalt« forderte (Bock 2005: 254), war noch nicht erschienen.

Die Geschichte der Frauenbuchläden ist zugleich eng verbunden mit der Gründung von Verlagen und Vertrieben, die sich auf Literatur und Zeitschriften von Frauen und aus der Frauenbewegung spezialisierten, entsprechende Programme entwickelten und deren Vertrieb organisierten. Auch diese können als Bildungsräume der Frauenbewegung verstanden werden. Sie stellten Programme zusammen, bei denen sich die Verlagsmitarbeiterinnen intensiv mit den publizierten Texten auseinandersetzten und praktizierten Arbeitsformen, mit denen sie ihren Vorstellungen einer »Gegenkultur« Ausdruck verleihen wollten. Dazu zählte etwa der von 1974 bis 1987 existierende Frauenbuchvertrieb, der sich als erster Verlag in Europa mit hauptsächlich lesbischer Literatur verstand sowie der im selben Jahr gegründete Münchner Verlag Frauenoffensive, der bis 2016 bestand und vor allem Literatur zu feministischer Philosophie, Spiritualität und Matriarchatsforschung umfasste. Während die etablierten Medien diese Initiativen zunächst kritisch kommentierten, sprach »DER SPIEGEL« bereits ein halbes Jahr nach der Gründung des Münchner Verlages vom »Durchbruch der ›Frauenoffensive‹«, der an den Verkaufszahlen einschlägiger Titel festgemacht wurde (Spiegel, 12.04. 1976). Dazu zählte er Verena Stefans »Häutungen« sowie Elena Belottis »Was geschieht mit kleinen Mädchen? Die zwangsweise Herausbildung der weiblichen Rolle in den ersten Lebensjahren durch die Gesellschaft« – ein pädagogisches Buch, das sich mit der frühen Kindheit unter Geschlechteraspekt befasste (▶ Kap. 3). Verena Stefans »Häutungen«, 1975 erschienen, erreichte immense Auflagenzahlen und avancierte damit zum Klassiker der deutschsprachigen Frauenbewegung (▶ Kap. 8). Stefan beschrieb, warum sie ihr Buch bei Frauenoffensive veröffentlichte: »meine Entscheidung, in einem frauenverlag zu veröffentlichen, traf ich, weil ich eine solche autonome Einrichtung der frauenbewegung unterstützen wollte« (Stefan 1977: 126). Die erste Auflage sei innerhalb eines Monats ausverkauft gewesen. »Was ist daran wichtig? ›Häutungen‹ wurde nicht durch übliche verkaufstechniken – mittels medien und werbung – verbreitet, sondern in erster linie durch die mundpropaganda von leserinnen und lesern« (ebd.). Die Praxis, im Text nur die Kleinschreibung zu verwenden, sollte die Kritik an Hierarchisierungen und Machtverhältnissen dokumentieren und war in den 1970er Jahren im feministischen und linksalternativen Milieu durchaus verbreitet. Ein weiterer Klassiker, der im Verlag Frauenoffensive verlegt wurde, war Anja Meulenbelts »Die Scham ist vorbei« aus dem Jahre 1978, eine Übersetzung aus dem Niederländischen, deren Titel sich an einem Text von Kate Millet »The shame is over« orientierte. Sowohl Stefan als auch Meulenbelts Bücher drehten sich um Körper, Sexualität, Selbsterfahrung und Beziehungen. Meulenbelt setzte sich zudem kritisch mit den Forderungen der sogenannten sexuellen Revolution auseinander: »Nicht meine Revolution« lautete eines der Kapitel.

Bei Frauenoffensive erschien 1975 zudem das Buch der französischen Ökofeministin, Kämpferin für die Rechte der Homosexuellen und Freundin Simone de Beauvoirs, Francoise d'Eaubonne, mit dem provokativen Titel »Feminismus oder Tod«, in dem die Männerherrschaft für die Zerstörung der Natur verantwortlich gemacht wurde. Dieses Buch stand am Anfang des sogenannten Ökofeminismus, der Bestandteil der vielfältigen Feminismen war und derzeit Neulektüren unterzogen wird.

Aber auch die Wiederentdeckung und Neuauflage von Texten aus der alten Frauenbewegung, über die in den 1970er Jahren insgesamt wenig bekannt war, gehörte zu den Vorhaben der neu gegründeten Selbstverlage, so etwa der Text von Hedwig Dohm »Die Emanzipation« aus dem Jahre 1874, der 1977 im Zürcher Ala-Verlag wieder aufgelegt wurde. Insgesamt wurde der Aneignung der eigenen Geschichte, verstanden als Geschichte der Frauen, ein wichtiger Stellenwert für das eigene Selbstverständnis beigemessen, rückte aber erst in den 1980er Jahren ins Zentrum, unter anderem verbunden mit der Gründung von Frauengeschichtsgruppen.

Frauenverlage verlegten wichtige Schriften und Texte, um das Wissen zur Verfügung zu stellen, und Frauenbuchläden waren die Orte ihrer Verbreitung, Diskussion und Auseinandersetzung. Sie hatten viele Funktionen, sie boten die Literatur an, organisierten Lesungen, Diskussionen und Kulturprogramme, sie waren aber auch Umschlagplätze für wichtige Informationen von Abtreibungsadressen, über Frauenhäuser, Schutz vor Gewalt und von Demonstrationsterminen bis zur Vermittlung von Plätzen in Wohngemeinschaften oder für Frauenreisen und vieles mehr. Sie waren ein Ort, an dem Frauen sich treffen, lesen, sich unterhalten und diskutieren konnten. Sie verfügten über schwarze Bretter mit Informationen zu allem möglichen, sie waren Kontaktbörsen und Umschlagplätze und machten vielfältige Beratungsangebote, dazu gehörten selbstverständlich literarische Empfehlungen, aber auch vieles andere. Insbesondere vor der Ausdifferenzierung von Beratungsstellen waren sie Anlaufstellen für vielfältige Anliegen. Sie hatten Teil an der Hervorbringung von neuen Themen, Kommunikations- und Beziehungsformen, wie sie die neue Frauenbewegung auszeichnete. Sie waren Bildungsorte, an denen über wichtige Veröffentlichungen, Fragen, Ereignisse und politische Strategien diskutiert wurde. Sie waren auch beteiligt an einer breiten Diskussion über »weibliches Schreiben« und der oben bereits angesprochenen »écriture feminine«, die transnational und über viele Veröffentlichungen hinweg seit den 1970er Jahren geführt wurde. Dass sich in den Frauenbuchläden viel Neues entdecken ließ, machte ihre Attraktivität aus. Dies betraf ein äußerst breites Spektrum an Themen, zu denen auch solche der feministischen Kunst oder des Films gehörten. Zudem hielten sie insbesondere Literatur bereit, die in anderen Buchläden nur schwer zu bekommen war, so etwa die im Merve-Verlag erschienen Texte der französischen Theoretikerinnen Helene Cixous und Luce Irigaray oder der italienischen Feministin Carla Lonzi mit dem Titel »Wir spucken auf Hegel« (vgl. Dingler 2018). Ab Mitte der 1980er Jahre hatten dann allerdings auch andere Buchhandlungen ihre Ecken mit sogenannter »Frauenliteratur«, denn viele Bücher verkauften sich gut. Diese Projekte einer feministischen Gegenkultur im Buchhandel und Verlagswesen sind darüber hinaus nicht unabhängig von der Etablierung einer linken Buchhandels- und Verlagskultur zu sehen, wie sie das linke Milieu ab 1968 sowie das alternative Milieu der 1980er Jahren in den Universitätsstädten hervorgebracht hat (vgl. Sonnenberg 2016). Neben einer Reihe von organisatorischen Gemeinsamkeiten teilen sie auch den hohen Stellenwert, der Fragen der Wissensproduktion sowie der Bewusstseinsbildung beigemessen wurde.

Anfänglich hatte der Heidelberger Frauenbuchladen so etwas wie einen Giftschrank mit Literatur, die für schlecht befunden wurde. Diese wurde dann nur mit entsprechenden Kommentaren oder der Weitergabe kritischer Rezensionen in Form von Kopien verkauft. Solche pädagogischen Maßnahmen wurden später aufgegeben. Sie erzählen etwas über das politische Selbstverständnis und Engagement, das sich auch von dem derjenigen Buchhandlungen unterschied, die dann in den 1980er Jahren zunehmend ihre Ecken mit Frauenliteratur einrichteten. Die Mitarbeiterinnen der Buchläden verstanden ihr Projekt als ein politisches Projekt der Frauenbewegung, sie hatten eigene geschlechterpolitische Positionen, bei denen sie untereinander auch nicht immer übereinstimmten. Sie bildeten diese Standpunkte auch durch ihre Lektüren aus, sie lasen Texte gemeinsam, sie stritten, schrieben teilweise selbst und luden Autorinnen und Aktivistinnen zu Diskussionen ein. Dem gemeinsamen Austausch über Texte wurde insgesamt in der zweiten Frauenbewegung eine wichtige Funktion für das Selbstverständnis beigemessen. Dies fügte sich in die hohe Wertschätzung von kollektiven Diskussionen. So unterstrich Verena Stefan in der Auflage ihres Textes aus dem Jahr 1977: »Je besser das Geschäft mit der Frauenfrage läuft, desto dringlicher wird es für uns, KOLLEKTIV zu diskutieren, wie wir mit den medien und der öffentlichkeit, dem fremden kulturbetrieb im einzelnen umgehen wollen« (Stefan 1977: 127). Die Idee des Kollektivs erfuhr eine derart hohe Wertschätzung, dass bei diesem die Großschreibung erfolgte und der Gedanke der Enthierarchisierung dabei außer Kraft gesetzt wurde.

Neben der Verbreitung von Wissen und Literatur verstanden sich die Frauenbuchläden auch als Orte einer kollektiven feministischen Praxis des gemeinsamen Arbeitens. Die Mitarbeiterinnen waren in der Regel keine ausgebildeten Buchhändlerinnen oder Verlagskauffrauen. Sie eigneten sich dieses Wissen zum Teil mühsam und auf Umwegen an. Wesentlich war, wie bei vielen Projekten der autonomen Frauenbewegung, die politische Idee und der Glaube an ein hierarchieloses Arbeiten, bei dem alle alles machen sollten und vermeintlich auch konnten und Arbeitsteilung lange abgelehnt wurde. Die Bezahlung der eigenen Arbeit stand nicht im Vordergrund, so dass viel Selbstausbeutung oder freiwilliges Ehrenamt betrieben wurde. In der Gründungsphase studierten die meisten Mitarbeiterinnen und wurden von ihren Eltern oder anderweitig finanziert, manche waren auch schon erwerbstätig, zumeist in pädagogischen Berufen und verdienten ihr Geld dort. Die Frage der Bezahlung und der Finanzierung des eigenen Lebensunterhaltes brachte Konflikte innerhalb des Kollektivs mit sich und führte zu Differenzierungen zwischen denen, die bezahlt wurden, und den anderen, womit auch die vorher abgelehnten Hierarchien Einzug hielten. Ab Mitte der 1980er Jahre fanden Professionalisierungsprozesse statt, die auch als Verschiebung vom »Kollektivgeist zur Buchführung« beschrieben wurden (vgl. Baader 1990). Diesen Weg der nachgeholten Professionalisierung beschritten viele Projekte der Frauenbewegung. In den 1990er Jahren schlossen dann viele Frauenbuchläden oder veränderten die Konzepte grundlegend, um zu überleben. Die steigenden Mietpreise für Geschäftsräume in den Innenstädten, die Verfügbarkeit der Literatur in regulären Buchhandlungen und die Problematik einer wirklich angemessenen Bezahlung waren Gründe für das Ende dieser mit Enthusiasmus begonnenen Projekte. Eine Rolle spielte aber auch, dass der für das Überleben dieser Projekte notwendige Stamm von Kundinnen, der sich als Teil einer Bewegung verstand oder diese mindestens unterstützen wollte, zunehmend diffundierte und sich nicht mehr dafür engagierte, »ihr Projekt« zu unterstützen. Dies macht deutlich, was auch zum Erfolg von sozialen Bewegungen gehört: sie brauchen einen Kern von Aktivist:innen und ein Umfeld von Sympathisant:innen und Unterstützer:innen, die nicht unbedingt die radikalen Ideen vertreten, aber die Grundanliegen unterstützen. Und so war zu Hochzeiten der Frauenbuchläden auch eine häufig gehörte Frage: »Ich hätte gerne ein Buch zum Verschenken, dass nicht zu radikal ist, aber doch ein bißchen wachrüttelt«. Dass die zweite internationale Frauenbewegung sich vor allem auch über Bücher und Texte, die Rezeptionen und Debatten auslösten, herausbildete, gehört zu ihren Charakteristika und ist Teil einer eigenen Gegenkultur.

Es ist durchaus charakteristisch für die Geschichte der Frauenbewegungen, dass – nach Tradierungslücken – Ideen und Erkenntnisse auch wieder neu aufgegriffen und transformiert werden. So wird Ende 2020 ein Frauenbuchladen in Berlin-Neukölln mit dem Namen »She said« eröffnet werden. Die Inhaberin kam durch ihre eigene Lesebiographie auf die Idee. Sie dachte mit Mitte 20, dass daran etwas nicht stimmen könne, dass sie weitaus mehr Literatur von Männern als von Frauen gelesen habe. »In der Schule, an Universitäten und in den Medien wird Literatur von Männern häufiger besprochen« (Senger 2020: 205). Deshalb will sie einen Ort des Austausches mit Workshops, Lesungen, Performances und zum Netzwerken anbieten und beruft sich dabei auch auf die Frauenbuchläden der 1970er und 1980er Jahre.

Frauen-Bildungsprojekte

Schriften und Debatten waren auch eine wesentliche Grundlage für die etwa zeitgleich zu den Frauenbuchläden in den 1970er Jahren entstehenden Frauen-Bildungsprojekte, die auch den Charakter von Bildungsräumen hatten und teilweise gleichzeitig als Frauen-Ferienhäuser konzipiert waren. Vorausgegangen war die Einrichtung von »Frauen-Gesprächskreisen« und sogenannten »Frauenforen« in vielen Volkshochschulen seit Beginn der 1970er Jahre, die sich manchmal mit Unterstützung der Träger breit ausdehnen konnten – ein bekanntes Beispiel ist etwa das »Frauenforum im Revier« in Dortmund, das unter dem Motto »frauen begreifen ihren alltag« im Frühjahr 1979 etwa fünftausend Frauen anzog (Dokumentationsgruppe 1979) und das selbst aus einem solchen Frauenforum an der VHS Dortmund hervorgegangen war (vgl. Koch 1992). Auch im gewerkschaftlichen Kontext (vgl. Müthing 1996) und in den Stadtteilen entstanden vielzählige Gruppen (vgl. Jankowski-Sönmez/Müthing 1992). Die unter dem Namen »Frauen-Bildungsprojekte« bekannte Form der Beschäftigung mit und der Befragung von Wissen entwickelte sich jedoch im Kontext der Frauenbewegung in autonomen Bildungsräumen.

Bereits 1983 versammelten sich die bis dahin an vielen Orten entstandenen Frauen-Bildungsprojekte zu einer ersten bundesweiten Tagung (Verein SFBF 1983; ▶ Kap. 2) und machten auf den »Bildungsaufschwung« mit seiner Suche nach »neuem Wissen« aufmerksam, der sich im Kontext der Frauenbewegung abzeichnete: »Sie sind keine reichen Wohlfahrtsdamen«, titelte seinerzeit die taz, »Frauen nach vorn«, meldet der (ebenfalls autonome) Pflasterstand und sogar die FAZ nahm von dem Treffen Notiz (Verein SFBF: 80f.). Die bei der Tagung vertretenen Projekte waren zwischen 1978 (FFBIZ Berlin; Verein zur beruflichen Förderung von Frauen, Frankfurt) und Anfang der 1980er Jahre gegründet worden, das Profil reichte von Schwerpunkten auf der Mütter-Problematik über Kfz-Reparatur bis zu »Weltwirtschaft« oder Frauen-Literatur. Fast alle Projekte hatten hochfliegende Pläne – sie wollten über Kurse und Gruppen hinaus auch Kulturangebote machen, Cafés, Werkstätten oder Bibliotheken (Rendtorff 2020a) – und das fast durchgängig ohne jede nennenswerte öffentliche Förderung. Im Gegenteil – in den Selbstbeschreibungen wird überall die Qualifizierung als »autonom« besonders positiv hervorgehoben. Ähnlich wie die Frauenbuchläden lebten auch die Bildungsprojekte von freiwilligem Engagement und Selbstausbeutung – die Beiträge, die für die Teilnahme an Kursen und Veranstaltungen erhoben werden mussten, und manche kleineren städtischen Zuschüsse reichten meistens nur gerade für die Miete. Und ähnlich wie bei den Frauenbuchläden dominierte hier die Selbstbeschreibung als »Betrieb ohne Chef«, als Team von Gleichberechtigten, in dem allenfalls ihr bereichsspezifisches Wissen die Einzelnen voneinander unterschied. Stellvertretend formuliert die Frankfurter Frauenschule als ihr ursprüngliches Ansinnen, »in einer sich politisch-sozial-kulturrevolutionär verstehenden Bewegung, d. h. einer außerordentlich unbestimmten, sich im Fluss und in Veränderung befindenden Situation einen Ort zu setzen, der den Inhalt der Bewegung selbst, also das Thema ›Frau‹ oder das Weibliche symbolisieren, verorten (festhalten und damit stärken) und weiterentwickeln sollte« (Materialienband 1990: 15).

Ein zentraler Antrieb von Bildungsprojekten, so die Projektfrauen, sei der Wunsch oder: »das Wünschen der Frauen«. Die Frauenschule wolle »Symbol der kulturellen Existenz von Frauen« sein und Wege entwickeln, um die Existenz von Frauen öffentlich zu repräsentieren und »sich als Ort zur Verfügung zu stellen, indem sie kontinuierlich, im Wechsel und gleichzeitig Impulse auffängt (Interessen, Fragen, Problematisierungen, Themen, Diskussionen, Streit, Wünsche), diese verwandelt in wiederum Impulse (Veranstaltungen verschiedenster Art) und sich als Ort der Bearbeitung zur Verfügung stellt bzw. anbietet und aus dem Verlauf dieser Bearbeitung sowohl Rückschlüsse zieht für die eigene Struktur und Position, als auch wiederum neue Impulse entwickelt für den weiteren Prozess« (ebd.: 21f.). Diese – zugegebenermaßen komplizierte und auf den ersten Blick leicht verworren klingende – Beschreibung zeigt, dass es den Frauen-Bildungsprojekten in ihren Anfängen niemals nur um Wissensvermittlung, Belehrung oder um das »Beibringen« ging, sondern immer um ein irgendwie geartetes »neues Wissen« oder um das gemeinsame Hervorbringen von dem, wovon sie nicht wussten, dass sie es nicht wussten. Das ist wohl die zentrale Grundidee aller dieser Projekte, so unterschiedlich sie auch waren: dass Wissen nur in und durch »Bewegung« entstehen kann (Rendtorff 2018). Letztlich ging es in allen Projekten darum, aus der Kritik an den patriarchalischen Strukturen von Bildung, Kultur und Wissenschaft ein eigenes, »anderes« Wissen und andere Formen der Vermittlung zu entwerfen. Deshalb waren auch Archive und Bibliotheken ein früher Bestandteil solcher Bildungseinrichtungen.

Waren die Frauen-Bildungsprojekte deutlich auf die Generierung von Wissen fokussiert sowie teilweise auf dessen Vermittlung, so waren einige spezifische Projekte auch auf Vermittlung und Aneignung von speziellen Kenntnissen ausgerichtet – etwa Technik- oder IT-orientierte Projekte (Faulstich-Wieland 2010:

845) wie etwa »Software-Häuser«, Projekte, die berufliche Selbständigkeit und Existenzgründungen förderten (wie das Projekt »Frauenbetriebe«, das aus der Frankfurter Frauenschule hervorgegangen war), oder Werkstätten. Und wieder einen anderen Schwerpunkt setzten die Frauen-Ferienhäuser, die Bildungsangebote mit gemeinsamen Ferien, dem Zusammensein von Frauen und neuen Formen des Miteinanders verbinden wollten und deshalb oftmals auch auf spirituelle oder Körper-Erfahrungen setzten. Das Frauen-Ferienhaus Zülpich, das erste dieser Art, berief sich mit seinen Anliegen, zur Entwicklung einer feministischen Gegenkultur beizutragen, ausdrücklich auf den Mailänder Frauenbuchladen.

Viele dieser Projekte existieren heute nicht mehr (das Frauen-Ferienhaus Zülpich hat immerhin 40 Jahre durchgehalten), manche haben sich aber an die Markterfordernisse angepasst und arbeiten immer noch, teilweise in der Tradition der alten, frühen Ideale – wie es schon fast zweihundert Jahre früher Bettina von Arnim formuliert hatte: »Da führt der Wind der Vergangenheit Samen in die Zukunft« (zit. bei Wurms 1992: 13).

Mitte der 1980er Jahre allerdings setzte bereits die erste Phase von Desillusionierung ein. Die Erfahrung, dass die Bildungsgewinne von Mädchen und Frauen nur zu einer »Renaissance der Frauendiskriminierung auf höherem Niveau« geführt hatten, nötigte zu der Einsicht, dass es »eine Illusion« sei zu glauben, »allein über Aufklärung ließe sich die über Jahrtausende tradierte, hierarchisch aufeinander bezogene Aufgabenteilung der Geschlechter aufbrechen« (Bock 1993: 27). Die Kriterien der normativen, aus der Aufklärung gewonnenen Kritik, so Ulla Bock (ebd.: 36), konnten nicht aus dem Dilemma hinausführen – und diese »resignative« Stimmung führte in eine gewisse Ratlosigkeit, die über längere Zeit anhielt und in der Theoriebildung vielleicht immer noch nicht ganz überwunden ist.

Frauengruppen in der Frauenbewegung und in der Pädagogik

Frauengruppen spielten in der zweiten Frauenbewegung insgesamt eine bedeutsame Rolle. Das betraf sowohl Arbeitszusammenhänge – vor allem in den Frauenprojekten – als auch das private Leben bzw. die privaten Beziehungen unter Frauen. Frauengruppen, auch Frauenwohngemeinschaften, galten als Instrumente zur Veränderung der Situation der Frauen und zur gesellschaftlichen Veränderung (▶ Kap. 9). Die Gruppe »wurde zur Auffang- und Vermittlungsinstanz zwischen uns und der patriarchalen Gesellschaft, zwischen dem Gestern und Morgen, zwischen Vergangenheit und Utopie« (Hippo 1977: 77). Ein zentrales Thema der Frauengruppen wie der Frauenbewegung insgesamt war die Beschäftigung mit Fragen der Sexualität, und zwar sowohl die Auseinandersetzung mit der »heterosexuellen Dressur« (ebd. 1977: 75) wie auch die Suche nach einer eigenen, weiblichen Sexualität (▶ Kap. 8). Auch wenn das gemeinsame Leben und Arbeiten in Frauengruppen sich keinesfalls konfliktfrei gestaltete, so waren sie doch ein Symbol der Wertschätzung unter Frauen, sie brachten zum Ausdruck, dass für Frauen Beziehungen zu anderen Frauen ebenso wertvoll sein können wie Beziehungen zu Männern, oder wertvoller als diese. Diese Aufwertung zeigte sich beispielsweise in Frauenfesten, in der Inszenierung und Feier weiblicher Räume und weiblicher Kultur – zu dieser Zeit ganz ohne Anführungszeichen.

Während geschlechtshomogene Kindergruppen und Freundschaften und die Selbstverständlichkeit, mit der sich Kinder in Kindergarten und Grundschule auf das eigene Geschlecht beziehen und sich vom anderen Geschlecht abgrenzen, von Pädagog:innen eher amüsiert zur Kenntnis genommen oder zur Durchsetzung eigener Ziele genutzt wurde (»Mal sehen, wer schneller aufräumt, die Mädchen oder die Jungen«), waren geschlechtshomogene Gruppen von Jugendlichen Teil pädagogischer Konzepte und galten als sinnvolle pädagogische Instrumente. Das betraf erstens das Thema Sexualität: sexuelle Fragen wurden (und werden) in Schule und Jugendarbeit mit einer gewissen Selbstverständlichkeit in geschlechtshomogenen Gruppen bearbeitet. Die Vorstellung, dass Mädchen und Jungen während der Adoleszenz sexuelle Kompetenzen erwerben müssen und dass ihre Wünsche, Bedürfnisse und Ängste sich ebenso wie die sozialen Erwartungen und Anforderungen an sie nach Geschlecht unterscheiden, war ebenso verbreitet wie die Vorstellung, dass vor allem Mädchen intime Themen leichter in der Mädchengruppe besprechen können. Zweitens war die Mädchengruppe fester Bestandteil der autonomen Mädchenarbeit als »kleiner Schwester der Frauenbewegung«. Wie in den Frauengruppen der Frauenbewegung ging es auch hier darum, Beziehungen unter Mädchen möglich zu machen, zu pflegen und aufzuwerten und Mädchen Räume zu bieten, in denen sie ihre Interessen entwickeln und ihre Probleme bearbeiten können (▶ Kap. 3, 5; vgl. Breitenbach 2000). Drittens schließlich galt der nach Geschlechtern getrennte Unterricht in unterschiedlichen Ausgestaltungen als ein Instrument, Mädchen zur fördern und sie von ihren sozialen Aufgaben, der »Beziehungsarbeit« in koedukativen Zusammenhängen zu entlasten (▶ Kap. 2).

Aktuell ist es schwirig, den Sinn von weiblichen Zusammenhängen, Mädchen- und Frauengruppen, zu begründen (etwas anders ist die Situation für Jungen- und Männer- bzw. Vätergruppen (▶ Kap. 3, ▶ Kap. 4, ▶ Kap. 5). Solchen Zusammenhängen wird unter Umständen etwas Traditionelles und Altmodisches angeheftet. Sie scheinen Mädchen und Frauen als schon- und schutzbedürftig zu definieren und damit zu schwächen. Sie scheinen nicht erkannt zu haben, dass Frauen längst nicht mehr benachteiligt werden. Sie scheinen die Gemeinsamkeit aufgrund der Geschlechtszugehörigkeit unzulässig zu verallgemeinern und die Bedeutung anderer Differenzen nicht hoch genug einzuschätzen bzw. als gleichwertig anzuerkennen. Und sie scheinen das System der Zweigeschlechtlichkeit zu bestätigen und Menschen zu diskriminieren und auszugrenzen, die sich nicht einem der beiden Geschlechter zuordnen können oder möchten (▶ Kap. 5). Dennoch bleibt: Frauengruppen (und Männergruppen) »hatten (und haben) trotzdem einen ungeheuren Wert als Gegenwelt zum geschlechtsgemischten Alltag« (Rauw/Drogand-Strud 2010: 273). Berufliche und politische Netzwerke von Frauen, Geselligkeit mit Freundinnen oder Kolleginnen, Mädchen- und Frauenfreundschaften, Angebote für Frauen wie Frauenreisen, Merkwürdigkeiten wie »Mädelsabende« und »Junggesellinnenabschiede«, sind Bestandteile des Alltags und Bestandteile des zweigeschlechtlichen Systems, sie sind die domestizierte Antwort auf den kritischen Impuls der Frauenbewegung. Sie gelten nicht mehr als Instrument zur Veränderung und Verbesserung der gesellschaftlichen Lage von Frauen. Und sie lassen sich nicht mehr mit der Freude an Beziehungen zwischen Frauen und Geselligkeit mit Frauen begründen: weibliche Gesellschaft zu genießen ist kein feministisches Argument mehr.

...und Bildung

Selbsthilfe, Selbstorganisation, Solidarität – der »bildende« Aspekt dieser Konzepte liegt auf der Hand: gemeinsames Hervorbringen und gegenseitige Unterstützung auf dem Weg der Selbst-Bildung sind für alle drei Begriffe und die damit angesprochenen Praxen der Frauenbewegungen zentral. »Pädagogisch« ist das erstens, sofern es den Individuen Handlungsmächtigkeit zuspricht und zugleich konzediert, dass gesellschaftsverändernde Handlungen nur gemeinsam geschehen können. Und zweitens war/ist immer die Erkenntnis zentral, dass die Fähigkeit zu Veränderung und Verbesserung (ob der eigenen Lage oder der Gesellschaft insgesamt) auch das Verständnis zur Voraussetzung hat, wie diese Lage beschaffen ist, welchen Machtverhältnissen sie unterliegt, welche Naturalisierungsprozesse wirksam sind usw. Um dies zu verstehen, ist auch ein »anderes« Wissen, eine andere Perspektive erforderlich, die die eigene Denk-Routine über- und aus ihr heraussteigt. Nicht Konsens und Harmonie sind wichtig, sondern sich gegenseitig im Wissen um Unterschiede und verschiedene Meinungen dabei zu unterstützen, etwas, was für die jeweils Einzelne neu und unerwartet ist, herauszufinden. Die Projektfrauen der Frankfurter Frauenschule beschrieben ihren grundsätzlichen Verzicht auf den Zwang zur Einigkeit als »Dissensprinzip«, das ihnen »praktische Kooperation auch bei Dissens über den Inhalt der Veranstaltung« erlaubte, und empfanden »die Tatsache, dass Dissens der Normalzustand ist und nicht übersprungen werden kann« als »ungemein erleichternd« – zumal sich daraus wiederum neue Perspektiven und Formen ergaben, um »im Arbeitsalltag mit unterschiedlichen Auffassungen und Prioritäten umzugehen« (Rendtorff 2018: 109). Dies hätte zum zentralen Modus und Anliegen der Pädagogik werden können, wenn sie nicht allzu schnell wieder in den Modus der Belehrung der vermeintlich Ungebildeten und Bildungsbedürftigen zurückgekehrt wäre oder überhaupt dort verharrt hätte, sondern auf die Aktivistinnen der Frauenbewegung gehört hätte: So schrieb schon Käthe Duncker über ihre Arbeit im Dresdener Frauenbildungsverein Anfang des 20. Jahrhunderts: »Und am wichtigsten ist es, nicht Vorträge, sondern Diskussionen zu halten« (Käthe Duncker, zit. bei Wurms 1992: 20).

Literatur

AGW Aktionsgemeinschaft Westend (o. J.): Die Geschichte des Westends. Online verfügbar unter: http://www.aktionsgemeinschaft-westend.de/geschichte-des-westends/, Zugriff am 02.10.2020.
Allen, Pamela (1970/1972): Free space. In: Notes from the Third Year, New York 1971; dt.: Der Freiraum. In: Arbeitskollektiv Sozialistischer Frauen Frankfurt/M (Hrsg.), Frauen gemeinsam sind stark. Women's Liberation Movement in den USA (S. 63–69). Frankfurt am Main: Verlag Roter Stern.
Baader, Meike Sophia (1990): Vom Kollektivgeist zur Buchführung. Die Geschichte des Frauenbuchladens unter Berücksichtigung der neuesten Entwicklung. In: frauen, mütter, töchter. Heidelberger Blätter für Politik und Kultur, 1990 (4), 53–55.
Baader, Meike Sophia (2008): Das Private ist politisch. Der Alltag der Geschlechter, die Lebensformen und die Kinderfrage. In: dies. (Hrsg.), Seid realistisch, verlangt das Unmögliche. Wie 68 die Pädagogik bewegte (S. 153–172). Weinheim: Beltz.
Baader, Meike Sophia (2014): Das Recht auf Glück im Hier und Jetzt. Neue Subjektivität, Frauenbewegung und Kindererziehung um 1970. In: Klemens Ketelhut/Dayana Lau (Hrsg.), Erziehungsgeschichte/n. Kindheiten – Selbstzeugnisse – Reflexionen (S. 15–36). Köln: Böhlau.
Backes, Getrud (1987): Frauen und soziales Ehrenamt: zur Vergesellschaftung weiblicher Selbsthilfe. Augsburg: MaroVerlag.
Bauman, Zygmunt (1995): Moderne und Ambivalenz. Das Ende der Eindeutigkeit. Frankfurt am Main: Fischer Taschenbuch Verlag.
Belotti, Elena (1975): Was geschieht mit kleinen Mädchen? Die zwangsweise Herausbildung der weiblichen Rolle in den ersten Lebensjahren durch die Gesellschaft. München: Frauenoffensive.
Bock, Gisela (1993): Der lange Weg der Emanzipation – Interpretation zum Verhältnis von Frauenbewegung, Frauenbildung und Frauenforschung. In: Wiltrud Giesecke (Hrsg.), Feministische Bildung – Frauenbildung (S. 17–39). Pfaffenweiler: Centaurus.
Breitenbach, Eva (2000): Mädchenfreundschaften in der Adoleszenz: eine fallrekonstruktive Untersuchung von Gleichaltrigengruppen. Opladen: Leske und Budrich.
Dackweiler, Regina (1995): Ausgegrenzt und eingemeindet. Die neue Frauenbewegung im Blick der Sozialwissenschaften. Münster: Westfälisches Dampfboot.
Der Spiegel (1976): Verlage. Durchbruch der ›Frauenoffensive‹, in: Der Spiegel, 12.04.1976, 198.
Der Spiegel (1988): Traummänner sind rare Trüffel. Die Verwirrung nach dem Bestseller »Wenn Frauen zu sehr lieben«. In: Der Spiegel, 28.3.1988, 227–234.
Dingler, Catrin (2018): Wir spucken auf die Genossen. Die italienische Feministin Carla Lonzi im Berliner Merve Verlag. In: Meike Sophia Baader/Rita Casale (Hrsg.), Generationen und Geschlechterverhältnisse in der Kritik: 1968 Revisited. Jahrbuch für historische Bildungsforschung, 24/2018, 94–119.
Dokumentationsgruppe (1982): frauen begreifen ihren alltag. dokumentation des 1. frauenforums im revier. Selbstverlag.
Eaubonne de, Francoise (1978): Feminismus oder Tod. München: Frauenoffensive.
Ernst, Sheila/Goodison, Lucy (1982): Selbsthilfe Therapie. Ein Handbuch für Frauen. München: Frauenoffensive.
Faulstich-Wieland, Hannelore (2010): Frauenbildung/Gender Mainstreaming. In: Rudolf Tippelt/Aiga von Hippel (Hrsg.), Handbuch Erwachsenenbildung/Weiterbildung (4. Auflage) (S. 841–854). Wiesbaden: VS Verlag für Sozialwissenschaften.
feministberlin (o. J.): https://feministberlin.de/gesundheit/selbstuntersuchung/.
Goettle, Gabriele (1976): Schleim oder Nichtschleim, das ist hier die Frage. Editorial der Zeitschrift »Schwarze Botin«, wieder abgedruckt in: Gabriele Dietze (Hrsg.) (1979), Die Überwindung der Sprachlosigkeit. Texte aus der neuen Frauenbewegung (S. 51–54). Darmstadt: Luchterhand.

Hippo, Amanda (1977): Sisterhood feels good. Über die Notwendigkeit der Befreiung von der Gruppe – in der Gruppe. In: Frauenjahrbuch '77 (S. 75–92). München: Frauenoffensive.
Jahrbuchgruppe des Münchner Frauenzentrums (1976): Frauen Jahrbuch '76. München: Frauenoffensive.
Jankowski-Sönmez, Ingrid/Müthing, Brigitte (1992): Ein stadtteilorientierter Gesprächskreis mit Arbeiterfrauen. In: Arbeitsgruppe Frauenbildung und Politik (Hrsg.), Von Frauen für Frauen. Ein Handbuch zur politischen Frauenbildungsarbeit (S. 160–165). Zürich: edition ebersbach im eFeF-Verlag.
Koch, Gisela (1992): »Mit zwei Angeboten fing es an!« In: Arbeitsgruppe Frauenbildung und Politik (Hrsg.), Von Frauen für Frauen. Ein Handbuch zur politischen Frauenbildungsarbeit (S. 43–47). Zürich: edition ebersbach im eFeF-Verlag.
Kortendiek, Beate/Cottmann, Angelika (2000): Frauen und Soziale Arbeit – zwischen Profession, Ehrenamt und Selbsthilfe. In: Angelika Cottmann et al. (Hrsg.), Das undisziplinierte Geschlecht: Frauen- und Geschlechterforschung – Einblick und Ausblick (S. 127–149). Opladen: Barbara Budrich.
Kuhlmey, Emmi (1993): Die Frauen von Erwitte (1979). In: C. Wolfgang Müller (Hrsg.), SelbstHilfe. Ein einführendes Lesebuch (S. 90–94). Weinheim: Beltz.
Maierhof, Gudrun (2002): Selbstbehauptung im Chaos. Frauen in der jüdischen Selbsthilfe 1933–1943. Frankfurt am Main: Campus.
Meulenbelt, Anja (1978): Die Scham ist vorbei. Eine persönliche Erzählung. München: Frauenoffensive.
Meulenbelt, Anja (1981): Für uns selbst. Körper und Sexualität aus der Sicht von Frauen. München: Frauenoffensive.
Müthing, Brigitte (1996): »In erster Linie sind Frauen offener, und das löst Lernprozesse aus«. Frauen in der gewerkschaftlichen Erwachsenenbildung. In: UmBildung. Beiträge zur feministischen theorie und praxis, 43/44, 145–155.
Norwood, Robin (1985/1987): Wenn Frauen zu sehr lieben. Die heimliche Sucht, gebraucht zu werden. Reinbek bei Hamburg: Rowohlt.
Quistorp, Eva (1981): Frauen in Bürgerinitiativen. Abgedruckt in: Ilse Lenz (Hrsg.) (2009), Die neue Frauenbewegung in Deutschland. Abschied vom kleinen Unterschied. Ausgewählte Quellen (S. 244–247). Wiesbaden: VS Verlag für Sozialwissenschaften.
Rauw, Regina/Drogand-Strud, Michael (2010): 20 Jahre, sechs Bausteine, mehr als zwei Geschlechter und mindestens ein Paradox. Veränderung und Kontinuität in der geschlechterbezogenen Weiterbildungsreihe der »Alten Molkerei Frille«. In: Mart Busche et al. (Hrsg.), Feministische Mädchenarbeit weiterdenken. Zur Aktualität einer bildungspolitischen Praxis (S. 263–287). Bielefeld: transcript.
Rendtorff, Barbara (2018): Aus der Geschichte Feministischer Theorie und Praxis – die Arbeit der Frankfurter Frauenschule. Ein Beitrag zum historischen Gedächtnis. In: Feministische Studien, 36 (1), 101–116.
Rendtorff, Barbara (2020a): »Feministische Bildungsarbeit« und »autonome Mädchenarbeit«. In: Werner Thole/Leonie Wagner/Dirk Stederoth (Hrsg.), »Der lange Sommer der Revolte«. Soziale Arbeit und Pädagogik in den frühen 1970er Jahren (S. 123–133). Wiesbaden: Springer VS.
Rendtorff, Barbara (2020b): Gewaltdimensionen pädagogischen Handelns und das Sexuelle. In: Eva Breitenbach/Walburga Hoff/Sabine Toppe (Hrsg.), Geschlecht und Gewalt. Diskurse, Befunde und Perspektiven der erziehungswissenschaftlichen Geschlechterforschung (S. 17–30). Opladen: Barbara Budrich.
Sander, Helke (1968): Rede des »Aktionsrates zur Befreiung der Frauen« bei der 23. Delegiertenkonferenz des »Sozialistischen Deutschen Studentenbundes« (SDS) im September 1968 in Frankfurt. In: Rudolf Sievers (Hrsg.) (2004), 1968. Eine Enzyklopädie (S. 372–378). Frankfurt am Main: Suhrkamp.
Sanyal, Mithu (2009): Vulva. Die Enthüllung des unsichtbaren Geschlechts. Berlin: Wagenbach.
Sarachild, Kathie (1978): »Consciousness-Raising: A Radical Weapon«, in: Feminist Revolution (S. 144–150), New York: Random House. Nachzulesen bei: Documents from the

Women's Liberation Movement. An Online Archival Collection. Special Collections Library, Duke University. Online verfügbar unter: https://organizingforwomensliberation.wordpress.com/2012/09/25/consciousness-raising-a-radical-weapon/, Zugriff am 02.10.2020.

Sattler, Traudel (2020): Insegnare a distanza tra anonimato e intrusione nellintimita come salvare lesperienza uamana. Online verfügbar unter: https://www.libreriadelledonne.it/puntodivista/insegnare-a-distanza-tra-anonimato-e-intrusione-nellintimita-come-salvare-lesperienza-umana/, Zugriff am 02.10.2020.

Schulz, Kristina (2021): Neue Frauenbewegung: die Bundesrepublik im westeuropäischen Zusammenhang. In: Meike Sophia Baader et al. (Hrsg.), »68«: Kontinuitäten und Diskontinuitäten einer kulturellen Revolte. Frankfurt am Main: Campus (im Erscheinen).

Senger, Emilia von (2020): Buchhändlerin. In: Vogue 9/2020, 204.

Sonnenberg, Uwe (2016): Von Marx zum Maulwurf. Linker Buchhandel in Westdeutschland in den 1970er Jahren. Göttingen: Wallstein.

Stefan, Verena (1975): Häutungen. München: Frauenoffensive.

Sternstein, Wolfgang (1993): Das Beispiel Whyl (1977). In: C. Wolfgang Müller (Hrsg.), SelbstHilfe. Ein einführendes Lesebuch (S. 71–82). Weinheim: Beltz.

Strömquist, Liv (2017): Der Ursprung der Welt. Berlin: avant-verlag.

Tändler, Mike/Jensen, Uffa (Hrsg.) (2012): Das Selbst zwischen Anpassung und Befreiung. Psychowissen und Politik im 20. Jahrhundert. Göttingen: Wallstein.

Wagner, Angelika C. (2001): Wirkungsgeschichte und Dokumentation eines Selbstbehauptungsprogramms für Frauen. In: Wiltrud Gieseke (Hrsg.), Handbuch zur Frauenbildung (S. 193–214). Opladen: Leske und Budrich.

Verein SFBF (1983): Autonome Frauenbildungsarbeit. Selbstverlag.

Verein Sozialwiss. Forschung u. Bildung für Frauen – SFBF e. V. (Hrsg.) (1990): Über weibliches Begehren und sexuelle Differenz und den Mangel im herrschenden Diskurs. Autonome Frauenbildungsarbeit am Beispiel der Frankfurter Frauenschule. Materialienband – Facetten feministischer Theoriebildung, Band 7. http://www.frauenschule.de, Zugriff am 12.02.2021.

Wurms, Renate (1992): »Von heute an gibt's mein Programm« – Zur Entwicklung der politischen Frauenbildungsarbeit. In: Arbeitsgruppe Frauenbildung und Politik (Hrsg.), Von Frauen für Frauen. Ein Handbuch zur politischen Frauenbildungsarbeit (S. 11–40). Zürich: edition ebersbach im eFeF-Verlag.

11 Wertschätzung

11	Wertschätzung	202
	Ausgangslage	202
	»Gemeinsam sind wir stark«	204
	»Macht ohne Herrschaft«?	207
	Die Politik der Differenz und der Affidamento-Ansatz	210
	Autorität, Anerkennung und pädagogische Beziehungen	212
	Literatur	214

Ausgangslage

Politisch gesehen waren und sind es vor allem zwei Faktoren, die die Schwierigkeiten feministischer Politiken fundieren und die gegenseitige Anerkennung und Wertschätzung unter Frauen ver- oder jedenfalls behindern: die sogenannte »Sphärentrennung« als Grundkonzept der Bürgerlichen Gesellschaft und die androzentrischen gesellschaftlichen Strukturen, die den Blick auf andere wie auf sich selbst organisieren. Zu diesen gesellschaftlichen Strukturen zählt auch die symbolische Ordnung, die für manche feministischen Theorien und Zugänge von besonderer Bedeutung ist. Eingelagert in die symbolische Ordnung ist eine lange Geschichte von Abwertungen und Ausschlüssen von Frauen, von expliziten wie impliziten Verboten, die, auch wenn sie scheinbar überwunden sind, schnell wieder aktiviert werden können, da sie Teil des kollektiven und kulturellen Gedächtnisses sind.

Beide genannten Faktoren stehen der unvoreingenommenen Wahrnehmung anderer Frauen, der solidarischen Begegnung und damit der Entwicklung neuer politischer Beziehungen im Wege – und es bedurfte einiger Anstrengungen, um diese Barrieren zu überwinden, um zu lernen, anderen Frauen mit Neugier und Interesse zu begegnen, sie als interessant oder als fröhliche Begleiterinnen des eigenen Lebens wertschätzen zu können. Wertschätzung und Anerkennung sind aber – jedenfalls in heutiger Auffassung – auch wesentliche Kriterien von pädagogischen Beziehungen. Beide Ebenen hängen folglich aufs engste zusammen.

Die Sphären-Trennung der gesellschaftlichen Räume scheidet den öffentlich-politischen Raum der (antiken) *polis*, in dem die Bürger gemeinsam über ihre Geschicke beraten und entscheiden, vom *oikos*, dem Haus, d. h. der Sphäre der Häuslichkeit. Zwar ist für den der öffentlichen Sphäre entgegengesetzten Bereich eher die Bezeichnung »Privatheit« geläufig, doch beide Begriffe haben unterschiedliche Bedeutungskontexte. Privatheit hebt vor allem darauf ab, dass dieser Bereich vor staatlichem Zugriff geschützt ist – und stattdessen dem »pater familias« unterstellt, was wesentlich zur Reproduktion der hierarchischen Struktur der Geschlechterordnung beiträgt. Der Ausdruck »Häuslichkeit« betont dagegen stärker, dass es sich nicht (nur) um eine Ortsbestimmung handelt, sondern um eine komplexe Bestimmung dessen, wie dieser Bereich charakterisiert und mit welchen Zuordnungen er ausgestattet wird: unmittelbare individuelle Beziehungen, leibliche Sorge, wobei die Sorge für andere (vor allem die Familienmitglieder, aber auch andere Unterstützungsbedürftige) über den Interessen der Sorgenden rangiert.

Während also der öffentliche Raum rechtlich, konventionell und symbolisch entsprechend der jeweiligen gesellschaftlichen Ordnung organisiert ist und mehr oder weniger dynamisch mit deren Veränderungen sich selbst verändert, ist die Sphäre der Häuslichkeit eher durch Beständigkeit gekennzeichnet, und durch den expliziten Wunsch, der Veränderungsdynamik des öffentlichen Raums etwas entgegenzusetzen – auch um sich vor dieser Dynamik zu schützen, in Sicherheit zu bringen und sich davon zu erholen. Dies brachte notwendigerweise ein Ungleichheits- und Hierarchieverhältnis hervor, sofern die Aufgabe, Wohlbefinden herzustellen, ja von der Hausfrau *für* den Mann erfüllt werden sollte, als »Arbeit aus Liebe« zu *seinem* Nutzen oder zum Nutzen der Kinder, die ihm gleichfalls rechtlich untererstellt waren. Diese rechtliche Struktur hat sich in der Bundesrepublik bis in die zweite Hälfte der 1970er Jahre gehalten. Bis 1977 hatte laut BGB der Ehemann das Recht, im Konfliktfall darüber zu entscheiden, ob seine Ehefrau einer Erwerbstätigkeit nachgeht oder in welche Schule die Kinder gehen. Da sie ihm zuarbeitete, war ihre Position folglich der seinen nachrangig.

Dadurch ist der Raum des Privaten, Lebens- und Arbeitszentrum von Frauen, konzipiert als dem Öffentlichen und dem Politischen entgegengesetzt. Da das Politische mit dem Öffentlichen gleichgesetzt ist und im klassischen Verständnis dann beginnt, wenn der männliche Bürger über die Schwelle des Hauses in den öffentlichen Raum tritt, wird das Haus als Betätigungsraum von Frauen vom Politischen kontrastierend abgesetzt, außerhalb des Politischen stehend und sogar politikfeindlich. Nicht zuletzt deshalb ist in diesem Raum die Entwicklung einer eigensinnig konturierten Individualität um ihrer selbst willen nicht vorgesehen. Auch die Bildung, die die bürgerliche Frau erwerben sollte, stand bis in die erste Hälfte des 20. Jahrhunderts unter dem Vorzeichen, dem Mann eine gute Gesprächspartnerin zu sein. Dies zeigt sich noch in den Auseinandersetzungen um den Zugang von Frauen zur Universität und zur akademischen Bildung (▶ Kap. 2, ▶ Kap. 13). Dies führte für die auf diesen Raum verwiesenen Frauen zu zweierlei: dass sie nur schwer auf die Idee kommen konnten, sich mit anderen Frauen außerhalb ihrer Küchen und Wohnstuben zu treffen und sich gar dabei über anderes als Küchen- und Wohnstuben-Themen auszutauschen – und zweitens, dass sie als Individualisierte ohne Individualität aufeinandertrafen. Um geheiratet zu werden, und insbesondere, um eine »gute Partie« zu machen, mussten Frauen miteinander in Konkurrenz treten, um schöner, liebreizender und vielleicht sogar geistreicher zu sein als andere – als verheiratete konnten sie daher nur schwer in einen Modus der Gemeinschaftlichkeit wechseln, waren sie es doch gewohnt, einander entweder als Rivalinnen oder aber als jeweilige »Frau eines Mannes« zu sehen. Dies gilt für die Zeit der Ersten Frauenbewegung ebenso wie für die 1960er Jahre, wenn auch mit jeweils zeittypischen Vorzeichen.

Das Ansinnen, sich politisch zusammenzutun, machte es also für die Aktiven beider Frauenbewegungen in erster Linie erforderlich, einander auf eine ganz neue Weise zu begegnen – ja sogar, einander anders zu *sehen*, im buchstäblichen Sinne. Und da – wie vorne gezeigt – die Selbstwahrnehmung von Frauen vorrangig durch die Augen des Mannes auf sich selbst gelenkt war, war dieses »die-Andere-sehen-Können« auch zugleich Chance und Notwendigkeit, um sich selbst sehen, wahrnehmen und kennenlernen zu können. Nicht zuletzt deshalb wurden zumindest in der zweiten Frauenbewegung die politischen Aktivitäten von einer Vielzahl sozialer Begegnungsformen begleitet: es gab rauschende Frauenfeste, Frauen-Ferienlager (legendär die Internationalen Frauen-Zeltlager auf der dänischen Insel Femø, seit 1973), Frauenkneipen und -bars usw., die den routinemäßig eingeengten Blick auf anderen Frauen öffnen konnten, um sie als interessante Andere wahrzunehmen.

»Gemeinsam sind wir stark«

Die Schaffung eigener Räume, zu denen Männer keinen Zutritt hatten, war also logischerweise eine sehr wichtige Voraussetzung für dieses neue Sehen. Doch war in der ersten Frauenbewegung noch die Gemeinsamkeit und gegenseitige Wertschätzung der frauenbewegten Aktivistinnen fraglos durch die offensichtliche Unterdrückungssituation gegeben und eher durch parteipolitische Differenzen infrage gestellt, so war es in der zweiten Frauenbewegung angesichts der angeblich herrschenden Gleichberechtigung schwieriger, eine gemeinsame »Betroffenheit« zu definieren, als Basis dafür, sich politisch und sozial einander zuzuordnen, einander als zugehörig und wertvoll wahrnehmen zu können und für gegenseitige Anerkennung. Hier ging es deshalb neben der kollektiven Ansprache (»Wir Frauen«) immer auch um den Blick auf die Individuen: Einander zuzuhören, mit eigener Stimme zu sprechen, sich in der anderen zu spiegeln u. ä. sind denn auch Formulierungen, die in sehr vielen frühen feministischen Texten der zweiten Frauenbewegung eine Rolle spielen. Dafür war die Position, dass das Persönliche und das Private politisch sind, grundlegend. Und am Anfang dieser Praxis stand die Idee der Selbsterfahrung in so genannten Consciousness-raising groups, eine Idee, die Ende der 1960er Jahre in den USA entwickelt wurde und dann ab Anfang der 1970er Jahre auch in anderen Ländern aufgenommen wurde (Liberia delle donne di Milano 1988: 38).

Nicht daran gewöhnt, die Worte von Frauen ernst zu nehmen, ihnen Gewicht, Wissen, Kompetenz zuzuschreiben – zumal gerade die politischen Debatten in der Studentenbewegung von extrem machistischem und autoritärem

Männlichkeitsgehabe getragen waren –, mussten die Frauen also umlernen, gemeinsam, aber mit geringer Erfahrung diesbezüglich und ohne wirkliche Hilfe von geeigneten Vorbildern.

Die eigenen Räume dienten deshalb neben der Analyse der politischen und gesellschaftlichen Lage von Frauen und der Vorbereitung politischer Aktivitäten auch dazu, ein Gefühl von Gemeinsamkeit zu schaffen, durch Demonstrationen und gemeinsam veranstaltete Aktionen. Zeittypisch wurde in der frühen Frauenbewegung viel gesungen, alte Schlager wurden umgedichtet (»In der Nacht geht die Frau nicht gern alleine«[12] u .a.), Lieder von Frauenbewegungen aus anderen Regionen wurden übernommen und übersetzt, neue eigene Lieder verfasst – viele von diesen sind dokumentiert auf einer Schallplatte des Verlags »Frauenoffensive« von 1974: »Von heute an gibt's mein Programm«. In diesem Jahr hatte auch die Lesbenrockband »Flying Lesbians« mit ihrem Song »Frauen kommt her, wir tun uns zusammen – gemeinsam sind wir stark« ihren ersten »Hit«. Auch die unzähligen großen und kleinen politischen Aktionen brachten natürlich ein Gefühl von Gemeinsamkeit hervor, so dass die beteiligten Frauen sich in gegenseitiger Anerkennung und Wertschätzung üben konnten.

Eine Frage, die sich im Kontext dieser frauenbewegten Praktiken allerdings stellte, war, was davon transferiert werden konnte, wenn die Frauen die gemeinsam hergestellten Räume verließen. Um dieses Problem gab es viele Konflikte innerhalb der Frauenbewegung, insbesondere zwischen Lesben und sogenannten Heteras.

An dieser Stelle erwächst auch ein wichtiger Impuls für das pädagogische Denken und Handeln, denn – dies wäre eine These, die es zu prüfen gilt – die Frauen fingen an, diese neu erworbene Fähigkeit, die andere zu »sehen« und wertzuschätzen, auch auf das professionelle pädagogische Feld, etwa in der Sozialpädagogik und der Sozialen Arbeit, und auf die Wahrnehmung von Mädchen und von Kindern zu übertragen, und dadurch die Vorstellungen von Erziehung und die Strukturen der Pädagogik und der Sozialen Arbeit deutlich zu beeinflussen.

Allerdings – hier kommt ein weiteres Problem hinzu, nämlich die Frage, *wofür* die Frauen einander wertschätzen sollten und *als wen* sie die anderen Frauen anerkennend wahrnehmen sollten: als Gleiche? Aber gleich in Bezug worauf?

Diese Fragen sind komplex, politisch strittig und bergen eine Problematik, die auch heute sowohl im feministischen wie im erziehungswissenschaftlichen Kontext noch eine gewisse Rolle spielt – und das hat zu tun mit den Konturen des Begriffs »Erziehung« selbst, wie er zu Beginn der zweiten Frauenbewegung unreflektiert gültig war. Die Arbeit der Erziehung sei deshalb so wenig wertgeschätzt, analysierte Pia Schmid in einem Beitrag zur »Frauenwoche« der Universität Frankfurt 1985, weil von jeher (sie beginnt bei Kant) für das pädagogische Feld

---

12 Aus dem Kassenschlager von Marika Rökk »In der Nacht ist der Mensch nicht gern alleine / Denn die Liebe im hellen Mondenscheine / Ist das schönste, Sie wissen was ich meine / Einesteils und andrerseits und außerdem« wurde das Demonstrations-Lied »In der Nacht geht die Frau nicht gern alleine / darum geht sie auch heute im Vereine / angemacht wird heute aber keine / sowieso und überhaupt und außerdem«.

die Unterscheidung zwischen mütterlicher Erziehung und der professionellen Erziehung durch einen männlichen Erzieher strukturierend gewesen sei. *Sie* »folgt der Natur und ihrer Bestimmung«, wird aus naturhafter, in Liebe begründeter Disposition unentgeltlich tätig, *er* wendet pädagogische Konzepte an und wird dafür entlohnt. *Sie* lässt das Kind aus Liebe und ohne Zwang sich entwickeln – *er* formt das Kind entsprechend dem »Wissenscorpus« und »den Erkenntnissen der entstehenden Pädagogik« (Schmid 1985: 30). *Ihre* Erziehung erfolgt nebenbei, die *seine* separiert, *ihre* wird »hausfrauisiert«, *seine* professionalisiert und in Bildung überführt.

Die sich hier in Bezug auf Frauen scheinbar unausweichlich ergebende Verknüpfung von Hausarbeit und Erziehung hat zwei gewichtige Konsequenzen für das Verhältnis von Frauenbewegung und Erziehung(swissenschaft): Zum einen hatte sie mit einer gewissen Logik zu der Einschätzung geführt, dass die häusliche Betreuung von Kindern weniger wertvoll sei als die außerhäuslich organisierte, professionelle Erziehung. Dies wiederum führte dann zu dem Schluss, dass umgekehrt die Hausarbeit derjenige Faktor sei, der für die geringe Wertschätzung von Frauen maßgeblich war – und dass der Status der Hausarbeit verrichtenden Frau ursächlich für die ihr entgegengebrachte Geringschätzung sei. Diese Überlegungen sowie die Verkennung des potentiell »utopischen Charakters« der mütterlichen Zuwendung und Erziehung (Kontos/Walser 1979: 58) verführten einen Teil der feministischen Diskurse dazu, nun selbst die Hausarbeit geringzuschätzen, die Lebensform »Nur-Hausfrau« als altmodisch und rückständig einzustufen, den Verzicht auf Kinder oder die außerhäuslich zu organisierende Kollektivierung von Kindererziehung zu propagieren und das männliche Modell ökonomischer Selbständigkeit als einzigen Ausweg zu individueller Freiheit und Wertschätzung anzusehen und nachahmen zu wollen.

Andere Gruppierungen verfolgten dagegen eher die Devise, die geschlechtliche Arbeitsteilung selbst und innerhalb von dieser dann die Abwertung und Geringschätzung der Hausarbeit gegenüber der »produktiven« Arbeit als das Problem auszumachen (vgl. Beck-Gernsheim 1980; ▶ Kap. 6) – auch das der akademischen Soziologie. Sie hielten, um die Wichtigkeit von Hausarbeit und Erziehung herauszustellen, der vergleichenden, hierarchisierenden Beschreibung von produktiver und reproduktiver Arbeit die These entgegen, dass es sich bei der Hausarbeit um eine *andere*, sich von der kapitalistischen Produktionsweise strukturell unterscheidende Form von Arbeit handele, und dass die für diese Arbeit sozialisierten Mädchen und Frauen entsprechend spezifische Qualitäten ausbilden würden, die sich von denen der als Jungen und Männer Sozialisierten unterscheiden. Unter dem Stichwort vom »weiblichen Arbeitsvermögen« löste dies zeitweilig eine heftige theoretisch-politische Kontroverse aus (vgl. Knapp 2012: 69ff.).

Auch diese verschärfte die Schwierigkeit gegenseitiger Wertschätzung – sollten Frauen einander in einer spezifischen, sie kollektiv auszeichnenden Qualität wahrnehmen, die doch nur unfreiwillig im Sozialisationsprozess erzeugt worden war, und sich *deshalb* gegenseitig Anerkennung entgegenbringen? Oder ging es darum, sich gemeinsam und selbstbewusst als Zugehörige zu einer Art »Klasse« zu konstituieren, die sich durch gleiche Lebens- und Arbeitsbedingungen sowie mangelnden Zugang zu gesellschaftlicher Macht auszeichnet? Sollten sie nur diejenigen anerkennend wertschätzen, die sich als feministische Aktivistinnen gegen die Verhältnisse stellten, oder auch diejenigen, die in ihren gewohnten Arrangements und Abhängigkeiten verharren wollten oder sie nicht zu verlassen wagten? Zumindest die ersten beiden Varianten würden es erfordern, gerade das, was im Geschlechterverhältnis abgewertet ist, nämlich die Tatsache, weiblich zu sein, umzudeuten in eine Art gemeinsamer Stärke. Dafür gab es unterschiedliche Strategien – entweder wollten die Protagonistinnen, in der Variante »Weil wir Frauen sind«, das Korsett, in das Frauen gezwängt wurden, abstreifen und darauf vertrauen, dass darunter eine spezifische Qualität zum Vorschein kommen würde; oder, wie in der zweiten Variante, wollten Frauen die Position, in die sie gezwängt worden waren, umwandeln in eine kämpferische Formation, als die sie gegen andere (Klassen) antreten könnten.

Im Alltagsdiskurs vermischten sich solche unterschiedlichen Positionen und wurden gemeinsam produktiv gemacht, politisch wiesen sie jedoch in unterschiedliche Richtungen. Lief die eine Richtung Gefahr, in essentialisierende Auffassungen abzugleiten, so die andere, sich im Konzept von Haupt- und Nebenwiderspruch zu verstricken.

Versuche, diese Gegensätze aufzubrechen, wurden immer wieder über den Begriff der gemeinsam geteilten Erfahrung gesucht, die dann aber durch Rückfragen an Klassenzugehörigkeit, Hautfarbe, Ethnie, Religion, sexuelle Orientierung etc. zu Perspektiven und Denkmodellen von Unterschieden zwischen Frauen durch Mehrfachdiskriminierungen und schließlich Ende der 1980er Jahre auch durch den Ansatz der Intersektionalität (siehe Einführung und ▶ Kap. 12) führten.

In den 1970er und Anfang der 1980er Jahre war es aber in jedem Fall ein allgemein geteiltes Credo, dass es zwischen Frauen keine Hierarchie der Wertschätzung geben sollte – und deshalb sicherheitshalber auch keine Strukturen, die es hätten begünstigen können, dass einige Macht über andere bekamen. Dies war leitend für viele Projekte, die aus der Frauenbewegung entstanden sind (▶ Kap. 10).

»Macht ohne Herrschaft«?

Das Stichwort »Macht« taucht in der frühen feministischen Debatte überwiegend als Macht über Frauen auf – so etwa in der Aufarbeitung historischer Konstellationen gesellschaftlicher Machtverhältnisse, in denen Frauen unterdrückt, ausgebeutet oder patriarchalen Strukturen unterworfen waren; oder im Kontext von häuslicher Gewalt als direkte physische Macht(ausübung) von Männern über Frauen; oder in der Analyse der Produktionsverhältnisse, also der Frage, warum die (Haus)Arbeit von Frauen weniger zählt als die der Männer. Frauen reklamierten »die Macht« oder einen Teil dieser Macht für sich, es wurden frühere subversive und offene Formen von Widersetzlichkeit oder Machtübernahme entdeckt und aufgearbeitet (Honegger/Heintz 1981). Mit dem provozierenden Ausdruck der »Mittäterschaft« positionierte sich aber Anfang der 1980er Jahre Christina Thürmer-Rohr kritisch gegen verkürzende Perspektiven und lenkte den Blick darauf, dass Frauen selbst auch aktiver Teil der Geschlechterordnung sind, dass sie deshalb mitbeteiligt seien an der eigenen Unterordnung – dass sie durch ihr Mitmachen, ihre »Komplizenschaft« (Thürmer-Rohr 1983; 2010) und indem sie auch von ihrer Lage profitieren, diese Ordnung immer weiter am Laufen halten.

Christina Thürmer-Rohr, Professorin für Sozialpädagogik an der TU-Berlin und ihre Mitarbeiterinnen verwiesen darauf, dass Frauen im Kontext von sexualisierter Gewalt Mittäterinnen sein können und im Kontext des Nationalsozialismus oder des Antisemitismus auch Täterinnen waren (vgl. Ebbinghaus 1987). Dieser Blick, der Ende der 1980er Jahre tatsächlich zu einem umfassenderen Forschungszugang wurde, der auch durch eine historische Perspektive auf den Nationalsozialismus mitbestimmt war, wurde in der Frauenbewegung sehr kontrovers diskutiert. Während die Perspektive auf Mittäterinnen noch eher geteilt werden konnte, war der Standpunkt, dass Frauen auch Täterinnen sind, heftig kritisiert. Jedenfalls war mit dieser Sicht und den damit verbundenen Debatten die Frage nach dem Verhältnis von Frauen zur Macht aufgeworfen, die auch darauf zielte, einen generalisierten Opferbegriff sowie ein »kollektives Opfertrauma« (Wildt 1989: 37) infrage zu stellen.

Dass dabei ein Teil der Frauen gegenüber anderen Privilegien erhält, perpetuiert zudem die Konkurrenz zwischen ihnen: Diejenigen Frauen, die »bei den Männern mitmachen« oder Vorteile von ihnen erhalten, würden dann von den anderen ganz besonders kritisch gesehen und verpönt. »Lust und Freude an der Macht werden äußerst distanziert bewertet, wenn nicht geleugnet oder ignoriert«, heißt es in dem Ergebnispapier eines Fortbildungsseminars für Pädagoginnen (Arbeitskreis 1987: 5).

Zwar war diese Einsicht schon in der ersten Frauenbewegung formuliert worden und wurde auch von Theoretikerinnen anderer feministischer Diskurse vorgebracht – etwa von Julia Kristeva, wenn sie 1979 schreibt »Die Erfahrung beweist, dass selbst die oppositionellen oder innovativen Initiativen der von der Macht aufgesogenen Frauen (wenn sie sich ihr nicht gleich unterordnen) zugunsten des Apparates umschlagen. Die angenommene Demokratisierung der Institutionen durch den Einzug von Frauen wird meistens mit der Schaffung weiblicher ›Chefs‹ gekrönt« (Kristeva 1979/1994: 242). Oder von Luce Irigaray, bei der es 1977 heißt, die Frau könne nur »als das verkehrte Andere des männlichen Subjekts« auftreten, und deshalb sei die Artikulation der »Wirklichkeit« des Weiblichen im herrschenden Diskurs »unmöglich«, ohne zugleich in dessen Ökonomie zurückzufallen (Irigaray 1979: 134, 155). Nun aber wurde dieser Aspekt mit dem Ausdruck »Mittäterschaft« mit einer griffigen, provozierenden Formel prominent gegen den verkürzenden Opferdiskurs gesetzt und verlangte von den Frauen, selber auch Verantwortung für die herrschende Form der Gesellschafts- und Geschlechterordnung zu übernehmen – die »Macht« war offenbar doch nicht in der einfachen Weise zwischen den Geschlechtern verteilt, dass die einen sie innehatten und die anderen nicht. Die Auseinandersetzungen, die sich um diese These entwickelten, erzwangen weitere Differenzierungsbemühungen innerhalb der feministischen Theoriebildung: die Diskussion, ob Frauenprojekte durch staatliche Unterstützung (»Staatsknete«) korrumpiert würden, Arbeiten zum Charakter gesellschaftlicher Macht, Diskussionen um politische Strategien und vor allem auch um die Frage, wer das »Wir« der Frauenbewegung sei – mithin die Frage, was die Gemeinsamkeit zwischen Frauen ausmache (so es sie denn gebe). Denn wenn Frauen die Macht oder ihren Anteil an der Macht beanspruchten, dann würden sie diese ja nicht in derselben Weise wie bisher rücksichtslos und ausbeuterisch einsetzen wollen – d. h. es müsste eine *andere Art* von Macht und Machtausübung geben können, die auch weniger hierarchisch, gemeinsam getragen und weniger zerstörerisch sei.»Immerhin ist klar, dass Frauen eine qualitative Veränderung von Macht wollen, die nicht Herrschaft auf Kosten von anderen bedeutet« – so noch einmal die pädagogischen Mitarbeiterinnen in ihrer Fortbildung (Arbeitskreis 1987: 4).

Eine solche Aufarbeitung von Begriffen und Auseinandersetzungen mit Macht, Herrschaft und Kollektivität ist beispielsweise dokumentiert in dem Band »Frauen und Macht« von 1984, bereits mit dem Untertitel »Der alltägliche Beitrag der Frauen zur Politik des Patriarchats« (Schaeffer-Hegel 1984). Um aus der scheinbar ausweglosen Verquickung von weiblichem Opfersein, Ohnmacht und Mittäterschaft herauszufinden, fragen hier einige Autorinnen explizit nach einem möglichen anderen Begriff von Macht, mit der Frage »Ist Macht ohne Herrschaft denkbar?« (Gerecht/Kulke/Scheich 1984). Aus der Analyse der jeweiligen »blinden Flecken« in Machttheorien von Marx bis Habermas und der Kritischen Theorie kommen auch sie zu dem Schluss:

> »Wir müssen feststellen, dass wir mitmachen, indem wir nicht mitmachen. Wenn wir die Rolle des Opfers annehmen, glauben wir uns nur entlastet von der Verantwortung für die Verhältnisse, in denen wir uns befinden. […] Nicht nur die Eindeutigkeit der Macht, auch die des Widerstandes ist dahin« (ebd.: 280).

Letztlich scheint aber auch hier die Fähigkeit der Frauen zur »Aufhebung der Eindeutigkeit« (ebd.: 281) und damit die Möglichkeit, etwas Anderes hervorzubringen, aus ihrem Bezug zum Kreatürlichen zu folgen, der ihnen eigenen »spezifischen Wahrnehmung der Natur« (ebd.: 279) und der daraus folgenden Fähigkeit zu Einspruch und Widerspruch gegen lineare Rationalitäten – was als Basis für eine gemeinsame politische Strategie keineswegs unproblematisch ist.

Bis hierher könnte dies wie eine Blaupause für den aktuellen pädagogischen Topos von Heterogenität und Vielfalt aussehen – aber die Autorinnen sind schon 1984 weiter, denn »der Umgang mit der Macht trennt uns mindestens so scharf voneinander wie der Umgang, den wir mit den Machthabern pflegen« (ebd.: 281). Damit war ein Stichwort gesetzt, das seit den 1980er Jahren die feministischen Debatten außerordentlich stark bewegt hat – die Frage nach dem Verhältnis von politischer Gleichbetroffenheit *als Frauen*, als eine durch Kultur und Gesellschaftsstruktur erzeugte »Genusgruppe«, die unterschiedslos alle als weiblich klassifizierten Menschen einbezieht und demselben »Genus«, also Geschlecht zuordnet – und die Anerkennung der *Unterschiede* sowohl zwischen den individuellen Frauen sowie zwischen den ebenfalls durch gesellschaftliche Einordnungen, unterschiedliche Privilegien und differierende Positionierungen erzeugten »Untergruppen«.

Anerkennung der Anderen in ihrer Andersheit und Wertschätzung der Anderen mitsamt ihrer von den eigenen Wertvorstellungen abweichenden Einstellungen und Prioritäten – das war die Schwierigkeit, die sich dem Projekt einer Gemeinsamkeit der Frauen stellte. Letztlich ist es der Unterschied zwischen Gleichheit und Solidarität, der hier angesprochen ist, aber auch der zwischen Solidarität und Toleranz: Solidarität zielt auf die Unterstützung der anderen auf der Basis der Anerkennung der von ihnen selbst gewählten Eigenart, d.h. ihrer Wertvorstellungen und politischen Prioritäten, auch wo sie mit den eigenen nicht deckungsgleich ist. Aber während Toleranz die »Eigenart« der anderen nur gelten lassen will, sie sich dadurch aber gewissermaßen auch vom Leibe hält, schließt Solidarität die Unterstützung der anderen ein, auch wo sie sich von der eigenen Auffassung unterscheidet (vgl. Bauman 1995: 281ff.).

Die Politik der Differenz und der Affidamento-Ansatz

Einen anderen Weg, ein vereinfachendes »Wir« der Frauen aufzubrechen und die Ungleichheit zwischen Frauen zum Thema zu machen, gingen italienische Feministinnen um die »Philosophinnengruppe Diotima« aus Verona und um den Mailänder Frauenbuchladen ebenfalls Ende der 1980er Jahre und damit in etwa zeitgleich mit der deutschsprachigen Diskussion um die Mittäterschaft. Unter dem Stichwort »affidamento«, was so viel wie »sich anvertrauen« heißt, machten sie sich Gedanken darüber, wie den Beziehungen zwischen Frauen ein Wert verliehen werden könne. Dabei ging es gerade nicht um Gleichheit, sondern um Ungleichheit, das heißt um Differenz unter Frauen und um eine Praxis, die der Unterschiedlichkeit Ausdruck verleiht und diese anerkennt. Ausgangspunkt waren Überlegungen zur Bedeutung der symbolischen Ordnung, der die Frauen der Gruppe eine zentrale Bedeutung beimaßen und die sie für wichtiger hielten als die Frage nach den politischen Rechten, wie sie es unter Bezugnahme auf die französische Philosophin und Lehrerin Simone Weil formulierten (Libreria delle donne di Milano 1988: 6). Unter der Perspektive »Wie weibliche Freiheit entsteht« entwickelten sie eine »neue politische Praxis«, und auch sie distanzierten sich zunächst von der Idee der Gleichheit unter Frauen, dem »ich bin wie du, du bist wie ich« und damit zugleich von einem gemeinsamen Opferstatus, der zu einer Lähmung führe (ebd.: 9). Die Gleichheitsideologie, die bisher unter Frauen geherrscht habe, sei nicht mehr produktiv und es sei an der Zeit, die Machtverhältnisse beim Namen zu nennen, so Longobardi in einem Text über »Frauen und Macht« (1989: 128). Dabei schlägt sie vor, sich von einem horizontalen Modell der Gleichen in der Gruppe von Frauen als politische Strategie zu verabschieden und zu einer dualen Beziehung zwischen Frauen als »wertschaffendes Anvertrauen« über zu gehen (ebd.: 130). Damit wird eine pädagogische Praxis zwischen Frauen entwickelt, die sich an der Generationendifferenz orientiert.

Ausgehend von dem Nachdenken der Mailänderinnen über die herrschende symbolische Ordnung, in der Männer »ihre Identität und Geschichtlichkeit gesetzt« hätten, entwickelten sie ein politisches Beziehungsmodell, das auf der Annahme basiert, dass »eine junge Frau eine ältere als Vorbild und als Spiegel ihres symbolischen Werts« brauche.

> »Einer anderen Frau in der Öffentlichkeit Wert und Autorität zuzubilligen, heißt gleichzeitig, sich selbst Wert zu verleihen. Wenn Frauen, sich in ihrem Denken, Sprechen, Handeln und Auftreten in der Öffentlichkeit auf andere Frauen beziehen, kulturelle, soziale und politische Verbindungen zu ihnen herstellen, machen sie damit der symbolischen Sterilität des weiblichen Geschlechts ein Ende« (Libreria delle donne di Milano 1988: 12).

Diese Strategie des *affidamento* wurde, unter Bezugnahme auf die Ideen der französischen Gruppe »Politique et psychoanalyse«, als pädagogische Beziehung in Anlehnung an das Mutter-Tochter-Verhältnis konzipiert, dabei ging es jedoch um symbolische Mütter und eine selbstgewählte »autonome Mutter« (ebd.: 10f.) und deren Vermittlerrolle für die gesellschaftliche Identität der jüngeren Frau. »Um erwachsen zu werden, braucht eine junge Frau eine ältere als Vorbild und Spiegel ihres symbolischen Werts« (ebd.: 11 – was sich auch als eine Form des ›pädagogischen Bezugs‹ lesen lassen könnte, vgl. Rendtorff 2000).

Zentral war für dieses Konzept nicht die Sexualität, sondern die Sprache mit dem Ziel, »die Entfremdung durch die Sprache«, die der männlichen symbolischen Ordnung entstammt und das Weibliche verschweigt, da sie »auf den Mann hin orientiert« ist (Franco 1989: 175), zu überwinden. Bei diesen Überlegungen wurde unter anderem an das politische Manifest von Carla Lonzi aus dem Jahre 1970 angeknüpft, das unterstrich, dass der Unterschied zur Welt der Männer nicht herausarbeiten und definieren könne, was Frauen seien, und dass alles noch einmal von vorne anfangen müsse mit der Frau als Subjekt (Liberia delle donne di Milano 1988: 35). Diese Suche nach »unabhängigem Selbstbewusstsein« bei Lonzi und wie dies gelingen könnte ist in den letzten Jahren immer wieder diskutiert worden (Dingler 2018: 112).

Im Denken der *differenza sessuale* und der Reflektion über Sprache wird zwischen der geschriebenen und gesprochenen Sprache unterschieden. Frauen und Schrift seien in gewisser Weise Verbündete, aber »viele von uns haben Schwierigkeiten, wenn sie in der Öffentlichkeit auftreten und sprechen sollen, es fällt uns schwer, die volle Verantwortung für unsere Aussage zu übernehmen, die Anerkennung unserer Urteilsfähigkeit zu verlangen, uns kritischen Einwänden und Wortgefechten auszusetzen«, so Wanda Tommasi (1989: 117). Auch hierbei fragen die Italienerinnen nach der Rolle der Vermittlung.

Im Kern des Ansatzes von *affidamento* steht ein generationales und pädagogisches Konzept, das sich um sprachliche Vermittlung sowie um »die Anerkennung der Autorität der Mutter als Möglichkeit einer weiblichen Genealogie« dreht (Casale/Windheuser 2019: 162).

Wegen der Analogie zwischen leiblicher und symbolischer Mutter und der damit verbundenen Theorie der »symbolischen Ordnung der Mutter« ist das Konzept, insbesondere in Deutschland, wo man sich mit der Bezugnahme auf die Mütter vor allem auch vor dem Hintergrund des Nationalsozialismus schwertat, stark kritisiert worden. Aber das Konzept versuchte, auf verschiedene Probleme eine Antwort zu geben, auf die Unterschiede zwischen Frauen, auf die Frage der Genealogie und damit der Weitergabe und auch auf pädagogische Beziehungsgestaltung, auch wenn das Mutter-Tochter-Modell mehr als Fallstricke in sich birgt.

Autorität, Anerkennung und pädagogische Beziehungen

Allerdings werden in neuester Zeit einzelne Impulse der Italienerinnen im Zusammenhang mit einem neuen Nachdenken über Autorität wiederaufgenommen, so dass an die Potentiale angeknüpft wird, ohne auf das Mutter-Tochter-Modell Bezug zu nehmen. Unter dem Titel »Wie männlich ist Autorität? Feministische Kritik und Aneignung« fragen Autorinnen und Autoren aus den Sozial- und Geisteswissenschaften – unter Einbeziehung der Geschlechterperspektive – nach »positiven, konstituierenden Aspekten von Autorität, die etwa in guter Nachbarschaft mit Ansätzen des Empowerments stehen« (Landweer/Newmark 2019: 8). Einige Beiträge beziehen sich dabei explizit auf die Überlegungen zur symbolischen Ordnung der Mailänderinnen sowie auf Überlegungen zur weiblichen Autorität.

Ausgangspunkt bilden Beobachtungen, wonach es naheliegend ist, Bilder männlicher Autorität aufzurufen, aber nicht so leicht, »Frauen auszumachen, denen Autorität zugeschrieben wird« (ebd.: 8).

Dies gilt auch für die pädagogischen Auseinandersetzungen, sowohl im Kontext der antiautoritären Bewegung nach 1968 als auch im Zusammenhang mit Theorien der Sozialisation der 1970er Jahre. Diese, wie auch zentrale Bezugstheorien der kritischen Theorie, arbeiten sich vornehmlich an der männlichen Autorität ab (vgl. Baader 2018). Für eine geschlechterreflektierte Sicht auf Autorität wird vorgeschlagen, die Frage nach der Autorität aufzubrechen und Praktiken der Autorisierung in den Blick zu nehmen, durchaus auch in empirischer Hinsicht. Auf diesem Weg lassen sich Prozesse der Herstellung und Zuschreibung von Autorität zu Männern und Frauen, etwa in der Wissenschaft, beschreiben, die einem relationalen und sozialen Verständnis von Autorität als Autorisierung und in diesem Verständnis auch Hannah Arendt folgen (ebd.). Die Perspektive auf Autorisierungsprozesse kann Aufschlüsse über die Herstellung von Autorität im Geschlechterverhältnis geben und kann auch eine Praxis des Empowerment oder der Solidarisierung unter Frauen einschließen, ohne dass diese dem Modell des *affidamento* in der Mutter-Tochter-Struktur folgen muss.

In der Pädagogik gibt es in den letzten Jahren Ansätze einer Autorisierungsforschung (vgl. Jergus/Thompsen 2017), die sich erstaunlicherweise nicht auf die Kategorie Geschlecht bezieht, obwohl sie bei der Beschäftigung mit dem frühpädagogischen Feld ansetzt. Auch die breite Anerkennungsdiskussion in der

Pädagogik in den letzten Jahren stellt Fragen des Geschlechtes nicht ins Zentrum der Überlegungen (vgl. Balzer/Ricken 2010). Dies ist wiederum dort besonders erstaunlich, wo es explizit um pädagogische Beziehungen geht.

Annedore Prengel, deren Veröffentlichung »Pädagogik der Vielfalt. Verschiedenheit und Gleichberechtigung in Interkultureller, Feministischer und Integrativer Pädagogik« aus dem Jahre 1993 sich auf feministische Perspektiven berief, etwa bezüglich der Frage der Anerkennung des Ungleichen und der Gleichwertigkeit des Ungleichen, und in diesem Zusammenhang etwa die »egalitäre Differenz« stark gemacht hat, räumt in ihren neueren Überlegungen zu pädagogischen Beziehungen der Dimension Geschlecht bemerkenswerterweise keine explizite Bezugnahme ein. Sie verweist zwar im Kontext ihrer Reflektionen an manchen Stellen im Buch auf feministische Impulse oder auch auf Untersuchungen aus dem Bereich der Geschlechter-Pädagogik, wie etwa die Untersuchung zur Jungenarbeit von Thomas Viola Rieske (Prengel 2013: 74), aber eine systematische Reflektion der Dimension von Geschlecht für pädagogische Beziehung bleibt aus. Dies erstaunt insbesondere dort, wo Fürsorge und die Bedeutung von Emotionen eine wichtige Rolle in ihren Überlegungen spielen. Haben doch feministische Theoretikerinnen des Care-Ansatzes explizit darauf hingewiesen, dass Fürsorge und Care von der Verantwortlichkeit eines Geschlechtes getrennt und verallgemeinert werden müssten, und sowohl kritische Familien- als auch Männlichkeitsforscher reflektieren die gesellschaftliche Problematik, die darin besteht, Männer verstärkt zur Care-Arbeit zu bringen. Prengel plädiert für sogenannte Caring Communities in der Pädagogik. Dass sie dabei nicht unter Geschlechteraspekt diskutiert, wer in der Regel Care-Arbeit übernimmt und wie die Geringschätzung von Care-Arbeit und die unzureichenden Ressourcen mit gesellschaftlicher Arbeitsteilung zwischen den Geschlechtern zusammenhängen, ist verwunderlich, wird dies doch von anderen Theoretikerinnen des Nachdenkens über Care zentral diskutiert (vgl. Winker 2015).

Diese Befunde zu den Debatten und Ansätzen in der Erziehungswissenschaft werfen theoretische und empirische Fragen auf, warum Geschlecht als Aspekt auch in neueren pädagogischen Ansätzen, die eine Einbeziehung von Geschlecht thematisch nahelegen, häufig übersehen wird? Hat dies mit der Annahme der Durchsetzung von Geschlechtergleichheit zu tun? Hängt es mit einer Normalisierung von Geschlecht in der pädagogischen Reflektion zusammen? Oder wird auf die Aufwertung der Theorien gehofft, wenn diese geschlechtsneutral sind? Tatsächlich wären dies lohnenswerte Fragen, durchaus auch in empirischer Hinsicht. Welche Gründe gibt es für das »undoing gender« in den pädagogischen Ansätzen, bei denen eine Bezugnahme auf Geschlecht thematisch sehr naheliegt?

Literatur

Arbeitskreis deutscher Bildungsstätten e. V. (1987): Bericht über das 9. Fortbildungsseminar für pädagogische Mitarbeiterinnen des Arbeitskreises deutscher Bildungsstätten »Frauen und Macht« 162/87.
Baader, Meike Sophia (2018): Autorität, antiautoritäre Kritik und Autorisierung im Spannungsfeld von Politik, Erziehung und Geschlecht. In: Hilge Landweer/Catherine Newmark (Hrsg.), Wie männlich ist Autorität? Feministische Kritik und Aneignung (S. 87–124). Frankfurt am Main: Campus.
Balzer, Nicole/Ricken, Norbert (2010): Anerkennung als pädagogisches Problem. Erziehungswissenschaftliche Markierungen. In: Alfred Schäfer/Christiane Thompson (Hrsg.), Anerkennung (S. 78–87). Paderborn.
Bauman, Zygmunt (1995): Moderne und Ambivalenz. Das Ende der Eindeutigkeit. Frankfurt am Main: Fischer Taschenbuch Verlag.
Beck-Gernsheim, Elisabeth (1980): Das halbierte Leben: Männerwelt Beruf, Frauenwelt Familie. Frankfurt am Main: Fischer Taschenbuch Verlag.
Casale, Rita/Windheuser, Jeanette (2019): Feminismus nach 1945. In: Markus Rieger-Ladich/Anne Rostock/Karin Amos (Hrsg.), Erinnern, Umschreiben, Vergessen. Die Stiftung des disziplinären Gedächtnisses als soziale Praxis (S. 158–186). Weilerswist: Velbrück.
Diotima Philosophinnengruppe aus Verona (Hrsg.) (1989): Der Mensch ist zwei. Das Denken der Geschlechterdifferenz. Reihe Frauenforschung, Bd. 11. Wien: Wiener Frauenverlag.
Dingler, Catrin (2018): Wir spucken auf die Genossen – Die italienische Feministin Carla Lonzi im Berliner Merve Verlag. In: Meike Sophia Baader/Rita Casale (Hrsg.), Jahrbuch für Historische Bildungsforschung. Generationen- und Geschlechterverhältnisse in der Kritik: 1968 Revisited (S. 94–119). Bad Heilbrunn: Klinkhardt.
Ebbinghaus, Angelika (Hrsg.) (1987): Opfer und Täterinnen. Frauenbiographien des Nationalsozialismus. Nördlingen: DELPHI Politik.
Franco, Elvia (1989): Das affidamento in der pädagogischen Beziehung. In: Diotima Philosophinnengruppe aus Verona (Hrsg.), Der Mensch ist zwei. Das Denken der Geschlechterdifferenz. Reihe Frauenforschung, Bd. 11 (S. 173–194). Wien: Wiener Frauenverlag.
Gerecht, Rita/Kulke, Christine/Scheich, Elvira (1984): Wie gehen Frauen mit der Macht – wie geht die Macht mit Frauen um? In: Barbara Schaeffer-Hegel (Hrsg.), Frauen und Macht. Der alltägliche Beitrag der Frauen zur Politik des Patriarchats (S. 264–283). Berlin: publica.
Heydorn, Heinz-Joachim (1980): Ungleichheit für alle: Zur Neufassung des Bildungsbegriffs. Bildungstheoretische Schriften, Bd. 3. Frankfurt am Main: Syndikat.
Honegger, Claudia/Heintz, Bettina (Hrsg.) (1981): Listen der Ohnmacht. Zur Sozialgeschichte weiblicher Widerstandsformen. Frankfurt am Main: Europäische Verlagsanstalt.
Irigaray, Luce (1979): Das Geschlecht das nicht eins ist. Berlin: Merve.
Jergus, Kerstin/Thompson, Christiane (Hrsg.) (2017): Autorisierungen des pädagogischen Selbst. Studien zur Adressierung der Bildungskindheit. Wiesbaden: Springer VS.
Knapp, Gudrun-Axeli (2012): Im Widerstreit. Feministische Theorie in Bewegung. Wiesbaden: Springer VS.
Kontos, Silvia/Walser, Karin (1979): ... weil nur zählt, was Geld einbringt. Probleme der Hausfrauenarbeit. Gelnhausen: Burckhardthaus-Laetare.
Kristeva, Julia (1979): Die Zeit der Frauen. In: Dies. (1994), Die neuen Leiden der Seele (S. 226–252). Hamburg: Junius.
Landweer, Hilge/Newmark, Catherine (Hrsg.) (2018): Wie männlich ist Autorität? Feministische Kritik und Aneignung. Frankfurt am Main: Campus.
Libreria delle donne di Milano (1988): Wie weibliche Freiheit entsteht. Eine neue politische Praxis. Berlin: Orlanda.

Longobardi, Giannina (1989): Frauen und Macht. In: Diotima Philosophinnengruppe aus Verona (Hrsg.), Der Mensch ist zwei. Das Denken der Geschlechterdifferenz. Reihe Frauenforschung, Bd. 11 (S. 127–132). Wien: Wiener Frauenverlag.
Muraro, Luisa (1993): Die symbolische Ordnung der Mutter. Frankfurt am Main: Campus.
Mollenhauer, Klaus (1970): Funktionalität und Disfunktionalität der Erziehung. In: Ders., Erziehung und Emanzipation (4. Auflage) (S. 22–35). München: Juventa.
Prengel, Annedore (2013): Pädagogische Beziehungen zwischen Anerkennung, Verletzung und Ambivalenz. Opladen: Barbara Budrich.
Rendtorff, Barbara (2000): Pädagogischer Bezug und Geschlechterverhältnis. In: Pädagogische Rundschau, 54, 703–722.
Schaeffer-Hegel, Barbara (Hrsg.) (1984): Frauen und Macht. Der alltägliche Beitrag der Frauen zur Politik des Patriarchats. Berlin: publica.
Schmid, Pia (1985): Pädagogik und Hausarbeit. Eine Qualverwandtschaft. In: Arbeitskreis Frauenstudien (Hrsg.), Frauenforschung sichtbar machen (S. 29–33). Frankfurt: Goethe-Universität.
Thürmer-Rohr, Christina (1983): Aus der Täuschung in die Ent-Täuschung. Mittäterschaft von Frauen. In: Beiträge zur feministischen Theorie und Praxis, 8, 11–25.
Thürmer-Rohr, Christina (Hrsg.) (1989): Mittäterschaft und Entdeckungslust. Berlin: Orlanda.
Thürmer-Rohr, Christina (2010): Mittäterschaft von Frauen. In: Ruth Becker/Beate Kortendiek (Hrsg.), Handbuch Frauen- und Geschlechterforschung (S. 88–93). Wiesbaden: VS Verlag für Sozialwissenschaften.
Tommasi, Wanda (1989): Die Versuchung des Neutrums. In: Diotima Philosophinnengruppe aus Verona (Hrsg.), Der Mensch ist zwei. Das Denken der Geschlechterdifferenz. Reihe Frauenforschung, Bd. 11 (S. 31–64). Wien: Wiener Frauenverlag.
Wildt, Carola (1989): Ein kollektives Ohnmachtstrauma. In: Christina Thürmer-Rohr (Hrsg.), Mittäterschaft und Entdeckungslust (S. 37–51). Berlin: Orlanda.
Winker, Gabriele (2015): Care Revolution. Schritte in eine solidarische Gesellschaft. Bielefeld: transcript.

12 Differenz und Differenzen

12	Differenz und Differenzen	216
	Zur Problematik der Begriffe	216
	»Geschlechterdifferenz«	221
	Differenz, Diversity und Intersektionalität	224
	Das Verschwinden(lassen) von Geschlecht	228
	Vom Unterschied zur Praxis der Unterscheidung	230
	Fazit und Ausblick	233
	Literatur	235

Zur Problematik der Begriffe

Die Frage nach der Qualität der Unterschiede zwischen Frauen und Männern hat philosophische, religiöse, pädagogische, medizinische und juristische Theoriekonzepte und Debatten beschäftigt und ist auch in vielen literarischen Texten bearbeitet worden, seit wir dies anhand von Schriftzeugnissen feststellen können – ausgedrückt in Mythen ebenso wie in sozialen Strukturen (vgl. Lévi-Strauss 1981). Von Aristoteles und Platon angefangen finden wir Erörterungen dazu in philosophischen Texten sowie in medizinischen Abhandlungen und Lehrbüchern seit Galenus (ca. 130–200), dessen Schriften für fast tausend Jahre maßgeblich waren. Ihm verdanken wir etwa die Vorstellung des weiblichen Genitales als Vagina, während die äußeren Teile, die Vulva, übersehen wurden (Sanyal 2009: 15f.). Er fasste den weiblichen Körper nicht als spezifisch auf, sondern als Variante des allgemein-menschlich-männlichen, weshalb die Vagina logischerweise das Gegenstück zum Penis darstellen musste (vgl. Laqueur 1992). Und je nach historischer Epoche, nach Wissensstand, Definitionsmacht und Interessenlage wurden diese Unterschiede sehr verschieden interpretiert und begründet (vgl. ebd.) und die daraus abgeleiteten Konsequenzen variierten. Die Historikerin Gisela Bock beschreibt diese Auseinandersetzungen um Unterschiede und Gemeinsamkeiten, die sie vom Mittelalter bis in die Gegenwart untersucht hat, als »querelles des sexes«, als permanent bearbeitete Frage, »was Frauen, Männer, Geschlechter und Menschen überhaupt sind« (Bock 2005: 10). In diesen Debatten, an denen auch vor der Geschichte und der Bildung von Frauenbewegungen immer wieder Frauen teilnahmen, haben wir es mit einer *vergleichenden* Betrachtung von Phänomenen zu tun, der Betrachtung von »Unterschieden« (»Differenzen«) – während der Begriff »Differenz« (im Singular), der im Kontext der zweiten Frauenbewegung aufkam, eine andere Blickrichtung ermöglicht. Die Frauenbewegungen positionierten sich sehr komplex zu dieser Betrachtung von Unterschieden. Vor allem reflektierten sie diese übergreifend. Ihre Analysen und politischen Ziele umfassten immer Aspekte von relationaler Argumentation wie auch Versuche, diese gerade zu überwinden.

Die erste Frauenbewegung hatte Unterschiede zwischen den Geschlechtern, was dann ein Jahrhundert später »Geschlechterdifferenz« genannt wurde, nicht grundlegend infrage gestellt (vgl. Lenz 2010). Sie strebte nach »egalité dans la différence«, also Gleichheit trotz Unterschieden und bezog Gleichheit dabei auf das allgemeine Mensch-Sein, auf Rechte sowie auf gleiche Freiheiten und »Unabhängigkeit (von Arbeitgeber und Ehemann)« (Bock 2005: 176, 226). »Frau und Mann sind zwei in der Art und eins in der Gleichheit«, so hatte es die englische utopische Sozialistin und Frauenrechtlerin Catherine Barmby (1816/17–1853) formuliert, eine Beschreibung, die die deutsche Frauenrechtlerin Helene Lange (1848–1930) dann aufgriff und mit einem Bild von Mann und Frau als »Geschwisterbäume« in Verbindung brachte (ebd.: 176).

Auch zu Beginn der zweiten Frauenbewegung war der Begriff »Differenz« keineswegs prominent – er hat sich vielmehr langsam in den Diskurs hineingeschlichen. Die frühen theoretischen feministischen Texte kreisen um Machtverhältnisse, Un-/Abhängigkeit, Unterschiede. Der *Primo Central* zeigt für das Stichwort »Geschlechterdifferenz« den ersten Eintrag im Jahr 1987. Und auch danach gibt es eine Vielzahl von theoretischen Texten und Textsammlungen, in denen dieser Begriff keine Rolle spielt – selbst in Büchern, die ihn im Titel tragen (Becker-Schmidt/Knapp 1987; Nagel-Docekal/Pauder-Studer 1990; Benhabib et al. 1993), geht es im Wesentlichen um Geschlechterhierarchie, Geschlechterverhältnisse oder allenfalls um Differenzen im Sinne von Meinungsstreit (etwa zwischen Feminismus und Kritischer Theorie).

Dass der Ausdruck »Geschlechterdifferenz« so prominent in die Alltagssprache eingegangen ist, ist nicht ganz unproblematisch – der Begriff selbst ist unbestimmt, seine Verwendung wird in unterschiedlichen Bedeutungshorizonten auf verschiedene Weise mit unterschiedlichen Konnotationen eingebettet und kann durchaus missverständlich sein. Neben der Verwendung als Synonym für »Unterschiede« (meist im Plural, etwa für Unterschiede zwischen Mädchen und Jungen in Bezug auf Lernen und Verhalten) ist die Verwendung als Singular wohl eine komplexitätsreduzierende Übertragung des Begriffs »sexuelle Differenz« (différence sexuelle) von Luce Irigaray, die ihn in »Ethik der Sexuellen Differenz« (1984/1991) in die Diskussion brachte. Hier ging es allerdings, zumal im Lichte ihrer früheren Schriften, um etwas ganz anderes als die Beschreibung von Unterschieden, viel eher um die Verweigerung, das Weibliche in der Sprache der herrschenden Logik als Essentialität zu denken – und keinesfalls darum, es dem Männlichen vergleichend gegenüberzustellen. Die Unterschiedlichkeit der geschlechtlichen Körper ließe sich schon deshalb nicht vergleichen, schrieb Irigaray, weil ihre Andersheit nicht erfahren und deshalb auch nicht imaginiert werden kann: »Wie können wir dieselbe Erfahrung von der Tumeszenz und Detumeszenz[13] haben wie die Männer?« (Irigaray 1980/1987: 71). Differenz ist hier nicht Entgegensetzung oder Vergleich, sondern ein *Status des Verschiedenseins* –

und der »andere, der für mich immer unergründbar ist, ist der andere, der sich geschlechtlich von mir unterscheidet« (Irigaray 1984/1991: 21).

Irigaray dachte zudem das »spezifisch Weibliche« immer als Doppeltheit, von seiner Doppeltheit aus (zwei Brüste, zwei Labien), und schon von daher verbiete es sich, männlich und weiblich parallelisierend zu vergleichen. Der Doppeltheit entspricht, im übertragenen Sinne, die Notwendigkeit, ein »Denken der Differenz« zu entwickeln, das nicht der männlichen Logik folgt, weil – das war die zentrale These in »Das Geschlecht das nicht eins ist« (1977/1979) – sich das Weibliche, sofern »nicht-eins«, nicht in einem Diskurs ausdrücken lässt, dessen Definitionsmacht androzentrisch gestaltet ist.

Obgleich sie sich explizit in die Gefolgschaft von Luce Irigaray stellte, verschob die italienische Philosophin Adriana Cavarero, die mit Luisa Muraro und etlichen anderen die Gruppe Diotima bildete, diesen Fokus entscheidend (was sich für die Verwendung der Begriffe als folgenreich erwies). In dieser Lesart wurde der Begriff »sexuelle Differenz« durch »Geschlechterdifferenz« ersetzt, den Cavarero anfänglich als »radikaler« und dem Theoriediskurs »angemessener« empfunden habe – auch wenn sie schon voraussah, dass dadurch der Akzent auf eine neue Art von Einheit verschoben würde (Cavarero 1990: 99, 110). So wird nun Geschlechterdifferenz zur Bezeichnung einer Essentialität oder Identität, und wenn zuletzt von der »Geschlechterdifferenz zwischen Mann und Frau« gesprochen wird (ebd.: 100), so ist damit ein Akzent gesetzt, der »Differenz« synonym zu »Unterschied« verwendet. Attraktiv war an dem Konzept gleichwohl, dass es die »weibliche Freiheit« aus dem Wert des Weiblichen »an sich« (auch »weibliche Differenz« genannt) entstehen sah.

Dieses Konzept der »weiblichen Differenz« hat einige Kritik erfahren. Es enthalte die Annahme einer »Homogenität weiblicher Erfahrungen«, antworte Cornelia Klinger bei derselben Konferenz »Differenz und Gleichheit« 1989, es sei insofern kein feministisches Konzept, sondern allenfalls eine »Theorie der Weiblichkeit« (Klinger 1990: 116f.), und Claudia Honegger ergänzte:

> »Es ist Zeit, dass wir aufhören, auf unsere Körper zu starren. Da ist ein großer Unterschied, der aber kleine Folgen haben sollte. Oder andersherum: Es gibt kaum eine Idee der letzten zweihundert Jahre, die ›männlicher‹ ist, geprägt von einer männerdominierten Wissenschaft, als die der organischen Differenz und ihrer geradezu kosmischen Folgen, die sich im allerkleinsten Kreise drehen« (Honegger 1990: 245).

Damit spielte Honegger auch auf den Titel von Alice Schwarzer »Der kleine Unterschied und seine großen Folgen« (1975) an und drehte ihn argumentativ um.

Viele theoretisch arbeitenden Frauen schlossen sich mit unterschiedlichen Argumenten der verkürzenden Verwendung von »Geschlechterdifferenz« nicht an, denn, so hieß es etwa bei Hannelore Bublitz in »Genealogie und Archäologie der Geschlechterdifferenz«, es gäbe »keine biologisch oder anthropologisch begründete(n) Differenz(en) der Geschlechter, sondern nur jene, die historisch unter spezifischen Bedingungen konstituiert wird (werden)« (Bublitz 1998: 29). Und auch Drucilla Cornell erklärte in einem inspirierenden Wortwechsel zwischen

---

13 Anschwellen und Abschwellen

den seinerzeit prominenten und viel diskutierten feministischen Theoretikerinnen Seyla Benhabib, Judith Butler und Nancy Fraser 1993 in Anlehnung an Amartya Sen als wesentlichen Aspekt von »Gleichheit« die Handlungsfähigkeit (capability), mithin die Möglichkeit, zwischen verschiedenen Lebensweisen wählen zu können (Cornell 1993: 83).

Aber vielleicht war gerade das scheinbar Einfache, Griffige der Formel von der Freiheit begründenden weiblichen Differenz ihr politisches Potential. Dennoch bleiben vor diesem Hintergrund manche Formulierungen und Kategorisierungen mindestens problematisch. So etwa der Ausdruck »differenztheoretisch«, weil er – semantisch auf »theoretische Erfassung von Differenz« zielend – höchst widersprüchliche, ja antagonistische Positionen meinen kann. Denn unter dem Label »Geschlechterdifferenz« oder »Differenzfeminismus« werden eine Vielzahl unterschiedlicher Gruppen und Positionen gefasst, deren Gemeinsamkeit allenfalls darin besteht, dass sie ein spezifisch »Weibliches« annehmen – ob als gesellschaftliche Position oder als Entität, ob angeboren oder erworben –, ausgestattet mit spezifischen Qualitäten, deren Entfaltung als eingeschränkt angesehen wird, oder die aufgefasst werden als Ergebnis einer Formung durch männliche Strukturen in Gesellschaft und Diskurs. Allenfalls kann noch als gemeinsame Ausgangsüberlegung gelten, dass die Dynamiken von Kultur und Gesellschaftsstruktur zwei »Genusgruppen« hervorbringen, in eine von ihnen unterschiedslos alle als weiblich klassifizierten Menschen einbeziehen und demselben »Genus«, also Geschlecht zuordnen (▶ Kap. 9). Das lässt sich als Kategorie kaum plausibel handhaben.

Diese Entwicklung war nicht zuletzt auch eine Antwort auf eine unglückliche Begriffsverbindung von Differenz mit ihrem vermeintlichen Gegenstück, der Gleichheit. Auch hier ist es zu vielen missverständlichen Verkürzungen gekommen, zwischen Lesarten, die »Gleichwertigkeit von Verschiedenen« im Sinn hatten (»Gleichwertige Rechte erkennen an, dass die menschliche Art, so wie sie derzeitig konstituiert ist, aus zwei Genera besteht, die nicht aufeinander reduzierbar sind« (Cornell 1993: 82)), oder »Angleichung der Möglichkeiten von Frauen an die der Männer« im Sinne einer gerechteren Umverteilung von Gütern und Ressourcen – und die folglich entweder die Verschiedenheit der Genusgruppen gelten lassen und betonen wollten oder aber sie umgekehrt bestreiten. Für wieder andere war das Begriffspaar nicht »Gleichheit und Differenz«, sondern »Gleichheit und Autonomie«, als »Gleichheit *mit* Männern und Unabhängigkeit *von* Männern« (Marx Ferree 1990: 283).

Vier große Forderungen habe der Feminismus immer gehabt, schrieb Julia Kristeva in »Die Zeit der Frauen« (1979/1994), drei davon könne der Sozialismus umsetzen: die ökonomische, die politische und die berufliche Gleichheit. Die vierte jedoch, die »sexuelle Gleichheit«, sei in dieser Logik nicht zu erlangen. Denn dabei gehe es darum, die Differenz zwischen Männern und Frauen in ihrer Beziehung zu Macht, zur Sprache, zum Sinn herauszuarbeiten (ebd.: 236). Auch in diesem Text, der für die Debatten in den USA einflussreich und inspirierend war, wurde die Frage der »Differenz« also als eine *Positionierung* aufgefasst, nicht einmal als Verhältnisbestimmung zwischen männlich und weiblich, sondern als Aspekt einer symbolischen Ordnung und Struktur.

Die jüngeren Debatten aus dem Kontext der Queer-Studies und -Politik (vgl. Degele 2008) haben es dann unternommen, den »alten« Begriff Differenz (wie auch den politisch zugeordneten der Gleichheit) gänzlich zu überwinden, weil dieser im heteronormativen Muster verharre – auch wenn er durchaus eine Vorstellung und den Anspruch von Heteronormativitätskritik enthielt (vgl. Woltersdorf 2019). Dies schien schon durch die fraglose Bezugnahme auf Paare und Paarbildung gegeben, sowie durch die ständige Parallelisierung oder Entgegensetzung von weiblich und männlich. Queer galt deshalb als grundsätzlicher Einspruch, als Machtkritik (Laufenberg 2019: 335), als Ehe- und Familienkritik (Laufenberg 2020: 190), als Kritik der Konzepte von Sexualität und Begehren (Engel 2015: 193f.). Andererseits konzentriert sich die queere Perspektive auf die Unterscheidungspraktiken selbst und die damit einhergehenden »wirksamkeitserzeugenden« (Degele 2008: 11) heterosexuellen Normierungen – dadurch rückt die Geschlechterunterscheidung selbst in den Mittelpunkt, während das »Geschlechterverhältnis«, in den Hintergrund getreten, sich tendenziell dem Zugriff der Kritik entzieht (vgl. Knapp 2018). Strittig ist deshalb, wie mit einer »Auflösung« des kategoriellen Musters weiblich-männlich diejenigen gesellschaftlichen Machtstrukturen gefasst und analysiert werden können, die sich über Jahrtausende aus der zweigeschlechtlichen Strukturierung von Wissen, Denken und Gesellschaft entwickelt haben.

Dieser kurze Überblick zeigt, wie vorsichtig mit dem Gebrauch und der Auslegung der Begriffe »Differenz« oder »Gleichheit« umgegangen werden muss, obgleich sie so zentral für die Frauenbewegungen waren und sind – aber eben mit individuell und politisch-gruppenspezifisch recht unterschiedlichen Konnotationen und Zielsetzungen. Das betrifft auch den gerne verwendeten Ausdruck »Gleichheitsfeminismus«, der zudem in sich nicht stimmig ist, weil Feminismus nicht ohne Reflektion auf die spezifische Lage von Frauen denkbar ist.

Grundsätzlich weist der Begriff »Differenz«, auch in der philosophischen Tradition, sehr unterschiedliche Bedeutungen auf (vgl. Wille 2018). Verbindend für alle noch so verschiedenen Begriffsverwendungen und Konzepte in den Frauenbewegungen war und ist aber immer zweierlei: die vorfindlichen geschlechterbezogenen Unterschiede zu verstehen – d. h.: ihre Herkunft und Wirkungsweise zu ergründen – und Ansätze zu entwickeln, um die sich darin zeigenden einschränkenden und unterdrückenden Faktoren zu verändern.

Auch heute sind viele vorfindliche Unterschiede im Verhalten der Individuen nicht zufriedenstellend erklärbar – auch wenn Teile der Hirnforschung unablässig damit beschäftigt sind (vgl. Fine 2012). Raewyn Connell zeigt dies anhand von Forschungsergebnissen aus mehreren gesellschaftlichen Bereichen, von Geschlechterspielen auf dem Schulhof bis zu internationalen Ergebnissen zur Veränderung von Geschlechterarrangements, Familien- und Kooperationsbeziehungen in Indien und Südafrika (Connell 2013). Connell weist darauf hin, dass empirisch belegbare Unterschiede zwischen den Geschlechtern »eher spezifisch und situativ vorkommen und nicht etwa generalisiert werden können« (ebd.: 96). Sehr viel deutlicher sei dagegen die Ähnlichkeit zwischen den Geschlechtern.

»Die insgesamt bestehende psychologische Ähnlichkeit von Frauen und Männern auf Gruppenebene kann auf der Grundlage der sie stützenden Belege als eine der am besten gesicherten Verallgemeinerungen in den Humanwissenschaften gelten« (ebd.: 96).

Zu einem großen Teil handelt es sich bei Geschlechtstypiken um Effekte von Glaubenssystemen, die aufgrund ihrer Überzeugungskraft und Performativität Faktizität erlangen. Das lässt nur einen Schluss zu: dass es gar nicht in erster Linie darum geht, Besonderheiten von weiblich und männlich bzw. Geschlechterdifferenzen aufzufinden. Vielmehr geht es um die Struktur von Zweigeschlechtlichkeit selbst, also darum, das System der Zweigeschlechtlichkeit im Sinne eines »taboo«: a taboo against the sameness of men and women« (Rubin 1975: 178) immer wieder herzustellen, zu bestätigen und damit aufrechtzuerhalten. Die Inhalte, mit denen Weiblichkeit und Männlichkeit dabei jeweils gefüllt werden, variieren: Fähigkeiten und Eigenschaften können ihr Geschlecht wechseln. Solange sich die Muster von Weiblichkeit und Männlichkeit überzeugend unterscheiden, sind die Inhalte selbst für die Aufrechterhaltung des Systems nicht entscheidend.

Die Wirkungsweisen von Geschlechtszugehörigkeit und Geschlechterdifferenz entfalten sich, analytisch getrennt, auf vier Ebenen: auf der gesellschaftlichen Ebene als Strukturkategorie oder sozialer Platzanweiser, auf der symbolischen Ebene in Form von Bildern, Narrationen, Glaubenssätzen und Wissensformationen über Geschlecht und Geschlechtlichkeit, auf der Ebene der alltäglichen Interaktion in der Darstellung und Wahrnehmung von Geschlecht und schließlich als Identität der Subjekte. Auf allen Ebenen ist dies mit der Herstellung von Machtverhältnissen und spezifischen Machtkonstellationen verbunden. Eine geschlechtsneutrale Identität oder eine Identität, die sich nicht an den Geschlechterbildern, den geschlechtsbezogenen Erwartungen und Zumutungen ihres sozialen Milieus abarbeiten muss, gibt es nicht.

»Geschlechterdifferenz«

Ausgangspunkt von Analyse und Praxis beider Frauenbewegungen war die Erkenntnis der vielfältigen gesellschaftlichen Benachteiligungen von Frauen gegenüber Männern, oder, schärfer formuliert, der Unterdrückung der Frauen durch Männer, strukturell und individuell. Dementsprechend forderten die Frauen der Frauenbewegungen ein Ende der gesellschaftlichen wie privaten Unterdrückung und die gleichen Möglichkeiten gesellschaftlicher Teilhabe – rechtlich, ökonomisch, politisch, sozial und kulturell – und damit die gleichen Möglichkeiten individueller Entwicklung und Freiheit. Die Aktivistinnen der ersten Frauenbewegung zögerten jedoch überwiegend nicht, eine »Differenz«, einen (durchaus wesenhaft gedachten) Unterschied zwischen Frauen und Männern anzunehmen – hier ergab sich deshalb für sie kein Streitpunkt und sie konzentrierten sich auf die Aspekte Gerechtigkeit und Anerkennung (▶ Kap. 1 und ▶ Kap. 2).

In der zweiten Frauenbewegung avancierte der Ausdruck »Geschlechterdifferenz« dagegen bald zu einem diffusen Überbegriff. Zum einen wurde der Begriff als analytische Kategorie zur Beschreibung unterschiedlicher Lebenslagen und Erfahrungen in machtkritischer Absicht verstanden. Zum anderen umfasste er eher philosophisch und psychoanalytisch inspirierte Versuche, das weibliche Subjekt anders als in der androzentrischen Ordnung zu begründen und damit nach Sichtweisen jenseits dieser Ordnung zu suchen. Beide Perspektiven wurden dann als »differenztheoretisch« beschrieben. Zugleich fungierte aber die Charakterisierung als »differenztheoretisch« auch als Schutzwall gegen die theoretische und politische Herausforderung, die geschlechtlichen Unterschiede (in Bezug auf Leiblichkeit, auf Zeugen und Gebären) *anders* theoretisch zu fassen (was bis heute nicht überzeugend gelingt).

Manche differenzbetonenden Ansätze zentrierten sich aber auch um die positiven Seiten der weiblichen Geschlechtszugehörigkeit, um eine Aufwertung des Weiblichen, weiblicher Räume und weiblicher Kultur, weiblicher Praxis, weiblicher Eigenschaften und Fähigkeiten und nicht zuletzt der Beziehungen zwischen Frauen. Prominent geworden ist beispielsweise der Ansatz des »Affidamento« (▶ Kap. 10 und ▶ Kap. 11). Auch hier zeigt sich, wie vorsichtig mit diesen Begriffen umgegangen werden muss und wie wenig sie insgesamt zu einer politischen Analyse taugen.

Weitere Beispiele für eine positive Auslegung der Geschlechterdifferenz, die ihren Einfluss in der Pädagogik entfaltet haben, sind Arbeiten, die von der Praxis der Mutterschaft ausgehen (vgl. Chodorow (1985), Dinnerstein (1979), Ruddick (1993)) oder die Arbeiten Carol Gilligans zur weiblichen Adoleszenz, zur »weiblichen Stimme« (Brown/Gilligan 1994) (▶ Kap. 3) und ihre Forschungen zur weiblichen Moral. Dieses Konzept einer »weiblichen Moral« hat einerseits scharfe Kritik hervorgerufen, aber auch bisher vernachlässigte Perspektiven aufgezeigt und damit das theoretische Spektrum von Ethik insgesamt erweitert (vgl. Gilligan 1982). Dabei hat die weitere Debatte jedoch gezeigt, dass eben jene »geschlechtstypischen« Verhaltensweisen und Einstellungen Ergebnis von Sozialisationsprozessen und Erfahrungen sind und einmal mehr deutlich machen, welche Rolle dem »situierten Wissen« (Haraway 1988/1996; ▶ Kap. 13) sowie der eigenen Betroffenheit zukommt.

Neben die Ansätze, die von einer grundlegenden Differenz (einem »Unterschied«) zwischen Frauen und Männern ausgingen, ungeachtet dessen, ob die Differenz biologisch, gesellschaftlich oder biographisch begründet wurde, und die ihren Blick hauptsächlich auf diese Differenz und damit immer auch auf das Verhältnis zu den Männern konzentrierten, traten dann zunehmend Debatten, die sich auf die »Differenz zwischen Frauen«, innerhalb der Genusgruppe der Frauen richteten. Dieser Perspektivwechsel führte dazu, dass die Unterschiede zwischen Frauen stärker hervortreten konnten, was beispielsweise die Vertreterinnen des Affidamento-Ansatzes als Chance begriffen. Die Idee der Homogenität der Frauen ist zwar plausibel, soweit die alle gemeinsam betreffende gesellschaftliche, politische und kulturelle Positionierung als Genusgruppe – mit den damit verbundenen Zuschreibungen – betrachtet wird, oder wenn es um spezifisch nur Frauen betreffende Fragen geht (wie Menstruation, Mutter- und Schwangerschaft). Aber die Konzentration auf diese Gleichbetroffenheit kann eben auch leicht die großen Unterschiede zwischen Frauen verwischen, die durch andere gesellschaftliche Abwertungs- und Ausgrenzungsmechanismen entstehen, etwa in Abhängigkeit von sozialer Schicht oder dem politisch wirksamen Kriterium der »Zugehörigkeit«. Dies betraf in der ersten Frauenbewegung vor allem die Differenzen zwischen bürgerlichen Frauen und denen sogenannter unterbürgerlicher Schichten (vor allem den Dienstmädchen), in der zweiten Frauenbewegung vor allem die Unterschiede zwischen weißen Mittelklassefrauen und den Migrantinnen, die im Zuge der Anwerbeabkommen in Deutschland zunehmend in eben jenen Mittelklassehaushalten beschäftigt waren (oftmals illegal und prekär), während sich die us-amerikanische Frauenbewegung vorrangig mit spezifisch historisch geprägten rassistischen Strukturen als Folge ihrer Sklavenhalter-Geschichte auseinandersetzen musste. Auch die globalen Ungleichheiten rückten zunehmend in den Blick – wobei eben doch immer zwei Ebenen der Unterdrückung und Benachteiligung eine Rolle spielen: die zwischen sozialen Gruppen und die zwischen Männern und Frauen *innerhalb* dieser jeweiligen Gruppen:

> »Seit dem Beginn von Black Power hat der schwarze Mann eine hervorragende Führerrolle in unserem Kampf für Gerechtigkeit [..] aber obgleich er in vielen Fällen die Wertungen und Bräuche des Systems zurückweist, verhält er sich – wenn es um das Problem der Frauen geht – als nehme er seine Richtschnur von den Seiten des Ladies Home Journal« (Beal 1969/1972: 75).

Dies führte zu der Einschätzung, dass erst die Anerkennung und Wertschätzung der Differenzen zwischen Frauen – auch der Unterschiede von Autorität und Macht – die Möglichkeit der individuellen und gemeinsamen Entwicklung bieten würde. Und schließlich sind auch die Einsprüche, die später, ab den 1990er Jahren unter dem Paradigma der »Intersektionalität« gebündelt wurden, aus diesem Unbehagen an einer Homogenisierung entstanden (siehe unten sowie ▶ Kap. 1 und ▶ Kap. 13).

So ist es möglicherweise folgerichtig, dass die Pluralisierung und Ausdifferenzierung der Frauenbewegung gerade zu der Zeit begannen, in der eigentlich die Konstruktion einer »Gemeinsamkeit der Frauen« von großer politischer Bedeutung für die Bewegung war. Die Frauenbewegung gruppierte sich neu um unterschiedliche Überzeugungen, Interessen und Lebenslagen, wie diejenigen von Migrantinnen, von bestimmten Berufsgruppen oder von lesbischen Frauen (Lenz 2010: 767).

Im weiteren Fortgang der Debatten wurde der sogenannte »Differenzfeminismus«, als Oberbegriff für die Fokussierung auf Geschlechterunterschiede, auf einer theoretischen Ebene grundlegend für die ihm innewohnende Aufrechterhaltung und Bestätigung des Systems der Zweigeschlechtlichkeit kritisiert (siehe unten).

Differenz, Diversity und Intersektionalität

Trotz ihrer jeweiligen Unschärfe und Komplexität deuten die Begriffe »Differenz« und »Gleichheit« alltagssprachlich auf zwei in ihrer Widersprüchlichkeit für jedes Gesellschafts- und Staatssystem fundamentale, zusammengehörige Aspekte: die Verschiedenheit der Menschen und die Frage ihrer Gleichbehandlung bzw. der »Gleichheit vor dem Gesetz«. Betonungen von Verschiedenheiten waren deshalb auch innerhalb der Frauenbewegungen immer verbunden mit der Forderung nach Gleichheit von (bestimmten) Rechten und Chancen, und zwar unabhängig davon, ob die Geschlechterdifferenzen eher als Benachteiligungen und Defizite des einen und/oder anderen Geschlechts oder als positive Differenzen betrachtet wurden, und auch unabhängig davon, ob die Ursachen von Geschlechterdifferenzen eher kulturell oder eher essentiell oder als eine Verschränkung von beidem aufgefasst wurden.

> »Gleichheit und Differenz stehen miteinander im Zusammenhang und bringen ein gesellschaftliches Aushandlungsverhältnis zum Ausdruck. Dieses Verhältnis der Differenz unter der Prämisse der Gleichheit möchte ich als eine Spannung zwischen Differenz als soziale Ungleichheit und Differenz als soziales Recht kennzeichnen« (Gümen 1996: 78).

Und so fokussierte die oben genannte Konferenz im Jahre 1989, die sich der Frage nach dem Verhältnis von Menschenrechten und Geschlecht widmete, auch auf »Gleichheit und Differenz« und nicht auf Gleichheit *oder* Differenz. Dass dies eine »falsche Alternative« (vgl. Prengel 1990) sei, wurde in der Folge vielfach diskutiert – es zeigt sich hier deutlich die Schwierigkeit beim Hantieren mit den Begriffen Differenz und Differenzen, die immer erklärungsbedürftiger wurden.

Im erziehungswissenschaftlichen Diskurs und in der pädagogischen Praxis ist eine zentrale Differenz diejenige zwischen Kindern und Erwachsenen. Sie bildet ein Kernstück des Erziehungsbegriffs. Rolf Nemitz (2001) bezeichnet sie als die pädagogische Differenz oder pädagogische Leitdifferenz. Allerdings ist auch diese Differenz etwa seit 1990 im Rahmen der internationalen »New Childhood Studies« (vgl. Eßer et al. 2016) immer wieder kritisch auf die ihr immanenten Biologisierungen und Essentialisierungen hin befragt worden, denn schließlich ist auch das, was jeweils als Kind und als Erwachsener gilt, historisch, gesellschaftlich, sozial und kulturell bestimmt. Und so wurde zu Beginn der »New Childhood Studies« – unter Berufung auf Connell – wie auch im weiteren Verlauf der Debatten immer wieder auf die Gemeinsamkeiten zwischen der generationalen Ordnung und der Geschlechterordnung hingewiesen und es wurden vergleichbare kritische Anfragen gestellt. Diese ergeben sich durch ein sozialkonstruktivistisches Paradigma, durch Kritik an Essentalisierungen sowie durch Verweise auf Relationalitäten, historische Kontexte und Situierungen von Wissen wie von Praktiken (vgl. Baader 2018), geht es doch auch in den »New Childhood Studies« um das Verhältnis von Kontext und Essentialität bzw. Substantialität. Zugänge des Sozialkonstruktivismus werfen hier ähnliche Fragen auf, zu denen auch die nach den Grenzen des Sozialkonstruktivismus zählen – bezogen auf die

Kindheit ist dies vergleichbar ähnlich umstritten wie bei der Kategorie Geschlecht.

Für die Pädagogik in der Moderne sind die individuellen Differenzen zwischen Menschen ein relevantes und kontrovers diskutiertes Thema gewesen. Klassische wie aktuelle pädagogische Konzepte richten sich auf die Entwicklung des Subjekts und auf die Entfaltung seiner Potentiale, wenn auch immer innerhalb der Möglichkeiten und Begrenzungen des jeweiligen sozialen, kulturellen und gesellschaftlichen Rahmens. Solche pädagogischen Ansätze, beispielsweise diejenigen, die bei der Bildsamkeit des Subjekts ihren Ausgang nehmen (vgl. Benner 2001), betonen die Einzigartigkeit von Subjekten damit das Vorhandensein natürlicher Unterschiede auf der Basis einer grundlegenden Gleichheit. Ohne die Vorstellung einer Gleichheit von Menschen und von gleichen (Menschen)rechten für alle ist eine fruchtbare Entfaltung von Differenzen nicht möglich.

Annedore Prengel (1986, 2001) hat diese Verschränkung von Gleichheit und Differenz in ihrem in der Erziehungswissenschaft populären Ansatz der »egalitären Differenz« im Hinblick auf Geschlecht sowie auf ethnische Zugehörigkeit und Behinderung entfaltet. Differenzen werden dabei nicht verflüssigt, sondern sind als kategorial unterschiedliche Praktiken und Orientierungen eng mit den Subjekten verknüpft. Gleichzeitig ist das pädagogische Konzept der »egalitären Differenz« mit einem klaren normativen Anspruch verknüpft.

> »Gleichheit ohne die Freiheit zur Differenz verkommt zu einer der lebendigen Vielfalt Gewalt antuenden Gleichschaltung – Differenz ohne egalitäre Rechte verkommt zu einer der lebendigen Vielfalt Gewalt antuenden Hierarchie. Liebe aber entstünde aus der Freude an der Besonderheit der anderen Person« (Prengel 1986: 424).

Anerkennung von Differenz auf der Basis grundlegender Gleichheit ist auch ein zentraler Gedanke der Konzepte von Diversity Education, wie sie vor dem Hintergrund der Intersektionalitätsdebatten um 2000 in Deutschland insbesondere von Lutz/Wenning (2001a) und von Krüger-Potratz/Lutz (2002) in die Erziehungswissenschaft eingeführt wurden und sich seitdem auch zunehmend etabliert haben. 2007 tauchte erstmals der Begriff »Diversität« im Zusammenhang mit »Kultureller Diversität« im Titel der »Zeitschrift für Pädagogik« auf. Allerdings speisen sich auch die Diversity-Konzepte aus sehr unterschiedlichen Zugängen. Zum einen gibt es Ansätze, die sich eher auf das aus den USA stammende Diversity-Management beziehen, zum anderen solche, die auf soziale Ungleichheit rekurrieren, schließlich solche, die aus der Intersektionalitätsdebatte kommen und Geschlecht berücksichtigen; sodann Zugänge, die sich auf Antirassismus und interkulturelle Pädagogik berufen und schließlich solche, die stark an die Menschenrechtspädagogik anknüpfen und damit einen dezidiert normativen Gehalt aufweisen. Darüber hinaus sind manche Konzepte eher aus der Sexualpädagogik heraus entwickelt und andere wiederum stark von der Organisationsforschung beeinflusst, so dass sich insgesamt sechs verschiedene Stränge identifizieren lassen (Baader 2013: 46f.). Allerdings sind die verschiedenen Zugänge häufig nicht geklärt, so dass Diversity, wie auch schon die Intersektionalität vor ihr, zum »buzzword« verkommt (ebd.). Marcus Emmerich und Ulrike Hormel (2013: 185) unterstreichen vor allem die »Doppelreferenz auf Antidiskriminierung und Management«, die sich auch im erziehungswissenschaftlichen Diskurs finden lässt.

Auch wenn Diversity-Ansätze heterogen sind, »kann allgemein gesagt werden, dass das wissenschaftliche Interesse, das mit der Perspektive Diversity verbunden ist, empirisch und theoretisch auf die Analyse der Vielzahl von Identitäts- und Zugehörigkeitskategorien und ihrem Zusammenspiel bezogen ist. Als pädagogische Perspektive zielt Diversity auf den angemessenen Umgang mit dem Zusammenspiel vielfältiger Identitäts- und Zugehörigkeitskategorien« (Mecheril/Plößer 2015: 322).

Die normative Grundlage von Diversity-Konzepten besteht darüber hinausgehend in der Forderung nach *Wertschätzung* von Differenzen: strukturelle und (weniger) individuelle Differenzen, vor allem Differenzen der geschlechtlichen, ethnischen und religiösen Zugehörigkeit und Differenzen des sozialen Milieus (ebenfalls weniger) sollen nicht nur als gleichwertig wahrgenommen und behandelt werden, sondern sie sollen darüber hinaus positiv, als Bereicherung der jeweiligen Bereiche angesehen und wertgeschätzt werden.

Anerkennung oder Wertschätzung von Differenzen sind oft der Ausgangspunkt aktueller pädagogischer Konzepte, die Gleichheit der Teilhabe anstreben, auf dem Weg zur Gleichheit jedoch die Differenz – sowohl als Benachteiligung wie auch als Ressource – fast unausweichlich noch einmal stark machen (müssen) (▶ Kap. 2, ▶ Kap. 3, ▶ Kap. 5). Das Vorhaben einer expliziten, auch sprachlich ausgedrückten Wertschätzung von Differenzen vergrößert jedoch auch das Risiko, diese zu betonen oder weitergehend zu essentialisieren und damit Personen und Gruppen in den entsprechenden Positionen festzusetzen. In der Forschung wird dieses Problem auch als Reifizierung beschrieben. Darüber hinaus erhöht sich die Gefahr der Diskriminierung von Menschen, die sich nicht in die entsprechenden Differenzordnungen einfügen können oder wollen. »Denn die anerkennenden Bezüge werden zwar multipliziert, nicht aber überwunden« (Mecheril/Plößer 2015: 327).

Auch wenn einige Diversity-Ansätze gesellschaftliche Machtstrukturen und Ungleichheiten in ihre Analyse einbeziehen, stehen die Konzepte also in der Gefahr, und diese Kritik hat sie von Anfang an begleitet, zwar Differenzen zu denken, aber dabei gesellschaftliche Ungleichheit, Hierarchie, Benachteiligung, Unterdrückung und Ausgrenzung zu vernachlässigen. Dies betrifft sowohl manche differenzfeministischen Ansätze wie auch manche der hoch aktuellen »Identitätspolitiken« – und, als ihre dunkle Kehrseite, antifeministische Attacken von rechts.

Dagegen stellt der Ansatz der Intersektionalität Differenz als soziale und gesellschaftliche Ungleichheit ins Zentrum. Er geht zurück auf Kritiken an einem vereinheitlichenden feministischen »Wir Frauen«, die sich »im anglophonen Raum, insbesondere in den USA, sowohl zeitlich früher als auch politisch und epistemologisch varianten- und folgenreicher als hierzulande [artikuliert hatten]. Wesentliche Impulse für eine integrierte Analyse unterschiedlicher Unterdrückungsverhältnisse gingen dabei von den Texten des *Black Feminism* aus, in denen die vielzitierte Triade von ›Race, Class and Gender‹ [...] gleichsam die Zentralperspektive bildete« (Knapp 2013: 342). Neben anderen Topoi wie »Matrix of

Domination« oder »Multiple Jeopardy« wurde der anschauliche Ausdruck von der »intersection« der Kategorien diskursleitend, der durch die Debattenbeiträge der Rechtswissenschaftlerin Kimberlé Crenshaw zu den »intersections of race and gender« in den USA (Crenshaw 1989) prominent geworden war. Von dort aus gelangte er auch in die europäische Debatte – was Crenshaw selbst übrigens wegen der völlig anders gelagerten gesellschaftlichen Eigenarten eher befremdlich fand (vgl. Knapp 2013: 351 Fn. 3). In der Tat ist der – mittlerweile substantivierte, von »intersection« zu »Intersektionalität« mutierte – Terminus selbst als durchaus ambivalent einzuschätzen: er ist ebenfalls sehr unbestimmt, kann deshalb zum »Containerkonzept für alles werden, was sich ›kreuzt‹ oder als kreuzbar vorstellen lässt« (Knapp 2013: 343) und kann wegen seiner Neutralität auch entpolitisierend wirken. Auch gehen intra-, anti- und interkategoriale Aspekte (vgl. McCall 2005) häufig durcheinander – wobei sich etwa die (antikategoriale) Betrachtung des Individuums in seiner Einzigartigkeit nicht mit demselben begrifflichen Instrumentarium fassen lässt wie der (interkategoriale) Vergleich zwischen marginalisierten Gruppen im gesellschaftlichen Raum. Deshalb rief das Konzept trotz seiner unbestreitbaren Produktivität als »sensitizing metaphor«, um »den historischen Boden zu begreifen, auf dem man sich bewegt« (Knapp 2013: 351), auch eine gewisse Ratlosigkeit hervor – es wurden alternative Ausdrücke vorgeschlagen (etwa »Geschlecht als interdependente Kategorie« (Walgenbach 2007)) und wieder verworfen und es lässt sich auch eine gewisse Verflachung des Anspruchs beobachten. Als »sensitizing metaphor« jedoch bleibt es gewissermaßen ein »Wächterbegriff« (Rendtorff 2013) – und ist hierfür sicherlich besser geeignet und durchaus produktiver als etwa der Begriff ›Heterogenität‹, der dazu tendiert, alle Arten von Unterschiedlichkeiten bis zur Unkenntlichkeit miteinander zu vermengen (vgl. auch Gümen 1998, Walgenbach 2014).

Für die deutsche Geschlechterforschung der 1990er Jahre konstatierte Sedef Gümen (1998) kritisch, dass diese sich auf die Differenzen zwischen Frauen und Männern und auf das System der Zweigeschlechtlichkeit konzentrierte und die Differenzen *zwischen* Frauen ignorierte. Damit einher, so Gümen, gehe die nachträglich vereinfachte Vorstellung einer homogenen westdeutschen Frauenbewegung.

> »Damit wird das breite Spektrum von Feminismen hierzulande negiert, darunter auch die Bewegungen, die sich seit Anfang der achtziger Jahre verstärkt mit Themen wie Rassismus, Diskriminierung von Frauen mit Ausländer- und/oder Fremdenstatus, Ausländer- und Asylgesetz, auseinandersetzen. Wie viele Autorinnen gezeigt haben, sind diese gesellschaftspolitischen Auseinandersetzungen unmittelbar mit einer Kritik am ›feministischen Ethnozentrismus‹ verknüpft. Die kritischen Ansätze an der Peripherie der Frauenforschung überschneiden sich kaum mit dem Diskurs über ›Gleichheit und Differenz‹ in ihrem Zentrum« (ebd.: 190).

Als theoretische und als Forschungsperspektive wurde das Paradigma Intersektionalität (das im Unterschied zu Diversity-Ansätzen kein pädagogisches Programm beinhaltet) in der Geschlechterforschung entwickelt und ist Teil der Geschlechterforschung. Indem strukturelle Differenzen in ihrer Entstehung, ihren Funktionen und in ihrer Verwobenheit analysiert werden, wird die Geschlechterdimension dabei zu einer Kategorie unter (beliebig) vielen, deren Bedeutung unterschiedlich gewichtet wird. Lutz/Wenning (2001b) benennen (in ihrem mittlerweile »klassischen« Buch zu »Differenz in der Erziehungswissenschaft«) dreizehn »Differenzlinien«, anhand derer Normalität und Abweichung, Einschluss und Ausgrenzung, Teilhabe und Benachteiligung, Herrschaft und Unterdrückung gesellschaftlich hergestellt und reguliert werden. Diese Liste macht aber selber auch auf eine grundsätzliche Schwierigkeit aufmerksam, weil die aufgelisteten »Grunddualismen« nicht derselben kategorialen Logik folgen und deshalb etwa »Alter« oder »Gesundheit« nicht auf dieselbe Weise analytisch gefasst werden kann wie »Kultur«, »Besitz« oder eben »Geschlecht« (Lutz/Wenning 2001b: 20). Ein zentrales Thema ist weniger die Konstruktion von Differenzen als vielmehr die Art und Weise, wie Differenzen über die bloße Addition hinaus ineinander verschränkt sind. (Derzeit scheint »Intersektionalität« auch als eine Kennzeichnung für alle Arbeiten zu dienen, in denen mehr als ein Benachteiligungs- oder Ausgrenzungskriterium betrachtet und in denen Differenzen irgendwie in eine Zusammenschau gebracht werden.)

Gemeinsam ist den Konzepten von Diversity und Intersektionalität, dass Kategorien eine ihrer nicht hintergehbaren Grundlagen darstellen. Diese – unausweichliche – Problematik, Differenzen einerseits zu benennen, festzulegen und zu reifizieren und andererseits verflüssigen, bekämpfen und kritisieren zu wollen, soll durch eine jeweils konkrete kontextbezogene (empirische) Analyse und durch »Reflexivität in Bezug auf soziale Differenzkonstruktionen« (Emmerich/Hormel 2013: 241) und durch die Analyse der je konkreten Kontexte bearbeitet werden, sie bleibt jedoch bestehen. Und damit bleibt auch die Schwierigkeit bestehen, die strukturellen Wirkungsweisen der Geschlechterverhältnisse noch in ihrer Spezifität erkennen und fassen zu können.

Das Verschwinden(lassen) von Geschlecht

Neben den systematischen Kritiken an den Begriffen »Diversity« und »Intersektionalität« oder »Heterogenität« ist in diesem Zusammenhang immer wieder problematisiert worden, inwieweit die Parallelisierung der Geschlechterfrage zu anderen gesellschaftlichen Strukturkategorien, ihre Überlagerung durch andere »Differenzlinien« oder ihre Auflösung in einem Sammelbegriff (wie Diversity oder Heterogenität) einen Verlust für feministische Theorie und Praxis bedeute – den Verlust einer politischen Einspruchsfigur, die von der Einsicht ausgeht, dass Frauen als Angehörige einer Genusgruppe unabhängig von Stand oder Herkunft spezifische Zuweisungen erfahren, die ihnen innerhalb ihrer jeweiligen sozialen Gruppen je spezifische Nachteile auferlegen. Diese geschlechtsbezogenen und differenzierenden Zuschreibungen – die ihre Körperlichkeit, ihre Intelligibilität und Sozialität betreffen – determinieren, daraus abgeleitet, ihre Rechte und ihren Platz innerhalb ihrer Gesellschaften und sozialen Gruppen. Da davon auszugehen ist, dass es ihr »Genus« ist (d.h. die Zugehörigkeit zu einer definierten gesellschaftlichen Gruppe, der alle Frauen zugerechnet werden), das diese Zuschreibungen bedingt, nicht aber ihr »Sexus« (ihre biologische Verfasstheit), müssten die Mechanismen, die innerhalb symbolischer, rechtlicher oder konventioneller Ordnungen wirksam sind und spezifisch die Genusgruppe »Frauen« betreffen (unabhängig davon, ob die Individuen, die in diese Genusgruppe eingeordnet werden, dies wünschen oder nicht), auch als spezifische analysierbar sein. Das sind sie aber nur, wenn sie auch als solche zum Zwecke der Analyse isoliert und von anderen abgegrenzt werden können (Rendtorff 2008). Mit demselben Recht kann dies für solche Mechanismen beansprucht werden, die zum Othering ethnischer Gruppen oder Angehöriger bestimmter Religionen führen. Der Anspruch, die »intersections« sichtbar und produktiv zu machen, dürfte also nicht den Blick für die je spezifischen Markierungs-, Zuordnungs- und Ausgrenzungslogiken einschränken, ihre Unterschiedlichkeit nicht verwischen, und könnte gerade dadurch die *strukturellen* Gemeinsamkeiten von Markierungsprozessen sichtbar und analysierbar machen.

Auch gerät häufig aus dem Blick, dass es sich eben um Markierungs- und Zuordnungslogiken handelt, die mit dem Raster »Benachteiligung« nur sehr unzulänglich erfasst werden können. Und gerade dies ist wohl ein wesentlicher Grund dafür, warum die Wirksamkeit der Markierungslogik für »Frauen« derzeit eher aus dem Blick gerät. Da explizite Ausschlüsse – etwa von Bildung oder Berufen – mittlerweile weitestgehend abgeschafft sind, gilt das Problem der »Benachteiligung« von Mädchen/Frauen als gelöst und die vorne als symbolische Positionierung der sexuellen Differenz umschriebene Dimension wird zunehmend unsichtbar.

Die Konzepte von »Diversity« und »Intersektionalität« werden in der aktuellen Literatur aufgrund ihrer Unbestimmtheit gleichermaßen als »buzzwords« bezeichnet (vgl. Baader 2013). Was jedoch die Bedeutung von Geschlecht als Kategorie betrifft, gibt es deutliche Unterschiede zwischen ihnen, denn der Intersektionalitätsansatz kommt, bei allen Transformationen, die er durchlaufen hat, aus den feministischen Debatten und schließt deshalb – zumindest potentiell – eine seriöse Berücksichtigung der Kategorie Geschlecht mit ein. Die Kategorie »Diversität« hingegen tendiert teilweise dazu, Geschlecht unsichtbar zu machen, was etwa Untersuchungen zu Diversitätskonzepten an Hochschulen gezeigt haben:

»Diversität ja, Geschlecht nein«, so lassen sich beispielsweise Positionen zur Nachwuchsförderung an vielen deutschen Hochschulen zusammenfassen. Geschlecht und Chancengleichheit bleiben de-thematisiert und Diversität wird »insbesondere in Internationalisierung übersetzt« (Baader/Korff 2019: 250). Diversität selbst ist etwa seit dem Jahr 2000 vor dem Hintergrund von Einwanderung und Migration nicht mehr aus der Pädagogik wegzudenken. Diversität heißt jedoch nicht, dass Geschlecht berücksichtigt wird, im Gegenteil: Geschlecht wird über Diversität oder Diversity – etwa angesichts des Ideals des »abstract workers« – als »überholte« Kategorie entsorgt (Baader 2013: 49).

Vom Unterschied zur Praxis der Unterscheidung

Differenzierungsprozesse können von zwei Perspektiven aus vorgenommen und analysiert werden. Eine Perspektive besteht darin, Unterschiede zu machen, indem Menschen und Menschengruppen durch bestimmte Merkmale gekennzeichnet und definiert werden. Dabei werden die Personen eng mit der ihnen zugewiesenen Kategorie verbunden. In dieser Art, Unterschiede zu machen, liegt einerseits die Möglichkeit von Hierarchiebildung und Diskriminierung. Andererseits kann die Betonung von Gemeinsamkeiten und Differenzen zum Motor sozialer und politischer Prozesse in sozialen Bewegungen werden. So wären die Frauenbewegungen ohne die Vorstellung einer »Gemeinsamkeit der Frauen« bzw. bestimmter Gruppen von Frauen nicht denkbar.

Theoretisch lässt sich hier das Paradigma der Unterscheidung von biologischem und sozialem Geschlecht, von »Sex« und »Gender«, einordnen, das in Deutschland bis in die 1990er Jahre hinein die Geschlechtertheorie und -forschung bestimmte. »Es ging darum, die Diskriminierung, Unterdrückung und Abwertung von Frauen als historisch gewordene soziale Strukturen anstatt als natürliche begründete Differenz zu begreifen, um sie auch verändern zu können« (Villa 2006: 69). Thema sind hier die sozialen Folgen der biologischen Unterschiede. Die Vorstellung eines unveränderbaren, natürlichen biologischen Geschlechts oder geschlechtlichen Körpers, eines biologischen »Rohmaterials«, das sozial überformt wird, bleibt unangetastet. Nun sind aber gerade die Wahrnehmung und Darstellung wie auch das Erleben des geschlechtlichen Körpers eng an die jeweiligen kulturellen, sozialen und nicht zuletzt die wissenschaftlichen Traditionen gebunden und keineswegs »natürlich«. Der Körper ist kein Ort außerhalb des Sozialen und auch nicht die mit ihm in enger Verbindung stehende geschlechtliche Identität und sexuelle Orientierung, sondern selbst kulturell bestimmt.

Eine andere Perspektive geht dagegen nicht von Unterschieden aus, sondern betrachtet die *Praktiken der Unterscheidung* (vgl. Breidenstein/Kelle 1998). Hier werden nicht Personen oder Gruppen Merkmale »angeheftet«, sondern die Verknüpfungen zwischen Person und zugewiesener Kategorie sind locker. In dieser Perspektive wird vielmehr untersucht, wie und in welchen Kontexten Differenzen hergestellt, thematisiert und mit Bedeutungen versehen werden und welche Funktionen solche Praktiken in den jeweiligen Kontexten haben. Die Perspektive verschiebt sich vom »Warum« auf das »Wie«.

Der Ausgangspunkt und die Basis dieser Analysen von Differenzen ist die – zunächst trivial wirkende, aber folgenreiche – Überlegung, dass Differenzen nicht einfach da sind, sondern in wiederkehrenden, alltäglichen (Interaktions)prozessen wie auch in langfristigen kulturellen und sozialen Prozessen hergestellt werden. Sie müssen individuell und institutionell wahrgenommen und dargestellt werden. Ihre Konstruktionsmechanismen unterliegen bestimmten Regeln, die nach dem Grad ihrer Verbindlichkeit variieren. Vor diesem Hintergrund votiert etwa Katrin Wille für eine »Unterscheidungsforschung«, die die »Strukturen der Unterscheidung« in den Blick nimmt (Wille 2018: 536). Diese Perspektive auf die Strukturen, Herstellungsprozesse und Praktiken der Unterscheidung wirft jedoch die naheliegende Frage auf, wo die Herstellung von Unterschieden zu sozialer Ungleichheit führen. Allerdings sind nicht alle Forschungen, die sich den Praktiken der Unterscheidung widmeten und widmen, an dieser weiterführenden Frage interessiert.

Die Geschlechtszugehörigkeit gehört im Alltag zu denjenigen Differenzen, die aus Zeichen erschlossen werden müssen. Darstellungs- und Wahrnehmungsprozesse sind Interaktionsprozesse und damit selten eindeutig – aber die zweigeschlechtlichen gesellschaftlichen Codes verleiten dazu, sich selbst zu »vereindeutigen«. Um sozusagen »erfolgreich« zu sein, also als »zuordenbar« wahrgenommen zu werden, wird die (Selbst-)Darstellung auf die Wahrnehmenden und die bei jenen unterstellen Erwartungen ausgerichtet. Deshalb ist gerade für Kinder und Jugendliche oder für andere Neuankömmlinge das Einarbeiten in »angemessene« (d. h. von anderen leicht erkennbare) Darstellungs- und Wahrnehmungsformen ein hochkomplexer Prozess, bei dem jedoch die Tatsache, dass es sich um Konstruktionen handelt, selbst verborgen bleibt. Das Konstrukt tritt dem Wahrnehmenden und auch dem Darstellenden dann nicht als gemachtes, sondern als gegebenes Phänomen gegenüber. Es erscheint als Überzeugung, als kulturelle oder natürliche Tatsache, als persönliches und soziales Halteseil, als Bestätigung der eigenen Wirklichkeit durch die Ausgrenzung anderer Wirklichkeiten. Und deshalb ist es eben umgekehrt so schwer, sich *nicht* in das Muster erwartbarer und verständlicher Codes einzufügen, sich ihnen zu verweigern oder sie zu bestreiten.

Allerdings sind diese Konstrukte, weil sie auf Interaktion und Verständigung beruhen, nicht stabil, sondern müssen ständig plausibilisiert werden. Wie solche Aktivierungs- und Plausibilisierungprozesse in Bezug auf Geschlecht funktionieren, wurde – verbunden mit dem Ausdruck »Doing Gender« – in der Tradition des Interaktionismus und der Ethnomethodologie untersucht. Klassische und vielzitierte Arbeiten waren diejenigen von Harold Garfinkel (1967), Erving Goffman (1977/1994), Suzanne Kessler/Wendy McKenna (1978) und Candace West/Don Zimmerman (1987) (Gildemeister/Wetterer 1992; Teubner/Wetterer 2003; vgl. Gildemeister 2019).

Erving Goffman, dessen Ansätze in der empirischen Forschung nach wie vor Verwendung finden, fragte danach, wie die seiner Ansicht nach geringen biologischen Unterschiede zwischen den Geschlechtern zu so mächtigen sozialen Folgen führen konnten.

> »Nicht die sozialen Folgen der angeborenen Geschlechtsunterschiede bedürfen also einer Erklärung, sondern vielmehr wie diese Unterschiede als Garanten für unsere sozialen Arrangements geltend gemacht wurden (und werden) und, mehr noch, wie die institutionellen Mechanismen der Gesellschaft sicherstellen konnten, dass uns diese Erklärungen stichhaltig erscheinen« (Goffman 1977/1994: 107).

Diese Mechanismen der Institutionalisierung von Unterschieden beschrieb Goffman in kritischer Absicht als »Genderismus« – ein Begriff, der in den letzten Jahren umgedeutet und zum Kampfbegriff einer Neuen Rechten gegen »Genderideologie« in Europa wurde. Dieses Phänomen wurde von feministischer Seite als »Anti-Genderismus« diskutiert (Hark/Villa 2015: 17). Eine nach wie vor interessante Antwort auf die von Goffman beschriebenen institutionellen Mechanismen ist das Phänomen der »institutionellen Reflexivität« (ebd.: 128ff). Prozesse institutioneller Reflexivität sind Prozesse der Umkehrung von Ursache und Folge. Soziale Phänomene werden als Folgen der Geschlechterdifferenz dargestellt, obwohl sie tatsächlich dazu dienen, die Geschlechterdifferenz überhaupt erst überzeugend herzustellen bzw. zu plausibilisieren. Ein bekanntes Beispiel Goffmans ist die Trennung von Toiletten nach Geschlechtern im öffentlichen Raum.

Die zunächst vorherrschende Vorstellung, dass Prozesse von Doing Gender nicht hintergehbar seien, wurde kritisiert und erweitert durch die Möglichkeiten von »Undoing Gender« (Westheuser 2015). Dahinter verbergen sich sowohl Diskussionen darüber, ob die Geschlechtszugehörigkeit in bestimmten gesellschaftlichen Bereichen nur geringe oder keine Bedeutung hat bzw. wie sich das absichtsvolle Ignorieren und Nicht-Beantworten von Geschlechterbezügen mit deren Betonung – mithin Undoing Gender und Doing Gender – ausbalancieren lassen als auch die Aufforderung, Undoing Gender theoretisch wie praktisch aktiv voranzutreiben. Neuere sozialwissenschaftliche Debatten analysieren das Wechselspiel und die Gleichzeitigkeit solcher Prozesse unter den Stichworten *degendering* und *regendering*: So spricht Stephan Hirschauer von Prozessen des regendering, der wiederholten und erneuerten Betonung von Geschlechtermarkierungen, angesichts von degendering, also der Neutralisierung von Geschlechterbezügen (Hirschauer 2016), während Koppetsch und Speck darauf verweisen, dass die Geschlechterdifferenz vor allem im Privaten erhalten bleibe (Speck 2018: 22). Lenz hingegen spricht von Remarkierungen der Geschlechterdifferenz im Kontext einer »flexibilisierten Geschlechterordnung« (vgl. Lenz 2017).

Im Rahmen der Diskurse zu Differenzen zwischen Frauen und Männern zeigen sich Parallelen und Wechselbeziehungen zwischen Frauenbewegung, Geschlechterforschung und pädagogischer Praxis. Das betrifft sowohl die Analyse des weiblichen Lebenszusammenhangs (und der Frauen und Mädchen) als benachteiligt und möglicherweise defizitär als auch die Aufwertung weiblicher Räume und »weiblicher Kultur« und die Erforschung der positiven Seiten weiblicher Praktiken und Orientierungen. In einigen Feldern ging der Weg zunächst von der Praxis zur Theorie. Ebenfalls lassen sich solche Parallelen und Wechselbeziehungen hinsichtlich der Diskurse um Differenzen zwischen Frauen und die Konzepte von Diversity und Intersektionalität feststellen. Auch sind nach wie vor Menschen Aktivist:in und Wissenschaftler:in zugleich, wenn auch vermutlich nicht mehr in so großer Zahl wie am Beginn der Frauenbewegung bzw. der Etablierung der Geschlechterforschung. Somit war das Verhältnis zwischen analytischen Kategorien, theoretischen Konzepten zur Erklärung von Geschlechterordnungen und individuellen Praxen in den Fokus gerückt.

Die Diskurse um die Frage, ob die Geschlechtszugehörigkeit ausschließlich als soziale Kategorie aufgefasst werden sollte, um die Verflüssigung von Geschlechterkategorien bis hin zur Auflösung der für Bewegung und Wissenschaft bis dahin zentralen Kategorie Geschlecht haben dagegen zunächst im wissenschaftlichen Raum als theoretische Konzeptionen und empirische Forschungen stattgefunden. In diesem Zusammenhang konstatiert etwa Windheuser mit kritischem Blick auf die Ersetzung von »Geschlecht« durch »Gender« und damit verbundene theoretische Aufforderung von Verflüssigung, dass dadurch Hierarchien im Geschlechterverhältnis neutralisiert würden (Windheuser 2018: 12). Für die Pädagoginnen und Pädagogen, die sich in emanzipatorischer Absicht auf eine bestimmte Zielgruppe bezogen und beziehen, führt die Auflösung zentraler Merkmale ihrer Adressat:innen in Widersprüche. Beispielhaft lässt sich dies an der feministischen Mädchenarbeit zeigen (▶ Kap. 5).

> »Solidarität zwischen irgendwie mit Weiblichkeit assoziierten Wesen (sei es nun körperlich, rollentechnisch, sozialisatorisch oder diskursiv) ist ein politischer Luxus, den wir uns immer noch leisten wollen. Dabei bewegen wir uns zwischen der Unmöglichkeit, uns und andere auf nur den einen Begriff (›Frau‹) zu reduzieren und der Notwendigkeit, dies hin und wieder bewusst zu tun, um hör- oder sichtbar zu sein. Kollektives Handeln soll auch in der Postmoderne unser Freund_ sein« (Busche/Wesemüller 2010: 320).

Ein grundlegender und zentraler Widerspruch, der den Umgang mit Differenzen kennzeichnet, besteht also darin, dass es einerseits sinnvoll und notwendig ist, Konstruktion und Funktion von Differenzen und ihre Erzeugung zu verstehen, als Differenzen markierte Zuordnungen zu verflüssigen oder sogar aufzulösen – und dass es gleichzeitig sinnvoll und notwendig ist, Differenzen anzuerkennen, an ihnen festzuhalten und sie gegebenenfalls zu dramatisieren und zu essentialisieren. Dieser grundlegende Widerspruch lässt sich nicht auflösen. Wie es Pat Parker in ihrem Gedicht »For the white person, who wants to know how to be my friend« ausdrückt: »The first thing you do is to forget that I'm black. Second, you must never forget that I'm black« (Parker 1978).

Fazit und Ausblick

Während also die erste Frauenbewegung in ihrem Kampf für gleiche Bildung und gleiche Rechte Unterschiede und Differenzen zwischen den Geschlechtern nicht grundsätzlich in Frage gestellt hat, ist in der zweiten Frauenbewegung die Frage nach der grundsätzlichen Differenz verstärkt in den Fokus geraten. Simone de Beauvoirs berühmt gewordenes Diktum, mit dem sie das Kapitel »Kindheit« in ihrem Klassiker einleitet, »man kommt nicht als Frau zur Welt, man wird es« (Beauvoir 1949/1992: 335), ist dafür in gewisser Weise exemplarisch, unterstreicht es doch Prozesse der sozialen Herstellung von Geschlecht, etwa durch Erziehung und Sozialisation sowie durch kulturelle und symbolische Codierungen, durch die eine Differenz zwischen Männern und Frauen erzeugt wird. Einerseits wurde in der neuen Frauenbewegung die Geschlechterdifferenz in einer wesentlich sozialkonstruktivistischen Perspektive zum Gegenstand der Kritik, sowohl hinsichtlich des sozialen wie des biologischen Geschlechts, andererseits wurde sie zugleich zum Gegenstand des Versuchs »der Setzung einer positiven weiblichen Ordnung«, wie sie etwa die Überlegungen zur »Geschlechterdifferenz« von Luce Irigaray aus ihren späten Jahren charakterisiert (Irigaray 1987). Ob die seit einigen Jahren in den feministischen Diskurs als Narrativ eingespielte Differenzierung zwischen einem »Gleichheitsfeminismus« und einem »Differenzfeminismus«, die einander als gewissermaßen unvereinbar gegenübergestellt werden, überhaupt produktiv ist, kann jedoch bezweifelt werden. Auch die mit diesen Narrativen verbundene einseitige Zuordnung von »Essentialismus« zum Differenzfeminismus ist infrage zu stellen, so merkt Gisela Bock treffend an, dass auch die Annahme einer »Gleichheit« nicht weniger essentialistisch als die einer »Differenz« sei (Bock 2005: 351).

Mehr noch, es ist zu fragen, ob die unterstellte klare Abgrenzung zwischen »Gleichheitsfeminismus« und »Differenzfeminismus« überhaupt stimmig ist. So wird Simone de Beauvoir gerne als »theoretischer Bezugspunkt des Gleichheitsfeminismus« (Casale/Windheuser 2019: 158) beschrieben, obwohl sie unmissverständlich klarmachte, »dass bestimmte Unterschiede zwischen Mann und Frau immer bestehen bleiben werden. (…). Ihre Beziehungen zum eigenen Körper, zum männlichen Körper, zum Kind werden nie identisch mit denen sein, die der Mann zu seinem Körper, zum weiblichen Körper, zum Kind unterhält. Diejenigen, die soviel von ›Gleichheit in der Unterschiedlichkeit‹ reden, sollten wohl die letzten sein, die bestreiten, dass es Unterschiede in der Gleichheit geben kann« (Beauvoir 1949/1992: 898).

Tatsächlich werden unter den Perspektiven Gleichheit und Differenz unterschiedliche Fragen bearbeitet, unterschiedliche Akzentuierungen vorgenommen und ganz unterschiedliche Strategien verfolgt. Beide Kategorien, die der Differenz wie die der Gleichheit, bedürfen jedoch einer weiteren Referenz. Aufgeworfen wird damit nämlich die Frage, different bezogen worauf und gleich bezogen worauf? Diese Referenz verbleibt aber oft im Unklaren und Vagen, was auch zur Vagheit der Rede vom »Differenzfeminismus« und »Gleichheitsfeminismus« beiträgt. Fragen wir hingegen nicht nach den Unterschieden zwischen Konzepten etwa von Simone de Beauvoir oder Luce Irigaray, die angeblich die verschiedenen Paradigmen vertreten, sondern nach den Gemeinsamkeiten, so nimmt der Körper in beiden Zugängen eine bedeutsame Stellung ein, und bei genauer Betrachtung ließe sich zugespitzt sagen, dass der Streit um Differenz in der zweiten Frauenbewegung zumeist ein Streit um die Bedeutung und das Verständnis des Körpers war und darum, inwieweit sich dieser sozialkonstruktivistisch auflösen läßt.

Rita Casale und Jeanette Windheuser beschreiben die, aus unserer Sicht lediglich potentielle, Bedeutung des Feminismus für die Erziehungswissenschaft, indem sie herausarbeiten, dass »feministische Theorien eine Dekonstruktion moderner Wissensvorstellungen« betrieben hätten und »die Bedeutung von Leiblichkeit für die Wissensproduktion« akzentuieren würden (Casale/Windheuser 2019: 177). Einen Versuch, die Polarität von Gleichheitsansatz versus Differenzansatz zu überwinden, unternimmt auch Catrin Dingler mit einer radikalen Kritik an der modernen Subjektkonstitution. Dabei insistiert sie auf der Tradierung differenter Bildung, wie sie der Feminismus entwickelt habe (vgl. Dingler 2019). Für deren Hervorbringung sei die feministische Theorie, die Geschlechterforschung sowie die feministische Praxis, einschließlich ihrer Bildungsorte, bedeutsam.

Dort, wo die vom Feminismus akzentuierten Differenzen zu den institutionalisierten akademischen Praxen des Mainstream, etwa bezogen auf die Wissensproduktion, ihre Formen der Aneignung, der Auseinandersetzung und der Kommunikation, *nicht* artikuliert werden, wird auch der Blick auf Funktion und Struktur der Geschlechterordnung verstellt – und damit deren Wichtigkeit und Wirksamkeit ignoriert. Und dadurch geraten Geschlechtertheorien und Geschlechterforschung selber in die Gefahr der Entleerung und Erstarrung. Wenn jedoch der Mainstream der Erziehungswissenschaft die kritische, lebendige und wertschätzende Weise der Auseinandersetzungen mit feministischen Ansätzen zur Geschlechterthematik geringschätzt und gleichzeitig die Geschlechtertheorie selbst den Anspruch auf eine Differenz zu den eingespielten und institutionalisierten Formen akademischer Wissensproduktion aufgibt, können nur beide Seiten verlieren.

Die große Frage, ob wir uns gegenwärtig eher in einer Phase der Retraditionalisierung bzw. Remarkierungen der Geschlechterdifferenz befinden oder in einer vom Arbeitsmarkt im flexibilisierten Kapitalismus auferlegten Neutralisierung von Geschlechterdifferenz durch den »abstract worker« als Modell der Gleichheit, ist derzeit offen. Vermutlich trifft beides gleichzeitig zu.

Literatur

Baader, Meike Sophia (2013): Diversity Education in den Erziehungswissenschaften. »Diversity« as a buzzword. In: Katrin Hauenschild et al. (Hrsg.), Diversity Education. Zugänge – Perspektiven – Beispiele (S. 38–59). Frankfurt am Main: Brandes & Apsel.

Baader, Meike Sophia (2018): Kinder als Akteure oder wie ist das Kind als Subjekt zu denken? Historische Kontexte, relationale Verhältnisse, pädagogische Traditionen, neue Perspektiven. In: Bianca Bloch et al. (Hrsg.), Kinder und Kindheiten. Frühpädagogische Perspektiven (S. 22–39). Weinheim: Beltz.

Baader, Meike Sophia/Korff, Svea (2019): Strukturierte Promotionsförderung an der modernisierten Universität zwischen Rhetorik, Versprechen und Umsetzung. In: Ulrich Binder (Hrsg.), Modernisierung und Pädagogik (S. 146–161). Weinheim: Beltz.

Beal, Frances M. (1969): Doppelte Gefährdung: Schwarz und Frau zu sein. In: Arbeitskollektiv d. sozialist. Frauen Frankfurt/M (Hrsg.) (1972), Frauen gemeinsam sind stark! Texte und Materialien des Women's Liberation Movement in den USA (S. 73–76). Frankfurt am Main: Verlag Roter Stern.

Beauvoir, Simone de (1949/1992): Das andere Geschlecht. Sitte und Sexus der Frau. Reinbek: Rowohlt.

Becker-Schmidt, Regina/Knapp, Gudrun-Axeli (1987): Geschlechtertrennung – Geschlechterdifferenz. Suchbewegungen sozialen Lernens. Bonn: Verlag Neue Gesellschaft.

Benhabib, Seyla et al. (Hrsg.) (1993): Der Streit um Differenz. Frankfurt am Main: Fischer Taschenbuch Verlag.

Benner, Dietrich (2001): Allgemeine Pädagogik. Eine systematisch-problemgeschichtliche Einführung in die Grundstruktur pädagogischen Denkens und Handelns. Weinheim: Juventa.

Bock, Gisela (2005): Frauen in der europäischen Geschichte. Vom Mittelalter bis zur Gegenwart. München: C.H. Beck.

Breidenstein, Georg/Kelle, Helga (1998): Geschlechteralltag in der Schulklasse. Ethnographische Studien zur Gleichaltrigenkultur. Weinheim: Juventa.

Brown, Lyn M./Gilligan, Carol (1994): Die verlorene Stimme. Wendepunkte in der Entwicklung von Frauen und Mädchen. Frankfurt am Main: Campus.

Bublitz, Hannelore (Hrsg.) (1998): Das Geschlecht der Moderne – Zur Genealogie und Archäologie der Geschlechterdifferenz. Frankfurt am Main: Campus.

Busche, Mart/Wesemüller, Ellen (2010): Mit Widersprüchen für neue Wirklichkeiten. Ein Manifest für Mädchenarbeit. In: Mart Busche et al. (Hrsg.), Feministische Mädchenarbeit weiterdenken. Zur Aktualität einer bildungspolitischen Praxis (S. 309–324). Bielefeld: transcript.

Casale, Rita/Windheuser, Jeanette (2019): Feminismus nach 1945. In: Markus Rieger-Ladich/Anne Rohstock/Karin Amos (Hrsg.), Erinnern, Umschreiben, Vergessen. Die Stiftung des disziplinären Gedächtnisses als soziale Praxis (S. 158–186). Weilerswist: Velbrück.

Cavarero, Adriana (1990): Die Perspektive der Geschlechterdifferenz. In: Ute Gerhard et al. (Hrsg.), Differenz und Gleichheit. Menschenrechte haben (k)ein Geschlecht (S. 95–111). Königstein im Taunus: Ulrike Helmer.

Chodorow, Nancy (1978/1985): Das Erbe der Mütter. Psychoanalyse und Soziologie der Geschlechter. München: Frauenoffensive.

Connell, Raewyn (2013): Gender. Hrsg. von Ilse Lenz und Michael Meuser. Wiesbaden: Springer VS.

Cornell, Drucilla (1993): Gender, Geschlecht und gleichwertige Rechte. In: Seyla Benhabib et al. (Hrsg.), Der Streit um Differenz (S. 80–104). Frankfurt am Main: Fischer Taschenbuch Verlag.

Crenshaw, Kimberlé (1989): Demarginalizing the Intersection of Race and Sex: A Black Feminist Critique of Antidiscrimination Doctrine, Feminist theory, and Antiracist Politics. In: University of Chicago Legal Forum 14, 538–554. Online verfügbar unter: https://chicagounbound.uchicago.edu/cgi/viewcontent.cgi?article=1052&context=uclf, Zugriff am 14.02.2021.

Degele, Nina (2008): Gender/Queer Studies. Paderborn: Wilhelm Fink.

Dingler, Catrin (2019): Der Schnitt. Zur Geschichte der Bildung weiblicher Subjektivität. Frankfurt am Main: Campus.

Dinnerstein, Dorothy (1979): Das Arrangement der Geschlechter. Stuttgart: Deutsche Verlagsanstalt.

Emmerich, Marcus/Hormel, Ulrike (2013): Heterogenität – Diversity – Intersektionalität. Zur Logik sozialer Unterscheidungen in pädagogischen Semantiken der Differenz. Wiesbaden: Springer VS.

Engel, Antke (2015): Queere Politik der Paradoxie: Widerstand unter Bedingungen neoliberaler Vereinnahmung. In: Katharina Walgenbach/Anna Stach (Hrsg.), Geschlecht in gesellschaftlichen Transformationsprozessen (S. 191–204). Opladen: Barbara Budrich.

Eßer, Florian et al. (Hrsg.) (2016): Reconceptualizing Agency and Childhood. New perspectives in Childhood Studies. New York: Routledge.

Fine, Cordelia (2012): Die Geschlechterlüge. Die Macht der Vorurteile über Frau und Mann. Stuttgart: Klett-Cotta.

Gildemeister, Regine (2019): Doing Gender: eine mikrotheoretische Annäherung an die Kategorie Geschlecht. In: Beate Kortendiek/Birgit Riegraf/Katja Sabisch (Hrsg.), Handbuch interdisziplinäre Geschlechterforschung (S. 409–418). Wiesbaden: Springer.

Gildemeister, Regine/Wetterer, Angelika (1992): Wie Geschlechter gemacht werden. Die soziale Konstruktion der Zweigeschlechtlichkeit und ihre Reifizierung in der Frauenforschung. In: Gudrun-Axeli Knapp/Angelika Wetterer (Hrsg.), TraditionenBrüche. Entwicklungen feministischer Theorie (S. 201–254). Freiburg im Breisgau: Kore.

Gilligan, Carol (1982): Die andere Stimme. Lebenskonflikte und Moral der Frau. München: Piper.

Goffman, Erving (1994): Das Arrangement der Geschlechter. In: Ders., Interaktion und Geschlecht (S. 105–158). Frankfurt am Main: Campus.

Gudrun-Axeli Knapp (2005): »Intersectionality« – ein neues Paradigma feministischer Theorie? Zur transatlantischen Reise von »Race, Class, Gender«. In: Feministische Studien, 23 (1), 68–81.

Gümen, Sedef (1996): Die sozialpolitische Konstruktion »kultureller« Differenzen in der bundesdeutschen Frauen- und Migrationsforschung. In: Beiträge zur feministischen Theorie und Praxis, 19 (42), 77–89.

Gümen, Sedef (1998): Das Soziale des Geschlechts. Frauenforschung und die Kategorie »Ethnizität«. In: Das Argument, 224, 187–202.

Haraway, Donna (1988): Situated Knowledge: The Science Question and the Privilege of Partial Perspective; dt.: Situiertes Wissen. Die Wissenschaftsfrage im Feminismus und das Privileg einer partialen Perspektive. In: Elvira Scheich (Hrsg.) (1996), Vermittelte Weiblichkeit. Feministische Wissenschafts- und Gesellschaftstheorie (S. 217–248). Hamburg: Hamburger Edition.

Hark, Sabine/Villa, Paula-Irene (2015): Anti-Genderismus. Sexualität und Geschlecht als Schauplätze aktueller politischer Auseinandersetzung. Bielefeld: transcript.

Hirschauer, Stefan (2016): Judith, Niklas und das Dritte der Geschlechterdifferenz: undoing gender und die Post Gender Studies. In: GENDER, 2016 (3), 114–129.

Honegger, Claudia (1990): Sensibilität und Differenz. In: Ute Gerhard et al. (Hrsg.), Differenz und Gleichheit. Menschenrechte haben (k)ein Geschlecht (S. 241–246). Königstein im Taunus: Ulrike Helmer.

Irigaray, Luce (1977/1979): Das Geschlecht, das nicht eins ist. Berlin: Merve.

Irigaray, Luce (1984/1991): Ethik der sexuellen Differenz. Frankfurt am Main: Suhrkamp.

Irigaray, Luce (1980/1987): Zur Geschlechterdifferenz. Wien: Wiener Frauenverlag.

Klinger, Cornelia (1990): Welche Gleichheit und welche Differenz? In: Ute Gerhard et al. (Hrsg.), Differenz und Gleichheit. Menschenrechte haben (k)ein Geschlecht (S. 112–119). Königstein im Taunus: Ulrike Helmer.

Knapp, Gudrun Axeli (2018): Auf ein Neues!? Feministische Kritik im Wandel der Gesellschaft. Online verfügbar unter: https://www.gwi-boell.de/sites/default/files/uploads/2018/04/axeli_knapp_auf_ein_neues_2018.pdf, Zugriff am 07.10.2020.

Knapp, Gudrun-Axeli (2013): Zur Bestimmung und Abgrenzung von »Intersektionalität«. Überlegungen zu Interferenzen von »Geschlecht«, »Klasse« und anderen Kategorien sozialer Teilung. In: Erwägen – Wissen – Ethik, 24 (3), 341–354.

Kristeva, Julia (1979): Die Zeit der Frauen. In: Dies. (1994), Die neuen Leiden der Seele (S. 226–252). Hamburg: Junius.

Krüger-Potratz, Marianne/Lutz, Helma (2002): Sitting at a crossroad – wie werden kulturelle, nationale, ethnische und Geschlechterdifferenzen theoriegeleitet erfasst und mit welchen Instrumenten werden sie erhoben? In: Tertium Comparationis, 2002 (2), 81–92.

Laqueur, Thomas (1992): Auf den Leib geschrieben. Die Inszenierung der Geschlechter von der Antike bis Freud. Frankfurt am Main: Campus.

Laufenberg, Mike (2019): Queer Theory: identitäts- und machtkritische Perspektiven auf Sexualität und Geschlecht. In: Beate Kortendiek/Birgit Riegraf/Katja Sabisch (Hrsg.), Handbuch interdisziplinäre Geschlechterforschung (S. 331–340). Wiesbaden: Springer VS.

Laufenberg, Mike (2020): Was ist queer? In: Barbara Rendtorff/Claudia Mahs/Anne-Dorothee Warmuth (Hrsg.), Geschlechterverwirrungen. Was wir wissen, was wir glauben und was nicht stimmt. Frankfurt am Main: Campus.

Lenz, Ilse (2010): Das Private ist politisch!? Zum Verhältnis von Frauenbewegung und alternativem Milieu. In: Sven Reichardt/Detlef Siegfried (Hrsg.), Das Alternative Milieu. Antibürgerlicher Lebensstil und linke Politik in der Bundesrepublik Deutschland und Europa 1968–1993 (S. 375–404). Göttingen: Wallstein.

Lenz, Ilse (2017): Genderflexer? Zum gegenwärtigen Wandel der Geschlechterordnung. In: Dies. et al. (Hrsg.), Geschlecht im flexibilisierten Kapitalismus? Neue UnGleichheiten (S. 181–221). Wiesbaden: Springer VS.

Lévi-Strauss, Claude (1981): Die elementaren Strukturen der Verwandtschaft. Frankfurt am Main: Suhrkamp.

Lutz, Helma/Wenning, Norbert (Hrsg.) (2001a): Unterschiedlich verschieden. Differenz in der Erziehungswissenschaft. Opladen: Leske und Budrich.

Lutz, Helma/Wenning, Norbert (2001b): Differenzen über Differenz – Einführung in die Debatten. In: Dies. (Hrsg.) (2001a), Unterschiedlich verschieden. Differenz in der Erziehungswissenschaft (S. 11–24). Opladen: Leske und Budrich.

Marx Ferree, Myra (1990): Gleichheit und Autonomie. Probleme feministischer Politik. In: Ute Gerhard et al. (Hrsg.), Differenz und Gleichheit. Menschenrechte haben (k)ein Geschlecht (S. 283–298). Königstein im Taunus: Ulrike Helmer.

McCall, Leslie (2005): The Complexity of Intersectionality. In: Signs: Journal of Women in Culture and Society, 30 (3), 1771–1802.
Mecheril, Paul/Plößer, Melanie (2015): Diversity und Soziale Arbeit. In: Hans-Uwe Otto/Hans Thiersch (Hrsg.), Handbuch Soziale Arbeit (S. 322–331). München: Ernst Reinhardt.
Nagl-Docekal, Herta/Pauer-Studer, Herlinde (Hrsg.) (1990): Denken der Geschlechterdifferenz. Neue Fragen und Perspektiven der feministischen Philosophie. Wien: Wiener Frauenverlag.
Nemitz, Rolf (2001): Frauen/Männer, Kinder/Erwachsene. In: Lutz, Helma/Wenning, Norbert (Hrsg.), Unterschiedlich verschieden. Differenz in der Erziehungswissenschaft (S. 179–196). Opladen: Leske und Budrich.
Parker, Pat (1978): Movement in Black: The Collected Poetry of Pat Parker, 1961–1978. New York: Diana Press.
Prengel, Annedore (1986): Erziehung zur Gleichberechtigung. Eine vernachlässigte Aufgabe der Allgemeinen und der Politischen Bildung. In: Die deutsche Schule, 4, 417–425.
Prengel, Annedore (1990): Gleichheit versus Differenz. Eine falsche Alternative im feministischen Diskurs. In: Ute Gerhard et al. (Hrsg.), Differenz und Gleichheit. Menschenrechte haben (k)ein Geschlecht (S. 120–128). Königstein im Taunus: Ulrike Helmer.
Prengel, Annedore (2001): Egalitäre Differenz in der Bildung. In: Helma Lutz/Norbert Wenning (Hrsg.), Unterschiedlich verschieden. Differenz in der Erziehungswissenschaft (S. 93–107). Opladen: Leske und Budrich.
Rendtorff, Barbara (2008): Warum Geschlecht doch etwas »Besonderes« ist. In: Cornelia Klinger/Gudrun-Axeli Knapp (Hrsg.), ÜberKreuzungen. Fremdheit, Ungleichheit, Differenz (S. 68–86). Münster: Westfälisches Dampfboot.
Rendtorff, Barbara (2013): Ein Wächterbegriff – mehr nicht. In: Erwägen – Wissen – Ethik, 24 (3), 445–447.
Rubin, Gayle (1975): The Traffic in Women: Notes on the »Political Economy« of Sex. In: Rayna R. Reiter (Hrsg.), Toward an Anthropology of Women (S. 157–210). New York: Monthly Review Press.
Ruddick, Sara (1989/1993): Mütterliches Denken. Für eine Politik der Gewaltlosigkeit. Frankfurt am Main: Campus.
Sanyal, Mithu M. (2009): Vulva. Die Enthüllung des unsichtbaren Geschlechts. Berlin: Klaus Wagenbach.
Schwarzer, Alice (1975): Der »kleine Unterschied« und seine großen Folgen. Frauen über sich – Beginn einer Befreiung. Frankfurt am Main: Fischer.
Speck, Sarah (2018): Autonomie, Authentizität. Arbeitsteilung. Paradoxien der Gleichheit in modernen Geschlechterarrangements. In: WestEnd. Neue Zeitschrift für Sozialforschung, 15 (1), 21–44.
Teubner, Ulrike/Wetterer, Angelika (2003): Gender-Paradoxien: Soziale Konstruktion transparent gemacht. Eine Einleitung. In: Judith Lorber (Hrsg.), Gender-Paradoxien (S. 9–29). Opladen: Leske und Budrich.
Walgenbach, Katharina (2007): Gender als interdependente Kategorie. In: Dies. et al. (Hrsg.), Gender als interdependente Kategorie. Neue Perspektiven auf Intersektionalität, Diversität und Heterogenität (S. 23–65). Opladen: Barbara Budrich.
Walgenbach, Katharina (2014): Heterogenität – Intersektionalität – Diversity in der Erziehungswissenschaft. Opladen: Barbara Budrich.
West, Candace/Zimmermann, Don (1987): Doing Gender. In: Gender and Society, 2, 125–151.
Westheuser, Linus (2015): Männer, Frauen und Stefan Hirschauer. Undoing gender zwischen Praxeologie und rhetorischer Modernisierung. In: GENDER, 3, 109–125.
Windheuser, Jeannette: Geschlecht und Heimerziehung. Die erziehungswissenschaftliche und feministische Dekonstruktion (1900 bis heute). Bielefeld: transcript.
Woltersdorf, Volker (2019): Heteronormativitätskritik: ein Konzept zur kritischen Erforschung der Normalisierung von Geschlecht und Sexualität. In: Beate Kortendiek/Birgit Riegraf/Katja Sabisch (Hrsg.), Handbuch interdisziplinäre Geschlechterforschung (S. 323–330). Wiesbaden: Springer VS.

13 Forschung, Wissensproduktion und Theoriebildung

13	Forschung, Wissensproduktion und Theoriebildung	239
	Wissenschaft und Forschung in der ersten Frauenbewegung	239
	Wissenschaft, Forschung und Wissenschaftskritik in der zweiten Frauenbewegung	242
	Die Universität als Institution und die Institutionalisierung der Geschlechterforschung	246
	Theoriebildung, Geschlechterforschung und Erziehungswissenschaft	251
	Literatur	252

Wissenschaft und Forschung in der ersten Frauenbewegung

Als maßgebliche »Theoriezeitschriften«, in denen Frauen der Ersten Frauenbewegung ihre Kritik an Wissenschaft und Wissenschaftsbetrieb formulierten, nennt Ulla Wischermann »Die Gleichheit« (als Zeitschrift der proletarischen Frauenbewegung), »Die Frauenbewegung« (als Sprachrohr der Radikalen) und das »Centralblatt des Bundes deutscher Frauenvereine« als Zeitschrift des gemäßigt-bürgerlichen Flügels (Wischermann 2003: 197).

Diese Zeitschriften, so unterschiedlich sie auch waren, argumentierten durchweg vor dem Hintergrund der Erkenntnis, dass das gängige, verbreitete und allgemein geteilte Wissen lückenhaft war, auch tendenziös verengend, vereinfachend und verfälschend – und deshalb ungeeignet, um eine angemessene Welterkenntnis, eine Einschätzung der komplexen gesellschaftlichen Verhältnisse zu ermöglichen. Ihr kritisches Moment bestand also vor allem darin, Wissen zu erarbeiten und Informationen zu verbreiten, die es sonst nicht zu lesen gab, Perspektiven auf Gesellschaft und Politik aufzuzeigen, die sonst nicht vorkamen, und Vorschläge und Forderungen zu unterbreiten, die auf erkannte blinde Flecken hinwiesen – sowie den vom Desinteresse der männerdominierten Öffentlichkeit erzeugten Leerstellen und Fehlannahmen entgegenzutreten: »Anregung zu geben, Aufklärung zu bringen, Lücken auszufüllen« nannte das die Pädagogin und Aktivistin des radikalen Flügels der bürgerlichen Frauenbewegung, Minna Cauer (1842–1922) (zit. bei Gerhard 1990: 164). Wissenschafts- bzw. Wissens-Kritik war hier also vor allem die *Korrektur* der allgemein geteilten Denkgewohnheit durch das Bereitstellen von mehr und anderem Wissen.

Auch nahm die immer wieder vorgetragene (und immer wieder notwendige) Beweisführung grundsätzlicher Studierfähigkeit von Frauen und ihrer Fähigkeit zu abstraktem, wissenschaftlichem Denken in dieser historischen Phase stets einen großen Raum ein. Viele zeitgenössische Autorinnen haben mit spitzer Feder dagegen angeschrieben – wie die Schriftstellerin und Frauenrechtlerin Hedwig Dohm (1838–1919) in einer besonders plastischen Formulierung, wenn sie fragt, warum die Frau von wissenschaftlicher Arbeit ausgeschlossen wird:

> »Weil sie ein Weib ist. Das heißt, weil politische und wissenschaftliche Thätigkeit, weil die Entwickelung der Intelligenz die Frau derjenigen weiblichen Reize berauben dürfte, die in das Budget ihrer Lebensfreuden zu verrechnen die Männer das Recht zu haben glauben. Diese Auffassung, consequent durchgeführt, endigt im Harem« (Dohm 1876/1986: 132).

Hier ist präzise erkannt, was Sandra Harding hundert Jahre später formulieren wird: dass Wissenschaft eine »ganz und gar gesellschaftliche Tätigkeit« ist (Harding 1986/1990: 58), dass also die Interessen einer in diesem Kontext machtvollen Gruppe (in diesem Fall die Genusgruppe der Männer) in die Inhalte der vermeintlich objektiven Wissenschaft hineinwirken.

Obwohl sie öffentlich nur wenig rezipiert (und oftmals verlacht) wurde, blieb die massive Kritik der Frauen an dieser Machtverteilung und den dadurch bewirkten inhaltlich-theoretischen Schwächen nicht folgenlos: Bis 1933 war die Anzahl erfolgreicher Studentinnen so stark angewachsen, dass in Deutschland zwischen 1908 und 1933 schon über zehntausend Promotionen von Frauen verfasst und 1933 schon fünfeinhalbtausend Studienrätinnen und 52 Professorinnen in Deutschland verzeichnet wurden (Schlüter 1983: 248).

In diese Tradition der Anfänge von Wissenschaftskritik und Forschung von Frauen gehören auch die ersten organisierten, institutionalisierten empirischen Forschungen, die von der 1925 gegründeten »Deutschen Akademie für soziale und pädagogische Frauenarbeit« durchgeführt wurden. Sie sollten unter dem Obertitel »Bestand und Erschütterung der Familie in der Gegenwart« (vgl. Wagner/Wenzel 2009: 46) das Wissen um die Lebensumstände und die innere Struktur von Familien erweitern – so z. B. die Studien »Das Familienleben in der Gegenwart« von Alice Salomon (1872–1948), Begründerin der Sozialen Frauenschule, und der Sozialpolitikerin Marie Baum (1874–1964), Studien über Jugendliche, verlassene und geschiedene, kranke oder obdachlose Frauen u. a. (vgl. Hoff 2010: 83ff.). Dieses empirische Material sollte dazu dienen, die Ausbildungsmaterialien der Akademie zu fundieren und setzte stark an der »sozialen Frage« und an der sozialen Situation von Frauen und deren Lebenslagen an. Den Ansatz, die Arbeiter:innenviertel aufzusuchen, in die Familien zu gehen, diese zu begleiten, zu interviewen und zu portraitieren, hatten sie unter anderem von der in England in den 1880er Jahren begründeten Settlementbewegung übernommen. Es handelte sich dabei um ein neues Konzept der Gemeinwesenarbeit, das zum einen in der anglikanischen Tradition fußte und sich zum anderen um die »soziale Frage« drehte und bald transnational diskutiert und praktiziert wurde. Das Neue an der Settlementbewegung war vor allem, dass Personen aus der bürgerlichen Schicht, die »Gemeinschaft der gebildeten Menschen« (Salomon 1901/1997: 80), sich in den Vierteln der Armen niederließen, mit ihnen als Nachbarn lebten, etwas von ihrer Bildung und ihrem Wissen vermittelten, um so die Potentiale zur Selbsthilfe zu stärken. Damit standen Wissen und Bildung im Mittelpunkt dieser innovativen Ansätze der Sozialen Arbeit. Eine wichtige Repräsentantin dieser Bewegung war die Sozialreformerin, Feministin, Friedensaktivistin, Soziologin, und Journalistin Jane Addams (1860–1935), die 1910 den Ehrendoktor der Universität Yale und 1931 als zweite Frau überhaupt den Friedennobelpreis bekam. Alice Salomon betonte in ihren Konzepten der Sozialen Arbeit, welche Impulse sie der Settlementmethode verdanke. Die studierte Nationalökonomin hatte sich in ihrer Dissertation mit der ungleichen Entlohnung von Männer- und Frauenarbeit befasst (vgl. Schlüter 1983: 256), damit ging es auch hier um Themen, die bis dahin unbeachtet und auch wissenschaftlich unbearbeitet gewesen waren. Vor allem aber waren damit auch neue Zugänge und Methoden verbunden, die sich aus dem Fokus auf die Situation der Frauen, aus der spezifischen Praxis einer neu gefassten Sozialen Arbeit, der aufgesuchten Nähe und einer damit verbundenen sozialen Empathie ergaben. Dennoch schreibt Gertrud Bäumer noch 1939 im Geleitwort zur dem »Verzeichnis der Doktorarbeiten von Frauen«, dass das Frauenstudium in Deutschland »noch nicht dem Stadium des Fraglichen und Umstrittenen entwachsen« sei und immer wieder »einen neuen Anprall von Gegnern oder Zweiflern zu bestehen« habe (Bäumer in Boedeker 1939, VII). Dieses ausführliche Verzeichnis lässt im Übrigen deutlich erkennen, wie schnell und deutlich die wissenschaftlichen Ambitionen von Frauen angestiegen sind: nachdem bis 1908 in Deutschland rund 170 Dissertationen angefertigt worden waren, verteilten sich jene zehntausend in der Zeit bis 1933 über alle Fächer, wobei nach den Sprachwissenschaften die Wirtschaftswissenschaft, Chemie und Rechtswissenschaft die meisten Promotionen aufzuweisen hatten – die meisten in Berlin, gefolgt von München, Heidelberg und Bonn (Boedeker 1939: LXXII). Die inhaltliche Sichtung der Titel zeigt, dass im Bereich der Pädagogik »20 % der Dissertationen zu den Themen Mädchenbildung, Mädchenschulwesen und weibliche Erziehungsideale verfasst [worden waren]. Bei den Rechts-, Staats-, Wirtschafts- und Sozialwissenschaften gab es ebenso einen Anteil von 20 % an frauenbetreffenden Themen« (Schlüter 1983: 256).

Damit wurden Problemfelder sichtbar gemacht und bearbeitet, die der pädagogischen Theoriebildung wesentliche Impulse geben konnten – besser gesagt, sie hätten weit- und hilfreiche Impulse geben können, wenn die Arbeit an dieser Thematik sich historisch hätte stärker zu Wort melden können und nicht unter dem Nationalsozialismus fast vollständig verunmöglicht worden wäre. Denn auch hier war neben dem Bemühen, ein ›Mehr‹ an Wissen hervorzubringen, auch der Wunsch nach einem ›anderen‹ Wissen erkennbar. Dies ist ein explizit *wissenschaftskritisches* Moment, sofern deutlich gemacht wird, dass wissenschaftliche Produktion interessengeleitet ist und es in dem scheinbar objektiven Feld der Forschung und Theoriebildung so große blinde Flecken und Auslassungen gibt, dass sich der gesamte Blick auf das jeweilige wissenschaftlich zu beforschende Gebiet nicht nur verengt, sondern tatsächlich verschiebt.

Wissenschaft, Forschung und Wissenschaftskritik in der zweiten Frauenbewegung

Wissenschaftskritisch setzte auch die »Frauenforschung« der frühen zweiten Frauenbewegung ein, die mit dieser Selbstbezeichnung die Aktivitäten feministischer Theoriebildung, Forschung und Wissenschaftskritik umschreibt, die in den 1970er Jahren entstanden. Diese konzentrierten sich ganz vorrangig auf Problematiken, die die weibliche Genusgruppe betrafen, und formulierten ihre selbstgestellte Aufgabe als eine doppelte: Nicht-Gewusstes zu erschließen, zutage zu fördern und weiterzugeben, zugleich aber auch dieses Wissen zu nutzen für eine Neu-Interpretation der gesellschaftlichen Verhältnisse und der eigenen Rolle darin. Insofern war sie auch dem politischen Anspruch der Veränderung der Welt verpflichtet – ein Anspruch, der sie stark mit der Erziehungswissenschaft verband.

Aus dem Befund, dass Frauen bis weit ins 20. Jahrhundert hinein aufgrund der unter deutschen Akademikern herrschenden klaren »Vorstellung von der faktischen und häufig auch für notwendig gehaltenen Männlichkeit der Wissenschaft« (Hausen 1986: 38) aus der Wissenschafts- und Theorieproduktion vollständig ausgeschlossen gewesen waren, musste sich dann aber notwendig die Frage ergeben, wie sich Wissenschaft wohl entwickelt hätte, wenn Frauen an den Denk- und Forschungsprozessen beteiligt gewesen wären – und damit waren zugleich auch Objektivität und Neutralität von Wissenschaft in Zweifel gezogen. Diese Frage wurde von den an feministischer Forschung Beteiligten über etliche Jahre hinweg in intensiven und kontroversen Diskussionen bearbeitet – Titel wie »Wie männlich ist die Wissenschaft« (Hausen/Nowotny 1986) oder »Das Geschlecht des Wissens« (Harding 1994) reflektieren diese Überlegungen. Denn wenn die Einsicht zutrifft, dass Erkenntnisse immer von der Position des erkennenden Subjekts affiziert sind, dass deshalb gesellschaftliche Lage, Vorwissen, Haltung und Einstellung des/der Forschenden und die soziale Resonanz der anderen in den Theoriebildungsprozess eingehen und ohne explizite Reflexionsanstrengungen unbemerkt das hervorgebrachte Wissen einfärben – dann muss die Frage zentral gesetzt werden, »über welche Erkenntnis wir sprechen, wenn wir über Wissen und Wissenschaft sprechen« (Singer 2010: 292), und wie es um den mit hohem Ton vertretenen Wahrheitsanspruch wissenschaftlichen Wissens überhaupt bestellt ist.

Wenn die Tatsache als folgenreich einzuschätzen war, dass lediglich Männer, unter Ausschluss von Frauen, an der Wissensproduktion beteiligt waren, dass also die Perspektive nur einer Genusgruppe die wissenschaftlichen Erkenntnisse bestimmt hatte – dann durfte Wissenschaftskritik nicht nur auf blinde Flecken, Auslassungen und Verzerrungen achten, sondern es musste ihr auch darum gehen, den substanziellen Gehalt des verfügbaren Wissens zu prüfen und das aufzufinden, was durch mehr oder weniger gezielte und bewusste Manipulationen verdeckt und verschoben worden war, um »zur Sprache zu bringen, was verschwiegen wird« (Klinger 1986: 72). Folglich seien feministische Interventionen notwendig, um die institutionellen Umstände von Forschungsprojekten und die

»Auswahl von Versuchspersonen und Untersuchungsobjekten« zu analysieren, forderte Londa Schiebinger (2000: 241ff.), um mögliche geschlechtstypische Codierungen herauszufinden, Unterlassungen oder andere Denkbegrenzungen aufzudecken – und sie schloss optimistisch aus der physikalischen Theorie der kritischen Masse, dass ein Anteil von nur 10–15 Prozent Frauen in Forschungsprojekten und -teams bereits eine Abschwächung der Anpassung an stereotypes Denken bewirken würde (ebd.: 20).

Auch aus diesen wissenschaftskritischen Einwänden ließen sich, wie schon an vielen anderen Punkten zuvor, unterschiedliche Konsequenzen gleichermaßen »logisch« ableiten. Prominent, wenn auch vehement kritisiert, war die sogenannte »Standpunkt«-These – d. h. die Annahme, dass Frauen als forschende Subjekte und feministische Wissenschaftlerinnen als politische, einer benachteiligten Gruppe zugerechnete Forscherinnen einen besseren, gewissermaßen »wahreren« Blick auf die Zusammenhänge entwickeln könnten als diejenigen, die von diesen Verhältnissen profitierten. Diese These knüpfte an die proletarische Standpunkttheorie an (Singer 2010: 294) und übertrug sie auf die ebenfalls hierarchisch angeordneten Genusgruppen. Weil in geschlechtersegregierten hierarchischen Gesellschaften Frauen und Männer »verschiedene Alltage mit je signifikanten Mustern und Konturen« leben (Harding 1994: 137), müssten Forschungen aus nur einer, zumal nur der privilegierten Perspektive notwendig verkürzt sein, während die Erfahrung der Unterdrückung den Blick auf die Zusammenhänge schärfen würde. Eine strukturell vergleichbare Diskussion findet sich in den letzten Jahren im Forschungsumfeld der postcolonial studies.

Als Problem und Widerspruch zeigte sich im Kontext der »Standpunkt«-Debatte, dass aus der unterdrückten, benachteiligten gesellschaftlichen Lage eine Art Wissens- oder Erkenntnisprivileg abgeleitet wird, das jedoch in seiner Begründung selbst als recht ambivalent einzuschätzen ist: Zwar macht die soziale Erfahrung hellsichtig für die Folgen von Benachteiligung, doch zugleich hatte ja gerade die erste Frauenbewegung argumentiert, dass das absichtsvoll gering gehaltene Wissen, das aus dem Ausschluss von Bildung folgt, *eben nicht* alleine als Basis politischer Analysen ausreicht. Die Behauptung einer sich aus der benachteiligten gesellschaftlichen Lage ergebenden privilegierten Wissens-Position von Frauen wurde denn auch von den meisten feministischen Theoretikerinnen im Verlauf der Diskussion kritisiert und verworfen – gleichwohl hat sich auch dieser Versuch einer Neubestimmung von Erkenntnis- und Wissensproduktion letztlich als fruchtbar erwiesen. Denn im Verlauf der Debatten entwickelte Donna Haraway in Kooperation und Auseinandersetzung mit Sandra Harding (vgl. Harding 1986/1990) ein weiterführendes Konzept, das einige zentrale Aspekte der Standpunkt-Theorie aufnahm. Unter dem Topos »Situiertes Wissen« (Haraway 1988/1996) schlägt sie ein wissenschaftliches Selbstverständnis vor, das zum einen die Situiertheit, die Begrenztheit und subjektive Beeinflussung der Perspektive der Forschenden bedenkt und alles Wissen folglich für kontextabhängig hält – so konnte dem Androzentrismus von Wissenschaft und Theoriebildung kritisch begegnet werden. Zum anderen sollen, um der Einsicht in immer vorhandene Machtverhältnisse Rechnung zu tragen, auch die Forschungs»objekte« aus ihrer Passivität und Objekthaftigkeit freigesetzt und selbst als Akteure, als aktiv am

Forschungsprozess Beteiligte wahrgenommen werden. Diese Auffassung ist heute – wenn auch ohne Referenz auf die vorangegangene feministische Theoriearbeit – zu einem selbstverständlichen Aspekt forschungsethischer Überlegungen geworden. Besonders stark akzentuiert wird dies beispielsweise in Ansätzen partizipativer Forschung oder in der Forderung nach systematischer Einbeziehung von Betroffenen, etwa bei Forschungen zu sexualisierter Gewalt (▶ Kap. 7). Die intensive wissenschaftskritische Diskussion hat also maßgeblich mit dazu beigetragen, den Wahrheitsanspruch von Wissenschaft und Forschung sowie auch der daraus abgeleiteten Strukturen und Inhalte von Bildungsangeboten zu relativieren und hat so auch mit zu einer bildungsbezogenen Haltung geführt, die eine suchende selbständige Aktivität von Individuen in den Vordergrund rücken will. Dies wiederum ermöglichte in der Folgezeit eine Öffnung der Perspektive in der erziehungswissenschaftlichen Forschung und trug auch zu deren kritischer Wissenschaftsorientierung bei.

Die feministische Auseinandersetzung um Wissenschaft als soziale oder gesellschaftliche Praxis spiegelte sich ebenfalls in einer Diskussion um empirische Forschung, um die Forschungspraxis, wobei Forschungsmethoden und die Verbindungen von Forschungsthemen, -methoden und -zielen im Mittelpunkt standen. Einen Ausgangspunkt für die frühe Frauenforschung im Rahmen der zweiten Frauenbewegung bilden die »methodischen Postulate zur Frauenforschung« von Maria Mies (1978). Mies forderte Parteilichkeit und Solidarität auf allen Ebenen des Forschungsprozesses, beginnend bei der Auswahl von Themen. Feministische Forschung stellte für sie ein gemeinsames Projekt von Forscherinnen und Adressatinnen der Forschung dar. Vor allem war die enge Verbindung von Frauenbewegung und Frauenforschung für sie die Grundlage feministischer Wissenschaft. Deshalb kritisierte sie die »Akademisierung« der Forschung und den Verlust oder das Vergessen der Verbindung zur Frauenbewegung als »akademische Geschichtsverfälschung« und hielt an der notwendigen Verbindung zur Bewegung fest. »Wenn feministische Theorie und Methodologie einen Sinn machen sollen, dann müssen sie der Frauenbefreiung dienen« (Mies 1994: 106) Auch wenn die Postulate von Anfang an kontrovers diskutiert oder in ihrer radikalen wissenschaftlichen und politischen Position verworfen wurden, so sind, wie in diesem Kapitel ausgeführt, die Fragen nach Erkenntnisinteressen, Zielen und angemessenen Methoden nach wie vor relevant.

Die sozialwissenschaftliche Frauen- und Geschlechterforschung, vor allem, wo sie sich als feministische Forschung begreift, hatte (und hat) eine Affinität zu qualitativer, diskursanalytischer, rekonstruktiver und ethnographischer Forschung. Das ist insofern naheliegend, als qualitative Forschung dazu geeignet ist, bisher wenig bekannte, unsichtbare Wirklichkeiten zu beleuchten, und gleichzeitig dazu dienen kann, das Bekannte und Offensichtliche auf neue Weise zu sehen. Beide Anliegen teilt die qualitative Forschung mit feministischer Geschlechterforschung.

Eine zweite Verbindung besteht darin, dass die »Standortgebundenheit des Wissens« (Bohnsack 2007) eine methodologische Grundlage qualitativer Forschung darstellt, die nicht als Störfaktor betrachtet wird, sondern, in einer regelgeleiteten Anwendung, als Instrument wissenschaftlicher Erkenntnis.

Die aufgezeigte Verbindung bedeutet natürlich auch nicht, die Geschlechterforschung auf bestimmte Methoden zu reduzieren oder festzulegen. Eine solche Festlegung gab es glücklicherweise nie, weder in den Anfängen noch in der Zeit ihrer Etablierung (vgl. Müller 1994). Es gibt keine spezifischen Methoden und auch keinen »Königinnenweg« der Geschlechterforschung (Gildemeister 2000: 223), aber zugleich hat die Geschlechterforschung auch Impulse für die Entwicklung von Methoden gesetzt, etwa in der Biographieforschung. Allerdings zeigen sich zwei Anliegen der oder auch Anforderungen an die empirische Geschlechterforschung, die sie nach wie vor kennzeichnen. Die erste Anforderung ist die, das Geschlecht in angemessener Verbindung mit anderen Kategorien zu erforschen (▶ Kap. 12). Die zweite Anforderung (eigentlich eine Anforderung an jede empirische Forschung) besteht darin, die Ausgestaltungen und Bedeutungen der Kategorie Geschlecht nicht nur auf der Seite der Forschungsadressat:innen, sondern in jeder Phase des Forschungsprozesses auch auf der Seite der Forscher:innen und in der Interaktion zwischen beiden Seiten systematisch zu analysieren (vgl. Breitenbach 2010).

Da auch die zweite Frauenbewegung, wie schon die erste, bildungsoptimistisch auf die Wirkung von Erziehung und Bildung vertraute, setzte sich eine Welle von Forschungsaktivitäten und wissenschaftlichen Arbeiten in Bewegung, und in den 1980er Jahren wurde eine unübersehbare Fülle an empirischen Studien und wissenschaftlicher, theoriebildender Literatur verfasst. Die verdienstvolle Bibliographie »Frauen im pädagogischen Diskurs« (Schultz et al. 1989; Langmaack et al. 1994) listete in zwei jeweils über fünfhundert Seiten umfassenden Bänden jeweils tausende von Titeln auf – wohlgemerkt im Zeitalter analoger Literatursuche, vor Internet und Digitalisierung, als die Foyers der Bibliotheken noch von Karteikästen dominiert waren: Monographien, Aufsätze, Zeitschriftenbeiträge. Im zweiten Band finden sich allein unter dem Stichwort »Wissenschaftskritik« über siebenhundert Einträge, die Bereiche »Feministische Schulforschung« und »Sozialpädagogik/Soziale Arbeit« verzeichnen je rund vierhundert Posten, die Historische Frauenforschung fast sechshundert, obwohl sie sogar mit dem Zusatz »Auswahl« markiert ist. Seltener sind es empirische Studien, häufiger literaturbezogene Reflexionen, die thematisch von der Moraldebatte über literaturwissenschaftliche bis zu philosophischen Beiträgen und solchen zu pädagogischen Handlungsfeldern reichen. Während in der Schulforschung Texte zur Koedukationsdebatte gehäuft auftreten, dominiert in der Sozialen Arbeit die Beschäftigung mit den konkreten Lebensumständen von Frauen, und die historisch-pädagogische Frauenforschung ist zentral damit beschäftigt, überhaupt eine Vorstellung von der Geschichte des Diskurses über Frauen, den auf sie bezogenen Zuschreibungen und Traditionslinien zu erarbeiten und die Gleichsetzung von Mensch-ist-Mann zu dekonstruieren – Quellensammlungen und Einzelstudien bestimmen hier das Bild.

Die Einsprüche feministischer Wissenschaft waren jedoch auch in vielen anderen Bereichen von Wissenschaften produktiv geworden – angefangen von einem ersten Schwerpunkt auf historischen Forschungen, die etwa soziale Bewegungen unter anderen Perspektiven untersucht haben (vgl. z. B. Honegger/Heintz 1981) bis zu den Naturwissenschaften, innerhalb derer Differenzierungen der Denkgewohnheit vielleicht am schwierigsten durchzusetzen waren, weil Objektivitätsbehauptung und Wahrheitsansprüche hier besonders ausgeprägt waren/sind. Denn die Umformulierung der Kategorien des Männlichen und Weiblichen, die in ihrer dichotomen hierarchischen Anordnung die Tradition der Bürgerlichen Gesellschaft fundieren, musste notwendig zur Forderung auch der Umformulierung »von Geist und Natur« und von deren Verhältnis führen (Keller 1986: 190) – ein Ansinnen, gegen das der mobilisierte Widerstand beträchtlich war und nach wie vor ist.

Die Universität als Institution und die Institutionalisierung der Geschlechterforschung

Bei der ersten Frauenbewegung und ihren Organisationsformen als proletarische Frauenbewegung einerseits und bürgerliche Frauenbewegung andererseits schlugen sich die Klassenunterschiede bereits programmatisch in der Namensgebung nieder, und wie vorne und auch an anderen Stellen des Buches ausgeführt, richteten sich die sozialreformerischen Aktivitäten der bürgerlichen Frauenbewegung stark an die Arbeiterinnen als Adressatinnen. Die Konstellationen und Kontexte der zweiten Frauenbewegung in der Bundesrepublik waren diesbezüglich andere und die Aktivistinnen waren insgesamt stark im akademischen Milieu verankert. Dies hängt auch mit der Entstehungsgeschichte zusammen, die auf einen engen Konnex der Frauenbewegung in der Bundesrepublik mit der Studentenbewegung um 1968 verweist. Abgrenzungen und Widerstand gegen die Männer der Neuen Linken seitens der Frauen des »Aktionsrates zur Befreiung der Frauen« richteten sich gegen Theorieansätze, Sprechweisen, Definitionen und Habitus (▶ Kap. 4). So wurden mit der Markierung eines anderen Politikverständnisses »vom Politischen des Privaten« zugleich andere Erfahrungsräume, Perspektiven und damit eben auch ein anders »situiertes Wissen« eingespielt. Kritik und Einsprüche zielten dabei von Anfang an immer wieder auf die Universität und ihre Organisationsformen. So organisierten die Frauen des »Aktionsrates zur Befreiung der Frauen« 1968 bei einem Kongress zum Vietnamkrieg an der TU eine gemeinsame Kinderbetreuung für etwa 40 Kinder. Die Frauen seien es »müde« gewesen, »Zaungäste zu bleiben. Sie organisierten während des Kongresses und der Demonstration einen Kindergarten, in dem Eltern und freiwillige Helfer abwechseln die Aufsicht übernahmen, so dass alle, die sonst wegen der Kinder zu Hause bleiben mussten, am Kongress teilnehmen konnten. (....) Zum ersten Mal machten die Eltern und besonders die Mütter die Erfahrung, dass ihre Familienprobleme nicht privat bleiben mussten« (Berliner Kinderläden 1970: 34f.). Diese Organisation einer öffentlichen Kinderbetreuung an einer Universität war ein absolutes Novum, hatten die Universitäten in dieser Zeit doch keine Kindertageseinrichtungen oder Kinderbetreuungsangebote, wie es heute zumeist der Fall ist. Dies macht deutlich, aus welch unterschiedlichen Perspektiven die zweite Frauenbewegung die Universitäten und Hochschulen in den Blick genommen hat.

Auch die Durchführung der Kritischen Sommeruniversitäten seit 1976 zeigt, welche Bedeutung der Universität und der Wissenschaft seitens der zweiten Frauenbewegung beigemessen wurde. Es ging darum, Inhalte von Lehre und Forschung, wie sie an den Universitäten praktiziert wurden, kritisch zu befragen und zugleich auch neue Perspektiven und andere Inhalte einzubringen und auch durchzusetzen. Dabei war der Blick stets ein doppelter, er bezog sich zum einen auf Frauen als *Objekt* von Wissenschaft, also ihre Thematisierung und Diskursivierung in Wissensbeständen und Wissensformen. Zum anderen wurde nach Frauen als *Subjekten* gefragt, also nach ihrer Repräsentanz und Repräsentation in der Universität und in der Wissenschaft und ihrer Beteiligung an und Sichtbarkeit bei Formen der Wissensproduktion. »Frauen«, so Gisela Bock 1976 in einer programmatischen Rede auf der »Sommeruniversität für Frauen«, seien »weder Objekt noch Subjekt der Wissenschaft. Wenn sie gelegentlich doch zum Gegenstand gemacht werden, so nur um den Preis von vielerlei Vorurteilen« und »wenn sie doch zu einem wissenschaftlichen Beruf zugelassen werden, so nur um den Preis, sich dem von Männern bestimmten Betrieb auf vielerlei Weise anpassen zu müssen« (Bock 1976: 15).

Diese doppelte Perspektive der frühen Frauenforschung hat auch die Geschlechterforschung fortgeführt, die sich etwa seit den 1990er Jahren verstärkt als gegenüber der Frauenforschung erweiterte theoretische Perspektive durchgesetzt hat (▶ Kap. 1).

Die kritische Reflektion von Wissen, Wissensbeständen und Wissenschaft aus Geschlechterperspektive hat national wie international zur Gründung von wissenschaftlich orientierten Zeitschriften geführt, zu Frauen- und Geschlechterforschungsprofessuren, die erste nahm in Deutschland 1985 ihre Arbeit auf. Das Bundesland Nordrhein-Westfalen stellte ab 1986 auf Druck des »Arbeitskreises Wissenschaftlerinnen« und mit Unterstützung der Wissenschaftsministerin Anke Brunn eine Reihe von Professuren mit (Teil-)Denomination für Frauenforschung in etlichen Disziplinen für alle Hochschulen des Landes zur Verfügung (vgl. Netzwerk 2020).

Seit Ende der 1990er Jahre kam es dann zur Einführung von Studiengängen für Geschlechterstudien oder Gender Studies, der erste dieser Art wurde an der Humboldt-Universität eingerichtet, andere Universitäten und Hochschulen zogen nach. Kontrovers wurde in diesem Zusammenhang die Frage diskutiert, ob diese Studiengänge von Anfang an als transdisziplinäre grundständige Studiengänge angelegt sein sollten oder aber als transdisziplinäre auf einen zunächst disziplinär ausgerichteten Studiengang aufsatteln sollten (vgl. Baader 1999, Hark 1999). Ab den 2000er Jahren erschienen dann verstärkt »Einführungen in die Geschlechterstudien«, die auf die Etablierung der Studiengänge folgten, sowie an der Geschlechterforschung orientierte Einführungen in einzelne Disziplinen, so auch in Rahmen von Erziehungswissenschaft (vgl. Rendtorff 2003, 2006). Eingerichtet wurden zudem eigene Forschungszentren, das Zentrum für Interdisziplinäre Geschlechterforschung der Universität Bielefeld, 1980 gegründet, war eines der ersten. All dies wurde erkämpft und durchgesetzt, es basierte auf dem Engagement und dem Einsatz von Einzelnen sowie von Gruppen, aber auch auf organisationalen Strukturen und ist insgesamt Ergebnis einer feministischen »Interventionskultur« (vgl. Kirsch-Auwärter 1996). Förderprogramme und Formen der Institutionalisierung mussten nicht nur erstritten, sondern ihr Fortbestand immer wieder verteidigt werden. Dies trifft bis heute zu, genau wie die Feststellung von Karin Hausen aus dem Jahre 1990, dass Geschlechterforschung – damals noch Frauenforschung – immer auch außerhalb etablierter Wissenschaftseinrichtungen stattfindet (Hausen 1990: 117). Mit der Vereinigung wurde die Frauen- und Geschlechterforschung aus der DDR auch im Westen verstärkt wahrgenommen, verbunden mit dem Eingeständnis: »Was aber haben wir in all den vergangenen Jahren von den Frauen der DDR wirklich gewußt«? (Othmer-Vetterer/Tröger 1990: 6). Dabei wurde insbesondere auch das Spannungsverhältnis zwischen offizieller Gleichberechtigungsrhetorik und den Kontinuitäten in den Zuständigkeiten für Kindererziehung, Haushalt und Sorgetätigkeit deutlich.

Von einer zunehmenden Etablierung der Geschlechterforschung an den Hochschulen kann seit Ende der 1990 Jahre gesprochen werden. Diese kann durchaus an der Institutionalisierung der Studiengänge Ende der 1990er Jahre festgemacht werden und erfolgt in etwa zeitgleich mit dem »gender turn«. Darunter ist zum einen eine weitere Verschiebung in der Begrifflichkeit zu verstehen: Nachdem die Frauenforschung Ende der 1980er Jahre und zu Beginn der 1990er Jahre zunehmend von der Geschlechterforschung abgelöst wurde, kam Ende der 1990er Jahre verstärkt der Begriff »gender« ins Spiel. Dies ging mit einer Kritik an der Unterscheidung von »sex« als biologisches und »gender« als soziales Geschlecht einher, indem auch das biologische Geschlecht als Effekt kultureller Konstruktionsprozesse betrachtet wurde, so dass »sex« in »gender« aufging. So argumentierte federführend beispielsweise Ende der 1980er Jahre Joan Scott, die das Modell der Zweigeschlechtlichkeit infrage stellte und am Feminismus kritisierte, dass er sich zu stark auf die Zweigeschlechtlichkeit beziehen würde (Opitz-Belakhal 2010: 13). Judith Butler hat 1990 mit ihrer Publikation »Gender Trouble« dieses System der Zweigeschlechtlichkeit als System der »Zwangsheterosexualität« (der Begriff geht zurück auf Adrienne Rich) bezeichnet, das Geschlechtsidentität (gender) an biologisches Geschlecht (sex) binden würde (Butler: 39). Mit diesen Perspektiven, die dann auch die Grundlage der queer studies wurden (▶ Kap. 12), ist der sogenannte »gender turn« verbunden (vgl. Opitz-Belakhal 2010: 11-38).

Mit der Etablierung der Geschlechterforschung an den Hochschulen formierten sich jedoch auch verstärkt Konkurrenzen um Autoritäten, Sprecherinnenpositionen, Repräsentation und Ressourcen im neu etablierten Feld – ein Thema, das bis heute virulent und wenig bearbeitet ist. Zudem wurden verstärkt die Fragen diskutiert, ob nun die Geschlechterforschung zu einer ganz normalen Wissenschaft geworden sei und ob mit der Etablierung im akademischen Feld auch eine Entpolitisierung einhergehe. Denn die frühe Frauen- und Geschlechterforschung hatte stets betont, dass es nicht nur darum gehen könne, Stellen, Studiengänge und Ressourcen zu erobern, sondern dass auch auf grundlegende Veränderungen der Strukturen der Hochschule gedrungen werden und dass Hochschulen und das Wissenschaftssystem sich insgesamt verändern müssten.

Eine Minderheit bilden die Frauen nach wie vor auf den höheren Karrierestufen der Universitäten und Hochschulen. Die Analysen der Geschlechterforschung bezüglich der Ausschlüsse von Frauen als Wissenschaftlerinnen führten zu weiterführenden Fragen nach den Bedingungen von Wissensproduktion. Kritisch wurde dabei immer wieder die Konstruktion von der »Wissenschaft als Lebensform« als männliches Modell diskutiert, die zum einen die Entgrenzung als Struktur normalisiert und zum anderen stillschweigend die Frau im Hintergrund voraussetzt, die das Essen kocht, die Hemden bügelt und das soziale Leben organisiert, wie das bei männlichen Geistesgrößen und den »Mandarins« der deutschen Universität ganz selbstverständlich der Fall war. Kritisch in den Blick genommen wurden die Herstellungsprozesse und die Mechanismen der »Konstitution von Geschlecht und Wissenschaft« (Beaufaÿs 2003) und damit Perspektiven, die weit über das Zählen von Köpfen hinausgehen. Sie fokussierten auch die vergeschlechtlichten Strukturen der Hochschulen mit der schwindenden Repräsentanz von Frauen von Karrierestufe zu Karrierestufe sowie der Vergeschlechtlichung der Fächer und Fachkulturen, etwa was die Wahl von Studienfächern betrifft. Deshalb können Hochschulen selbst auch als »gendered universities« bezeichnet werden – so sind Frauen heute in der BRD in der Gruppe der höher dotierten Professuren mit einem knappen Anteil von etwa 20 % wie auch in den Hochschulleitungen nach wie vor unterrepräsentiert und zudem stärker auf befristeten sowie auf lehrintensiven Stellen beschäftigt. Sie haben also weniger Zeit für ihre eigene Forschung und damit für die Beteiligung an Wissensproduktion und für die Hervorbringung neuer Erkenntnisse.

Wenn, wie im Oktober 2020 geschehen, die sechste Frau in der Geschichte des Nobelpreises für Chemie, Emanuelle Charpentier, in ihrer Rede erwähnt, dass die Preisverleihung zeige, dass auch Frauen dies erreichen könnten, und sie sich selbstbewusst neben einer Büste von Max Planck präsentiert, dann steht dahinter eine lange Geschichte des Kampfes gegen den Ausschluss sowie der permanenten »Beweisführung«. Diesbezügliche Aufforderungen sowie der damit verbundene Druck, immer wieder zu beweisen, dass Frauen es auch können, dass sie gleichfalls zu wissenschaftlichen Höchstleitungen in der Lage sind, hält bis heute an.

Wissenschaftskritik einerseits und Inter- bzw. Transdisziplinarität andererseits gehören zu den konstitutiven Merkmalen von Geschlechterforschung, die den Anspruch hat, auch »die anderen«, bislang nicht gestellten Fragen zu formulieren. Für die zweite Frauenbewegung bildet die Geschlechterforschung eine wichtige Referenz, Schmincke bezeichnet sie als ihren »Überbau« (vgl. Schmincke 2019) und Hark unterstreicht, dass Feminismus auch ein »akademisches Projekt« sei, das hegemoniales Wissen infrage stelle (Hark 2005: 388). Kritisch reflektiert wurde allerdings auch immer wieder die Loslösung akademischer Debatten der Geschlechterforschung von einem sich politisch verstehenden Feminismus.

Seit ihrer Etablierung an den Hochschulen in den späten 1990er Jahren wird die Geschlechterforschung von Kritik begleitet: »Lila Ecke«, »unwissenschaftlich« oder »Betroffenheitskultur« lauten Stereotype, die immer wieder vorgebracht werden. In jüngster Zeit nimmt diese Kritik jedoch neue Formen, eine neue Qualität und besonders hasserfüllte Ausmaße an und ist Element einer emotionalisierten Politik von Zorn und Hass, die sich in mehreren Ländern beobachten lässt. Paternotte benennt vier wesentliche Elemente: Angriffe im Netz, physische Bedrohung, mediale Attacken und Entzug finanzieller Förderung (vgl. Paternotte 2018).

Diese neue Qualität hat etwas damit zu tun, dass eine transnational agierende Neue Rechte die Geschlechterforschung gezielt und intensiviert angreift, diskreditiert und ihr Verbot fordert oder durchsetzt, wie etwa in Ungarn. Auch für die »Alternative für Deutschland« gehört die Abschaffung der Geschlechterforschung zur offenen Programmatik. Ein weiteres Element der neuen Qualität ist, dass die Geschlechterforschung als Bedrohung für Kinder bezeichnet wird – ein Thema, dass ein hohes Erregungspotential aufweist (vgl. Baader 2020a; Schmincke 2015).

Ziel dieser Hetze ist eine Mobilisierung gegen die Geschlechterforschung, ihre Verbreitung, ihre Themen und Positionen. Viele, die gegen die Geschlechterforschung hetzen, wissen allerdings kaum etwas über sie oder verengen ihre Perspektiven gezielt. Sie wird angegriffen, da sie zur Kritik an einer traditionellen, hierarchischen Geschlechterordnung beiträgt, die die Überlegenheit einer hegemonialen männlichen Subjektposition im Geschlechtervertrag der bürgerlichen Gesellschaft der Moderne seit dem 18. Jahrhundert festgeschrieben hat, und dies wiederum mit einer hierarchisch gedachten Heteronormativität verbindet. Die expliziten und impliziten, sichtbaren und weniger sichtbaren Folgen dieser Zuschreibungen bilden unter anderem den Gegenstand, den die Geschlechterforschung untersucht.

Die hassgeleiteten Ausfälle einer transnational agierenden Neuen Rechten gegen die Geschlechterforschung wurden auch unter dem Stichwort »Anti-Genderismus« kritisch analysiert (vgl. Hark/Villa 2015). Sie bilden eines der wichtigen Bindemittel und Rahmungen für die Neue Rechte, die in ihrem neuen Kulturkampf auch an einen älteren Antifeminismus anknüpft. Geschichtsrevisionismus, also Geschichte umzudeuten, wie etwa den Nationalsozialismus mit seinen Opfern zu bagatellisieren, Erinnerungspolitiken, bei denen der Opfer des NS gedacht wird, mit einer »falschen Kultur der Scham« in Verbindung zu bringen, die Stärkung eines nationalen Referenzrahmens sowie die Kritik an der Geschlechterforschung bilden wesentlich die Bindeglieder und den Kitt zwischen den neurechten Strömungen in verschiedenen Ländern. Dabei eignet sich das Geschlechterthema in besonderer Weise, denn es lässt sich stark emotionalisieren und verfügt deshalb über das Potential zur Mobilisierung (vgl. Baader 2020; Rendtorff 2019). Zudem kann über den Fokus, den die neurechte Kritik an der Geschlechterforschung setzt, an einen traditionellen, christlichen Konservativismus mit einer polaren Geschlechter- und Familienordnung angeknüpft werden. Im Kern geht es dabei vor allem um die Verteidigung einer äußerst konventionellen Sicht auf die Familie mit einer wiederum sehr traditionellen Arbeitsteilung zwischen den Geschlechtern, auch wenn dies nicht immer direkt deutlich wird. Die Angriffe gegen die Geschlechterforschung haben zwischenzeitlich auch breit Einzug in die Medien gehalten, welche wiederum zur Normalisierung dieser Kritik beigetragen haben. Sie ist immer wieder verbunden mit der Behauptung, dass die Geschlechterforschung an den Universitäten dominant und dominierend sei. Tatsächlich stellen Geschlechterforschungsprofessuren jedoch einen Anteil an Professuren, der unter 0,5 % liegt (vgl. Bock 2015).

Theoriebildung, Geschlechterforschung und Erziehungswissenschaft

Während die erste Frauenbewegung für die Zulassung Frauen zur Universität kämpfte, hat die zweite Frauenbewegung sich dafür eingesetzt, die Universitäten und Hochschulen mit zu gestalten, sowohl was Strukturen als auch was die Zugänge zu Forschung und Lehre und die diesbezüglichen Themen betrifft.

Mit ihren Perspektiven auf Geschlechterverhältnisse und damit verbundene Wissensordnungen und ihrem interdisziplinären Blick auf Formen der Wissensproduktion sowie ihre jeweiligen Bedingungen und Situierungen hat die Geschlechterforschung wichtige, produktive und weiterführende Ansätze entwickelt, die nicht nur die Theorie, sondern auch Methodologien und Methoden betrifft. Dies wurde für die erste Frauenbewegung insbesondere auch für die Soziale Arbeit gezeigt (vgl. Hering 2006). Die zweite Frauenbewegung hat in diesem Rahmen Konzepte der Mädchenarbeit und geschlechterbewusster pädagogischer Ansätze entwickelt (▶ Kap. 5) sowie zur Theorieentwicklung hinsichtlich des Verhältnisses von Geschlecht, Macht und Gewalt beigetragen (▶ Kap. 7). Zudem hat sie eine diesbezügliche Beratungslandschaft etabliert, die insbesondere auch eigene Konzepte der Beratung entwickelt hat. Zu zentralen erziehungswissenschaftlichen Begriffen wie Erziehung, Bildung und Sozialisation hat die Geschlechterforschung bedeutsame Beiträge und Erweiterungen geleistet, insbesondere was geschlechterdifferierende Zuordnungen betrifft (▶ Kap. 2, ▶ Kap. 3). Mit ihrer theoretischen Entfaltung des Sorgebegriffs in den letzten Jahren hat sie auf Aspekte hingewiesen, die in der konventionellen Auslegung der Begriffe Erziehung, Bildung und Sozialisation nicht enthalten sind, einschließlich ethischer Dimensionen. Dies betrifft insbesondere Fragen von Angewiesenheit, Relationalität und der Bedeutung von Körper- wie von Leiblichkeit. Sie hat grundsätzliche Anfragen an Autonomiekonzepte gestellt, auch wenn sie die »Selbstbestimmung« stark akzentuiert hat und damit auch neue Sichtweisen auf die Subjektbildung hervorgebracht. Die »schlechthinnige Abhängigkeit«, mit der Friedrich Schleiermacher das Generationenverhältnis charakterisierte, hat sie als eine allgemeine Perspektive der »conditio humana« herausgearbeitet, als grundsätzliche Abhängigkeit des Menschen von anderen, und zugleich hat sie hierarchische Abhängigkeitsverhältnisse stets kritisch reflektiert. Zu aktuellen Krisenszenarien und dem Verlust von Illusionen hat die feministische Theorie mit ihren Perspektiven, mit ihrer Kritik an der Fassung des Natur-Kultur-Verhältnisses und an einem anti-relationalen Subjektverständnis viel anzubieten. Dabei sind die Impulse der Geschlechterforschung auch durch das produktive

Zusammenspiel mit anderen Theorierichtungen entstanden. Dazu gehört für die Hochzeit feministischer Theoriebildung der 1980er und 1990er Jahre insbesondere auch die Psychoanalyse, in den letzten Jahren trifft dies beispielsweise für das Zusammengehen von Geschlechterforschung und Diskursanalyse zu.

Ohne die Fragen nach dem Zusammenhang von Geschlechterverhältnissen, Macht- und Generationenverhältnissen, nach dem Körper und dem Subjekt, nach Gewalt und Verletzlichkeit, der Bedeutung von Emotionen, wie sie etwa von den feministisch inspirierten emotion studies betrieben wird, und auch ohne den Zusammenhang von Autorisierung und Geschlecht (Baader 2018: 110–113) ist eine zeitgemäße Erziehungswissenschaft nicht zu denken. Aber die Erziehungswissenschaft bezieht die produktiven Impulse der Geschlechterforschung viel zu wenig in ihre Standortbestimmungen, Selbstvergewisserungen, Theoriedebatten und in ihre Geschichtsschreibung ein. Stattdessen hat sie nach wie vor Berührungsängste.

Literatur

Baader, Meike Sophia (1999): Transdisziplinarität: ein überfrachtetes Konzept für einen Studiengang? Kommentar zu Sabine Hark: (Un)möglichkeiten transdisziplinärer Geschlechterforschung. In: Feministische Studien, 1999 (1), 86–91.

Baader, Meike Sophia (2019): Autorität, antiautoritäre Kritik und Autorisierung im Spannungsfeld von Politik, Erziehung und Geschlecht im 20. und 21 Jahrhundert. In: Hilge Landweer/Catherine Newmark (Hrsg.), Wie männlich ist Autorität. Feministische Kritik und Aneignung (S. 87–124). Frankfurt am Main: Campus.

Baader, Meike Sophia (2020): Wie kommt die Geschlechterforschung an die Hochschulen und was soll sie dort? In: Barbara Rendtorff/Claudia Mahs/Anne-Dorothee Warmuth (Hrsg.), Geschlechterverwirrungen. Was wir wissen, was wir glauben und was nicht stimmt (S. 216–222). Frankfurt am Main: Campus.

Baader, Meike Sophia (2020a): »Umerziehung«, »Genderideologie« und »Frühsexualisierung« – Kampfbegriffe in einem neuen Kulturkampf. Erziehungswissenschaftliche Themen im Fokus von Populismus und Neuer Rechter. In: Ulrich Binder/Jürgen Oelkers (Hrsg.), Das Ende der politischen Ordnungsvorstellungen des 20. Jahrhunderts (S. 129–154). Wiesbaden: Springer VS.

Beaufaÿs, Sandra (2003): Wie werden Wissenschaftler gemacht? Beobachtungen zur wechselseitigen Konstitution von Geschlecht und Wissenschaft. Bielefeld: transcript.

Berliner Kinderläden (1970): Antiautoritäre Erziehung und sozialistischer Kampf. Köln: Kiepenheuer und Witsch.

Bock, Gisela (1976): Frauenbewegung und Frauenuniversität. Zur politischen Bedeutung der Sommeruniversität für Frauen. In: Gruppe Berliner Dozentinnen (Hrsg.), Frauen und Wissenschaft. Beiträge zur Berliner Sommeruniversität (S. 15–22). Berlin: Courage Verlag.

Bock, Ulla (2015): Pionierarbeit. Die ersten Professorinnen für Frauen- und Geschlechterforschung an deutschsprachigen Hochschulen. Frankfurt am Main: Campus.

Boedeker, Elisabeth (mit Ingeborg Colshorn, Elsa Engelhardt) (1939): 25 Jahre Frauenstudium in Deutschland. Verzeichnis der Doktorarbeiten von Frauen 1908–1933. Hannover: Trute.

Bohnsack, Ralf (2007): Rekonstruktive Sozialforschung. Einführung in qualitative Methoden. Opladen: Barbara Budrich/UTB.

Breitenbach, Eva (2010): »Mittlerweile ist des doch egal, ob es ein Junge oder ein Mädchen is« – Die Bedeutung der Kategorie Geschlecht in der rekonstruktiven Forschung. In: Leonie Herwartz-Emden/Verena Schurt/Wiebke Waburg (Hrsg.), Mädchen in der Schule. Empirische Studien zu Heterogenität in monoedukativen und koedukativen Kontexten (S. 27–48). Opladen: Barbara Budrich.

Butler, Judith (1990/1991): Das Unbehagen der Geschlechter. Frankfurt am Main: Suhrkamp.

Dohm, Hedwig (1876): Der Frauen Natur und Recht. Zur Frauenfrage. Berlin: Wedekind & Schwieger. Nachdruck 1986: Neunkirch: Ala-Verlag.

Gerhard, Ute (1990): Unerhört. Die Geschichte der deutschen Frauenbewegung. Reinbek: Rowohlt.

Gildemeister, Regine (2000): Geschlechterforschung (gender studies). In: Uwe Flick/Ernst von Kardorff/Ines Steinke (Hrsg.), Qualitative Forschung. Ein Handbuch (S. 213–223). Reinbek bei Hamburg: Rowohlt.

Haraway, Donna (1988/1996): Situiertes Wissen. Die Wissenschaftsfrage im Feminismus und das Privileg einer partialen Perspektive. In: Elvira Scheich (Hrsg.), Vermittelte Weiblichkeit. Feministische Wissenschafts- und Gesellschaftstheorie (S. 217–248). Hamburg: Hamburger Edition.

Harding, Sandra (1986/1990): Feministische Wissenschaftstheorie. Zum Verhältnis von Wissenschaft und sozialem Geschlecht. Hamburg: Argument.

Hausen, Karin (1986): Warum Männer Frauen zur Wissenschaft nicht zulassen wollten. In: Dies./Helga Nowotny (Hrsg.), Wie männlich ist die Wissenschaft? (S. 31–40) Frankfurt am Main: Suhrkamp.

Hausen, Karin/Nowotny, Helga (Hrsg.) (1986): Wie männlich ist die Wissenschaft? Frankfurt am Main: Suhrkamp.

Hausen, Karin (1990): Das Förderprogramm Frauenforschung des Berliner Senats nach einem Jahr. In: Feministische Studien, 1990 (1), 155–159.

Hark, Sabine (1999): (Un)möglichkeiten transdisziplinärer Geschlechterforschung. In: Feministische Studien, 1999 (1), 78–85.

Hark, Sabine (2005): Dissidente Partizipation. Eine Diskursgeschichte des Feminismus. Frankfurt am Main: Suhrkamp.

Hark, Sabine/Villa, Paula-Irene (Hrsg.) (2015): Anti-Genderismus. Sexualität und Geschlecht als Schauplätze aktueller politischer Auseinandersetzungen. Bielefeld: transcript.

Hering, Sabine (2006): Differenz oder Vielfalt? – Frauen und Männer in der Geschichte der Sozialen Arbeit. In: Margherita Zander/Luise Hartwig/Irma Jansen (Hrsg.), Geschlecht Nebensache? Zur Aktualität einer Gender-Perspektive in der Sozialen Arbeit. Wiesbaden: VS Verlag für Sozialwissenschaften.

Hoff, Walburga (2010): Traditionen der Sozialarbeit. In: Karin Bock/Ingrid Miethe (Hrsg.), Handbuch qualitative Methoden in der sozialen Arbeit (S. 75–87). Opladen: Barbara Budrich.

Honegger, Claudia/Heintz, Bettina (Hrsg.) (1981): Listen der Ohnmacht. Zur Sozialgeschichte weiblicher Widerstandsformen. Frankfurt am Main: Europäische Verlagsanstalt.

Keller, Evelyn Fox (1986): Liebe, Macht und Erkenntnis. Männliche oder weibliche Wissenschaft? München: Hanser.

Kirsch-Auwärter, Edit (1996): Anerkennung durch Dissidenz. Anmerkungen zur Kultur der Marginalität. In: Dies./Ilse Modelmog (Hrsg.), Kultur in Bewegung. Beharrliche Ermächtigungen (S. 25–47). Freiburg im Breisgau: Kore.

Klinger, Cornelia (1986): Das Bild der Frau in der Philosophie und die Reflexion von Frauen auf die Philosophie. In: Karin Hausen/Helga Nowotny (Hrsg.), Wie männlich ist die Wissenschaft? (S. 72–84). Frankfurt am Main: Suhrkamp.

Langmaack, Kirsten et al. (Hrsg.) (1994): Frauen im pädagogischen Diskurs. Eine interdisziplinäre Bibliographie 1988–1993. Frankfurt am Main: Ulrike Helmer.

Mies, Maria (1994): Frauenbewegung und 15 Jahre »Methodische Postulate zur Frauenforschung«. In: Angelika Diezinger et al. (Hrsg): Erfahrung mit Methode. Wege sozialwissenschaftlicher Frauenforschung (Forum Frauenforschung Bd. 8) (S. 105–128). Freiburg im Breisgau: Kore.

Müller, Ursula (1994): Feminismus in der empirischen Forschung: Eine Bestandsaufnahme. In: Angelika Diezinger et al. (Hrsg): Erfahrung mit Methode. Wege sozialwissenschaftlicher Frauenforschung (Forum Frauenforschung Bd. 8) (S. 31–68). Freiburg im Breisgau: Kore.

Netzwerk Frauen- und Geschlechterforschung NRW (2020): Das Netzwerk – Wissenschaft geschlechtergerecht gestalten. Online verfügbar unter: https://www.netzwerk-fgf.nrw.de/das-netzwerk/ueber-uns, Zugriff am 15.10.2020.

Opitz-Belakhal, Claudia (2010): Geschlechtergeschichte. Frankfurt am Main: Campus.

Othmer-Vetter, Regine/Tröger, Annemarie (1990): Einleitung. Feministische Studien, 1990 (1), 3–10.

Paternotte, David (2018): Es geht darum, Genderforschung mundtot zu machen. Gespräch mit Patricia Hecht. In: die tageszeitung, 5. Juli 2018, S. 11.

Rendtorff, Barbara (2019): Anti Gender Wahn. In: aep Informationen. Feministische Zeitschrift für Politik und Gesellschaft, 46 (2), 51–58.

Rendtorff, Barbara (2003): Kindheit, Jugend und Geschlecht. Entwicklungspsychologie der Geschlechtsidentität. Weinheim: Beltz.

Rendtorff, Barbara (2006): Erziehung und Geschlecht. Eine Einführung. (Grundriss der Pädagogik/Erziehungswissenschaft, Bd. 30). Stuttgart: Kohlhammer.

Rich, Adrienne: Zwangsheterosexualität und lesbische Existenz. In: Dagmar Schultz (Hrsg.) (1983), Macht und Sinnlichkeit. Ausgewählte Texte von Adrienne Rich und Audre Lorde (S. 138–168). Berlin: sub rosa Frauenverlag.

Salomon, Alice (1901): Settlementsbewegung und Gruppen für soziale Hilfsarbeit. In: Dies. (1997), Frauenemanzipation und soziale Verantwortung. Ausgewählte Schriften, Bd. 1: 1896–1908, hrsg. von Adriane Feustel (S. 79–85). Neuwied: Luchterhand.

Schiebinger, Londa (2000): Frauen forschen anders. Wie weiblich ist die Wissenschaft? München: C.H. Beck.

Schlüter, Anne (1983): Wissenschaft für die Frauen? – Frauen für die Wissenschaft! Zur Geschichte der ersten Generationen von Frauen in der Wissenschaft. In: Ilse Brehmer et al. (Hrsg.), »Wissen heisst leben …«: Beiträge zur Bildungsgeschichte von Frauen im 18. u. 19. Jh. (Frauen in der Geschichte, Bd. 4) (S. 244–261). Düsseldorf: Schwann.

Schmincke, Imke (2015): Das Kind als Chiffre politischer Auseinandersetzungen am Beispiel neuer konservativer Protestbewegungen in Frankreich und Deutschland. In: Sabine Hark/Paula-Irene Villa (Hrsg.), Anti-Genderismus. Sexualität und Geschlecht als Schauplätze aktueller politischer Auseinandersetzungen (S. 93–108). Bielefeld: transcript.

Schmincke, Imke (2019): Wie »Das andere Geschlecht« zu einer »Bibel« des Feminismus wurde. Online verfügbar unter: www.bpb.de/apuz/302119/wie-das-andere-geschlecht-zu-einer-bibel-des-feminismus-wurde, Zugriff am 8.10.2020.

Schultz, Brigitte et al. (Hrsg.) (1989): Frauen im pädagogischen Diskurs. Eine interdisziplinäre Bibliographie 1984–1988. Frankfurt am Main: Ulrike Helmer.

Singer, Mona (2010): Feministische Wissenschaftskritik und Epistemologie: Voraussetzungen, Positionen, Perspektiven. In: Ruth Becker/ Beate Kortendiek (Hrsg.), Handbuch Frauen- und Geschlechterforschung (S. 292–301). Wiesbaden: VS Verlag für Sozialwissenschaften.

Wagner, Leonie/Wenzel, Cornelia (2009): Frauenbewegungen und Soziale Arbeit. In: Leonie Wagner (Hrsg.), Soziale Arbeit und Soziale Bewegungen (S: 21–71). Wiesbaden: VS Verlag für Sozialwissenschaften.

Wischermann, Ulla (2003): Frauenbewegungen und Öffentlichkeiten um 1900. Königstein im Taunus: Ulrike Helmer.

14 Die Bildung der Frauenbewegungen: Impulse, Ambivalenzen, Aktualitäten. Ein Fazit

Den Frauenbewegungen ging es – und geht es überall auf der Welt – immer in erster Linie darum, Möglichkeiten und Fähigkeiten zu entwickeln, um das Leben von Frauen selbstbestimmter und gerechter zu gestalten, als es die jeweils aktuellen gesellschaftlichen Strukturen zulassen (▶ Kap. 9). Aus dieser Verbindung von (individuellen) Fähigkeiten zu selbstbestimmtem Handeln und jeweiligen (gesellschaftlichen) Möglichkeiten erwächst die große Bedeutung, die Erziehungswissenschaft und Pädagogik in diesem Kontext haben oder haben könnten (▶ Kap. 2, ▶ Kap. 4, ▶ Kap. 5; vgl. Rendtorff 2016). Die Protagonistinnen wissen, dass sie nur gemeinsam die Welt verändern können, sie setzen auf gegenseitige Ermutigung und Stärkung und sie schaffen Organisationsstrukturen, die solcherart Selbsthilfe eine Struktur gibt (▶ Kap. 10).

Und praktisch alle Frauenbewegungen setzen auf die Potentiale von Erziehung und Bildung – auf die Möglichkeiten ihrer Steuerung und Veränderung und auf deren gesellschaftliche, politische Folgen. Diese würden, so die Hoffnung, im Lauf der Zeit Denkgewohnheiten und vorurteilsgeleitete gegenseitige Wahrnehmung abschwächen oder auflösen und damit dazu beitragen, den eigenen gesellschaftsverändernden Zielen näher zu kommen. Das praktische politisch-pädagogische Engagement spielte deshalb ebenso wie einschlägige Forschungsaktivitäten (▶ Kap. 13) in beiden Frauenbewegungen eine große Rolle – immer verbunden mit der Hoffnung auf ein Umdenken von erziehungswissenschaftlicher Disziplin und pädagogischen Institutionen. Doch diese Hoffnungen und Erwartungen wurden nur begrenzt Wirklichkeit.

Impulse haben die Frauenbewegungen viele gesetzt, auch wenn sie in der Geschichtsschreibung der Pädagogik nicht auftauchen. Einige davon haben wir in diesem Buch exemplarisch herausgearbeitet.

Feministische Impulse oder Impulse aus dem Feminismus werden mit ihrer Aufnahme in die Disziplin der Erziehungswissenschaft häufig verschliffen, entschärft und in einer Weise abgeschwächt, dass die feministischen Quellen nicht mehr sichtbar werden, dass die Geschlechterdimension herausfällt oder marginalisiert wird, und – damit unmittelbar einhergehend – dass schließlich ein ursprüngliches gesellschaftskritisches Potential, das dem Feminismus eigen war (▶ Kap. 1), auf der Strecke geblieben, also gewissermaßen unterwegs auf dem Weg in die Disziplin verloren gegangen ist. Die Institutionalisierung von Perspektiven und Zugängen aus dem Feminismus und der Frauenbewegung in die Disziplin erfolgt damit um den Preis ihrer Abschwächung, insbesondere der Abschwächung der Dimension von Geschlecht sowie von Macht- und geschlechterreflektierter Gesellschaftskritik.

Dies konnten wir für die Missbrauchsdebatte herausarbeiten, wonach eine Perspektive, die im Kontext des Feminismus international entwickelt wurde, derzeit in offiziellen Dokumenten, wie etwa dem Bericht der Aufarbeitungskommission (▶ Kap. 7) fast ohne Referenz auf die Kategorie Geschlecht und ihre Verwobenheit mit Machtstrukturen auskommt. Ebenfalls ließ es sich hinsichtlich der Problematik von Gewalt gegen Frauen zeigen. Einerseits handelt es sich hier um eine Erfolgsgeschichte, es gibt ein Hilfesystem für Betroffene und das Thema erfährt öffentliche Aufmerksamkeit. Andererseits ist der kritische Impuls, der Gewalt gegen Frauen als inhärenten Bestandteil der Geschlechterverhältnisse analysiert, fast gänzlich verschwunden ▶ Kap. 7). Die Gefahr, dass Geschlecht als zentrale Strukturkategorie gesellschaftlicher Ungleichheit übergangen wird, birgt auch die Diversitätsperspektive (▶ Kap. 12). Sie ist in sich wiederum vielfältig und beruft sich auf verschiedene Zugänge und darf damit keineswegs als homogen betrachtet werden – dennoch besteht die Gefahr, dass der Geschlechteraspekt bei der Aufrufung von Diversität verloren geht. Diese Problematik existiert mit Blick auf die Debatte um Diversität allgemein, indem Diversity zum buzzword geworden ist (vgl. Baader 2013), aber auch mit Blick auf bestimmte Handlungsfelder: so zeigen etwa Forschungen zu Konzepten der Nachwuchsförderung an der Hochschule, dass »Geschlecht« als Kategorie keine zentrale Rolle spielt, dass »Geschlecht« vom Verweis auf »Diversität« überlagert und de-thematisiert wird und dann allenfalls im Kontext von »Familienfreundlichkeit« als Problem von Frauen auftaucht (vgl. Baader/Korff 2015). Geschlecht wird in diesem Zusammenhang eher als latentes Thema, häufig durchaus etwas verschämt, an den Rändern thematisiert (vgl. Böhringer 2017). Die neue Norm im Wissenschaftssystem ist eher eine, die Geschlecht neutralisiert, dem Modell des »abstract workers« folgt und Geschlecht damit zur de-thematisierten »hidden structure« macht (vgl. Baader 2015: 167).

Das Schicksal der Abschwächung gesellschaftskritischer Implikationen im Verlaufe der Institutionalisierung von Impulsen, die aus sozialen Bewegungen stammen, teilen die Frauenbewegung und der Feminismus allerdings mit anderen sozialen Bewegungen, etwa der Kinderladenbewegung (▶ Kap. 4), deren Ansätze zuteilen in den Regelbereich integriert wurden (vgl. Baader 2014), und auch mit der Protestbewegung von 1968 (vgl. Siegfried 2018).

Das Unsichtbarmachen wie das Verschleifen der Impulse kann jedoch auch als Ambivalenz gegenüber dem Feminismus, den Frauenbewegungen und der Geschlechterforschung gedeutet werden, und die Neutralisierungen hinterlassen ihrerseits Ambivalenzen, wenn es um das Erreichte geht. Als ambivalent kann in gewisser Hinsicht auch der große Bildungsoptimismus, der die Frauenbewegungen im 19. und im 20. Jahrhundert auszeichnete, eingeschätzt werden. Denn dieser ist möglicherweise aktuell, jedenfalls für die Bundesrepublik, auch an seine Grenzen gekommen – die Frauen nehmen den Vorsprung, den sie im Bildungssystem haben, nicht mit in die Welt der Berufe, Einkommen und Renten. Damit aber geraten die mit dem Bildungsoptimismus verbundenen Illusionen derzeit verstärkt in den Blick (▶ Kap. 2).

Ambivalente Züge weist auch der Generationenkonflikt in Form der Distanzierung von den kollektiven »feministischen Müttern« auf. Dieser trägt zu dem

Eindruck bei, dass bei vielen Fragen stets wieder von vorne begonnen werden muss. Der Generationenkonflikt scheint die Geschichte der Frauenbewegung und des Feminismus zu prägen. Um dies zu verstehen kann eine Beschäftigung mit Kontinuitäten und Brüchen, wie wir sie in diesem Buch vorgenommen haben, hilfreich sein. Es zeigt sich, dass viele Themen der beiden Frauenbewegungen nicht erledigt sind, dass sie häufig transformiert, verbunden mit neuen Fragen und neuen Begriffen, erneut auftauchen und noch einmal neu und anders bearbeitet werden. Dies gilt etwa für die Frage der sexualisierten Gewalt (▶ Kap. 7). Dabei besteht zugleich die Gefahr, dass älteres Wissen verloren geht. Auch gegen diese Verluste im kollektiven Gedächtnis wollten wir mit diesem Buch etwas setzen.

Transformationen und Verschiebungen kann es auch mit sich bringen, wenn Debatten aus politischen Kontexten akademisiert werden. Dies hat für die Intersektionalitätsdebatte (▶ Kap. 1) beispielsweise Kathy Davis aufgezeigt, die nachzeichnet, wie aus einer politischen Position und Praxis der Antidiskriminierung der Juristin Kimberlé Crenshaw 1989 im Verlaufe des transatlantischen Transfers eine primär akademische Debatte wurde, die so zugleich ihre politische Brisanz verloren hat.

Vielleicht handelt es sich bei diesen Transformationsprozessen um unvermeidliche Mechanismen, denen nur entgegenzusetzen wäre, dass die produktiven verloren gegangenen Perspektiven immer wieder erinnert, angemahnt und in die Reflektion zurückgeholt werden. Darin sehen wir auch einen Beitrag dieses Buches. Und dies ist auch nicht zuletzt eine der Aufgaben der Sektion »Frauen- und Geschlechterforschung« in der Disziplin: immer wieder auf die theoretisch produktiven und relevanten, aber häufig übersehenen Impulse und Ergebnisse aus der Geschlechterforschung und der Praxis der Frauenbewegungen aufmerksam zu machen.

Aufgezeigt haben wir zudem eine ganze Reihe von Aktualitäten, etwa was die Me-Too Debatte betrifft oder die aktuelle Anknüpfung an ältere Tradition des Ökofeminismus – aber auch die Einsprüche gegen dominante Wissensordnungen, wie sie sich etwa in der Neugründung eines Frauenbuchladens artikulieren, sind als Aktualitäten zu lesen.

Deutlich wird durch die Beschäftigung mit den Auseinandersetzungen und Kämpfen um Selbstbestimmung, Freiheiten, Rechte, Definitionsmacht und Sichtbarkeit von Frauen in der symbolischen Ordnung jedoch auch, dass das Erreichte stets fragil ist und die Errungenschaften verteidigt werden müssen. Angesprochen und identifiziert wurden auch Aspekte von Retraditionalisierung (▶ Kap. 4, ▶ Kap. 12). Der Wandel, den die Feminismen und Frauenbewegungen angestoßen haben, ist nicht irreversibel. Auch dies ist, wie die derzeitige Lage in vielen Ländern angesichts der »großen Regression« (Geisselberger 2017) beunruhigend zeigt, von höchster Aktualität.

Literatur

Baader, Meike Sophia (2013): Diversity Education in den Erziehungswissenschaften – »Diversity« as a buzzword. In: Katrin Hauenschild/Steffi Robak/Isabel Sievers (Hrsg.), Diversity Education. Zugänge – Perspektiven – Beispiele (S. 38–59). Frankfurt am Main: Brandes & Apsel.

Baader, Meike Sophia (2014): Reflexive Kindheit (1968–2000). In: Dies./Florian Eßer/Wolfgang Schröer (Hrsg.), Kindheiten in der Moderne. Eine Geschichte der Sorge (S. 414–455). Frankfurt am Main: Campus.

Baader, Meike Sophia (2015): Erziehung, Bildung, Geschlecht und Wissenschaft – Vexierspiele, De-Thematisierung, Hidden Gender Structures und Verschiebungen in einem komplexen Verhältnis. In: Katharina Walgenbach/Anna Stach (Hrsg.), Geschlecht in gesellschaftlichen Transformationsprozessen (S. 159–176). Opladen: Barbara Budrich.

Baader, Meike Sophia/Korff, Svea (2015): Chancengleichheit durch strukturierte Promotionsförderung – ein Tabu in der Umsetzung? In: die hochschule, Tabus und Tabuverletzungen, 24 (2), 58–78.

Böhringer, Daniela (2017): »Gut gemacht, Mädchen!«. Geschlechterdifferenz und Geschlechterungleichheit an Hochschulen. In: Meike Sophia Baader/Tatjana Freytag (Hrsg.), Bildung und Ungleichheit in Deutschland (S. 495–512). Wiesbaden: Springer VS.

Davis, Kathy: Intersectionality in Transatlantic Perspective. In: Cornelia Klinger/Gudrun-Axeli Knapp (Hrsg.), Überkreuzungen. Fremdheit, Ungleichheit, Differenz (S. 194–209). Münster: Westfälisches Dampfboot.

Geisselberger, Heinrich (Hrsg.) (2017): Die große Regression. Eine internationale Debatte über die geistige Situation der Zeit. Berlin: Suhrkamp.

Rendtorff, Barbara (2016) mit Elke Kleinau, Birgit Riegraf: Bildung – Geschlecht – Gesellschaft. Weinheim: Beltz.

Siegfried, Detlef (2018): 1968. Protest, Revolte, Gegenkultur. Ditzingen: Reclam.